KB188943

주의 말씀을 내 마음에 두었나이다

주의 말씀을 내 마음에 두었나이다

지은이 | 왕대일
초판 발행 | 2023. 10. 18
등록번호 | 제1988-000080호
등록된 곳 | 서울특별시 용산구 서빙고로65길 38
발행처 | 사단법인 두란노서원
영업부 | 2078-3352   FAX | 080-749-3705
출판부 | 2078-3331

책 값은 뒤표지에 있습니다.
ISBN 978-89-531-4631-0   03230

독자의 의견을 기다립니다.
tpress@duranno.com   http://www.duranno.com

두란노서원은 바울 사도가 3차 전도여행 때 에베소에서 성령 받은 제자들을 따로 세워 하나님의 말씀으로 양육하던 장소입니다. 사도행전 19장 8-20절의 정신에 따라 첫째 목회자를 돕는 사역과 평신도를 훈련시키는 사역, 둘째 세계선교(TIM)와 문서선교(단행본·잡지) 사역, 셋째 예수문화 및 경배와 찬양 사역, 그리고 가정·상담 사역 등을 감당하고 있습니다. 1980년 12월 22일에 창립된 두란노서원은 주님 오실 때까지 이 사역들을 계속할 것입니다.

창세기에서
요한계시록까지

주의 말씀을
내 마음에
두었나이다

왕대일 지음

두란노

차례

Part 2. 신약

저자는 학문적인 언어와 목회적인 언어가 이질감 없이 잘 어우러지도록 노력해 온 학자이며 동시에 목회자입니다. 또한 구약을 연구하며 신학생을 가르쳐 온 구약학자이면서 신약에 대한 관심과 이해로 성경을 균형 있게 살피며 말씀으로 풀어 온 설교자이기도 합니다. 저자의 글을 읽다 보면 성경뿐 아니라 정치, 사회, 문화, 예술 전반에 대한 폭넓은 관심을 엿보게 됩니다. 다양한 현상들을 성서적 관점에서 바라보는 신학적인 통찰과 신앙인으로서의 실천적인 질문들을 얻게 됩니다.

그런 저자의 신간이 나왔다는 소식에 한 사람의 독자로서 매우 반가웠습니다. 이 책은 성경 66권을 다루고 있습니다. 선호하는 책뿐 아니라 잘 다루지 않는 본문들을 접할 수 있어서 참 기쁩니다. 각 설교문에는 구약과 신약, 신학과 묵상, 신앙과 일상이 유기적으로, 조화롭게 잘 어우러져 있고, 쉽고 간결한 문체이지만 묵직한 질문과 통찰 또한 풍성히 담겨 있습니다. 공들여 선택한 단어와 표현들을 읽어 내려가다 보면 학문과 현장 사이를 오가며 고민하고 묵상해 온 저자의 깊이와 넓이를 느낄 수 있습니다.

예수님은 인간의 몸을 입고 이 땅에 오심으로 하나님의 말씀과 뜻을 가장 온전하게 계시해 주셨습니다. 오늘도 세상 한가운데서 주님의 말씀으로 보고 듣고 선택하고 결정하고자 치열하게 묵상하는 모든 이들에게 이 책은 큰 선물이며 도전이 될 것입니다. 주님의 말씀과 그 능력이 신학교와 교회와 신앙의 담장을 넘어 우리가 선 세상 한가운데에 온전히 드러나길 소망합니다.

"주님을 만난 사람은 이 세상에서 하나님 나라의 대표 선수가 되어야 합니다. 예수 그리스도와 함께, 예수 그리스도 안에서 자신의 일터에 하나님의 뜻을 심으십시오. 내가 아닌 내 안에 계시는 예수 그리스도가 새로운 세상을 만드십니다"(본문 중 에베소서).

_ **김병삼**(만나교회 담임목사)

왕대일 교수님은 감리교신학대학교 구약학 교수로 재직하실 때 명강의와 경건함으로 신학생들과 목회자들의 존경을 받으셨습니다. 교수님은 은퇴 후 서울 강서구에 있는 하늘빛교회 담임목사로 섬기며 탁월한 성경 주석 작업과 강해로 주옥같은 설교 사역을 계속해 오고 계십니다. "그동안은 신학교에서 성경을 가르치던 구약학 교수였는데, 실제로 교회 강단에서 어떻게 말씀을 전해야 하는지를 성도와 제자들에게 고백하는 심정"이라 하셨습니다.

교수님은 늘 "목회자는 구약과 신약 전체를 설교로 증언해야 한다"고 말씀하셨는데, 이 책에 실린 설교가 창세기부터 요한계시록까지 망라하고 있습니다. 그리스도인은 하나님 말씀을 먹고 사는 존재입니다. 교수님은 성경 66권을 순서대로 매주 한 권씩 특정 본문을 뽑아 성도들과 함께 먹고 누리고 계십니다. 이제는 그 은혜를 독자들과도 함께 나누게 되어 기쁩니다.

교수님의 설교는 흔한 삼대지 설교가 아니라 말씀을 따라서 읽어 가는, 기승전결 형태를 취하고 있습니다. 그만큼 성경 본문에 충실한 설교입니다. 설교 한 편 한 편을 읽으며 성경적으로 정확하고 복음적인 해석에 감탄했습니다.

그러면서도 교수님의 설교가 특별했던 것은 쉬운 문체, 탁월한 적용, 정확한 인용으로 들리는 설교라는 것입니다. 저도 설교를 하지만 결코 노력만으로 해결되는 일이 아닙니다. 말씀의 눈높이를 성도들에게 맞추고 시대 흐름과도 통해야 합니다. 설교 제목 하나하나에도 그러한 간절함이 녹아들어 있음을 봅니다. 교수님이 알고 있는 지식을 성도들의 말, 이 시대의 언어로 바꾸는 일에 얼마나 노력하셨는지 부인할 수 없는 증거입니다.

왕대일 교수님의 귀한 말씀이 출간된 것이 너무나 감사합니다. 하늘빛교회 성도들이 매주 경험했던 깊은 은혜를 많은 성도들도 누릴 수 있게 되었음이 감사하고, 무엇보다 설교자들에게 큰 도전과 유익을 줄 것이기 때문입니다.

그러나 이 책을 다 읽고 교수님의 설교 사역을 통한 가장 큰 복은 교수님 자신이 누리셨을 것이라 생각되었습니다. 설교자가 겪어야 하는 수고와 고통이 있지만 설교자만이 누리는 은혜가 있습니다. 가장 먼저 풍성한 은혜를 받는 자요, 말씀의 은혜 앞에 가장 감격하는 자가 설교자입니다. 교수님에게 이 은혜가 있었음이 설교 한 편 한 편을 읽을 때마다 느껴졌습니다. 그렇지 않다면 이런 설교를 계속하실 수 없었을 것이기 때문입니다.

지금은 영상 시대이지만, 책을 통해 설교를 읽는 감동은 그 어떤 것으로 대체될 수 없이 특별합니다. 이 책이 그러합니다. 말씀의 은혜를 갈망하는 성도들과 설교의 바른 모델을 찾는 설교자들에게 적극 권해 드립니다.

_ 유기성(선한목자교회 원로목사, 위드지저스미니스트리 이사장)

존경하는 왕대일 목사님이 한국 교회 성도들에게 영혼의 생수를 공급하는 귀한 사명을 감당해 주셨습니다. 저 개인적으로도 이미 오래전부터 왕대일 목사님을 뵈어 왔을 뿐만 아니라 감리교신학대학교 구약학 교수로 재직하시던 시절부터 이미 왕대일 목사님의 여러 글을 읽기도 하고 때로는 인용도 하면서 좋은 양분으로 삼아 왔었습니다. 특별히 지금도 「목회와신학」의 「그 말씀」에 연재하고 계시는 '주제별 성경 연구'는 저뿐만 아니라 한국 교회의 많은 목회자가 좋은 인사이트를 제공받는 창구이기도 합니다. 그래서 이미 여러 목회자에게 왕대일 목사님의 글을 적극적으로 추천했습니다.

왕대일 목사님이 이번에 출간하신 『주의 말씀을 내 마음에 두었나이다』는 목회자뿐만 아니라 평신도에게도 적극적으로 추천하고 싶은 책입니다. 아니, 추천을 넘어서 꼭 읽어야 할 책이라고 말씀드리고 싶습니다.

무엇보다 성경 66권을 강단의 언어로 바꾸어 놓으셨다는 점에 놀랐습니다. 목회자라면 누구나 구약과 신약 66권의 말씀을 모두 설교하겠다는 포부를 가져보기 마련인데, 이를 막상 실행에 옮기려고 하면 넘어야 할 장벽이 상당히 높다는 것을 느낄 수밖에 없습니다. 한마디로 어렵습니다. 그런데 왕대일 목사님이 30여 년의 교수 생활을 마치고 목회자로 새롭게 활동하시더니, 이 어려운 일을 실행에 옮기셨습니다. 한 번 하기도 어려운 일을 벌써 세 번째 하고 계신다는 점에서 다시금 놀랐고, 말씀을 원고로 담아 한국 교회 성도들에게 제공해 주셨다는 점에서 감사한 마음도 함께 느낍니다.

왕대일 목사님이 그동안 내신 책들처럼 이 책에도 역시 세계적인 구약학자의 글답게 깊이 있는 말씀 해석이 담겨 있습니다. 깊게 내려가는 줄도 모를 만큼 다채로운 언어로 구약과 신약 66권의 말씀을 풀어 주셨습니다. "먼 길을 가려면 친한 친구와 함께 가라"는 말이 있듯이 좋은 안내자와 함께 걷는 말씀의 숲은 시간 가는 줄 모르는 여정이었습니다. 지식을 얻기 위한 책이 아니지만 지식까지도 충전되었고, 재미를 위한 글이 아니지만 술술 읽힐 정도로 재미있었습니다. 여기에 감동과 은혜까지 더해져서 창세기부터 요한계시록까지 말씀의 단계를 밟아 갈 때마다 오늘을 어떻게 살아갈 것인가에 대해 새로운 고민과 결단을 할 수 있었습니다. 시편 기자의 말처럼 "주의 말씀의 맛이 내게 어찌 그리 단지요 내 입에 꿀보다 더 다니이다"(시 119:103)라는 고백이 저절로 나오는 순간이었습니다.

사도 빌립이 나다나엘에게 예수님을 소개할 때 "와서 보라"(요 1:46)고 이야기했습니다. 저는 한국 교회 성도들에게 이 책을 이렇게 소개해 봅니다. "읽어 보십시오."

_ 이재훈(온누리교회 담임목사)

창세기에서 요한계시록까지
말씀의 숲을 걸어 보십시오

이 책은 하나님의 은혜로 2021년 6월 6일부터 2022년 10월 9일까지 하늘빛교회(서울시 강서구 강서로 286) 강단에서 선포했던 주일 예배 설교 모음입니다. 설교로 선포하고자 매주 준비했던 원고를 책으로 펴내면서 눈으로 읽는 글말로 다듬었습니다.

저는 성경 66권 각 책의 말씀을 매주 차례대로 주일 예배의 본문으로 삼고 있습니다. 구약학 교수로 오랫동안 신학대학 교단을 섬기던 저에게 하나님은 교회의 강단에 서는 기회를 베풀어 주셨습니다. 성경학자·성서학자에서 설교자로, 말씀의 선포자로 나서게 하신 주 하나님의 은혜를 누리고자 기도하던 중 창세기에서 요한계시록에 이르는 말씀을 차례대로 주일 설교 본문으로 삼는 여정에 나서게 되었습니다. 그 여정 속에서 교회력이 정한 절기를 지켰고, 부득이한 주일을 제외하고는 창세기에서 요한계시록에 이르는 말씀의 숲을 걷는 일정에서 벗어나지 않았습니다. 한국 교회의 강단에서 성경 66권 모두가 주일 설교 본문으로 읽히고, 풀리고, 새겨지기를 바라는 마음을 그 여정의 이정표로 삼았습니다.

제가 추구하는 설교는 본문 설교입니다. '삼대지 설교'나 성경책 한 권의 구절을 오래도록 연이어서 새겨 가는 강해보다는 주어진 성경 본문을 그 구도(composition)에 따라서 묻고, 불리고, 풀어 가는 주해를 설교의 기본 골격으로 삼았습니다. 제가 성경을 읽는 것이 아니라 성경이 저를 읽어 가도록 성령 하나님께 간구하였습니다. 『텍스트가 설교하게 하라』(월터 브루그만 지음, 홍병룡 옮김 [서울: 성서유니온선교회, 2012])라는 책 제목처럼 주어진 본문의 소리를 회중·청중의 눈높이에 맞춘 말글로 풀어 가고자 노력하였습니다. 성경 본문의 말씀과 그 본문을 대하는 성도의 현실이, 말하자면 텍스트와 콘텍스트가 주일 예배 설교 강단에서 적극 소통하기를 바라는 마음을 매 설교에 담았습니다.

이 길을 걸으면서 받은 은혜가 참 많습니다. 창세기에서 요한계시록에 이르는 말씀을 읽고, 새기며, 품는다는 감격은 말할 것도 없고, 성경책의 차례에 따른 말씀의 향기를 두루 호흡하면서 말씀이 말 숨이 되어 가슴을 벅차게 하는 생명을 누렸습니다. 한 사람의 목회자·설교자로 창세기에서 요한계시록에 이르는 말씀을 늘 공부하는(!) 습관도 생겼고, 하나님의 말씀을 일상의 언어로 바꿔 주는 책 읽기도 부지런히 하였으며, 거룩한 말씀을 삶의 언어로 풀어 보고자 가슴앓이하며 기도하는 시간도 가졌습니다. 게다가 '이번 주에는 목사님이 이 성경책에서 무슨 말씀을 전하실까?'라고 기대하면서 주일 예배 성경 말씀을 미리 예습(?)하는 성도들도 덤으로 얻었습니다.

저는 매 설교의 들머리를 삶의 현장에서 만나는 이야기로 시작합니다. 그 주일에 주어진 하나님의 말씀을 일상의 언어로 듣게 하는 디딤돌로 삼기 위해서입니다. 이 작업을 위해서 미디어 자료를 적극 활용합니다. 설교의 속내는 예수 그리스도의 복음으로 우리 일상을 판단하고, 고치고, 허물고, 새롭게 다시 세우지만, 그래서 그런 토대 위에서 성경 본문을 읽고, 사색하고, 새기는 데 많은 시간을 쓰지만, 그에 못지않게 성경 말씀의 세계와 아날로지(analogy)를 이루는 삶의 현실을 깨우치는 일에도 많은 정성을 기울입니다. 그런 토대에서 설교 제목을 늘 동사형으로 정하였습니다. 설교 제목에, 해석학적 용어로 말한다면, "낯설게 하기"(defamiliarization)를 시도하였습니다. 오랫동안 교회를 다니다 보면, 어느 성경 본문을 대해도, '응 그것'이라고 하면서 설교의 줄거리를 미리 짐작해 버리는 성도들의 타성(?)을 바로잡아 주기 위해서입니다.

제 설교에는 다섯 개의 소제목이 있습니다. 이 소제목이 실제 설교에서는 성도의 귀에 고스란히 들리지는 않지만, 설교자인 저로서는 설교 내용을 숙지·암기하도록 돕는 소중한 장치입니다. 이 소제목은, 설교의 들머리에 소개된 삶의 이야기를 빼고 보면, 성경 본문의 메시지를 기승전결 형식으로 찾아가는 차림새이기도 합니다. 읽기에 따라서는, 이 다섯 개의 소제목은 입말로 선포되었던 설교를 성경 해석 에세이로 읽어 가게 하는 내비게이션이 될 수도 있습니다.

이 책의 출간을 위해 힘써 주신 여러분에게 깊은 감사의 마음을 전합니다. 이재훈 목사님의 격려와 추천사를 써 주신 유기성 목사님, 김병삼 목사님께 감사드립니다. 수고해 주신 두란노서원의 여러 지체에게도 감사합니다. 이 책을 출간하면서 누구보다도 저의 강단 사역을 지지하고 응원하는 저의 평생 동역자인 아내 이경숙 목사에게 깊이 감사합니다. 아울러 한결같이 저를 지지하고 자랑스러워하는 민성이와 은성이를 비롯한 가족들, 그리고 저의 설교 사역을 위해 늘 기도해 주시는 하늘빛교회 목회자들과 성도들에게 고마운 마음을 전합니다.

2023년 10월
하늘빛교회 담임목사실에서
왕대일

Part 1

구약

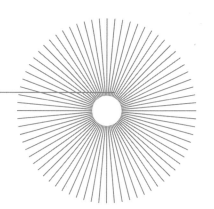

01 창세기 | 하나님과 같이하면 삶의 가치가 달라집니다

• 창 17:1-8

마이클 콜린스 / 아폴로 11호에 탑승해서 달 탐사에 나섰던 우주비행사는 닐 암스트롱(Neil Armstrong, 1930-2012), 버즈 올드린(Buzz Aldrin, 1930-), 마이클 콜린스(Michael Collins, 1930-2021) 세 사람이었습니다. 이 중 콜린스는 달 표면에 가장 먼저 인류의 발자국을 남긴 암스트롱이나 그 뒤를 이어 내린 올드린과는 달리 달 코앞까지 가서도 달을 밟아 보지 못했던 주인공입니다. 동료가 달착륙선을 몰고 탐사하는 동안 NASA(미 항공우주국) 관제 센터와 교신해야 했기에 사령선과 기계선을 몰고 달 궤도를 돌았습니다.

달의 뒷면은 지구에서는 보이지 않습니다. 공전과 자전 주기가 같기 때문입니다. 암스트롱과 올드린이 달에 성조기를 꽂고 당시 미 대통령인 리처드 닉슨과 통화하는 동안 콜린스는 48분간 달의 뒷면을 돌았으며, 지구에서 멀리 떨어진 곳에서 지구와 교신도 끊어진 채 홀로 보냈습니다. 사람들은 그를 가리켜 "아폴로선에 홀로 남은 '아담 이래 가장 고독했던 남자'"라고 불렀습니다(『조선일보』 2021. 4. 30. A23면).

아브라함도 역사상 가장 고독했던 남자 중 하나입니다. 아브람·아브라함 이야기에서 첫 장면은 하나님의 약속을 향해 타는 목마름으로 지내던 시절이고, 끝 장면은 하나님의 약속대로 태어난 자식을 자기 가슴에 품는 이야기입니다. 그 이야기의 한중간에 창세기 17장이 자리 잡고 있습니다.

아브람이 아흔아홉 세 되었을 때에 /

아브람이 구십구 세 때에 여호와께서 아브람에게 나타나서 그에게 이르시되 나는 전능한 하나님이라 너는 내 앞에서 행하여 완전하라(창 17:1).

아브람의 나이 구십구 세란, 그가 175세에 죽었던 것을 고려하면(25:7), 아브람의 중년기에 해당합니다. 본문이 말하려는 것은 아브람의 중년기에 하나님이 찾아오셨다는 사실이 아닙니다. 히브리서 11:12은 아브람의 나이 아흔아홉을 '잉태할 힘을' 잃어버린 "죽은 자와 같은" 사람의 나이라고 보았습니다. 아브람의 처지가 죽은 자와 다를 바 없었던 때 하나님이 찾아오셨다는 뜻입니다.

지금까지 아브람은 자기 힘으로 하나님의 뜻을 이루어 보겠다고 설쳤습니다. 그러다가 구십구 세가 되면서 자기 힘으로 이룰 수 있는 것이 하나도 없다고 절실히 느끼게 됩니다. 아브람이 드디어 하나님 앞에 항복하였습니다. '이제 내 능력으로 할 수 있는 것은 아무것도 없다!'고 되뇌는 순간 하나님이 아브람을 찾아오셨습니다. 이렇게 본문을 읽을 경우, 창세기 17:1은 절망 중인 아브람에게 '너를 향한 나의 계획은 이것이다'라고 일깨워 주기 위해서 하나님이 아브람을 찾아오셨다는 말씀이 됩니다. 하나님이 아브람을 찾아오셔서 말을 거실 때 제일 먼저 하신 말씀이 무엇입니까? "나는 전능한 하나님이라!" 전능하신 하나님과 무력하기 짝이 없던 아브람의 대조! 본문의 첫 무대는 이런 대조를 연출합니다.

구약학자들에 따르면, 창세기 17장이 전하는 아브람의 처지를 되새겼던 독자들은 바벨론 땅에서 포로살이 하던 이스라엘입니다. 하나님에 대한 믿음을 잃어버리고 허둥대면서 살고자 발버둥 치던 때 하나님이 찾아가셨다는 뜻입니다. 이스라엘은 하나님을 잊고 있었지만, 하나님은 이스라엘을 잊지 않고 계셨습니다(Walter Brueggemann, "Genesis 17:1-22", *Interpretation* 45:1 [1991], 55-59).

아브람이 아흔아홉 세 되기 전까지 / 그러나 "아브람이 구십구 세 때에"로 시작하는 창세기 17:1은 "아브람이 팔십육 세였더라"라는 말로 끝나는 창세기 16:16과 견주어 파악해야 합니다.

하갈이 아브람의 아들을 낳으매 아브람이 하갈이 낳은 그 아들을 이름하여 이스마엘이라 하였더라 하갈이 아브람에게 이스마엘을 낳았을 때에 아브람이 팔십육 세였더라(창 16:15-16).

아브람은 당대의 풍속을 따라 하갈과의 사이에서 아들 이스마엘을 얻었습니다. 하나님이 아브람을 맨 처음 찾아오셔서 '내가 너를 복의 근원으로 삼겠다'고 말씀하셨을 때 아브람의 나이는 칠십오 세였습니다. 당시의 기준에서 복은 자손들이, 아들들이 쑥쑥(!) 태어나는 일입니다. 그렇지만 그런 하나님의 약속을 들은 지 10년이 다 되도록 아브람에게 하나님의 약속은 이루어지지 않았습니다. 그래서 사래가 당시의 풍속에 따라서 자기가 부리던 종을 아브람의 첩으로 들여서 대를 이어가게 했습니다. 그 보도가 창세기 16:16입니다. 그런데 보십시오. 창세기 16:16과 17:1 사이에는 13년의 공백이 있습니다. "아브람이 구십구세 때에"라는 창세기 17:1의 서두는 13년의 공백을 배경으로 삼아서 살펴야 한다는 말입니다.

13년 동안 아브람은 어떻게 지냈습니까? 이스마엘이 커가는 모습을 보면서 위로를 받았습니다. 아브람이 이스마엘과 같이 보낸 13년 세월은 아브람으로 하여금 하나님이 주겠다고 약속하셨던 아들이 바로 이스마엘일 것이라고 단정하기에 충분한 시간이었습니다. 실제로 아브람·아브라함은 하나님이 그에게 재차 "네 아내 사라가 너에게 아들을 낳아 줄 것이다"라고 말씀하셨을 때 이렇게 대답하였습니다.

아브라함이 엎드려 웃으며 마음속으로 이르되 백 세 된 사람이 어찌 자식을 낳을까 사라는 구십 세니 어찌 출산하리요 하고 아브라함이 이에 하나님께 아뢰되 이스마엘이나 하나님 앞에 살기를 원하나이다(창 17:17-18).

그러나 창세기 16장 마지막 절과 17장 첫 구절 사이에 놓여 있는 13년의 공백을 하나님 편에서 들여다보면 생각이 달라집니다.

이는 내 생각이 너희의 생각과 다르며 내 길은 너희의 길과 다름이니라 여호와의 말씀이니라 이는 하늘이 땅보다 높음같이 내 길은 너희의 길보다 높으며 내 생각은 너희의 생각보다 높음이니라(사 55:8-9).

창세기 16:16과 창세기 17:1 사이의 13년은 아브람과 하나님 사이에 소통이 끊어져 있던 기간입니다. 부르심을 받은 이후 쉬지 않고 하나님과 소통하며 지내던 아브람이 이스마엘이 태어나고서부터는 이스마엘이 사춘기 소년이 될 때까지 하나님을 잊고 있었습니다. 그 기간 중 착각 속에서 살았습니다. 주변 풍습을 따라서 이스마엘을 얻은 것이었다고 주장했습니다. 그것은 어디까지나 사래가 부추겨서, 주변 사람들의 성화로, 마지못해서 한 일이었다고 정당화했습니다. 그랬기에 아브람은 하나님 앞에서 "이스마엘이나 하나님 앞에서 살아가게 해 주소서"라는 속내를 털어놓기까지 했습니다.

이런 아브람의 모습은 오늘 우리 그리스도인들의 초상화이기도 합니다. 우리도 하나님 앞에서 자기 생각만 맞다고 우기며 살고 있지 않습니까? 이런저런 이유를 대면서 나태해진 신앙생활을 정당화하고 있지 않습니까? 코로나19 탓이라고, 코로나19라는 대재앙이 빚어낸 사회 분위기 탓이라고 우기면서 하나님의 뜻을 내 편의에 맞춰서 조종하고 있지 않습니까?

아브람의 나이가 아흔아홉이 되면서 / 아브람이 아흔아홉이 되었을 때 무슨 일이 있었습니까?

아브람이 구십구 세 때에 여호와께서 아브람에게 나타나서 그에게 이르시되 나는 전능한 하나님이라 너는 내 앞에서 행하여 완전하라 내가 내 언약을 나와 너 사이에 두어 너를 크게 번성하게 하리라 하시니(창 17:1-2).

"너는 내 앞에서 행하여"라는 말은 '너는 내 앞에서 반복해서 걸으라'는 뜻입니다. 하나님 앞에서 걷는 습관을 지니라는 의미입니다. 무엇을 하든지 하나님의 팬이 되라는 말입니다. 예수 그리스도의 팬이 되어서 하나님이 기뻐하시는 것을 기꺼이 실천하라는 주문입니다. 아브람이 자기를 향한 하나님의 계획을 듣는 순간 어떻게 반응하였습니까?

아브람이 엎드렸더니 하나님이 또 그에게 말씀하여 이르시되 보라 내 언약이 너와 함께 있으니 너는 여러 민족의 아버지가 될지라(창 17:3-4).

아브람은 자기 삶의 주도권을 내려놓았습니다. 자기 삶의 여정을 하나님의 계획에 맡겼습니다. 지금까지는 아브람의 생애의 주도권이 아브람에게 있었습니다. 이제부터는 그 주도권을 하나님께로 넘깁니다. 그러자 하나님이 다짐하십니다. "보라 내 언약이 너와 함께 있으니 너는 여러 민족의 아버지가 될지라." 언약의 속내는 이어 주기, 연결하기입니다. 막혀 있었던 소통의 길을 하나님이 다시 여십니다. 그 언약이 신약의 말로는 신앙고백입니다. 가이사랴 빌립보에서 베드로가 주님께 무엇이라고 고백하였습니까? "주는 그리스도시요 살아 계신 하나님의 아들이시니이다"(마 16:16). 언약은, 신앙고백은 우리를 향한 하나님의 계획을 새기게 하는 디딤돌입니다. 그런 하나님의 계획이 본문 5-8절에서 펼쳐집니다. 하나님이 모두 몇 번이나 "내가"라고 말씀하십니까?

이제 후로는 네 이름을 아브람이라 하지 아니하고 아브라함이라 하리니 이는 내가 너를 여러 민족의 아버지가 되게 함이니라 내가 너로 심히 번성하게 하리니 내가 네게서 민족들이 나게 하며 왕들이 네게로부터 나오리라 내가 내 언약을 나와 너 및 네 대대 후손 사이에 세워서 영원한 언약을 삼고 너와 네 후손의 하나님이 되리라 내가 너와 네 후손에게 네가 거류하는 이 땅 곧 가나안 온 땅을 주어 영원한 기업이 되게 하고 나는 그들의 하나님이 되리라(창 17:5-8).

모두 다섯 번 말씀하십니다. '내가 너를 여러 민족의 아버지가 되게 하리라.' '내가 너로 심히 번성하게 하리라.' '내가 네게서 민족들이 나게 하며 왕들이 네게로부터 나오리라.' '내가 내 언약을 세워서 너와 네 후손의 하나님이 되리라.' '내가 너와 네 후손에게 이 땅을 주어 영원한 기업이 되게 하리라.' 하나님의 말씀은 약속입니다. 이 약속을 이렇게 바꿔서 새길 수 있습니다. 하나님이 이루실 것입니다. 하나님이 세우실 것입니다. 하나님이 만드실 것입니다. 하나님이 주실 것입니다. 하나님이 복을 주실 것입니다. 하나님이 말씀하시는 "I Will"의 역사! 그 약속이 이 본문에서 거둬야 하는 생명의 만나입니다.

아브람에서 아브라함으로 / 본문은 아브람이 하나님의 언약 안에 있다는 점을 상기시킵니다. 모든 약속에는 징표가 따릅니다. 하나님이 다짐하시는 약속에도 징표가 따릅니다. 아브람의 나이 아흔아홉이 되었을 때 하나님이 아브람의 이름을 바꿔 부르십니다(17:5).

'아브람'의 뜻도 만만치 않습니다. '고귀한 조상'이란 뜻입니다. 자기를 뽐내고, 자기를 과시하는 인생이란 의미가 아브람에 들어 있습니다. 그런 아브람을 하나님이 '아브라함'으로 부르려고 하십니다. '많은 무리의 아버지'란 뜻입니다. 홀로 고고한 삶을 살던 자를 변화시켜 이제부터는 많은 사람의 아버지로 불리는 자가 되게 하시겠다는 뜻입니다. 자기만을 뽐내며 살던 인생을 뒤로하고 뭇 사람들을 위해서 헌신하는 인생으로 쓰시겠다는 뜻입니다.

하나님은 오늘도 아브람으로 살던 자를 아브라함으로 살게 하십니다. 예수 그리스도 안에서 새 생명을 누리며 사는 자들이 세상의 본이 되고, 세상의 모델이 되고, 세상의 멘토가 되고, 어버이가 되기를 바라십니다.

10여 년 전에 방영되었던 인상적인 농협 광고가 있습니다. "먹어", "가", "놀아", "들어" 같은 낱말들이 차례대로 소개되는데 각 낱말이 등장할 때마다 그 앞에 "같이"라는 단어가 추가되면서 화면의 분위기가 매번 밝게 바뀌는 영상입니다. 이 광고 영상의 끝맺음에는 이런 카피가 나옵니다. "세상을 부드럽게 바꾸는 두 글자/ '같이'의 힘을 믿습니다/ '같이'의 가치…" '같이'와 '가치'는 서로 다른 글자지만 같은 소리를 냅니다. 광고는 이 두 낱말로 공감을 불러일으키는 장면을 연출하였습니다.

같이하면 가치가 있습니다. 하나님과 같이하십시오. 삶의 차원이 아브람에서 아브라함으로 달라집니다. 예수님과 함께하십시오. 삶의 자세가 아브람에서 아브라함으로 달라집니다. 성령님과 같이하십시오. 삶의 내용이 아브람에서 아브라함으로 달라집니다.

02 출애굽기 │ 삶이 미션인 까닭을 아십니까?

• 출 13:17-22

가브리엘의 오보에와 주기도문 / 영화 〈미션〉(*The Mission*)은 1986년, 2008년, 2017년에 상영되면서 많은 울림을 주었던 종교 영화입니다. 18세기 남아메리카 아마존강 유역에서 선교 활동을 했던 예수회 선교사들의 이야기를 다루었습니다. 영화의 첫 장면은 거대한 폭포의 상류에서 십자가에 묶인 채 떠내려오던 사람이 거센 물줄기 속으로 사라져 버리는 광경입니다. 처참한 순교를 봤으면서도 영화 속 주인공 가브리엘 신부는 두려움에 굴하지 않고 호전적인 과라니족 원주민 마을로 힘겹게 들어갑니다. 마을에 들어서자 가방에서 오보에를 꺼내 '가브리엘의 오보에'라는 유명한 음악을 연주합니다.

오보에, 클라리넷, 플루트는 비슷하지만 다른 악기입니다. 가장 대중적인 것은 금속으로 된 플루트이고, 목관악기 클라리넷은 따뜻한 소리를, 클라리넷보다 조금 더 긴 오보에는 화려하고도 힘 있는 소리를 냅니다. 가브리엘 신부는 오보에로 전달되는 음악으로 아마존 원주민들의 마음을 열고자 했습니다.

'가브리엘의 오보에'를 한번 들어 보기 바랍니다. 흔히 이 곡을 '넬라 판타지아'(Nella Fantasia)라고도 합니다만, '넬라 판타지아'는 영화 이후 '가브리엘의 오보에'에 가사를 붙인 노래입니다. 정작 영화에서는 '가브리엘의 오보에'와 함께 오케스트라 연주에 맞춰 합창단이 부르는 주기도문, "뜻이 하늘에서 이루어진 것같이 땅에서도"(On Earth As It Is Heaven)가 큰 감동을 줍니다. 선교사 가브리엘이 오보에를 불면서 그 마음에 품었던 가사가 주기도문이었다는 암시입니다. 미지의 땅에 들어서서 낯선 사람들과 만나는 순간에, 선교사의 마음에는 '하나님의 뜻이 지금 이 땅에서도 이루어지이다!'라는 간구가 담겨 있었다는 뜻이지요.

삶은 선교입니다. 낯선 땅, 낯선 사람들에게 복음을 전하며 예수 그리스도의 사랑을 실천하는 것이 선교이지만, 날마다 헤쳐 가는 삶도 우리 주 하나님의 이름으로 이루어 가는 선교입니다. 본문 출애굽기 13:17-22이 그런 선교를 소개합니다.

자유인 이스라엘 앞에 놓인 두 개의 길 / 출애굽기 13:17-22은 출애굽한 이스라엘이 걸어야 했던 길을 소개합니다.

바로가 백성을 보낸 후에 블레셋 사람의 땅의 길은 가까울지라도 하나님이 그들을 그 길로 인도하지 아니하셨으니 이는 하나님이 말씀하시기를 이 백성이 전쟁을 하게 되면 마음을 돌이켜 애굽으로 돌아갈까 하셨음이라(출 13:17).

본문을 새기기 위해서는 "바로가 백성을 보낸 후에"라는 첫 구절을 이해해야합니다. 바로는 애굽 왕입니다. 히브리 사람을, 이스라엘 자손을 노예로 부리던 군주입니다. 그 세월이 자그마치 430년입니다. 이스라엘 자손을 해방시키시려는 하나님의 일을 완악한 마음으로 끝까지 맞섰던 사람입니다. 바로가 백성을 내보냈다는 것은 430년간 애굽에서 종살이하던 이스라엘이 마침내 억압의 사슬에서 벗어나 자유인이 되었다는 뜻입니다.

지금까지 이스라엘은 억압 속에서 세속에 짓눌려 살았습니다. 하나님이 이스라엘에게 자유와 해방과 구원을 주셨습니다. 본문은 이스라엘이 그런 '자유와 해방과 구원을 얻은 후에' 어디로 가야 했는지를 일깨워 줍니다. 자유와 해방과 구원의 주인공들이 이제부터는 어떻게 살아야 하는지를 가르쳐 줍니다. 예수 그리스도의 십자가의 은혜로 새사람이 된 그리스도인이 어느 방향으로 나아가야 하는지를 되새기게 합니다.

출애굽기 13:17에 따르면, 이스라엘 앞에는 두 개의 길이 있었습니다. 우선 "블레셋 사람의 땅의 길"이 있었습니다. 애굽에서 가나안까지 가기에 '가까운' 길입니다. 나일강 삼각주에서 지중해 해안선을 끼고 동북 방향으로 열흘 정도 오르면 가나안에 당도하는 길입니다. 가깝고 가기가 수월합니다. 잘 다져진 길입니다. 이 길을 따라 많은 사람이 애굽에서 가나안으로 오고 갔습니다. 그러나 이 길은 이제 막 출애굽한 이스라엘이 가기에 적당하지 않았습니다. 지리적으로 아무리 가깝다고 해도 이제 막 구원받은 이스라엘이 걷기에 적당하지 못했습니다. 가다 보면 해안의 약탈자 블레셋 사람들을 만나게 되는데, 이스라엘이 그들을 저지할 도리가 없었습니다. 그래서 하나님이 이 길로 가는 것을 막으셨습니다.

자유인 이스라엘 앞에는 다른 또 하나의 길이 있었습니다. 애굽으로 돌아가는 길입니다. 이 길은 편안합니다. 불안함과 두려움과 굶주림을 피하는 길입니다. 자유인의 신분을 반납하게 될지언정, 육체적으로는 배고프지 않은 길입니다. 당시 세계에서 가장 기름진 나라는 애굽이었습니다. 애굽으로 돌아간다는 것은 풍요를 찾아 나서는 길이 됩니다. 물질주의를 삶의 가치로 추구하는 길이 됩니다. 그러나 블레셋 사람의 땅이나 애굽으로 돌아가는 길은 하나님의 은총을 입은 이스라엘이 가서는 안 되었습니다. 세상이 옳다고 여기는 길, 인간적 본능을 따르는 길은 하나님의 사람이 된 이스라엘이 좇아가는 길은 아니었습니다.

이스라엘이 걸어야 할 제3의 길 / 이스라엘은 어느 길로 가야 합니까? 블레셋 사람의 땅으로 가는 제1의 길, 애굽으로 돌아가는 제2의 길이 아니라 제3의 길을 걸어야 합니다.

그러므로 하나님이 홍해의 광야 길로 돌려 백성을 인도하시매 이스라엘 자손이 애굽 땅에서 대열을 지어 나올 때에(출 13:18).

이스라엘은 하나님이 인도하시는 길을 걸어야 합니다. "하나님이 홍해의 광야 길로 돌려 백성을 인도하시매"라는 말은, 쉽게 말해, U-턴 시키셨다는 뜻입니다. 북쪽으로 올라가게 하신 것이 아니라 방향을 U-턴 시켜 남쪽으로 내려가게 하셨습니다. 동북쪽으로 나아가는 해안 길이 아니라 동남쪽 광야로 인도하셔서 홍해 쪽으로 향하게 하셨습니다. 광야 길(데렉 함미드바르)은 쉽지 않은 길입니다. 고생을 자초하는 길입니다. 마실 물도, 먹을 양식도 없습니다. 아무 데서나 잘 수도 없습니다. 광야는 낮에는 뜨겁다가도 밤이 되면 불을 피우지 않으면 안 될 만큼 춥습니다. 길이 나 있는 것도 아닙니다. 트레킹 신발을 따로 신었던 것도 아닙니다. 이정표가 있는 것도 아닙니다. 한마디로 고난의 길이었습니다.

광야 길은 이스라엘이 선택한 게 아니라 하나님이 인도하신 길입니다. 예수 그리스도의 공로로 하나님의 사람이 된 그리스도인이 가야 하는 길은 어디입니까? 좁은 길입니다. 고생 길입니다. 하나님은 이제 막 새로운 걸음마를 시작한 하나님의 사람들에게 쉬운 길이 아닌 어려운 길을 걷게 하셨습니다. 왜 그러셨습니까?

제주 올레길을 걸었던 사람들에게 무엇이 가장 좋았는지 설문조사를 했는데 가장 많이 돌아온 대답이 이것이었습니다. "생각보다 힘든 여정이어서 그냥 아무 생각 없이 걸었습니다." 소설가 김주영은 이 대목에서 이렇게 말했습니다. "아무 생각 없이 걷다 보니 나를 발견하였습니다!"

양평 물소리길의 제4코스 '버드나무나루께 길'(양평역 → 원덕역) 10.4km를 걸어본 적이 있습니다. 풍광이 참 좋았습니다. 쉼터에서는 기도하는 시간을 가졌습니다. 그러다가 현덕교를 건넌 다음부터는 한 4km쯤 서로 말을 자제하고 걷기만 했습니다. 힘이 좀 들었지만, 돌이켜 보니 그 구간이 영적으로는 제일 풍성하였습니다. 바깥 경치가 아닌 내 안을 점검해 볼 수 있었습니다.

험한 길, 힘든 길을 걷다 보면 내가 얼마나 연약한지를 깨닫게 됩니다. 힘든 삶을 살다 보면 내가 얼마나 모자란지 체득하게 됩니다. 하나님이 이스라엘에게 광야 길을 걷게 하신 까닭이 여기에 있습니다. 거칠고 험한 길, 좁은 길을 걸어야만 삶의 깊이를 터득하고 하나님의 사랑을 체험하게 됩니다. 자기 자신과 하나님을 바로 알게 됩니다.

하나님의 뜻에 따른 사명의 길 / 여행 준비를 하다 보면 짐을 꾸리는 데 시간이 듭니다. 여행을 많이 하는 분들은 가능한 한 적은 짐을 꾸려 이동합니다. 그래서였을까요? 애굽을 떠나 가나안을 향해 나서는 이스라엘이 꾸려야만 했던 짐 이야기가 성경에 자세히 나오지 않습니다. 그런데 유독 한 가지만은 가지고 나섰습니다. 19절을 보십시오.

모세가 요셉의 유골을 가졌으니 이는 요셉이 이스라엘 자손으로 단단히 맹세하게 하여 이르기를 하나님이 반드시 너희를 찾아오시리니 너희는 내 유골을 여기서 가지고 나가라 하였음이더라(출 13:19).

그들은 요셉의 유골을 챙겼습니다. 자유인 이스라엘은 애굽 땅에서 나올 때 요셉의 유골을 가지고 나왔습니다. 이스라엘이 광야 길로 가는 여정은 미션을 수행하는 길이라는 뜻입니다. 미션이 무엇입니까? 꼭 해야 하는 사명입니다. 기억하십시오. 하나님의 사람이 되었다면 세상 욕심은 내려놓아야 하지만, 하나님이 주신 사명은 지고서 걸어야 합니다. 길을 나설 때 내려놓아야 할 것은 세상 짐입니다. 길을 나설 때 지녀야 할 것은 하나님의 미션입니다. 욕심은 내려놓고 사명은 걸머져야 합니다. 이기심은 내려놓고 십자가는 걸머져야 합니다. 그냥 나선다면 놀며 쉬며 가는 길이 되지만, 미션을 지니고 나선다면, 그 길은 결코 놀며 쉬며 갈 수 없습니다. 기도하고 찬양하며 가는 길입니다. 미션은 우리가 나서는 길의 의미를 새롭게 합니다.

2010년 3월에 히말라야 8천 미터 고봉 13개를 오른 뒤 마지막 남은 안나푸르나(8,091m)를 오르는 산악인 오은선의 여정을 한 방송사가 취재하였습니다. 그때 오은선의 품에는 히말라야 8천 미터 고봉 완등을 목표로 경쟁하다가 2009년에 히말라야 낭가파르바트(8,126m) 등정 후 하산 중 추락사한 산악인 고미영의 사진이 있었습니다. 그러니까 오은선이 안나푸르나로 가는 길은 장엄한 미션이었습니다.

좁은 길을 걷는다는 것은 삶을 미션으로 대한다는 뜻입니다. 세속의 경험에 편승하거나 사람의 본능에 충실한 길이 아니라, 하나님의 뜻에 따른 광야 길, 좁은 길을 걸어야 합니다. 이 길을 걸을 때 삶의 의미가 달라집니다. 이 길을 걸을 때 삶의 내용이 달라집니다. 이 길을 걸을 때 삶의 차원이 달라집니다. 예수님은 이렇게 말씀하셨습니다.

좁은 문으로 들어가라 멸망으로 인도하는 문은 크고 그 길이 넓어 그리로 들어가는 자가 많고 생명으로 인도하는 문은 좁고 길이 협착하여 찾는 자가 적음이라(마 7:13-14).

은혜를 누리는 길 / 본문은 이스라엘이 걸어야 할 출애굽 루트(광야 길)가 거칠고 험하고 어렵고 좁다고만 말하지 않습니다. 이 길에 들어서기가 쉽지 않아서 그렇지 막상 그 길에 들어서면 누구도 맛보지 못한, 어느 순간에도 경험하지 못한 놀라운 하늘의 은혜를 입게 됩니다.

> 그들이 숙곳을 떠나서 광야 끝 에담에 장막을 치니 여호와께서 그들 앞에서 가시며 낮에는 구름 기둥으로 그들의 길을 인도하시고 밤에는 불기둥을 그들에게 비추사 낮이나 밤이나 진행하게 하시니 낮에는 구름 기둥, 밤에는 불기둥이 백성 앞에서 떠나지 아니하니라(출 13:20-22).

숙곳은 구원받은 이스라엘이 떠난 곳입니다. 광야 끝 에담은 광야 길의 들머리인 홍해와 맞닿은 곳입니다. 지금까지는 있는 길을 따라서 왔습니다. 이제부터는 광야 길로, 홍해로 들어섭니다. 그런데 보십시오. 그 길을 누가 인도하십니까? 하나님이 인도하십니다. "여호와께서 그들 앞에서 가시며!" 저는 이 대목을 늘 이렇게 새깁니다. '길은 하나님이 내신다. 하나님이 길 없는 곳에 길을 내신다!' 그 길을 하나님이 어떻게 인도하십니까? "낮에는 구름 기둥, 밤에는 불기둥이 백성 앞에서 떠나지 아니하니라!" 누구 앞에서 떠나지 아니했다고요? 백성 앞에서, 그들 앞에서, 우리 앞에서, 내 앞에서! 제3의 길을 걸으십시오. 하늘에 계신 우리 아버지의 은혜를 만끽하게 됩니다.

삶을 미션으로 대하면 그 누구도 맛보지 못한 놀라운 은혜를 누리게 됩니다. 하나님의 사람이 세상에서 걷는 길은 넓은 문으로 가는 길이 아니라 하나님의 뜻을 이루는 좁은 문으로 들어가는 미션입니다. 기억하십시오. 그 길을 걷는 자에게 하나님은 오늘도 "낮에는 구름 기둥, 밤에는 불기둥"으로 인도하십니다. 내 손에 들린 삶의 도구가 오보에가 되어서 "뜻이 하늘에서 이루어진 것같이 땅에서도 이루어지이다"(마 6:10)라고 간증하는 날이 올 것입니다.

03 레위기 │ 드림은 드림(dream)을 이루는 마중물입니다

• 레 1:1-2

1953년 서울 / 6월은 한국 근현대사를 되새겨보는 달입니다. 현충일이 있고 6·25전쟁일이 있기 때문입니다. 한국전쟁이 끝나던 해인 1953년의 서울을 사진으로 담아 놓은 기록이 있어서 살펴보았습니다. 사진 속의 「서울 1953」은 전쟁이 할퀴고 간 잔해를 고스란히 드러내고 있습니다. 사진 속에서 마주친 영등포, 마포, 용산 등은 가난하고 비참하고 힘들었던 그 시절을 고스란히 떠오르게 합니다. 전쟁 직후에는 세상에서 가장 비참한 나라가 대한민국이었는데, 전쟁 후 70년이 지나면서는 G7 선진국 대열에 당당하게 동참하게 되었습니다. 이 엄청난 변화를 무엇으로 설명할 수 있을까요?

저는 사진을 보면서 세 가지 질문을 품었습니다. 우리가 벗어난 세상은 어떤 곳이었습니까? 우리가 지금 누리고 있는 세상은 어떤 곳입니까? 우리가 나아가야 할 세상은 어떤 곳이어야 합니까? 대한민국 국민에게 6월은 우리의 과거와 현재와 미래를 되새겨보고, 들여다보고, 내다보게 하는 계절입니다. 레위기의 첫 구절 1:1-2은 하나님의 백성 이스라엘 자손에게 그 과거를 되돌아보게 하고, 그 현재를 들여다보게 하며, 그 미래를 내다보게 합니다.

부르시고 / 레위기의 서두는 부르심입니다.

여호와께서 회막에서 모세를 부르시고 그에게 말씀하여 이르시되(레 1:1).

이 구절을 원문으로 보면 "[그개] 부르셨다 모세를"입니다. "[그개] 부르셨다"(봐이크라)가 레위기 첫마디입니다. '하나님이 큰 목소리로 모세를 부르셨다'(봐이크라 엘 모쉐)는 소리가 레위기의 첫 구절에서 온 사방으로 울려 퍼집니다. 레위기의 첫 소절은 하나님의 사람을 부르시는 하나님의 음성입니다.

레위기 1:1의 첫 소절은 창세기 3:9의 첫 소절과 철자법에서 똑같습니다. "여호와 하나님이 아담을 부르시며 그에게 이르시되 네가 어디 있느냐"(창 3:9)에서 '여호와 하나님이 아담을 부르셨다'(바이크라 야훼 엘로힘 엘-하아담)라는 구절은 아담과 모세라는 이름씨만 빼고 레위기 1:1의 첫 소절과 똑같은 철자입니다.

창세기 3:9에서 하나님이 아담을 부르셨을 때는 "네가 어디 있느냐"(아이엑카)라고 질문하셨습니다. 아담이 하와와 더불어 먹지 말라고 지시하셨던 지식의 나무 열매를 따 먹은 것을 알고 계셨으면서도 하나님은 아담에게 "너는 왜 죄를 지었느냐"라고 묻지 않고 "네가 어디 있느냐"고 물으셨습니다. 왜 그러셨을까요? 유대 랍비 라시(Rashi)는 그 궁금증을 이렇게 풀었습니다. '하나님이 그렇게 말을 돌리신 까닭은 아담이 겁먹지 않도록 하시기 위해서였다!' 그런 하나님 앞에서 아담이 늘어놓은 대답은 무엇이었습니까?

이르되 내가 동산에서 하나님의 소리를 듣고 내가 벗었으므로 두려워하여 숨었나이다(창 3:10).

아담은 하나님의 목소리를 듣고 두려워서 동산 나무 사이에 숨어 버렸습니다(창 3:8). 모세도 마찬가지로 하나님의 목소리를 들었습니다. 그러나 모세는 숨지 않고 하나님의 소리가 들리는 쪽으로 나아갔습니다. 그렇습니다. 사람은 둘로 구분됩니다. 하나님의 소리를 듣고도 숨어 버리는 사람과 하나님의 목소리가 들리는 쪽으로 나아가는 사람. 여러분은 어느 쪽입니까? 하나님의 부르심은 그 부르심에 응하는 자들의 지평선을 다르게 합니다. 부르심에 부응하면 삶의 차원과 내용이 달라집니다. 부르심에 순종하면 삶의 품격이 달라집니다. 새번역은 레위기 1:1을 이렇게 옮겨 놓았습니다.

주님께서 모세를 회막으로 부르시고, 그에게 말씀하셨다(레 1:1, 새번역).

차이가 느껴집니까? '여호와께서 회막에서 부르셨다'는 것은 하나님이 어디에 계시는지를 알려 주는 데 초점이 있습니다. '주님께서 회막으로 부르셨다'는 것은 모세가 어디로 가야 하는지를 알려 주는 데 초점이 있습니다. 새번역은 자기 장막에 머무르던 모세가 하나님이 부르시는 소리가 나는 쪽으로 발걸음을 움직였다는 보도로 레위기를 시작합니다. 어느 경우든 레위기는 부르심입니다. 초청입니다. 자기 장막에서 증거막으로, 자기 일터에서 하나님의 장막으로, 세상살이에서 하나님이 일하시는 곳으로 나아오라는 초청입니다.

회막에서 / 하나님은 어디에서 모세를 부르십니까?

여호와께서 회막에서 모세를 부르시고 그에게 말씀하여 이르시되(레 1:1).

회막에서 부르십니다! 회막·성막·증거의 장막은 사람의 손으로 지은 집이 아니라 하나님의 뜻대로 지은 장막입니다. 회막은 하나님의 성소이고 성전이며 교회입니다. 처음에 하나님이 모세를 부르셨던 곳은 호렙산입니다(출 3:1-5). 미디안 광야에서 40년간 목자 생활을 하던 모세가 하나님을 대면하였던 현장은 호렙산 산중입니다. 이스라엘이 출애굽한 뒤 하나님이 이스라엘 자손을 하나님의 백성으로 다듬으시고자 모세를 부르셨던 곳은 시내 광야 시내산 꼭대기입니다(출 19:3).

모세가 하나님 앞에 올라가니 여호와께서 산에서 그를 불러 말씀하시되 너는 이같이 야곱의 집에 말하고 이스라엘 자손들에게 말하라(출 19:3).

출애굽기 19:3에서 하나님이 모세를 부르신 곳은 산(시내산·호렙산)이었습니다. 하늘에 계시던 하나님이 모세를 부르시고자 이 땅을 찾으셨을 때 맨 처음 강림하신 곳은 산꼭대기였습니다. 그래서 출애굽기 19:3은 "모세가 하나님 앞에 올라가니"라고 이야기하였습니다. 그때 모세가 하나님을 만나려면 산 위까지 올라가야 했습니다. 그랬던 하나님이 레위기에 들어서면서 모세를 회막에서 부르셨습니다. 회막은 산 위가 아니라 산 아래 이스라엘 자손이 장막을 치고 머물러 있는 곳 한복판에 있었습니다. 출애굽기 40:34을 보십시오. 이스라엘 자손이 하나님의 지시대로 성막을 지어서 하나님께 봉헌하자 구름이, 하나님의 영광이 회막을 덮지 않았습니까. 하나님의 영광이 성막 안에 가득 들어찼다는 것입니다. 시내산 위에 계시던 하나님이 시내산 아래 회막으로 내려오셨다는 것입니다. 하나님이 계신 곳의 위치가 달라졌습니다. 시내산 위에 계시던 하나님이 시내산 아래로, 성막으로 내려오셨습니다. 하늘의 주님이 이 땅으로 내려오셨습니다. 이 소식이 예수 그리스도 안에서 다시 한 번 구체적으로 나타납니다.

> 말씀이 육신이 되어 우리 가운데 거하시매 우리가 그의 영광을 보니 아버지의 독생자의 영광이요 은혜와 진리가 충만하더라(요 1:14).

하나님은 오늘도 우리 가운데 오셔서 우리를 부르십니다. 하나님은 거룩한 곳에 홀로 계시지 않고 세상으로 내려오셔서 하나님의 백성과 함께 거하기를 원하십니다. 하나님의 소리가 회막에서 들린다는 말씀은 하나님이 거기에 계시지 않고 여기에 계신다는 복음입니다. 하나님을 거기에서 찾지 말고 여기에서 찾으십시오. 단, 우리 삶 속에 회막이 있어야만 합니다. 하나님을 만나는 시간과 공간이 있어야 합니다. 그럴 때 우리는 하나님을 거기에 계시는 하나님이 아니라 우리 가운데에, 여기에 계시는 하나님으로 만나게 됩니다.

그에게 말씀하여 이르시되 /

여호와께서 회막에서 모세를 부르시고 그에게 말씀하여 이르시되(레 1:1).

하나님이 모세를 부르신 이유는 그에게 말씀을 주시기 위해서였습니다. 여호와께서 회막에서 모세를 부르시고 그에게 말씀하셨다고 전하지 않습니까.
하나님의 말씀을 듣기는 아브라함도 마찬가지입니다. 아브라함도 자기 귀에 들린 하나님의 말씀을 따라서 삶의 행로를 개척하였습니다. 그러나 하나님이 아브라함을 찾아오실 적에는 천사의 모습을 하셨습니다(창 18:1-8). 사람처럼 만나서 대화를 나누시고 아브라함의 아내 사라가 준비한 음식을 드셨습니다. 그랬던 하나님이 출애굽기에서는 출애굽한 이스라엘에게 불기둥, 구름 기둥의 상징으로 나타나셨습니다(출 13:22). 그랬던 하나님이 레위기에서는 주로 목소리로만 나타나십니다. 레위기에서 하나님은 대부분 말씀하시는 주님으로 표현됩니다(비교, 9:23-24). 이제부터 이스라엘 자손은 모세를 통해서 하나님이 주신 말씀을 듣고 새기면서 언약 공동체로, 성막 공동체로, 예배 공동체로 다져지게 됩니다.

레위기에서 들리는 하나님의 말씀은 이스라엘의 장래에 대한 말씀입니다. 지금까지 들었던 말씀은 이스라엘의 광야 생활에 대한 말씀이었습니다. 이제부터 듣는 말씀은 가나안 땅에서 이스라엘이 어떻게 살아야 하는지에 대한 말씀입니다. 어제의 이스라엘이 아니라 내일의 이스라엘에 대한 말씀입니다. 지나온 과거를 설명하는 말씀이 아니라 앞으로 해야 할 청사진을 제시하시는 말씀입니다. 그 말씀대로 살면 정결하게 되고, 속죄함을 받고, 평강을 풍성하게 누리게 된다는 처방입니다.

드림은 드림을 이루는 마중물 / 하나님은 오늘도 우리에게 기대를 걸고 계십니다. 어떤 모습의 그리스도인이 되기를 하나님이 기대하고 계신다고 생각합니까? 레위기 1:2은 그것을 이렇게 전합니다.

이스라엘 자손에게 말하여 이르라 너희 중에 누구든지 여호와께 예물을 드리려거든 가축 중에서 소나 양으로 예물을 드릴지니라(레 1:2).

레위기 1:2은 1:3부터 시작되는 다섯 가지 예물(번제, 소제, 화목제, 속죄제, 속건제) 설명의 서문입니다. 1:2이 총론이라면 1:3-7:38은 거기에 따른 각론입니다. 하나님의 사람으로 살아가려는 이스라엘에게 하나님이 맨 먼저 기대하시는 것이 무엇입니까? 하나님은 출애굽한 이스라엘이 이제부터는 예배드리는 자들이 되기를 원하십니다. 과거에는 가난과 억압과 죄악에 짓눌려 살았었습니다. 그러나 이제부터는 멋지게, 당당하게, 담대하게 하나님께 예배드리는 이스라엘이 되기를 기대하십니다.

레위기 시대에는 예물로 예배를 드렸습니다. '예물'이 원어로는 '코르반'입니다. '가까이 나아가다'에서 온 말입니다. 하나님께 가까이 나아가서 하나님께 드리는 헌신이 코르반입니다. 주님은 주님의 백성이 세상살이에서 성공하기 전에 먼저 주님 앞에서 신실하기를 기대하십니다. 예배는 이스라엘이 하나님의 백성으로 세워지는 초석입니다. 예배는 보는 것이 아니라 드리는 것입니다. 무엇을 드립니까? 가축을 예물로 드립니다. 불로소득이 아닙니다. 로또 같은 것이 아닙니다. 내 손에 굳은살이 박이면서 얻고 거두고 모은 소득을 가리킵니다. 옛날에는 가축을 기르기가 얼마나 힘들었는지 모릅니다. 정성을 들여 키운 가축을 드려야 했습니다. 희생이 있는, 정성이 담긴 예물을 하나님의 제단에 드리면서 하나님과 소통하였습니다. 저는 레위기의 예물 드리기를 늘 이렇게 새깁니다. 드림(offering)은 드림(dream)의 마중물입니다. 드려야 드림(dream)이 성취됩니다. 사람이 드리면 하나님의 드림(dream)이 이루어집니다.

성전의 문을 두드리십시오. 하나님 앞에서 꿈을 꾸십시오. 하나님이 주신 꿈을 세상 속에서 두드리십시오. 하나님의 기대를 이뤄 가는 주인공이 됩니다. 이어령의 『한국인 이야기: 너 어디에서 왔니』(서울: 파람북, 2020)에 이런 말이 있습니다. "과학자의 분석은 단지 하나님(우주를 만들어 낸 질서와 생명의 본질)의 설계도를 읽는 방법에서(종교적 해독법과) 차이가 날 뿐입니다"(412쪽).

영성은 지성과 어긋나지 않습니다. 그러나 영성은 지성 너머로 나아가게 합니다. 주님은 출애굽한 이스라엘에게 '신앙 세계'(ritual world)에 들어서라고 부르십니다. 이성·지성의 세계가 아닙니다. 과학과 기술이 주도하는 세상이 아닙니다. 예체능 솜씨를 뽐내는 세상이 아닙니다. 물질만의 세상이 아닙니다. 신앙 세계로 부르십니다.

기억하십시오. 애굽 땅에서 히브리인으로 살던 이스라엘은 애굽에서는 하나님을 예배하지 않았습니다. 하나님은 오늘도 우리들을 믿음의 세계로, 신앙세계로, 예배하는 세계로, 드림으로 드림이 이뤄지는 세계로 들어서라고 초청하십니다. 하나님의 말씀을 듣고도 두려워서, 창피해서, 몰라서, 바쁘다는 핑계로 숨어 버렸던 삶을 회개합시다. 십자가의 은혜로 자유와 해방과 구원의 감격을 얻은 자들은 오늘도 하나님이 계시는 곳으로 가까이 나아가서 찬양과 고백과 헌신을 드리는 신앙 세계를 구축해야 합니다. 거기에서 드림은 드림을 이루는 마중물이 됩니다.

04 민수기 │ 축복은 채우지 않아도 삶에 스며드는 은총입니다

• 민 6:22-27

호롱불 세대 / 1960-70년대 시절은 '호롱불 세대', '뒷간 세대'였습니다. 실내 화장실은 생각할 수도 없었고 한겨울이라도 볼일을 보려면 집 뒤 구석 재래식 변소로 가야 했습니다. 그 시절은 '우물 세대'였습니다. 동네 공동 우물을 양동이로 길어 항아리에 담아 놓고 마셔야 했습니다. 가마솥에 물을 끓여 목욕했고, 추운 겨울에도 얼음장을 깨고 빨래했습니다. 검정 고무신을 신고 다녔으며, 중고등 남학생들은 까까머리였습니다. 보자기에 책을 싸서 허리에 차고 다녔고, 여자애들은 고무줄넘기를, 사내애들은 새총을 만들어 가지고 놀았습니다. 학교에서 주는 강냉이 가루로 빵이나 꿀꿀이죽을 만들어 끼니를 때웠으며, 계산기 대신 다섯 알짜리 주판을 굴리면서 셈을 했습니다. 초등학교 1학년 때부터 전교생이 일제히 치르는 일제고사를 보아야 했고, 중학교, 고등학교, 대학교는 본고사 입학시험을 치러 진학하였습니다.

그 시절 최고의 가치는 '잘살아 보세'였습니다. 그로부터 60여 년이 지난 오늘 대한민국은 세계에서 아주 잘사는 나라 중 하나가 되었습니다. 그토록 가난했던 시절이 먼 과거가 되어 버리고 만 오늘, 우리가 추구하는 삶의 가치는 무엇입니까? 민수기 6:22-27은 이런 질문에 대답하는 말씀입니다.

하나님과 함께 야영하기 / '민수기'라는 제목은 '숫자를 세다'라는 뜻에서 왔습니다. 민수기에는 이스라엘 백성의 숫자를 세는 이야기가 두 번 나옵니다. 시내 광야 시내산에서 하나님의 백성으로 양육된 이스라엘의 위상을 점검할 때와(1-4장) 시내 광야를 떠나서 거칠고 힘든 광야를 40년에 걸쳐 헤쳐 가고 난 뒤(26장)가 그것입니다. 처음 인구조사는 하나님의 은혜로 구원받고 하나님의 백성으로 다져진 사람들의 규모가 얼마나 되는지를 파악하기 위해서했습니다. 두 번째로 인구조사를 실시했던 까닭은 하나님이 출애굽 1세대를 심판하시고, 출애굽 2세대로 하여금 가나안 땅에 들어서게 하셨기 때문입니다. 출애굽 2세대의 규모를 파악하고자 두 번째 인구조사를 했더니 출애굽 1세대와 비교했을 때 그 규모가 크게 달라지지 않았습니다. 이스라엘의 광야살이가 겉으로 보기에는 쓰디썼어도 실은 하나님의 은총이었다는 보고서가 민수기입니다.

히브리어 성경에서 민수기의 제목은 '광야에서'(베미드바르)입니다. 히브리어 성경에서 민수기의 첫 구절도 '광야에서'입니다(1:1). 출애굽한 이스라엘은 시내 광야 시내산에서 2년여 동안 지내면서 애굽에서 묻은 세속의 티를 다 씻겨 내었습니다. 땅의 사람이 아니라 하늘의 사람이 되고자 다짐했던 놀라운 일들이 펼쳐졌던 현장이 시내 광야의 회막이었습니다. '광야에서'라는 제목에는 이런 감격이 묻어나고 있습니다. 시내 광야에서 이스라엘이 하나님의 사람으로 다져졌다는 것을 기억하는 책이 민수기입니다.

'광야에서'라는 제목에는 다른 의미도 있습니다. 하나님의 백성으로 다져졌던 이스라엘이 시내 광야를 벗어난 뒤부터는 가나안 변경 모압에 다다르는 동안 하나님을 배신하기 일쑤였다는 쓴 기억이 담겨 있기도 합니다. 광야에서 이스라엘은 하나님과 함께 길을 걷는 연습을 다시 해야 했었다는 기억이 아로새겨져 있다는 사실입니다.

애굽에서 시내산까지의 길은 모세도 오고 간 경험이 있었습니다. 그러나 시내산을 떠나 가나안까지 가는 길은 이스라엘 가운데는 누구도 가 본 적이 없습니다. 그러니 이제부터 누구의 인도를 따라서 가야 합니까? 하나님의 인도입니다! 그러니 광야에서 무슨 일이 벌어져야 합니까? 하나님과 함께 걷는 연습을 해야 합니다. 그래서 민수기의 부제를 이렇게 붙여 보았습니다. '하나님과 함께 야영하기'(Camping with God). 그렇습니다. 민수기의 속내는 하나님과 함께 야영하는, 하나님과 함께 길을 가는 이스라엘이 되기를 바라시는 하나님의 마음으로 채워져 있습니다.

하나님을 알려 주고, 하나님을 알게 하고 / 다음은 하나님이 머나먼 길을 떠나는 이스라엘 자손을 위해서 제사장들이 해야 할 일을 가르치시는 말씀입니다.

여호와께서 모세에게 말씀하여 이르시되 아론과 그의 아들들에게 말하여 이르기를 너희는 이스라엘 자손을 위하여 이렇게 축복하여 이르되(민 6:22-23).

시내산을 떠나는 이스라엘에게, 이제부터 또다시 광야 길에 들어서는 이스라엘에게, 어쩔 수 없이 굶주리고 목마르며 험한 광야살이를 해야만 하는 이스라엘에게 이렇게 축복하라고 지시하십니다. 첫마디만 축복하라고 시키지 않습니다. 맨 마지막도 '이렇게 축복하였다'로 끝납니다.

그들은 이같이 내 이름으로 이스라엘 자손에게 축복할지니 내가 그들에게 복을 주리라(민 6:27).

본문은 '[너희는 이렇게] 축복하라'에서 시작하여 '[내가] 복을 주리라'로 끝을 맺고 있습니다. 본문의 주제는 하나님이 내리시는 복입니다. 특히 27절, "그들은 이같이 내 이름으로 이스라엘 자손에게 축복할지니"는 '그들이 내 이름을 이스라엘 자손에게 심으면'(베싸무 에트 쉐미 알-브네 이스라엘)으로 읽을 수도 있습니다. 하나님의 이름을 이스라엘 자손에게 심어 놓으면 하나님이 복을 내리시겠다는 다짐입니다. 하나님이 이스라엘 중에 계시면, 그 하나님이 이스라엘을 복되게 하신다는 다짐입니다.

광야로 들어서는 이스라엘에게 무엇이 가장 소중합니까? 광야살이를 해야 하는 이스라엘에게 꼭 있어야 할 것이 무엇입니까? 양식입니까, 장막입니까, 물입니까? 이런 질문은 오늘 우리에게도 똑같이 적용됩니다. 우리가 마주 대하는 세상살이도 이스라엘의 광야살이 못지않게 모질고 힘이 듭니다. 살면서 소중한 것이 무엇입니까? 물론 잘되어야 하고, 잘 먹어야 하고, 잘 자야 하고, 잘 살아야 합니다. 그렇게 되기 위해서는 필요하다고 여겨지는 것들이 참 많습니다. 그런데 본문은 그 많은 것 가운데서 딱 한 가지만을 꼽습니다. 그것이 무엇입니까? 하나님입니다! 하나님이 내 안에 계시기만 하면, 하나님이 내 삶을 이끌어 주십니다. 왜 그렇습니까? 하나님이 복을 주시기 때문입니다. 그래서 머나먼 길을 떠나는 이스라엘 자손에게 가장 소중한 것은 하나님과 함께 그 길을 가는 것입니다.

본문 24-26절은 '주여, [길 떠나는] 이스라엘을 이렇게 축복하소서!'라는 소망입니다. 그 축복기도가 하나님이 어떤 분이신지를 알려 주는 내용으로 채워져 있습니다. 본문에 이르기 전까지 이스라엘은 하나님의 백성답게 살자고 다짐합니다. 본문 뒤부터는 광야살이를 해도 하나님의 수신호를 깨닫자고 다짐합니다. 지금까지는 자기 처지를 살피며 여행 준비를 하던 이스라엘이 이제부터는 하늘의 소식에 주목하려고 합니다. 그러니까 민수기 1-10장에서 이스라엘의 관심사가 땅에서 하늘로, 사람에게서 하나님에게로 막 옮겨 가려던 순간에 마주 대하게 되는 본문이 민수기 6:22-27입니다. 이스라엘의 시선이 사람에게서 하나님에게로 옮아 가는 자리에 본문이 자리 잡고 있는 것입니다. 본문의 의도가 이것입니다. 이제부터 이스라엘의 가이드가 되실 하나님이 어떤 분이신지를 가르쳐 주고자 합니다.

제사장의 기도, 순례자의 화답 / 본문이 소개하는 하나님은 복 주시는 하나님입니다. 하나님이 주시는 복이 무엇인지를 삼행시 형태로 24-26절에 수록해 놓았습니다. 각 행마다 두 소절로 이루어져 있습니다. 한글성경에서는 드러나지 않지만, 첫 행(6:24)은 히브리어 단어 세 개(yebarekka yhwh weyishmereka), 두 번째 행은 다섯 개(ya'er yhwh panav 'elleka wihunneka), 세 번째 행은 일곱 개(yissa yhwh panaw eleka weyasem leka shalom)입니다(왕대일, 『민수기』[서울: 대한기독교서회, 2007], 202쪽). 단어 수가 모두 열다섯 개입니다. 그런데 그 단어 수가 행마다 조금씩 늘어나고 있습니다. 한글성경은 원문의 단어 수는 드러내지 못하지만, 절이 바뀌면서 그 길이가 조금씩 늘어나는 것은 드러냅니다.

여호와는 네게 복을 주시고 너를 지키시기를 원하며
여호와는 그의 얼굴을 네게 비추사 은혜 베푸시기를 원하며
여호와는 그 얼굴을 네게로 향하여 드사 평강 주시기를 원하노라

민수기 6:24-26 각 행은 두 소절로 이루어진 삼행시이지만, 이 시에 나오

는 여섯 개의 간구는 첫째로 나오는 "여호와는 네게 복을 주시고"에 대한 해설로 읽을 수 있습니다. 하나님이 주시려는 복이 무엇입니까? 지켜 주시는 것입니다. 하나님이 이스라엘에게 밝은 얼굴로 대하시는 것입니다. 은혜를 주시는 것입니다. 그리고 이스라엘을 고이 보시는 것입니다. 이스라엘에게 평강(샬롬)을 주시는 것입니다. 이 가운데서 여러분이 누리기를 바라는 은총이 무엇입니까? 이 물음에 대한 답은 삶의 형편이나 처지에 따라서 다를 것입니다. 험한 세월을 살면서도 성전에 올라가기를 게을리하지 않았던 한 순례자는 민수기 6:24-26이 바라던 축복을 이렇게 체험하였습니다.

여호와께서 너를 실족하지 아니하게 하시며 너를 지키시는 이가 졸지 아니하시리로다 이스라엘을 지키시는 이는 졸지도 아니하시고 주무시지도 아니하시리로다 여호와는 너를 지키시는 이시라 여호와께서 네 오른쪽에서 네 그늘이 되시나니 낮의 해가 너를 상하게 하지 아니하며 밤의 달도 너를 해치지 아니하리로다 여호와께서 너를 지켜 모든 환난을 면하게 하시며 또 네 영혼을 지키시리로다 여호와께서 너의 출입을 지금부터 영원까지 지키시리로다(시 121:3-8).

세어 보십시오. '지키시다'라는 낱말과 관련된 표현이 모두 몇 번 나옵니까? 여섯 번 반복됩니다. 민수기의 제사장의 축복기도에서는 한 번 나왔던 '지키다'라는 낱말이 순례자의 고백에서는 모두 여섯 번 나옵니다. 무슨 말입니까? 이것은 제사장이 한 번 다짐하였던 것을 순례자는 삶에서 여섯 번이나 체험하였다는 뜻으로 새기게 합니다. 하나님이 지키시는 인생, 하나님이 울타리가 되어 주시는 인생, 하나님이 보호자가 되어 주시는 인생을 살아가고 있는 사람이라는 뜻입니다. 민수기 6:24-26의 복을 누리며 사는 사람이 되었다는 간증입니다.

축복은 채워지지 않아도 스며드는 것 / 민수기 6:24-26에 수록된 제사장의 축복기도에는 "여호와"란 이름도 행마다 한 번씩 모두 세 번 나옵니다. 세 번에 걸친 축복은 여호와 하나님이 주신다는 것을 분명히 합니다. 민수기 6:24-26에서는 삼행시를 구성하는 히브리어 단어 열다섯 개에서 "여호와" 단어 세 개를 빼면 남은 단어 수가 열두 개입니다. 왜 열두 개일까요? 이스라엘의 지파가 열둘이기 때문입니다. 여기에는 하나님의 백성 모두 하나님의 복을 누리는 자들이 되기를 바라는 하나님의 마음이 간직되어 있습니다.

제사장의 기도에서 하나님의 이름이 세 번 반복되고 있는 사실은, 마르틴 루터에 따르면, 삼위일체 신앙을 새기게 합니다(Nathan MacDonald, "A Trinitarian Palimpsest: Luther's Reading of the Priestly Blessing [Numbers 6:24-26]", *Pro Ecclesia* 21:3 [2012], 299-313). 성부 하나님은 하나님의 백성을 긍휼히 여기시고(시 103:13), "어두운 데에 빛이 비치라 말씀하셨던 그 하나님께서 예수 그리스도의 얼굴에 있는 하나님의 영광을 아는 빛을 우리 마음에 비추"(고후 4:6)셔서 우리를 구원하시며, 성령 하나님은 '우리에게 주신 성령으로 말미암아 하나님의 사랑을 우리 마음에 부어 주셨다'(롬 5:5)는 식으로 새겼습니다(Douglas Judisch, "The Festival of the Holy Trinity: Numbers 6:22-27", *Concordia Theological Quarterly* 47:1 [1983], 38-41). 민수기 6장이 바라던 축복을 '예수 그리스도의 은혜, 하나님의 사랑, 성령의 교통하심'으로 정리해 놓았습니다(고후 13:13). 무엇이 하나님의 사람들에게 하나님이 주시는 복입니까? 구원의 은혜입니다. 하나님의 사랑입니다. 성령과의 사귐입니다.

40년 동안 연기자로 살아온 한 연예인이 에세이 한 권을 펴냈습니다. 『채우지 않아도 삶에 스며드는 축복』(정애리 [파주: 다산북스, 2021])입니다. 연예인으로 살면서 참으로 깊은 상처가 그의 삶에 나무옹이처럼 박혔습니다. 그렇지만 상처가 아문 흔적이, 길게 드러난 흉터가 누군가에게 위로와 용기가 된다면 기꺼이 그 상처나 흉터를 내보이겠다는 심정으로 그 글을 썼습니다(13쪽). 그는 독실한 그리스도인입니다. 제가 그 제목을 한번 바꿔 보았습니다. '축복은 내가 채우려고 애쓰지 않아도 일상에 스며드는 은총이다!'

그렇습니다. 축복은 채우지 않아도 삶에 스며드는 은총입니다. 인생이라는 그릇이 날마다, 순간마다, 평생 하나님이 주시는 복으로 채워지는 그릇이 되기를 바랍니다. 질그릇 같은 우리가 보배 같은 존재인 것은 하나님이 주시는 복과 능력이 우리 안에서 역사하기 때문입니다. 삶에서 가장 소중한 것은 하나님과 함께 길을 가려는 다짐입니다.

05 신명기 | 하나님 앞에서 기억하며, 기대하고, 기뻐하십시오

• 신 16:9-12

안식일과 순례절기 / 맥추절의 뿌리는 칠칠절에 있습니다. 칠칠절의 뿌리는 안식일입니다. 안식일은 노동에서 쉬는 날이 아닙니다. 시간 속에 마련한 성소입니다. 천지를 창조하시고 제7일에 안식하신 하나님을 본받아서 일상의 제7일을 구별하는 시간입니다. 아브라함 여호수아 헤셸(Abraham Joshua Heschel, 1907-1972)은 안식일의 소중함을 이렇게 표현했습니다. '이스라엘이 안식일을 지킨 것이 아니라 안식일이 이스라엘을 지켰다!'

안식일은 쉼입니다. 쉬기 위해서는 서야 합니다. 선 뒤에는 하나님 앞에서 숨을 쉬어야 합니다. 쉼 → 섬 → 숨! 이것을 위해서 이스라엘은 하나님의 성전이 있는 곳으로 해마다 순례하였습니다. 순례절기가 히브리어로는 '하그'입니다. 이스라엘에는 유월절, 칠칠절, 초막절에 '하그'를 지켰습니다. 우리 달력으로 유월절은 봄에 지킵니다. 칠칠절은 여름에 지킵니다. 초막절은 가을에 지킵니다. 세 절기 모두 이스라엘에게 감사를 회복하게 하는 시간입니다. 감사를 잊거나 잃어버리고 사는 이들에게 인생살이나 신앙생활의 토대가 감사에 있음을 일깨워 주는 장치입니다. 유월절에는 구원받음을 감사합니다. 칠칠절에는 살아가게 해 주심을 감사합니다. 초막절에는 주 하나님과 동행하였음을 감사합니다.

기대하기 /

일곱 주를 셀지니 곡식에 낫을 대는 첫날부터 일곱 주를 세어 네 하나님 여호와 앞에 칠칠절을 지키되(신 16:9-10a).

"곡식에 낫을 대는 첫날부터 일곱 주(쉬브아 샤부오트, seven weeks)를 세어 네 하나님 여호와 앞에 칠칠절(하그 샤부오트)을 지키되." 한글성경에서는 출애굽기 23:16과 34:22에서 칠칠절을 맥추절로 옮겨 놓았습니다. 원어에서는 '밀의 첫 수확으로 지키는 칠칠절'(하그 샤부오트…비쿠레 케치르 힛팀, 출 34:22)인데, 그 칠칠절을 한글성경은 맥추절로 번역해 놓았습니다. 왜 그랬을까요?

우선 본문에서 "곡식에 낫을 대는 첫날부터 일곱 주를" 세라는 말씀에 주목해 봅니다. 옛 이스라엘 사람들은 보리가 아닌 밀을 심었습니다. 그 밀을 이스라엘 땅에서는 우기에 해당하는 10월 말에서 12월 중순 사이에 심었습니다. 그런 뒤 그 이듬해 4월 말에서 5월 말 사이에 수확하였습니다(Victor H. Matthews, "Wheat", *The New Interpreter's Dictionary of the Bible*, vol. 5, 842). 유대인들의 유월절은 3월 말에서 4월에 있습니다. 유월절 절기를 지낸 뒤 밀을 거둬들이기 위해서 낫을 대는 첫날부터 일곱 주를 센다면 그때가 대략 6-7월에 해당됩니다. 그런데 우리나라가 주로 농사지으며 살던 시절에 6월 중순에서 7월 초는 보리 수확을 하던 때였습니다. 그래서 '곡식에 낫을 대는 첫날부터 일곱 주를 세어…칠칠절을 지키라'고 한 것을 맥추절, 보리를 추수하는 절기로 불렸던 것으로 보입니다. 이런 까닭에 한국 교회는 7월 첫 주일을 맥추절로 지키게 되었습니다.

칠칠절이든 맥추절이든, 기억할 것은 그 절기가 되기까지 일상 중에 세어야 할 숫자가 있다는 사실입니다. 낫을 들어 (밀을) 베면서 일곱 주를 세어서 절기를 지키라고 하지 않았습니까. 숫자를 센다는 의미가 무엇일까요? 손에 무엇이 들려 있습니까? 낫이 들려 있습니다. 눈에 무슨 광경이 펼쳐집니까? 다 자란 밀밭이 펼쳐져 있습니다. 그러니까 '세어라'라는 말은 없는 것을 세지 않고 있는 것을 세라는 주문입니다. 우리에게 없는 것을 따지지 말고 있는 것이 무엇인지를 셈해 보라는 것입니다. 왜 그렇습니까? 거기에서 감사가 터져 나오기 때문입니다!

세어 보십시오. 우리에게 지금 무엇이 있습니까? 내 식구가 병약하다고 안타까워하지 마십시오. 그런 식구가 있어서 그래도 감사합니다. 공기를 들이마실 수 있어서 감사합니다. 성도들이 있어서 감사합니다. 교회가 있어서 감사합니다. 내 나라, 내 조국이 있어서 감사합니다. 누가 감사절의 주인공이 됩니까? 내게 있는 것을 세어 보는 자가 감사절의 주인공입니다.

기뻐하기 / 칠칠절을 어떻게 지키라고 합니까?

네 하나님 여호와께서 네게 복을 주신 대로 네 힘을 헤아려 자원하는 예물을 드리고 너와 네 자녀와 노비와 네 성중에 있는 레위인과 및 너희 중에 있는 객과 고아와 과부가 함께 네 하나님 여호와께서 자기의 이름을 두시려고 택하신 곳에서 네 하나님 여호와 앞에서 즐거워할지니라(신 16:10b-11).

세 가지에 주목하십시오. 하나는 복을 주신 하나님입니다. "네 하나님 여호와께서 네게 복을 주신 대로"라고 하지 않았습니까! 다른 하나는 자기 힘을 헤아려 예물을 드리는 사람입니다. "네 힘을 헤아려 자원하는 예물을 드리고"라고 하지 않았습니까! 나머지 하나는 온 식구를 초청하여 하나님 앞에서 잔치를 벌이는 예배자입니다. "너와 네 자녀와 노비와 네 성중에 있는 레위인과 및 너희 중에 있는 객과 고아와 과부가 함께… 네 하나님 여호와 앞에서 즐거워할지니라"라고 하지 않았습니까! 복을 주시는 하나님이 계십니다. 예물을 드리는 자가 있습니다. 사람들을 초청해서 하나님 앞에서 잔치를 벌이는 자가 있습니다. 주시고, 드리고, 나누고! 위에서 아래로, 아래에서 위로, 아래에서 양옆으로!

흔히 신앙생활을 개인적인 것으로 단정합니다. 그러나 하나님이 정해 놓으신 시간을 지킨다는 것은 개인적이라기보다는 공적(public)입니다. 혼자서 드리면 기도이지만, 더불어 드리면 예배가 됩니다. 예배에 가족이, 온 세대가 함께해야만 하는 이유가 여기에 있습니다. 예배는 하나님께 자원하는 마음으로 예물을 드리고, 온 식구들과 함께 성전의 제단 주위에 모여 즐거워하는 시간입니다. 성도의 교제를 이루는 것입니다. 삶의 간증을 서로 나누는 것입니다. 그리고 하나님 앞에서 즐거워하는 것입니다.

세상에서 즐거워하다가도 하나님 앞에만 오면 엄숙해지는 것이 아니라, 세상에서는 아무리 힘들고 괴로웠어도 하나님 앞에만 오면 기쁘고 놀라고 감격하자는 것입니다. 하나님 앞에서 영적인 에너지를 충전해야 합니다. 세상일에 쫓기며 지내다가 방전되고 만 영적 에너지를, 세속에 눌려 지내다가 잊어버린 기쁨과 감동을 하나님 앞에서 발견하자는 것입니다.

하나님 앞에서 즐거워하라는 주문이 신명기 16:16에서는 이렇게 표현됩니다.

너의 가운데 모든 남자는 일 년에 세 번 곧 무교절과 칠칠절과 초막절에 네 하나님 여호와께서 택하신 곳에서 여호와를 뵈옵되 빈손으로 여호와를 뵈옵지 말고 (신 16:16).

하나님 앞에서 즐거워하기 전에 무슨 일이 먼저 있어야 합니까? 하나님을 뵙는 일이 먼저 있어야 합니다. 이 말이 역대하 3:1에도 나옵니다.

솔로몬이 예루살렘 모리아산에 여호와의 전 건축하기를 시작하니 그곳은 전에 여호와께서 그의 아버지 다윗에게 나타나신 곳이요(대하 3:1a).

신명기 16:16의 '뵈옵다'('라아'의 수동태 미완료형)를 역대하 3:1은 '하나님이 나타나셨다'('라아'의 수동태 완료형)로 바꿔 놓았습니다. 모리아산에서 '모리아'는 '여호와께서 보신'(라아 + 야훼) 곳이라는 뜻입니다. 무슨 말입니까? 내가 하나님을 뵈러 간 줄 알았는데 하나님이 내게 오신다는 뜻입니다. 나를 안아 주시는 하나님 앞에서 내가 안아야 할 모든 사람을 초청하여 기쁨의 교제를 이루게 된다는 것입니다. 그것이 칠칠절 감사의 클라이맥스입니다. 오 주여, 일상에서는 눈물을 흘렸어도 하나님 앞에서는 기쁨을 회복하게 하소서! 그 기쁨에 힘입어 일상을 거뜬히 헤쳐 가게 하소서!

기억하기 / 칠칠절의 감사에는 기억해야 할 것이 있습니다.

너는 애굽에서 종 되었던 것을 기억하고 이 규례를 지켜 행할지니라(신 16:12).

애굽에서 종 되었던 것을 기억하라고 주문합니다. '기억하라'는 말은 유월절 절기를 지키라는 말씀에도, 초막절을 지키라는 말씀에도 나옵니다(신 16:3; 레 23:42-43). 그러나 뉘앙스가 다릅니다. 유월절을 지키라고 말씀할 때는 이렇게 다짐합니다.

> 유교병을 그것과 함께 먹지 말고 이레 동안은 무교병 곧 고난의 떡을 그것과 함께 먹으라 이는 네가 애굽 땅에서 급히 나왔음이니 이같이 행하여 네 평생에 항상 네가 애굽 땅에서 나온 날을 기억할 것이니라(신 16:3).

유월절 절기 때는 애굽 땅에서 나온 날을 기억하라고 말했지만, 칠칠절을 지킬 때는 애굽에서 종 되었던 것을 기억하라고 말합니다. 출애굽의 은총을 기억하라는 말씀은 초막절 지키기에도 나옵니다(레 23:42-43). 세 절기의 공통 요소가 모두 출애굽의 은총을 기억하기입니다. 유월절 때는 애굽 땅에서 나온 날을 기억하고(16:3, 6), 칠칠절 때는 애굽에서 종 되었던 것을 기억하고(16:12), 초막절 때에는 출애굽한 뒤 이스라엘이 40여 년 동안 초막에서 거주했던 것을 기억하라(레 23:43)고 합니다. 이처럼 세 절기에는 모두 감사와 감격과 감동이 있습니다.

칠칠절에 우리가 특히 기억해야 할 것이 무엇입니까? 예수 그리스도의 십자가로 구원받은 백성인 것을 감사합시다. 주님의 은혜로 구원받지 못했으면 여전히 세상·세속에 짓눌려 살 처지였는데, 거기에서 벗어나게 된 것을 감사합시다. 구원받은 뒤 하나님과 동행·동숙하며 여기까지 오게 된 것을 감사합시다. 기억하는 자만이 감사할 수 있습니다. 감사의 뿌리는 기억하기입니다. 상처 없는 사람이 어디에 있겠습니까. 옹이가 없는 나무가 어디에 있겠습니까. 상처는 긁을수록 덧납니다. 내 안에 계신 생명의 주님이 그 상처 부위에 새살이 돋아나게 하신다는 것을 기억하십시오.

기억하기, 기대하기, 기뻐하기 / 본문의 술어에는 크게 세 동작이 있습니다. '세라', '즐거워하라', '기억하라'. 이 세 동작 모두 세 개의 'ㄱ'으로 정리됩니다. 하나님 앞에서 '기대하기, 기뻐하기, 기억하기.' 처음에는 기대하였습니다. 일곱 주를 세라고 하지 않았습니까! 그다음에는 기뻐하였습니다. "네 하나님 여호와 앞에서 즐거워할지니라"라고 하지 않았습니까! 그러고 난 뒤에 기억합니다. "너는 애굽에서 종 되었던 것을 기억하고"라고 하지 않았습니까!

'기대하기, 기뻐하기, 기억하기'는 동작의 흐름에서 이렇게 정리할 수 있습니다. 맨 먼저 기억해야 합니다. 애굽에서 종 되었던 것을 기억해야 합니다. 애굽에서 종살이하던 시절이 있었지만, 지금은 하나님의 은혜로 자유와 해방과 구원을 누리는 하나님의 백성이 되었습니다. 다음으로는 기대하는 일입니다. 곡식에 낫을 대는 첫날부터 일곱 주를 세면서 땀 흘린 노동의 열매를 기대합니다. 마지막으로는 하나님 앞으로 나와 예배드리며 온 이웃들과 더불어 하나님 앞에서 즐기는 것입니다. 이런 맥락에서 본문이 가리키는 세 개의 'ㄱ'으로 정리되는 동작은 이렇게 배열됩니다. 기억하기 → 기대하기 → 기뻐하기! 감사의 내용을 기억하기, 기대하기, 기뻐하기로 채우자는 것입니다.

정호승 시인이 쓴 글에 "삼등은 괜찮지만 삼류는 안 된다"는 말이 나옵니다(『내 인생에 용기가 되어 준 한마디』[서울: 비채, 2013], 32-37쪽). 누구나 일등이 될 수는 없습니다. 이등이 될 수도 있고 삼등이 될 수도 있습니다. 그렇지만 삼류가 되어서는 안 됩니다. 삼등과 삼류의 차이가 무엇입니까? '가지런할 등'(等)은 순위나 등급을 나타내고, '흐를 류'(流)는 위치나 부류를 가리킵니다. '등'이 외양적 형태라면, '류'는 내면적 상태입니다. 삼류가 공산품일 경우에는 품질이 형편없다는 뜻이고, 인간일 경우에는 인품이 형편없다는 뜻이고, 나라일 경우에는 국격(國格)이 엉망이라는 뜻입니다. 순위에서는 삼등을 한다고 해도 질과 가치에서는 삼류가 되지 말자는 것입니다.

삼류 인생과 일류 인생의 차이가 어디에 있을까요? 감사가 있는 인생과 감사가 없는 인생! 바로 그 차이가 우리 삶의 품질(?)을 일류와 삼류로 구분합니다. 하나님 앞으로 나아가는 감사로 삶을 재정비합시다. 하나님께 예물을 드리는 감사로 삶을 곧추세웁시다. 하나님이 주신 것을 세어 보는 감사로 삶을 고칩시다. 하나님 앞에서 기뻐하는 감사로 삶을 재충전합시다. 그 감사를 기억하기 → 기대하기 → 기뻐하기로 채웁시다.

06 여호수아 | 바닥이 판판하지 않은 돌도 주춧돌이 될 수 있습니다

• 수 10:6-11

네게브 사막을 옥토로 일군 사람들 / 오늘날 이스라엘 땅에 유대인들이 모여들기 시작한 것은 1차 세계대전이 끝난 1917년부터입니다. 그때 유대 정착민들이 봉착했던 문제는 그들이 정착한 땅에 물이 턱없이 부족하다는 사실이었습니다. 환경은 척박했지만 그들은 좌절하지 않았습니다. 갈릴리 호수의 물을 산꼭대기까지 파이프로 연결해 모터로 끌어올려 식수로 썼습니다. 생활하수의 92%를 재처리하여 농업용수로 썼습니다. 1964년에는 이스라엘 땅 남쪽 홍해 아카바만 해안에 '해수 담수화 플랜트'를 건설해서 바닷물을 민물로 만들었습니다. 갈릴리 호수에서 퍼 올린 물과 담수화 과정을 거친 바닷물을 사막의 암반층에 저장하여 사용하였습니다. 그 결과 오늘날 네게브 사막은 포도, 석류, 무화과, 오렌지 등 유실수를 심고 가꾸고 수출하는 농토로 개발되었습니다. "하나님이 유대인들에게 약속한 선물은 약속의 땅이 아니라 약속의 땅을 일굴 수 있는 끈기와 열정"이었습니다(홍익희, "新유대인 이야기 14. 척박한 환경 이겨낸 유대인들의 지혜와 끈기", 「조선일보」 2021. 7. 6., A30면).

여호수아서라는 걸림돌 / 여호수아서는 읽기가 쉽지 않습니다. 어려워서가 아닙니다. 이야기의 줄거리가 가령 여호수아 6-12장의 경우, 오늘날의 시각에서 보았을 때는 폭력에 치우쳐 있습니다. 그렇지만 이 이야기를 곧장 정복기사라고는 부르지 마십시오. 하나님의 약속이 실현되는 과정에서 여호수아와 이스라엘 자손이 쓰임 받았던 이야기로 보아야 합니다. 여호수아 6-12장에서 중심되는 장면은 셋입니다. 여리고성 정복(6장)은 이스라엘은 군인이 아니라 신앙인이 되어야 한다는 이야기입니다. 아이성 정복(7-8장)은 정직하고 순결해야 이긴다는 이야기입니다. 기브온성을 차지하는 이야기(9-10장)는 화평케

하는 자가 땅을 차지하게 된다는 이야기입니다. 셋 다 이스라엘은 하나님의 손발과 도구가 되어 세상에서 용감하게 살아야 한다는 이야기입니다. 그래프를 그릴 때 상수는 변하지 않지만 변수는 변합니다. 기독교 신앙의 상수는 믿음으로 세상을 이기는 진리입니다(요일 5:4). 변수는 그 승리의 방식입니다. 여호수아서에서는 세상을 이기는 방식이 싸움이었지만, 예수님에게는 사랑이었습니다. 여호수아서는 하나님의 뜻을 이루고자 칼과 창을 들었지만, 예수님은 하나님의 뜻을 이루고자 십자가를 등에 지셨습니다(고전 1:23-24).

여호수아 이름의 뜻이 '여호와께서 구원하신다'임을 기억하십시오. 그 여호수아가 신약의 명칭으로는 예수입니다. 헬라어 예수의 뜻이 '하나님의 구원'입니다. 여호수아서가 전개하는 땅 정복기사가 거칠고 투박하고 때로는 참혹하지만, 여호수아는 어디까지나 그 당시 그 땅에 이루시고자 했던 하나님의 뜻을 펼쳐 가던 도구였습니다. 여호수아서는 '폭력의 책'(Text of Terror)이라기보다는 하나님 사람들의 '생존에 관한 책'(Text of Survival)입니다.

무슨 일이 벌어졌는가? 길갈에서 기브온으로 / 본문은 가나안 땅에 들어선 이스라엘이 가나안 땅의 중부 요충지 기브온을 차지하고 난 뒤 벌어진 이야기입니다. 본문은 이렇게 시작합니다.

기브온 사람들이 길갈 진영에 사람을 보내어 여호수아에게 전하되 당신의 종들 돕기를 더디게 하지 마시고 속히 우리에게 올라와 우리를 구하소서 산지에 거주하는 아모리 사람의 왕들이 다 모여 우리를 치나이다 하매(수 10:6).

기브온에 거주하는 사람들이 요단 건너 여리고 평지 길갈에 진을 치고 있던 여호수아에게 긴급 도움을 요청합니다. 기브온이 이스라엘과 화친조약을 맺은 일로(10:3-5) '아모리 족속의 다섯 왕'이 뭉쳤다는 것입니다(10:3). 이스라엘과 화친한 기브온을 징벌하고자 군대를 거느리고 기브온 땅을 침공하였습니다. 그래서 무슨 일이 벌어집니까?

여호수아가 모든 군사와 용사와 더불어 길갈에서 올라가니라(수 10:7).

여호수아가 모든 "군사"와 "용사"와 더불어 길갈에서 기브온으로 올라갔습니다. "군사"(암 함밀하마)라고 하였지만, '싸움에 동원된 백성'이었고, "용사"(김보레 헥하일)라고 하였지만, '용감한 남자들'이었습니다. 상대편 진영에는 "아모리 족속(가나안 원주민)의 다섯 왕들"의 "모든 군대"(막하네이헴, 10:5)가 있었습니다. 여호수아의 사람들은 군사·용사라고, 여호수아가 맞서야 될 사람들은 군대라고 불립니다. 군사·용사라는 단어와 '군대'란 낱말의 차이를 간파해야 합니다. 군대는 전쟁 수행을 위해서 모인 조직입니다. 군사·용사란 나라를 지키고자 전쟁터에 기꺼이 나선 시민들입니다. 서로 대결한다면 누가 이기겠습니까?

본문이 전하는 싸움은 5:1의 싸움입니다. 저쪽 진영에는 다섯 성읍의 군대들이, 이쪽 진영에는 여호수아의 군사들이 있습니다. 객관적으로 살피면, 누가보아도 여호수아의 군사들이 백전백패입니다. 아무리 의기충천하여 단합해서 뭉친 시민들이라고 해도 살상무기로 무장한 군대를 꺾을 수는 없습니다. 본문이 말하려고 하는 것은 그런 무장이나 기세가 아닙니다. 본문이 말하려고 하는 것은 힘에 의지해서 사는 자들과 하나님의 은혜로 사는 자들 사이에 벌어진 전쟁입니다. 파워(power)와 그레이스(grace)의 대결입니다. 사람의 힘과 하나님의 은혜의 대결입니다. 누가, 어떤 사람이 이기겠습니까? 시대가 어렵습니다. 시절이 소란합니다. 세상은 지금 은혜로 사는 자들에게 도움을 요청하고 있습니다. "와서 도우라!" 세상이 어지러울수록 내 힘을 뽐내는 인생에서 하나님의 은총에 절대 의지하는 그리스도인다움을 바로 세워 가기를 바랍니다.

무슨 일이 벌어졌는가? 기브온 전투 / 무슨 일이 벌어졌습니까? 본문의 이야기는 이렇게 이어집니다.

그때에 여호와께서 여호수아에게 이르시되 그들을 두려워하지 말라 내가 그들을 네 손에 넘겨주었으니 그들 중에서 한 사람도 너를 당할 자 없으리라 하신지라 여호수아가 길갈에서 밤새도록 올라가 갑자기 그들에게 이르니 여호와께서 그들을 이스라엘 앞에서 패하게 하시므로 여호수아가 그들을 기브온에서 크게 살륙하고 벧호론에 올라가는 비탈에서 추격하여 아세가와 막게다까지 이르니라(수 10:8-10).

본문이 전하는 장면은 여호수아의 군사들과 아모리 족속의 군대들이 벌이는 기브온 전투입니다. 여호수아가 길갈에서 밤새도록 기브온으로 올라가서 아모리 군대들을 기습하였습니다. 싸움의 추가 여호수아 쪽으로 크게 기울었습니다. 여호수아가 한 일과 하나님이 하신 일을 구분해 보십시오. 여호수아가 한 일은 "길갈에서…올라가" → "갑자기 그들에게 이르니"("기습작전을 폈다", 새번역) → "크게 살륙하고" → "추격하여" → "[아세가와 막게다까지] 이르니라"입니다. 이렇게만 본다면 본문은 여호수아의 군사들이 기브온 전투에서 쟁취한 승전보입니다. 그러나 그렇게만 보아서는 안 됩니다. 본문에서 눈여겨볼 것은 여호수아의 전략이나 전투가 아니라 하나님이 하신 일입니다. 본문은 기브온 전투에서 하나님이 하신 일을 한마디로 이렇게 소개합니다.

여호와께서 그들을 이스라엘 앞에서 패하게 하시므로(수 10:10a).

한글성경에서 "여호와께서…패하게 하시므로"는 '여호와께서 혼란에 빠지게 하셨다'(봐이훔멤 야훼)는 뜻입니다. 여호수아의 군사들이 기습해서 이겼다기보다도 여호수아의 군사들이 하나님의 말씀대로 기민하게 움직이자 하나님이 아모리 족속의 군대들을 번쩍 들어서 혼란의 늪에 빠지게 하셨다는 것입니다. 아모리 족속의 군대들이 우왕좌왕하다가 스스로 침몰하는 모습을 '이스라엘이 보는 앞에서'(리프네 이스라엘) 만드셨다는 것입니다.

다음 세 가지를 가슴에 새기십시오. 첫째, 하나님은 은총으로 사는 자가 힘으로 사는 자를 이기게 하십니다. 둘째, 세상은 하나님의 영광을 드러내는 무대입니다. 셋째, 우리는 그 무대의 주인공으로 부름 받았습니다. 이런 이야기가 여호수아 당시에만 있었던 것은 아닙니다. 오늘 우리들의 이야기여야 합니다. 오늘 우리들이 체험하는 하나님 이야기입니다.

하나님의 그랭이질 / 여호수아 이야기가 그 시대뿐 아니라 이 시대의 이야기가 되기 위해서는 다음 말씀에 주목해야 합니다.

그때에 여호와께서 여호수아에게 이르시되 그들을 두려워하지 말라 내가 그들

을 네 손에 넘겨주었으니 그들 중에서 한 사람도 너를 당할 자 없으리라 하신지라
(수 10:8).

하나님이 여호수아에게 이렇게 다짐하셨습니다. "내가 그들을 네 손에 넘겨주었으니!" 이제부터는 대적들 가운데 어느 누구도 여호수아를 당해 낼 수 없습니다. "내가 그들을 네 손에 넘겨주었으니"라고 말씀하시지 않았습니까! 이스라엘의 손이 하나님이 쓰시는 도구가 되어 있다는 것입니다. 하나님은 어제나 오늘이나 내일이나 하나님의 사람을 하나님의 동반자로 삼으십니다. 이 말씀을 이렇게 새기십시오. "싸우기는 여호수아가, 이기게 하시는 분은 하나님!"

여호수아가 완전해서 하나님이 쓰시는 도구가 된 것이 아닙니다. 여호수아의 이스라엘이 완전해서가 아닙니다. '그랭이질'이란 우리말이 있습니다. 옛날에는 집을 지을 때 돌을 가져다가 주춧돌로 썼습니다. 주춧돌은 바닥이 판판해야 쓸모 있습니다. 그러나 실제로 집을 지을 때는 생긴 돌 모양 그대로 주춧돌로 썼습니다. 돌의 모양을 따라 나무 기둥의 밑부분을 파내었습니다. 주춧돌로 사용될 돌의 바닥 생김새에 따라 그 위에 세울 나무 기둥의 밑부분을 파내는 작업을 그랭이질이라고 불렀습니다. 하나님은 이스라엘이 완전해서 하나님의 승리를 맛보게 하신 것이 아닙니다. 바닥이 판판하지 않은 돌이라고 해도 하나님은 그랭이질로 하나님 나라를 세우는 재료로 멋지게 사용하십니다.

하나님은 제대로 된 사람만 하나님의 사람으로 사용하시지 않습니다. 그렇지 않아도 그리스도 예수의 십자가 은혜로, 하늘 아버지의 은총으로 살아가겠다고 나서기만 하면, 하나님이 그랭이질을 하셔서 그가 이 땅에서 하나님 나라의 기둥이 되게 하십니다. 그래서 사도 바울이 이렇게 외쳤습니다.

믿음의 선한 싸움을 싸우라 영생을 취하라 이를 위하여 네가 부르심을 받았고 많은 증인 앞에서 선한 증언을 하였도다(딤전 6:12).

기적을 써 가는 삶 / 우리 삶이 하나님의 뜻을 드러내는 하나님의 손발이 될 때, 우리 재능이 하나님의 도구가 될 때 하나님은 아주 멋진 것으로 우리 삶의 현장을 채워 주십니다. 그 간증이 이것입니다.

그들이 이스라엘 앞에서 도망하여 벧호론의 비탈에서 내려갈 때에 여호와께서 하늘에서 큰 우박덩이를 아세가에 이르기까지 내리시매 그들이 죽었으니 이스라엘 자손의 칼에 죽은 자보다 우박에 죽은 자가 더 많았더라(수 10:11).

엄청난 승리였습니다. 한마디로, 기적이 일어났습니다. 여호수아가 경험했던 기적은 오늘날에도 일어납니다. 지난 2021년 7월 8일 저녁에 '한국 기독의 사회 밀알강연회'가 줌(ZOOM)으로 열렸습니다. 40년 넘게 아프리카 잠비아에서 사역하고 있는 전미령 간호선교사의 선교 보고를 들었습니다. 전미령 선교사는 1987년 서른 살 때 케냐에서 간호사를 구한다는 신문광고를 보고 지원하면서 아프리카에서 살게 되었습니다. 1993년에 잠비아로 사역지를 옮겨 30년간 가난하고 헐벗은 주민들을 섬겼습니다. 잠비아의 시골 진료소에서 일차 진료를 하면서 환자들에게 이렇게 말했습니다. "할머니, 저희가 할 일은 다 했어요. 나머지는 하나님께서 하실 것입니다. 그러니 매일 상처를 붙들고 예수님 이름으로 기도하세요." 놀라운 소문이 퍼졌습니다. 그가 세운 카젬바 진료소에 온갖 환자들이 몰려들어 치료받는 기적이 일어났습니다. 하나님은 가진 돈이 하나도 없던 그를 들어서 1999년에 그 땅에 병원을 세우게 하셨습니다.

이제 전미령 선교사는 간호선교사로 살아온 지 40여 년 만에 잠비아 땅에 세운 병원을 운영하는 자리에까지 왔습니다. 간호사들을 양성하는 간호대학도 세웠습니다. 그가 이렇게 고백합니다. "이 모든 것은 내가 한 일이 아닙니다. 하나님이 다 하신 일입니다." 그는 힘들고 흔들릴 때마다 자기를 비워 십자가를 지신 예수 그리스도처럼 이 땅의 영화를 포기하고 잠비아 사람이 되어, 죽기까지 순종하는 선교사가 되겠다고 다짐하였습니다. 제 눈에 전미령 선교사는 잠비아 땅의 여호수아였습니다. 전미령 선교사뿐만 아니라 우리도 이 시대의 여호수아가 될 수 있습니다. 하나님은 오늘도 우리를 쓰시고자 그랭이질을 하십니다. 바닥이 판판하지 않은 돌도 예수 그리스도 안에서는 얼마든지 하나님 나라의 주춧돌로 쓰임 받을 수 있습니다.

07 사사기 ｜ 내 삶에 제목을 붙인다면 무엇일까요?

• 삿 3:7-11

우리 시대의 플랫폼 / '플랫폼'(platform)이란 말을 들어 보았을 것입니다. 원래 플랫폼은 기차역의 승강장을 가리키는 말인데, 요즈음 IT 기업에서는 여러 업무를 한자리에서 한꺼번에 해결해 주는 비즈니스를 가리키는 말로 사용합니다. 가령 숙박 플랫폼 '야놀자 앱'(Yanolja app)을 스마트폰에 깔면, 숙박, 렌터카, 레저 등 여행의 모든 것이 쉽게 해결됩니다.

야놀자의 창업자는 이수진입니다. 사석에서 이수진은 침대 시트 까는 건 자기가 도사라고 곧잘 이야기합니다. 그는 네 살 때 아버지를 여의고 여섯 살 때 어머니가 재혼해 할머니 밑에서 어렵게 자랐습니다. 할머니마저 중1 때 돌아가신 뒤에는 친척 집에서 컸습니다. 모텔 청소부로도 일했습니다.

2004년에 온라인 커뮤니티 '모텔 이야기'를 개설해서 모텔에서 일하면서 느낀 감상을 올렸습니다. 이 커뮤니티가 입소문을 타면서 모텔 관련 구인·구직 플랫폼 역할을 하게 되었고, 그 인연으로 2005년에 모텔 관련 인터넷 카페를 인수한 후 서비스를 확장해 가다가 2011년에 야놀자를 만들었습니다. 모텔과 호텔로 나뉘던 국내 숙박업계에 한국형 호텔을 뜻하는 신조어 '코텔'(KOTEL)을 선보였습니다. 음지에 있던 모텔을 양지로 끌어낸 발상의 전환이 성공 비결입니다. 2019년에는 글로벌 브랜드 역량, 고객 가치, 호텔 예약 서비스 부문에서 모두 1위로 선정되었습니다(「한국경제신문」 2021. 7. 16., A14면).

옷니엘의 시대 / 삶이 플랫폼이 되는 이야기는 성경에도 있습니다. 사사 옷니엘이 그 주인공입니다. 이스라엘이 바알과 아세라를 섬기는 세상 풍속에 젖어 살던 때 옷니엘은 태어났습니다.

이스라엘 자손이 여호와의 목전에 악을 행하여 자기들의 하나님 여호와를 잊어버리고 바알들과 아세라들을 섬긴지라(삿 3:7).

가나안은 풍요의 신 바알과 아세라를 섬겼습니다. 이스라엘이 그 모습을 따랐습니다. 그들은 바알, 아세라가 아닌 "바알들과 아세라들"을 섬겼습니다. 가나안 땅에 정착해서 살다 보니 그 땅 사람들의 풍속에 저절로 물들게 되었습니다. 농사를 잘 지으려면 현지 주민들과 어울려야 합니다. 그 결과 이스라엘은 하나님을 잊어버리고 그 땅 사람들이 내세운 형상·우상·망상에 젖어 들고 말았습니다. '이스라엘'이라는 자기 이름을 잊어버렸습니다.

여호와께서 이스라엘에게 진노하사 그들을 메소보다미아 왕 구산 리사다임의 손에 파셨으므로 이스라엘 자손이 구산 리사다임을 팔 년 동안 섬겼더니(삿 3:8).

메소보다미아는 티그리스, 유프라테스 두 강이 만나서 어우러진 대평야 지대입니다. 그 지역을 다스리던 왕이 구산 리사다임입니다. '리사다임'은 두 배로 악하다는 뜻입니다. 사악했다는 뜻입니다. 사악하기만 한 것이 아니라 교활하였습니다. 이스라엘은 그렇게 교활하고, 사악하고, 험상궂은 메소보다미아 왕을 팔 년간 섬겨야 했습니다. 이스라엘이 구산 리사다임을 '섬겼다'는 것은 사악한 시대에 눌려 지냈다는 뜻입니다. 교활하고, 사악하고, 오만하게 살아가는 것을 시대정신으로 삼았다는 뜻입니다.

메소보다미아 왕이 이스라엘을 통치하던 시절에 이스라엘은 가치보다는 물질을, 마음보다는 몸을, 선(善)보다는 악을, 겸손보다는 교활함을, 온유보다는 거만함을, 화목하기보다는 싸움질하는 시대를 살았습니다. 옷니엘은 그런 시대에 온몸으로 맞섰습니다. 옳지 않은, 바르지 않은 시대정신에 결코 자기 생각을 맡기지 않았습니다. 옷니엘의 무대는 이처럼 사악한 사조가 하늘을 찌를 듯이 높았던 험악한 시대·사회였습니다.

갈렙의 아우 그나스의 아들 옷니엘 / 옷니엘은 유다 지파 사람입니다. 그런데 유다 사람으로 불리지는 않습니다. "갈렙의 아우 그나스의 아들인 옷니엘"(1:13)로 소개됩니다. 갈렙이 헤브론을 자기 소유지로 삼고자 했을 때 헤브론의 남서쪽 마을 드빌(기럇 세벨)을 쳐서 점령할 자를 찾았습니다. 기럇 세벨을 쳐서 점령하는 자에게는 자기 딸 악사를 아내로 주겠다고 제안하였습니다(1:12). 그 제안에 선뜻 나선 자가 갈렙의 아우 그나스의 아들 옷니엘이었습니다. 옷니엘은 드빌을 쳐서 점령한 뒤 갈렙의 딸 악사를 아내로 맞아들였습니다.

사사기 1장에 소개된 옷니엘은 용감한 청년입니다. 옷니엘은 자기 시대의 문제를 문제라고 부르지 않고 과제로 여겼습니다. 그 과제를 풀고자 용감하게 나섰습니다. 그랬기에 지혜로운 여자를 아내로 맞이할 수 있었습니다. 그런 옷니엘을 본문은 '유다 사람 옷니엘'이라고 부르지 않고 "갈렙의 아우 그나스의 아들인 옷니엘"이라고 부릅니다.

> 이스라엘 자손이 여호와께 부르짖으매 여호와께서 이스라엘 자손을 위하여 한 구원자를 세워 그들을 구원하게 하시니 그는 곧 갈렙의 아우 그나스의 아들 옷니엘이라(삿 3:9).

성경에서 그나스라는 이름을 가진 사람은 셋입니다. 갈렙의 아우 그나스(3:9), 갈렙의 손자 그나스(대상 4:15), 에서의 후손으로 에돔 부족의 조상이 된 그나스(창 36:15, 42). 한때는 갈렙도 "그니스 사람 여분네의 아들 갈렙"(수 14:6)으로 소개되었습니다. 그니스 사람(Kenizzite)과 그나스(Kenaz)는 같은 뿌리에서 온 말입니다. 그니스 사람들이 가나안 땅 남부 네게브 지역으로 이주하면서 나중에 유다 지파에 흡수되었습니다("Kenaz, Kenizzite", *The New Interpreter's Dictionary of the Bible*, vol. 3, 490). 무슨 말입니까? 그나스가 갈렙과 더불어 유다 지파의 일원으로 살고 있지만, 태생적으로나 혈연적으로는 본래 유다 사람이 아니었다는 말입니다. 그러니까 옷니엘이 그나스의 아들이라는 지적은 그가 유다 사회에서 마이너리티에 속했다는 뜻이 됩니다. 출신배경으로 따진다면, 옷니엘은 홀대받던 계층이었습니다.

갈렙의 아우 그나스의 아들 옷니엘이라는 기사가 세 번이나 나오는 이유 /
그런데 성경은 갈렙의 아우 그나스의 아들 옷니엘을 한 번이 아닌, 모두 세

번에 걸쳐서 소개합니다. 본문은 옷니엘이 사사로 쓰임 받는 이야기인데, 이 본문 이전에도 옷니엘이 갈렙의 딸 악사를 아내로 맞아들이는 이야기가 비슷하게 두 번이나 반복됩니다(수 15:13-19; 삿 1:11-15). 무슨 의도일까요?

유다 사람들은 혈연과 배경을 따지면서 그에게 주목하지 않았지만, 하나님은 그를 지켜보고 계셨다는 뜻입니다. 그래서 똑같은 이야기를 두 번이나 반복하면서 옷니엘의 됨됨이를 성경 독자들에게 주지시키고 있습니다. 어찌 보면 옷니엘은 오로지 실력 하나로 땅을 차지하고 가정을 꾸리고 재산을 늘린 사람입니다. 오늘날의 용어로 말하면 흙수저 출신으로 성공한 인물입니다. 그러나 그게 전부는 아닙니다. 아무도 눈여겨보지 않았던 옷니엘을, 기껏 해야 드빌이라는 작은 마을을 차지한 젊은이를 하나님이 지켜보고 계셨음을 간과해서는 안 됩니다. 그랬던 옷니엘을 하나님이 때맞춰 하나님의 사람으로 들어서 세상에 알리십니다. 거기에서 옷니엘의 인생 제2막이 펼쳐집니다.

> 이스라엘 자손이 여호와께 부르짖으매 여호와께서 이스라엘 자손을 위하여 한 구원자를 세워 그들을 구원하게 하시니 그는 곧 갈렙의 아우 그나스의 아들 옷니엘이라(삿 3:9).

하나님이 때를 기다리셨다가 마침내 옷니엘을 이스라엘의 구원자로 세우십니다. 처음에는 드빌이었습니다. 이번에는 온 이스라엘입니다. 드빌의 용사가 이스라엘의 용사가 됩니다. 처음에 옷니엘은 자기 목적을 이루기 위해 싸움터에 나섰습니다. 이번에는 "이스라엘 자손을 위하여" 싸움터에 나서는 자로 업그레이드되었습니다. 작은 마을인 드빌을 차지했던 용사를 하나님이 이스라엘을 위해서 헌신하는 자로 업그레이드시키십니다. 한 마을의 지도자였던 젊은이를 들어서 사회 전체를 사망의 늪에서 건져 내는 구원자로 업그레이드시키십니다. 기억하십시오. 하나님은 자신에게 성실했던 사람을, 작은 일에 신실했던 사람을 줄곧 보고 계시다가 온 동포를 위해서 일할 자로, 큰일을 할 자로 세우셨습니다.

주목할 것은 이스라엘 자손이 부르짖을 때까지 하나님이 기다리셨다는 사실입니다. 메소보다미아 문명에 젖어 살던 이스라엘이, 세상 방식이 삶의 마스터

키가 아니라는 사실을 깨달을 때까지 기다리셨습니다. 그러다가 이스라엘 자손을 위하여 한 사람을 선택하셨는데, 그가 바로 "구원자"(모쉬아) 옷니엘입니다. '모쉬아'(구원자)란 단어에는 물리적으로 당하는 억압이나 사회의 구조적 모순에서 해방되었다는 뜻만 있지 않습니다. 모쉬아는 죄악의 사슬에서 사함을 받고 치유된다는 뜻이 훨씬 더 많습니다. 하나님이 유다 사회에서 천대받던 옷니엘을 이스라엘 자손을 위한 구원자로 세우셨다는 것은 하나님이 옷니엘에게 걸고 있는 기대가 사회적이자 영적인 것이라는 점을 일깨워 줍니다.

갈렙의 아우 그나스의 아들 옷니엘이 이제는 이스라엘을 구출해 내는 구원자가 되었습니다. 하나님의 시간을 기다리십시오. 하나님의 시간표에 조율하십시오. 하나님이 나를 이 시대, 이 사회를 구원할 구원자로 세우시기까지 자기 믿음에 신실하십시오. 때가 되면 하나님이 나를 통해 이 땅에 하나님의 구원을 펼쳐 가실 것입니다.

나섰다, 세우다, 쓰셨다 / 이제 하나님이 옷니엘을 쓰시는 장면에 주목해 봅니다.

> 여호와의 영이 그에게 임하였으므로 그가 이스라엘의 사사가 되어 나가서 싸울 때에(삿 3:10a).

구원자 옷니엘이 사사가 되어 나가서 싸우게 됩니다. 히브리어 본문에 따르면, 선악을 바르게·곧게·굳게·옳게 판가름하는 재판관이 되어 사사로 나섰습니다. 여기에서 옷니엘의 인생 제3막이 펼쳐집니다. 옷니엘 이전에는 사람들의 눈치를 보며 지냈었는데, 이제는 사람들을 당당하게 재판하는 자가 되었다는 것입니다. 이제 더는 마이너리티가 아닙니다. 이제는 주류사회를 이끌어 가는 지도자가 되었습니다. 어떻게 이런 변화가 가능했습니까? '여호와의 영이 옷니엘에게 임하였기 때문'입니다. 옷니엘(오트니엘)이라는 이름은 '오트니(ytni) + 엘(el)'로 구성되어 있습니다(비교, 대상 26:7). 이때 '오트니'의 어근 '아탄'(y-t-n)을 '아탄'(a-t-n)으로 바꿔 읽는다면 옷니엘의 뜻은 '하나님은 나의 힘이시다'가 됩니다(이익상, 『내가 왕이었습니다』[서울: 규장, 2020], 43쪽). 옷니엘이라는 이름씨에는 '하나님이 나의 힘이시다'라는 뜻이 담겨 있다고 볼 수 있습니다.

그러나 본문은 의도적으로 옷니엘의 철자를 틀리게 써 놓았다고 읽을 수도 있습니다. 사람이 정해 놓은 이름씨에는 철자법상 문제가 있었지만, 하나님의 영이 그에게 임하신 이후에는, 철자법상의 시비는 아무 의미가 없게 되었다고도 볼 수 있습니다. 세상의 문법이 아니라 하나님의 문법이 소중합니다. 하나님의 영이 옷니엘에게 임하시면서 이런저런 하자가 있었던 옷니엘이라는 인생이 전혀 다른 존재가 됩니다. 그래서 이런 역사를 감당하게 됩니다.

> 여호와께서 메소보다미아 왕 구산 리사다임을 그의 손에 넘겨주시매 옷니엘의 손
> 이 구산 리사다임을 이기니라 그 땅이 평온한 지 사십 년에 그나스의 아들 옷니엘
> 이 죽었더라(삿 3:10b-11).

옷니엘의 손이 시대의 문제를 해결하는 처방이 되었습니다. 옷니엘이 하나님께 쓰임 받던 기간에는 그 땅이 평온하였습니다. 그 땅에 일던 소요가 그쳤습니다. 땅이 조용해졌기에 그 땅은 그 땅에서 살던 사람들을 평온하게 품어 주었습니다. 옷니엘을 통해서 그 땅의 주민 모두가 삶의 기쁨과 소망을 하나님 신앙 안에서 나누게 되었다는 말입니다. 옷니엘이라는 이름이, 옷니엘의 삶이 그 시대의 플랫폼이 되었습니다. 옷니엘이 펼쳐 놓은 은혜의 광장에서 이스라엘 자손이 삶의 씨줄과 날줄을 평온하게 써 갈 수 있었습니다.

여러분은 지금 인생 몇 막을 살아가고 있습니까? 여러분의 인생이 원고지에 써 가는 이야기라면, 거기에 붙일 수 있는 제목은 무엇입니까? 그 제목을, 내 삶이 이제는 세움 받은 자로, 쓰임 받는 자로, 이 땅에 하나님의 평강을 펼쳐 가는 플랫폼으로 변화되었다고 붙여 보십시오. 구산 리사다임으로 대변되는 반(反)신앙적인 가치가 아니라 옷니엘로 대표되는 신앙적인 가치로 서로 연결되는 플랫폼이 되기를 바랍니다.

08 룻기

살다 보면 이삭줍기를 해야 할 때가 있습니다

• 룻 2:1-7

이스라엘에는 누가 사는가 / 『이스라엘에는 누가 사는가』(다나미 아오에 지음, 송태욱 옮김 [서울: 현암사, 2014])라는 책은 아랍계 이스라엘 주민의 시각에서 이스라엘의 인종차별 문제를 검토하는 글입니다. 이스라엘에는 유대인만 살지 않습니다. 무슬림, 기독교인, 유대인이 섞여 살고 있는데, 이스라엘은 이 현실을 분리와 차별정책으로 대합니다. 유대인과 아랍인의 생활공간을 분리장벽으로 구분하고, 2017년 당시 전체 인구의 20.7%가량인 아랍계 이스라엘 시민을 차별대우합니다.

이 책을 읽다가 이스라엘 영토로 수용된 갈릴리 근처 사흐닌(Sahknin) 이야기를 알게 되었습니다. 사흐닌의 주민은 해마다 3월 30일을 '토지의 날'로 지키면서 1976년 3월 30일 이스라엘 군인들에게 사살당했던 주민 6명을 추모합니다. 그 추모석은 토지를 경작하며 살아가는 남녀가 네모나게 잘라 낸 돌 안에 부조된 모양입니다. 이 추모석을 아랍인 미술가와 유대인 작가가 함께 제작하였습니다. 아랍인과 유대인의 공존을 바라는 마음을 거기에 담았습니다(다나미 아오에, 312-313, 328-329쪽).

이스라엘 땅에서 이방인으로 살아간 원조는 룻입니다. 룻은 오늘날 용어로는 '모압계 유대인'입니다. 룻 이야기의 초반부가 본문의 줄거리입니다.

이주민 나오미 / 이주민 룻을 이야기하려면 먼저 이주민 나오미에 대해서 살펴보아야 합니다.

나오미의 남편 엘리멜렉의 친족으로 유력한 자가 있으니 그의 이름은 보아스더라 (룻 2:1).

본문은 나오미와 보아스 두 사람을 대조해서 설명합니다. 나오미는 룻의 시어머니입니다. 남편 따라 유다 베들레헴에서 모압으로 이주했다가 모압에서 남편과 두 아들이 세상을 떠나자 다시 고향 땅 유다 베들레헴으로 돌아왔습니다. 룻은 나오미를 따라서 모압에서 유다 베들레헴으로 이주했습니다. 룻은 이주민이었지만 나오미는 고향으로 돌아왔습니다. 모압에서는 나오미가 이방인이었습니다. 유다 베들레헴에서는 룻이 이방인입니다.

나오미의 남편 쪽 집안은 유다 베들레헴에서 유력하였습니다. 나오미의 남편 엘리멜렉의 친족 보아스를 가리켜 "유력한 자"라고 부르지 않습니까. "유력한 자"(이쉬 깁보르 하일)란 경제적으로 풍족하면서도 사회 속에서 힘과 영향력이 있는 사람이란 뜻입니다. 보아스에 비해서 나오미는 영락없는 실패자입니다. 인생부도가 난 사람입니다. 남편과 두 아들이 세상을 떠나고, 모아 두었던 양식이 떨어져 고향으로 이주해 오지 않았습니까. 오죽했으면 그녀가 이렇게 자기 속내를 털어놓았겠습니까.

> 나오미가 그들에게 이르되 나를 나오미라 부르지 말고 나를 마라라 부르라 이는
> 전능자가 나를 심히 괴롭게 하셨음이니라(룻 1:20).

나오미는 '기쁨'이란 뜻입니다. 마라는 '괴로움'이라는 뜻입니다. 나오미가 나갈 때는 풍족하였습니다. 돌아온 지금은 빈털터리입니다(1:21a). 오죽했으면 나오미가 자기를 가리켜 나오미가 아니라 마라라 부르라고 했겠습니까!

본문에서 부자 보아스는 빈털터리 나오미와 극명한 대조를 이룹니다. 그러나 본문의 의도는 나오미의 행색이 겉으로 보기에는 초라하지만 따져 보면 그의 환경이 그렇게 초라하지만은 않다는 것을 일깨워 주려는 데 있습니다.

본문이 말하려는 것은 이것입니다. 나오미가 그렇게 어려운 처지에 내몰렸는데도, 그 어려운 처지를 타개하고자 고향인 유다 베들레헴으로 돌아왔는데도, 보아스라는 유력한 친족이 나오미에게 있는데도 고향 베들레헴에서는 누구도 선뜻 나서서 나오미를 돕지 않았다는 사실입니다. 나오미의 인생이 삶의 밑바닥까지 내려갔다는 뜻입니다. 고향으로 돌아왔지만, 나오미의 삶이 인생의 막다른 골목에까지 다다랐다는 뜻입니다.

이주민 룻 / 나오미를 돕고자 팔을 걷어붙인 사람은 나오미의 며느리 룻입니다.

모압 여인 룻이 나오미에게 이르되 원하건대 내가 밭으로 가서 내가 누구에게 은혜를 입으면 그를 따라서 이삭을 줍겠나이다 하니 나오미가 그에게 이르되 내 딸아 갈지어다 하매(룻 2:2).

본문은 룻을 가리켜 의도적으로 룻이라는 이름보다는 "모압 여인"(2:2), "모압 지방에서 돌아온 모압 소녀"(2:6)라고 부르고 있습니다(비교, 2:21; 4:5, 10). 룻의 태생적 한계를 의도적으로 지적합니다. 그 모압 여인 룻이 나오미에게 말합니다. "원하건대 내가 밭으로 가서 내가 누구에게 은혜를 입으면 그를 따라서 이삭을 줍겠나이다." 이렇게 궁핍한 처지에 내몰려 있으니 할 수 있는 일은 이삭줍기밖에 없다는 탄식입니다. 옛 이스라엘 사회에서 이삭줍기는 나그네가 하였습니다. 룻은 이스라엘 사회에서 가장 가난한 계층의 주민이 되고 말았습니다. 살다 보면 이삭줍기로 연명해야 할 때가 있습니다. 가장 어려운 자리에, 막다른 골목에 들어서게 될 때가 있습니다.

본문은 룻에게 무엇이 없었는지를 말하지 않습니다. 대신 아무것도 없다고 여겨지던 때 룻에게 있는 것이 무엇인지를 일깨워 줍니다. 무엇이 룻에게 있었습니까? 모세를 통해서 하나님이 주셨던 말씀이 룻에게 있었습니다. 단순히 이스라엘의 풍속을 알고 있었던 것이 아닙니다. 룻은 신명기 율법을 알고 있었습니다. "네가 밭에서 곡식을 벨 때에 그 한 뭇을 밭에 잊어버렸거든 다시 가서 가져오지 말고 나그네와 고아와 과부를 위하여 남겨두라"(신 24:19).

이스라엘은 추수하다가 떨어진 이삭을 주워서는 안 되었습니다. 땅에 떨어진 이삭은 과부와 고아와 나그네의 몫으로 남겨두어야 했습니다. 그렇게 남겨둔 이삭은 가난한 자들의 생계가 되었습니다. 그래서 룻은 밭으로 나가서 이삭줍기할 때 누구에게 은혜를 입으면 그를 따라서 이삭을 줍겠다고 말했습니다. 룻이 말씀의 세계에 들어서고자 했다는 뜻입니다. 이스라엘의 풍속이 아니라 말씀의 세계에 들어서고자 했습니다. 아무리 어렵다고 해도 말씀을 기억하고 묵상하면 삶의 길이 열립니다. 말씀 속에 길이 있습니다. 말씀이 길입니다. 내가 말씀을 읽는 것이 아니라 말씀이 나를 읽어 갈 때 내가 살아나고, 내 처지가 달라지고, 내 환경이 변화됩니다. 그때 나오미가 룻에게 어떻게 말합니까?

나오미가 그에게 이르되 내 딸아 갈지어다 하매(룻 2:2b).

나오미가 룻을 "내 딸"이라고 부릅니다. 룻은 나오미의 며느리입니다(1:22; 2:22). 며느리는 가슴으로 받아들인 자식이고, 딸은 몸으로 낳은 자식입니다. 나오미가 룻을 "내 딸"이라고 부름으로 룻은 마침내 나오미의 품 안으로 들어섰습니다. 나오미가 믿은 하나님의 세계 안으로 들어섰습니다. 말씀 안에 들어섰더니 그의 환경이 달라졌습니다.

두 개의 우연 / 본문이 말하려는 것은 두 개의 우연입니다. 나오미와 룻이 모압에서 유다 베들레헴으로 돌아왔을 때는 보리 추수(케치르 셰오림)를 시작할 때였습니다(1:22). 보리만 추수하지 않고 밀 추수도 함께 하고 있었습니다(2:23). 그런 곡식들을 막 베기 시작하려던 차에 나오미 일행이 베들레헴에 당도하였습니다.

룻이 가서 베는 자를 따라 밭에서 이삭을 줍는데 우연히 엘리멜렉의 친족 보아스에게 속한 밭에 이르렀더라 마침 보아스가 베들레헴에서부터 와서 베는 자들에게 이르되 여호와께서 너희와 함께하시기를 원하노라 하니 그들이 대답하되 여호와께서 당신에게 복 주시기를 원하나이다 하니라(룻 2:3-4).

룻이 베는 자를 따라 밭에서 이삭을 줍고 있었습니다. 그러다가 "[룻이] 우연히"(봐이이케르) 보아스의 밭에 이르러 이삭줍기를 하게 됩니다. 그때 "마침"(베힌네) 보아스가 그 밭에 들어서서 추수하는 일꾼들과 인사를 나눕니다. 히브리어 본문의 분위기를 살리면 본문은 이렇게 읽을 수 있습니다. '룻이 우연히 보아스의 밭에 들어서서 이삭을 줍고 있는데, 보라 그 밭에 보아스가 들어서고 있다!' 두 개의 '우연'(偶然)이 겹치고 있습니다. 우선, 유다 베들레헴 인근에는 보아스의 밭만 있지 않았습니다. 다른 사람들에게 딸린 밭이 훨씬 더 많았습니다.

그러나 룻은 그 많은 밭 중에서 그날 우연히 보아스의 밭에서 이삭을 줍게 되었습니다. 또 다른 우연은 보아스가 베들레헴에서부터 밭을 보고자 일부러 나왔다는 사실입니다. 그날, 그 시간에, 보아스가 베들레헴 밭을 둘러보아야겠다고 마음먹지 않았었다면, 룻과 보아스의 만남은 이루어지지 않았을 것입니다.

두 개의 우연이 겹치고 있습니다. 아니, 우연이기보다는 섭리입니다. 이것을 이문장 목사는 이렇게 풀이합니다. "룻과 보아스가 우연히 만난 것이 아니라 하나님이 그 시간에 룻과 보아스에게 각각 그 밭으로 가야겠다는 생각을 넣어 주셨다"(이문장, 『누구나 이삭줍기할 때가 있다』[구리: 도서출판 작은소리, 2021], 101-102, 104-105쪽). 우연이 아니라 하나님의 간섭으로 일어난 일이었다는 것입니다. 이 깨달음이 이런 말씀입니다. "사람이 마음으로 자기의 길을 계획할지라도 그의 걸음을 인도하시는 이는 여호와시니라"(잠 16:9).

내 삶의 여정을 우연의 연속이라고 부르지 마십시오. 내 삶은 우연의 연속이 아니라 연속되는 하나님의 섭리 안에 있습니다. 아무리 어려워도, 아무리 힘이 들어도 나의 삶이 하나님의 섭리 속에 있다는 믿음을 잃지 마십시오. 그럴 때 일어나게 됩니다. 일어서게 됩니다. 일구게 됩니다.

차별이 있었음에도 / 이삭을 줍고 있는 룻을 보아스가 보았습니다. 일꾼들을 감독하는 젊은이에게 낯선 여자가 자기 눈에 띄게 된 연유를 추궁합니다 (2:5). 그 추궁에 젊은이가 이렇게 대답합니다.

베는 자를 거느린 사환이 대답하여 이르되 이는 나오미와 함께 모압 지방에서 돌아온 모압 소녀인데(룻 2:6).

사환은 룻을 '나오미의 며느리'라고 부르지 않고 "나오미와 함께 모압 지방에서 돌아온 모압 소녀"라고 부릅니다. 그러면서 룻이 자기에게 이렇게 요청했다고 보고합니다.

그의 말이 나로 베는 자를 따라 단 사이에서 이삭을 줍게 하소서 하였고 아침부터 와서는 잠시 집에서 쉰 외에 지금까지 계속하는 중이니이다(룻 2:7).

이 말에는 모압 여자에 대한 경계심이 담겨 있습니다(Jonathan Grossman, "'Gleaning among the ears' - 'gathering among the sheaves': characterizing the image of the supervising boy (Ruth 2)", *Journal of Biblical Literature*, 126 no. 4 [2007], 703-716). 룻이 두 가지(알라코타나 베아사프티)를 요청했다고 합니다. '나로 베게 하소서. 그런 다음에 줍겠습니다.' 그냥 줍겠다는 것이 아니라 곡식 단을 베게 해 달라고 했다는 것입니다. "단 사이에서 이삭을 줍게 하소서"도 '곡식 이삭을 단으로 주워서 담게 하소서'일 수 있습니다. 이삭줍기가 아니라 곡식 단을 통째로 주워 담게 해 달라고 말했다는 것입니다(Grossman, 705-707). 유다 젊은이는 모압 여자가 이삭줍기를 너무 당돌하게 요청하고 있다고 보고합니다. 주의 깊게 감시해야 할 대상이라는 것입니다(Grossman, 710).

오늘 우리는 이런 룻에게서 배워야 합니다. 룻은 당돌했던 것이 아니라 당당했습니다. 룻은 자기를 감시하는 유다 청년 앞에서 어떻게 그리도 당당할 수 있었습니까? 자기 삶이 하나님의 섭리 안에 있다고 확신했기 때문입니다!

> 우리가 알거니와 하나님을 사랑하는 자 곧 그의 뜻대로 부르심을 입은 자들에게는 모든 것이 합력하여 선을 이루느니라(롬 8:28).

하나님의 사람으로 당당하게 사십시오. 성령 하나님이 모든 것이 합력하여 선을 이루게 하십니다. 룻은 말씀 안에 들어섰다가 하나님의 섭리를 체험하였습니다. 곡식 단을 당당히 주워서 담았습니다. 이삭줍기가 마침내 곡식 다발 줍기로 변화되었습니다. 살다 보면 이삭줍기를 할 때가 있지만, 그 자리가 바로 하나님이 일하시는 자리가 됩니다.

09 사무엘상 | 신앙의 경주는 미스바에서 에벤에셀까지입니다

• 삼상 7:5-12

이스라엘의 미스바 / 오늘날 이스라엘에서 관광객들이 많이 찾아가는 미스바는 사무엘의 무덤이 있는 '네비 삼월'(Nebi Samwil, 예루살렘 북쪽 7.5km)입니다. 그러나 구약학자들이 베냐민 지파의 땅 미스바로 꼽는 지역은 오늘날 '나스베'(Tell en-Nasbeh, 예루살렘 북쪽 12.8km)입니다. 네비 삼월에 비해서 나스베는 아직 황폐합니다. 하지만 사사시대 당시 예루살렘 북쪽 베냐민 땅 미스바는 사람들을 모으는 장소로 활용되었습니다. 이스라엘 백성이 행정 총회를 열 때 이곳에 모였습니다. 전쟁하러 나설 때도 미스바에 모여서 전의를 다졌습니다(삿 20:1; 21:1). 사무엘이 사울을 왕으로 세웠던 곳도 미스바입니다(10:17). 유다 왕 아사는 북왕국 이스라엘과 영토 다툼을 할 때 이곳을 유다 왕국의 북단 요새로 삼았습니다(왕상 15:22). 유다 땅을 점령했던 바벨론 왕 느부갓네살은 미스바를 유다 땅을 통치하는 거점 도성으로 삼기도 했습니다(왕하 25:23).

베냐민 지파의 땅 미스바 / 미스바가 총회 장소로 쓰였던 까닭은 그 자리가 가나안 땅 중앙이었기 때문입니다. 이스라엘 왕국이 남북으로 분단되었을 때 베냐민 지파의 땅 미스바는 남과 북이 서로 대치하던 곳이기도 했습니다. 그러던 미스바를 사무엘은 이렇게 바꾸어 놓았습니다.

사무엘이 이르되 온 이스라엘은 미스바로 모이라 내가 너희를 위하여 여호와께 기도하리라 하매 그들이 미스바에 모여 물을 길어 여호와 앞에 붓고 그날 종일 금식하고 거기에서 이르되 우리가 여호와께 범죄하였나이다 하니라 사무엘이 미스바에서 이스라엘 자손을 다스리니라(삼상 7:5-6).

사무엘이 이스라엘을 미스바로 모이게 하였습니다. 총회를 열기 위해서가 아닙니다. 힘을 과시하기 위해서가 아닙니다. 금식하며 회개하기 위해 모이자고 하였습니다. 행정적으로 요긴하게 사용되던 현장을 사무엘은 영적인 자취가 새겨지는 자리로 바꾸어 놓고자 했습니다. 이것은 쉬운 일이 아니었습니다.

이스라엘이 미스바에 모이자 블레셋 사람들이 전쟁을 일으켰습니다.

이스라엘 자손이 미스바에 모였다 함을 블레셋 사람들이 듣고 그들의 방백들이 이스라엘을 치러 올라온지라 이스라엘 자손들이 듣고 블레셋 사람들을 두려워하여 이스라엘 자손이 사무엘에게 이르되 당신은 우리를 위하여 우리 하나님 여호와께 쉬지 말고 부르짖어 우리를 블레셋 사람들의 손에서 구원하시게 하소서 하니(삼상 7:7-8).

블레셋이 이스라엘을 치러 올라왔습니다. 블레셋은 이스라엘이 자기들과 맞서기 위해 미스바에 집합했다고 생각했습니다. 그래서 용사들을 모아서 선제적으로 이스라엘을 치러 올라왔습니다. 그러나 미스바에서 사무엘은 무엇을 했습니까? 기도했습니다. 미스바에서 이스라엘이 총회로 모인 것은 맞습니다만, 행정적인 업무를 처리하거나 블레셋과의 전의를 다지기 위해서 모였던 것은 아닙니다. 기도하기 위해서 모이자고 하였습니다.

흔히 이런 장면을 두고 '미스바 성회'라고 부릅니다. 그러나 성경 본문을 자세히 보면 미스바에서 기도하는 사람은 사무엘 혼자입니다. 사무엘이 무엇이라고 외칩니까? "내가 너희를 위하여 여호와께 기도하리라!" 기도의 자리로 이스라엘 회중을 초청하고 있습니다.

망대 미스바 / 미스바는 '높은 망대'(watch tower)이거나 '전망대'(lookout point)라는 뜻입니다. 미스바의 위치가 높아서 그렇게 부를 수도 있고, 그곳에 높은 망대가 있었기에 그렇게 부를 수도 있습니다. 사람들이 총회로 모였을 때 또는 전쟁에 나서는 군사들이 베이스캠프로 삼고자 집합했을 때 높은 망대에 올라간 사람은 사방을 두루 살피면서 경계하게 됩니다. 그러니까 미스바란 말에는

'땅의 형편을 살피는 곳'이라는 뜻이 들어 있습니다. 미스바는 지리를 살피는 곳입니다. 지정학적 정세를 살피는 곳입니다. 그랬던 미스바의 이미지를 사무엘은 이렇게 바꾸어 놓았습니다.

사무엘이 젖 먹는 어린 양 하나를 가져다가 온전한 번제를 여호와께 드리고 이스라엘을 위하여 여호와께 부르짖으매 여호와께서 응답하셨더라(삼상 7:9).

여호와께 부르짖으매 여호와께서 응답하셨습니다! 사람들만 모이는 장소가 아니었다는 것입니다. 여호와 하나님이 강림하셔서 함께하신 현장이었다는 것입니다. 미스바는 단순히 망대가 아니었습니다. 미스바는 하늘에 계신 아버지께서 땅에 있는 하나님의 사람들을 찾아오시는 문(門)이었습니다. 상상해 보십시오. 사무엘이 부르짖는 소리는 땅에서 하늘로 올라갑니다. 사무엘이 이스라엘을 위하여 여호와께 부르짖었다고 하지 않습니까! 하나님이 대답하시는 소리는 하늘에서 땅으로 내려옵니다. 여호와께서 응답하셨다고 하지 않습니까!

사무엘이 드린 예배의 의미를 되새겨 봅니다. 예배는 땅의 지문을 살피는 것이 아니라 하늘에 계신 우리 아버지의 마음을 헤아리는 시간입니다. 우리가 잘못해서, 우리가 회개하지 않았기에 이런 어둠이 우리 시대에 닥쳤다고 가슴을 치면서 기도하며 예배를 드렸습니다.

사무엘이 무슨 예배를 드렸다고 하였습니까? 온전한 번제를 드렸습니다. 번제의 예물을 드리는 사람은 예물을 제단에 드리기 전에 그 번제물의 머리에 안수했습니다(레 1:4). 예물 드리는 자가 바라는 속죄의 은총을 그런 식으로 표현하였습니다. 나의 허물을 사해 주시기를 바라는 마음을 예물에 담았습니다. 나를 온전히 받아 주시기를 바라는 소망을 예물에 담았습니다. 나는 부족하고 모자라지만, 나 같은 자를 하나님께 드린다는 헌신을 예물에 담았습니다. 그런 번제를 드렸을 때 하나님이 사무엘에게 응답하셨습니다.

미스바의 이미지가 여기에서 새로워집니다. 땅의 형편을 살펴보던 곳이 변하여 하늘의 소식을 수렴하는 곳이 됩니다. 땅의 정세를 경고하던 세속의 현장이 변하여 하늘의 복음을 전달하는 영적인 전망대가 됩니다. 말하자면 천문대입니다. '천문대'(天文臺)라는 글자의 뜻이 정겹습니다. '하늘(天) 무늬(文)를 바라보도록 높이 쌓아 놓은 곳(臺)'이라는 뜻입니다. 별자리를 보는 천문대가 아닙니다. 하늘 아버지의 마음을 헤아리는 천문대입니다. 내 뜻보다는 하늘 아버지의 뜻을 먼저 받들게 될 때 하늘과 땅의 소통이 일어납니다. 그것을 가리켜 본문은 여호와께서 응답하셨다고 전합니다. 오늘 우리 삶에 이런 미스바의 감격이 일어나게 되기를 소망합니다. 내가 예배하는 자리가 미스바가 되어 하늘의 뜻을 수렴하는 벅찬 감격이 있게 하소서!

사무엘의 미스바 / 미스바에서 무슨 일이 있었습니까? 사무엘이 기도에 힘쓰고 있었습니다. 이스라엘은 사무엘과 더불어 기도하는 자리를 지키고 있었습니다. 그런 이스라엘을 목도한 블레셋이 싸움을 걸어왔습니다. 지금까지 이스라엘은 블레셋을 크게 두려워했습니다. 사무엘이 사사의 자리에 오르기 전 엘리 제사장이 다스리던 시절에, 이스라엘은 사사건건 블레셋에게 무릎을 꿇었습니다(4-6장). 나중에는 싸움에서도 지고, 엘리 제사장의 두 아들은 전사하고, 하나님의 언약궤마저도 블레셋 사람들에게 빼앗기고 말았습니다(4:11). 그런데 보십시오. 본문에서는 승자가 누구입니까?

> 사무엘이 번제를 드릴 때에 블레셋 사람이 이스라엘과 싸우려고 가까이 오매 그날에 여호와께서 블레셋 사람에게 큰 우레를 발하여 그들을 어지럽게 하시니 그들이 이스라엘 앞에 패한지라(삼상 7:10).

블레셋 사람들이 이스라엘과 싸우려고 덤빌 때 사무엘은 번제를 드리고 있었습니다. 그 순간 여호와 하나님이 블레셋 사람들 머리 위에 큰 우레가 떨어지게 하셔서 그들을 혼잡하게 하셨습니다. 천둥소리가 났다면, 그전에 무엇이 있었습니까? 번개와 벼락이 떨어졌습니다! 블레셋 군사들이 하나님이 치시는 벼락에 혼비백산하자 블레셋 진영에 난리가 났습니다. 그 순간 이스라엘이 하나님의 군사로 나서서 블레셋을 이기게 됩니다.

그런데 본문을 잘 읽어 보십시오. 어떻게 승리하였습니까? 이스라엘이 승리하였다고 하지 않고, 블레셋이 이스라엘 앞에 패하였다고 했습니다. 지금까지 이스라엘은 블레셋에게 쫓기며, 몰리며, 눌리며 살았습니다. 그러나 기도하는 사무엘이 있었기에, 그 기도하는 사람에게 하나님이 응답하셨기에 이스라엘은 일순간 전열을 뒤집고 원수 블레셋을 쫓아내는 자로 변모하게 됩니다. 그런 역사가 미스바에서 일어났습니다.

사무엘이란 이름의 뜻은 두 갈래입니다. 사무엘을 '쉠 + 엘'에서 왔다고 보면 '그의 이름은 하나님(엘)이시다'가 되고, 사무엘을 '샤마의 수동분사 + 엘'에서 왔다고 보면 '하나님이 들으셨다'가 됩니다. 사무엘은 세상 앞에서 하나님이 어떤 분이신지를 삶으로 드러내고 있다는 뜻입니다. 사무엘의 소리를 하나님은 늘 들으신다는 뜻입니다. 세상이 아무리 어지러워도 사무엘로 살기를 바랍니다. '쉠 + 엘'이든 '샤마 + 엘'이든 오늘의 성도들은 사무엘로 살아가야 합니다.

시대가 어렵습니다. 아무리 힘들어도 하나님의 사람다운 삶에 신실하기를 바랍니다. 어려울수록 예수 그리스도의 사람답게 성실하기를 바랍니다. 아무리 어렵고 힘들다고 해도 하나님의 사람다운 기본기에 충실하기를 바랍니다. 이럴 때일수록 기도하고, 찬송하고, 예배드리고, 말씀 읽고, 묵상하고, 말씀 안에서 일상을 펼쳐 가는 기본기를 익히기 바랍니다. 하나님이 우리를 위해서 싸우십니다.

에벤에셀 미스바 / 미스바에서 무슨 일이 벌어졌습니까? 지금까지 없었던 일들이 벌어졌습니다.

이스라엘 사람들이 미스바에서 나가서 블레셋 사람들을 추격하여 벧갈 아래에 이르기까지 쳤더라 사무엘이 돌을 취하여 미스바와 센 사이에 세워 이르되 여호와께서 여기까지 우리를 도우셨다 하고 그 이름을 에벤에셀이라 하니라(삼상 7:11-12).

이스라엘이 지금까지는 늘 수세에 몰렸었는데, 미스바에서 하나님의 은혜를 입게 된 후부터는 쫓기던 신세가 변하여 쫓는 자가 되었습니다. 그 승리의 감격으로 돌 하나를 세워서 기념비로 삼았습니다. 그 이름이 '에벤 하아쩨르', '에벤'(돌) + '에셀'(도움)입니다. 내가 이겼다고 자랑한 것이 아닙니다. 하나님이 도우셨다고 고백하였습니다.

저는 에벤에셀을 항상 이렇게 새깁니다. 여기까지 우리를 도우신 하나님이 에벤에셀이라면, 여기에서 도우시는 하나님은 임마누엘이고, 여기에서 저기까지 도우실 하나님은 여호와 이레입니다. 힘들다고 주저앉지 마세요. 되돌아보면 에벤에셀입니다. 어렵다고 두려워하지 마세요. 들여다보면 임마누엘입니다. 앞이 보이지 않는다고 포기하지 마세요. 내다보면 여호와 이레입니다.

에벤에셀은 사무엘상 4장에도 나옵니다(4:1b-2). 사무엘상 4장에서도 이스라엘은 에벤에셀 곁에 진을 쳤습니다. 그러나 블레셋에게 크게 패하고 말았습니다. 왜 그랬습니까? 같은 에벤에셀이었다고 해도, 그때 그곳에는 기도하는 사람이 없었기 때문입니다. 에벤에셀이라는 지명이 중요한 게 아닙니다. 자신의 삶이 하나님의 손에 있다는 고백이 중요합니다. 그런 고백이 있는 자에게는 '그' 에벤에셀이 아니라 '이' 에벤에셀이 됩니다.

사무엘이 에벤에셀의 기념비를 세운 곳은 미스바와 센 사이였습니다. 미스바는 지금 이스라엘이 있는 곳입니다. 센은 이스라엘이 장차 맞서게 될 곳입니다(14:4). 사무엘이 미스바와 센 사이에 에벤에셀의 돌을 세웠다는 것은 지금까지 살아온 현장과 이제부터 살아갈 현장 사이에 하나님이 도우신다는 신앙고백을 온 사방에 펼쳐 놓았다는 뜻입니다.

삶의 현장인 미스바가 변하여 하나님의 손이 도우시는 에벤에셀이 되게 합시다. 패전의 기억이 있는 미스바(에벤에셀)가 아니라 하나님의 도움을 생생하게 누리는 미스바(에벤에셀)가 되게 합시다.

미스바에서 에벤에셀까지 가는 길이 쉽지는 않습니다. 한 지인이 'Keep Going'이란 제목의 영상을 보내왔습니다. 엄마 곰과 함께 빙산을 오르던 아기 곰이 미끄러지고 또 미끄러지다 산 아래까지 내려오게 되었습니다. 아기 곰은 포기하지 않고 올라가고 또 올라가 마침내 엄마 곰과 합류하였습니다. 그렇습니다. 끝까지 하나님을 찾으십시오. 멈추지 말고 하나님을 예배하는 자리로 오르십시오. 일상의 업무로 점철되어 있던 미스바에 하늘의 무늬가, 하늘의 뜻이, 하늘의 은총이 새겨지게 될 것입니다.

"이 모든 일에 전심전력하여 너의 성숙함을 모든 사람에게 나타나게 하라"(딤전 4:15).

10 사무엘하 │ 크레셴도는 우리 삶에도 있습니다

• 삼하 3:1

살리에리와 모차르트 / 음악의 천재 볼프강 아마데우스 모차르트(Wolfgang Amadeus Mozart, 1756-1791)는 다섯 살에 작곡을 시작했고, 여섯 살에 첫 연주 여행을 떠났고, 여덟 살 때 처음 교향곡을 작곡했고, 열두 살 때 오페라를 작곡했습니다. 35세에 사망할 때까지 622개의 곡을 남겼던 모차르트의 천재성은 아무리 복잡한 합창곡이라도 한 번 들으면 통째로 외워 버리는 능력에 있었습니다. 게다가 모든 작곡은 머릿속에서 단번에 완성하였습니다(민은기, 『난생처음 한 번 들어보는 클래식 수업 1』[서울: 사회평론, 2020], 98-102쪽).

예컨대 모차르트는 열네 살 무렵 시스티나 성당에서 합창곡 '미제레레'를 들었는데 연주 시간이 10분이 넘고, 모두 아홉 성부로 구성된 길고 복잡했던 합창곡을 단 한 번 듣고 고스란히 악보에 옮겨 놓았습니다(민은기, 81-83쪽). 당시에는 왕실의 의뢰로 오페라를 작곡해 냈는데, 모차르트는 마감 직전에 머릿속에 든 전체 악보를 일필휘지로 적어 냈습니다(민은기, 80쪽).

모차르트를 지켜보며 열등감에 시달렸던 음악가가 모차르트 당시 궁정악장 안토니오 살리에리(Antonio Salieri, 1750-1825)입니다. 영화 〈아마데우스〉는 살리에리가 자기 재능으로는 모차르트를 뛰어넘을 수 없다는 사실을 깨닫고 질투와 시기로 모차르트를 죽음에 이르게 한다는 이야기입니다. 사무엘하에서 만나는 사울과 다윗의 관계도 모차르트와 살리에리의 그것과 비슷합니다.

점점 강하여 가고, 점점 약하여 가고 /

사울의 집과 다윗의 집 사이에 전쟁이 오래매(삼하 3:1a).

본문은 블레셋과 싸우던 사울과 요나단이 전사하자 이스라엘 내부에서 벌어진 일을 보도하는 대목에 속합니다. 사울의 군사령관 아브넬은 사울의 아들 이스보셋을 데리고 마하나임으로 왕국의 중심부를 옮겨 왕국의 명목을 이어가고자 했습니다(2:8-9). 그러자 유다 지파 사람들이 분연히 일어나 헤브론에서 다윗을 왕으로 옹립합니다(2:10b-11). 마하나임의 아브넬과 헤브론의 다윗 사이의 전쟁은 그래서 일어났습니다.

이 전쟁은 7년 6개월간 계속되었습니다. 다윗은 헤브론에서 유다를 다스리던 7년 6개월 내내 이스보셋을 내세운 사울의 사람들과 크고 작은 싸움을 벌여야 했습니다. 여기에서 우리는 서로 치고받는 사울의 집과 다윗의 집의 내면을 파악해야 합니다. 사무엘서에는 수많은 인물이 등장하지만, 그들을 파악하는 기준은 단 하나입니다.

나를 존중히 여기는 자를 내가 존중히 여기고 나를 멸시하는 자를 내가 경멸하리라
(삼상 2:30b).

하나님은 하나님을 존중히 여기는 자를 존중히 여기시고 하나님을 멸시하는 자를 멸시하십니다. 이 기준에서 사울과 사울의 집, 다윗과 다윗의 집은 어디에 속합니까? 사울은 하나님을 멸시하는 자이고, 다윗은 하나님을 높이는 자입니다. 사울은 하나님의 영광을 가리는 자이고, 다윗은 하나님의 뜻을 기리는 자입니다.

세상 사람은 두 종류입니다. 하나님의 뜻을 기리는 자와 하나님의 은총을 가리는 자. 세상은 이 두 부류의 사람들이 서로 각축을 벌이는 치열한 현장입니다. 이 두 부류는 이렇게도 새길 수 있습니다. '내 안에는 하나님을 존중히 여기는 DNA와 하나님을 인정하지 않으려는 망상이 서로 대결을 벌이고 있다!' 본문의 소리를 '사울과 다윗의 갈등'이라고만 읽지 마십시오. 내 안에는 사울적인 요소도 있고, 다윗적인 품성도 있습니다. 하나님을 가리는 야망도 있고, 하나님을 기리는 성품도 있습니다. 우리는 본문의 소리를 이렇게 새길 수도 있습니다. '내 안에는 사라져야 할 것과 세워져야 할 것 사이의 갈등이 오래매.' 어느 것이 이겨야 하겠습니까?

점점 강하여 가고, 다윗 집안의 지평선 / 본문은 전쟁이 오래 있었다는 사실만 전하지 않습니다. 전쟁하던 7년 6개월 동안 사울의 집은 내리막길을 걸었고, 다윗의 집은 오르막길을 걸었다는 사실을 전하고자 합니다.

사울의 집과 다윗의 집 사이에 전쟁이 오래매 다윗은 점점 강하여 가고 사울의 집은 점점 약하여 가니라(삼하 3:1).

점점 강해져 가는 집안과 점점 약해져 가는 집안이 있습니다. 쫓는 자와 쫓기는 자가 생겼습니다(2:12-32). 쫓기는 자는 아브넬의 군사들입니다. 쫓는 자는 다윗의 용사들입니다. 아브넬의 군사들과 다윗의 용사들이 서로 맹렬하게 싸우면서 쫓고 쫓기다 보니 서로 간에 피해가 생겼습니다. 그런데 그렇게 한참 싸우다가도 때가 되면 다 각각 자기 진영으로 돌아갔습니다. 그런데 그 모습에서 차이가 납니다. 아브넬과 그의 군사들에 대해서는 "밤새도록 걸어서…마하나임에 이르니라"(2:29)라고 했고, 다윗의 용사인 요압과 그의 사람들에 대해서는 "밤새도록 걸어서 헤브론에 이른 때에 날이 밝았더라"(2:32)라고 전합니다. 아브넬의 군사들이 하루 내내 싸우다가 지쳐 자기 진영으로 돌아갔을 때는 모든 사정이 여전히 캄캄하였지만, 다윗의 용사들이 싸움을 마치고 자기 진영으로 돌아갔을 때는 사정이 점점 밝아지고 있다는 것입니다. 그래서 "다윗은 점점 강하여 가고 사울의 집은 점점 약하여 가니라"(3:1b)라고 말합니다.

점점 강하여 가니라? 점점 밝아져 가니라! 해돋이와 해넘이는 다 각각 멋있습니다. 해돋이는 해돋이대로, 해넘이는 해넘이대로 황홀합니다. 그러나 그 황홀함의 감도에서 서로 다릅니다. 해넘이는 왠지 모르게 쓸쓸합니다. 해돋이는 왠지 모르게 희망찹니다. 사울의 집이 해넘이라면, 다윗은 해돋이입니다. 본문은 우리를 사방이 캄캄한 채 하루 일정을 마감하는 인생이 아니라 날이 밝아오는, 소망이 주어지는, 감사와 감격과 감동이 동터 오는 인생의 자리로 초청합니다. 기억하십시오. 우리는 다 예수 그리스도의 은혜 안에서 점점 강하여 가는 하나님의 사람입니다. 우리 신앙생활의 지평선은 해넘이가 아니라 해돋이입니다.

다윗의 집안? 아니 다윗이 강하여 가고 / 본문의 전반부는 사울의 집과 다윗의 집을 대조하지만, 후반부는 그렇지 않습니다.

> 사울의 집과 다윗의 집 사이에 전쟁이 오래매 다윗은 점점 강하여 가고 사울의 집은 점점 약하여 가니라(삼하 3:1).

사울의 집과 다윗의 집을 비교하는 전반부와 달리 후반부는 사울 집안과 다윗을 비교하고 있습니다. 새번역은 "… 다윗 집안은 점점 더 강해지고, 사울 집안은 점점 더 약해졌다"라고 했지만, 히브리어 본문 전반부에서는 다윗 집안, 후반부에서는 다윗으로 나옵니다. 다윗은 점점 강해져 갔지만, 사울 집안은 점점 약해져 갔다는 것입니다.

사울 집안은 번성해야 했습니다. 번성할 만한 영토가 있었습니다. 사울 집안을 추종하는 세력은 범(凡)이스라엘이었습니다. 사무엘하 2:8-9에 따르면 길르앗, 아술, 이스르엘, 에브라임, 베냐민과 온 이스라엘이 사울 집안을 따랐습니다. 길르앗은 요단 동편의 너른 지역입니다. 아술(아셀)은 가나안 땅 서북단입니다. 이스르엘은 요단 서편의 중원입니다. 이스르엘 서쪽의 에브라임과 그 동남쪽 베냐민 지역이 모두 사울의 집안을 추종하였습니다. 한마디로, 이스라엘 12지파 가운데 유다 지파를 뺀 나머지 11지파 땅이 다 사울 집안의 수중에 있었습니다. 그만큼 위세가 대단했습니다.

거기에 비하면 다윗 집안은 왜소했습니다. 오직 유다 지파만이 다윗 집안을 따랐습니다(2:10b). 이렇게만 본다면 사울의 집안이 점점 강성해져야 합니다. 그러나 그렇지 않았습니다. 사울 집안은 힘 있는 사람 위주로 생존하고자 했습니다. 사울 집안에는 걸출한 장수 아브넬이 있었습니다. 다윗 집안에도 아브넬에 버금가는 장수 요압이 있었지만 성경은 다윗에게 용맹한 장수 요압이 있었다고 말하지 않습니다. 다음 두 구절을 비교해 보십시오.

> 사울의 집과 다윗의 집 사이에 전쟁이 있는 동안에 아브넬이 사울의 집에서 점점 권세를 잡으니라(삼하 3:6).

만군의 하나님 여호와께서 함께 계시니 다윗이 점점 강성하여 가니라(삼하 5:10).

사울의 집과 다윗 사이에 어떤 차이가 있습니까? 사울의 집과 다윗의 집이 전쟁하는 동안 사울의 집에서는 아브넬이 점점 권세를 잡아 갔습니다. 같은 기간 다윗에게는 만군의 하나님 여호와께서 함께하셨습니다. 사람에게 의존하던 사울 집안과 하나님이 함께하시는 다윗을 비교해서 눈여겨보십시오. 사람의 향기는 그가 누구와 함께하느냐에 따라 달라집니다.

세상은 우리를 힘으로 사는 자가 되라고 내몹니다. 우리 주 하나님은 우리에게 하늘의 은총으로 사는 자가 되기를 기대하십니다. 살다 보면 "사울의 집과 다윗의 집 사이에 전쟁이 오래"되듯 두 가지 서로 대립하는 생각이 내 속에서 나를 오랫동안 괴롭힐 때가 있습니다. 그러나 기억하십시오. 아브넬이, 힘이, 세상 권세가 내 삶을 차지하게 하는 대신 하나님이, 우리 주 예수 그리스도가, 하나님의 말씀이 나를 이끌어 가도록 하나님께 나를 맡기십시오. 우리 주 하나님이 그런 나를 이 땅에서 점점 강성하게 하실 것입니다.

점점 강하여 가고, 다윗의 크레셴도 / 그 오랜 전쟁 중에 무슨 일이 있었습니까? 본문을 다시 읽어 봅니다.

사울의 집과 다윗의 집 사이에 전쟁이 오래매 다윗은 점점 강하여 가고 사울의 집은 점점 약하여 가니라(삼하 3:1).

본문은 이렇게 읽을 수도 있습니다. '다윗은 걷고 또 걸었다. 그리고 강해졌다'(베다비드 홀렉크 베하쩨크). '사울의 집안도 걷고 또 걸었다. 그러자 약해졌다'(우베트 샤울 홀레킴 베달림). 두 구절 모두 '지금 걷고 있다'(홀레크)라는 분사형 구문에서는 같습니다. 그런데 결과가 서로 다릅니다. 한쪽은 강해졌는데, 다른 한쪽은 약해졌습니다. 애쓰는 것은 마찬가지인데, 그 결과가 다릅니다. 살아가고자 애쓰는 것은 똑같은데 한쪽은 점점 강해져 가고, 다른 한쪽은 점점 약해져 갑니다. 음악 용어로 한쪽은 크레셴도(crescendo)이지만, 다른 한쪽은 데크레셴도(decrescendo)입니다. 어디를, 어떻게 걸었기에 이런 차이가 생겼습니까?

다윗은 살면서 때마다 하나님께 묻고 기도하였습니다. 사울에게 쫓겨 다닐 때도 기도했습니다. 다윗에게 사울이 전사했다는 소식이 들렸습니다. 오래 괴롭히던 적이 사라졌습니다. 이제 유다 땅으로 올라가도 다윗을 저지할 사람은 아무도 없었습니다. 그런 때도 다윗은 나서지 않고 먼저 하나님께 여쭈었습니다.

> [사울과 요나단이 전사함] 그 후에 다윗이 여호와께 여쭈어 아뢰되 내가 유다 한 성읍으로 올라가리이까 여호와께서 이르시되 올라가라 다윗이 아뢰되 어디로 가리이까 이르시되 헤브론으로 갈지니라(삼하 2:1).

다윗은 걸으면서 때마다 하나님께 물었습니다. 그때마다 응답을 얻었습니다. 여기에 다윗의 삶이 크레센도로 나아가는 비결이 있습니다. 하나님 신앙 안에서 걷다 보니까 하나님이 그를 강하게, 세게, 견고하게 만들어 주셨습니다. 사울의 집안은 그렇지 않았습니다. 도무지 하나님께 물으려고 하지 않고 눈에 보이는 힘만 의지하려고 하였습니다. 걷고 또 걸은 것은 똑같은데 세상 방식대로 걷다 보니 데크레센도의 삶으로 떨어지고 말았습니다.

어떻게 사시겠습니까? 크레센도는 오선지에만 있지 않고 우리 삶에도 있습니다. 다윗의 크레센도가 우리 삶의 음표가 되기를 바랍니다. 데크레센도가 아닌 크레센도의 삶을 펼쳐 가는 하나님의 사람이 되기를 바랍니다. 그 기준을 신약의 말로 바꾸어서 이렇게 다짐합시다.

> 내가 기도하노라 너희 사랑을 지식과 모든 총명으로 점점 더 풍성하게 하사 너희로 지극히 선한 것을 분별하며 또 진실하여 허물 없이 그리스도의 날까지 이르고 예수 그리스도로 말미암아 의의 열매가 가득하여 하나님의 영광과 찬송이 되기를 원하노라(빌 1:9-11).

11 열왕기상 | 하나님 나라의 주인공은 아합이 아니라 나봇입니다

• 왕상 21:1-10

세대 차이, 시대 차이 / 시대 차이나 세대 차이를 풍자하는 메시지를 받았습니다. 1980년대에는 두툼하고 무거운 컴퓨터 앞에 홀쭉한 사람이 앉아 있었는데 2010년에는 얇고 가벼운 노트북을 뚱뚱한 사람이 두드리고 있습니다. 1940년대 신사는 정장 차림이었는데 2019년의 젊은이는 운동복 차림입니다. 1996년의 일광욕 차림새는 하얀 몸에 얼룩덜룩 수영복 팬티였는데, 2016년에는 수영복 팬티만 하얗고 온몸에 문신이 있습니다. 1976년에는 신문 읽는 사람들로 넘쳐 났는데, 2016년에는 스마트폰에 빠져든 사람들이 넘쳐 납니다. 2009년에는 연을 날리며 놀았는데, 2019년에는 드론(drone)을 띄우며 놉니다. 옛날 유선전화는 온 가족을 한곳에 불러 모았는데, 지금 스마트폰은 가족을 뿔뿔이 나눠 놓았습니다. 1990년의 텔레비전은 화면이 볼록하고 길쭉한 브라운관형이었지만, 2011년의 LED 화면은 얇고 가볍습니다. 그때 텔레비전을 시청하던 사람들은 호리호리했는데, 벽걸이 텔레비전을 시청하는 사람들은 한결같이 비만입니다. 1996년의 아이들은 밖에 나가 놀았는데, 2016년의 아이들은 집에서 전자기기를 가지고 놉니다. 1913년에는 밭을 갈면서 땀을 흘렸는데, 2013년에는 땀을 흘리고자 헬스장을 찾습니다. 1968년의 교실에는 선생님에게 꽃을 선물하는 아이가 있었는데, 2018년의 교실은 선생님을 고발하는 아이들로 채워져 있습니다. 시대 차이, 세대 차이가 낳은 문제는 열왕기에서도 발견됩니다.

열왕기라는 반성문 / 본문의 주인공은 아합입니다. 단 한 구절 빼고는 매절 '왕 아합', '아합', '왕'이 거론됩니다. 열왕기상에서 제일 먼저 만나는 왕이 다윗이라면, 맨 마지막에 돌을새김하는 왕은 아합입니다. 다윗과 아합의 차이,

다윗 시대와 아합 시대의 차이가 어디에 있는지를 되새겨 보게 합니다.

이스라엘 역사에서 가장 강력했던 때는 다윗 시대입니다. 정치·사회·군사적으로 강력했고, 경제적으로 풍요로웠으며, 나라의 초석을 하나님의 말씀 위에 세웠습니다(2:3-4). 다윗이라고 흠이 없었던 것은 아니지만, 자기를 꾸짖는 선지자 앞에서 겸손했습니다(삼하 12장).

이스라엘 역사에서 다윗 못지않게 국력을 과시했던 때는 북왕국 오므리 왕조인데, 그 전성기가 아합 시대입니다. 주전 9세기 아합의 왕궁은 상아 장식물을 갖춘 당대 최고 수준이었고(22:39), 북쪽 페니키아(두로와 시돈)와는 혼인동맹 사이였으며, 동서교역로를 장악하였고, 남유다를 제압하였습니다. 아합의 딸 아달랴를 유다 왕국의 왕 여호사밧의 아들 여호람과 결혼시켜 아달랴가 나중에 유다 왕국의 여왕이 되기도 했습니다(왕하 8:26; 11:1-3). 아합은 성공적인 치적을 쌓았습니다. 그렇지만 다윗과 비교해 보면 생각이 달라집니다. 겉으로 보기에는 풍요했어도 아합 왕국은 다윗 시대를 넘어설 수 없었습니다.

여기에 열왕기의 쓴소리가 있습니다. 겉으로 보기에는 멀쩡했던 나라가 왜 끝내 쓰러지고 말았습니까? 아합은 자기 왕국을 세웠지, 하나님의 뜻이 실현되는 하나님 나라를 세우지 않았습니다. 예컨대 아내로 맞아들인 두로 왕의 딸 이세벨을 따라서 온 나라 구석구석에 바알 제단을 쌓고 아세라 상을 세우는 일에 몰두하였지 여호와 신앙이라는 이스라엘의 정신적 가치를 무참하게 허물어뜨렸습니다. "교만은 패망의 선봉이요 거만한 마음은 넘어짐의 앞잡이니라"(잠 16:18)라고 했습니다. 예수님 말씀대로 아합의 시대는 "패역한 세대"(마 17:17)였습니다. 사람들의 눈에 가장 성공적으로 비췄던 위인이 하나님이 보시기에는 가장 모자란 사람이었다는 것입니다.

왕과 시민, 두 사고방식의 충돌 / 본문은 왕 아합과 그 시대의 백성 나봇을 비교합니다.

그 후에 이 일이 있으니라 이스르엘 사람 나봇에게 이스르엘에 포도원이 있어 사마리아의 왕 아합의 왕궁에서 가깝더니(왕상 21:1).

나봇은 이스르엘 평야 한 곳에서 포도원을 가꾸며 살던 농군입니다. 이스르엘은 북동쪽 갈릴리 산지와 남서쪽 사마리아 산지 사이에 놓여 있는 큰 평야 지대입니다. 아합이 왕좌에 올라 그 이스르엘 동쪽 가장자리에 도성을 지어 사마리아에 이어 나라의 둘째 수도로 삼았습니다. 그런데 바로 그 별궁 근처에 나봇의 포도원이 있었습니다. 사건의 발단은 아합이 나봇에게 제안한 상거래입니다. 문제는 아합의 생각과 나봇의 생각이 서로 달랐다는 데 있습니다. 이웃사촌인 줄 알고 만났는데, 그 둘은 아주 달랐습니다.

아합이 나봇에게 말하여 이르되 네 포도원이 내 왕궁 곁에 가까이 있으니 내게 주어 채소밭을 삼게 하라 내가 그 대신에 그보다 더 아름다운 포도원을 네게 줄 것이요 만일 네가 좋게 여기면 그 값을 돈으로 네게 주리라(왕상 21:2).

아합이 나봇에게 포도밭을 자기에게 팔라고 제안합니다. 아합은 그 포도밭을 사들여 채소밭으로 만들 계획이었습니다. '채소밭'은 읽기에 따라서는 그냥 '푸른 정원'(간-야라크, green garden)입니다. 아합이 자기 왕궁터를 넓히려고 했다는 것입니다. 그러다 보니 땅이 필요했습니다. 아합은 왕권을 내세워 나봇의 포도원을 강제로 빼앗으려고 하지 않았습니다. 상거래를 제안하였습니다. 그 포도밭을 자신에게 주면 그보다 더 아름다운 포도원으로 보상해 주든가 그것에 상당하는 값을 후하게 치르겠다고 제안하였습니다. 아합의 제안은 우리가 보기에 아무 문제가 없습니다. 그러나 나봇은 아합의 제안이 아주 불편하고 불쾌했습니다. 아합은 무엇이든지 상거래로 취득할 수 있다고 생각했지만, 나봇은 돈으로도 살 수 없는 것이 있다고 생각하였습니다. 그래서 나봇은 아합의 제안에 이렇게 대꾸합니다.

나봇이 아합에게 말하되 내 조상의 유산을 왕에게 주기를 여호와께서 금하실지로다 하니(왕상 21:3).

아합이 나봇에게 "네 포도원"이라고 불렀던 곳을 나봇은 아합에게 "내 조상의 유산"이라고 답합니다. 아합이 나봇에게 '네 토지'라고 불렀던 곳을 나봇은 아합에게 그것은 토지가 아니라 '유업'이라고, '대대로 지켜 오는(基) 삶의 터전(業)'이라고 답합니다. 아합이 사고파는 부동산이라고 불렀던 것을 나봇은 사고팔 수 없는 정신적 유산이라고 답합니다. 나봇은 아합이 제안했던 상거래를 여호와 하나님 신앙의 이름으로 단번에 거절합니다. 값을 더 쳐 달라는 흥정이 아니라, 말도 안 되는 상거래는 이루어질 수 없다고 단칼에 자릅니다. 같은 시대, 같은 공간에서 살고 있었는데도, 나봇과 아합은 이렇게 달랐습니다.

시대와 세대가 다르다고 사람살이가 달라지는 것은 아닙니다. 생각의 차이, 정신의 차이, 신앙의 차이가 같은 시공간을 살던 아합과 나봇을 서로 다른 인물로 구분해 놓았습니다. 아합은 모든 것을 물질로 대하고 물건으로 취급하는 오늘날 시장경제 방식을 대변합니다. 나봇은 그렇지 않았습니다. 나봇은 하나님의 경제를 사수합니다.

순교자 나봇 / 이제 본문은 이스라엘적인 사고방식을 지켜 오던 사람이 가나안적인 사고방식에 빠진 자에게 희생당하는 이야기로 내닫습니다. 여호와 하나님 신앙을 지켜 오던 시민이 바알 종교에 빠져 있던 왕에게 살해당하는 이야기로 내달립니다. 이세벨은 일개 농사꾼이 왕의 제안을 거절하였다는 사실이 도무지 이해되지 않았습니다. 그냥 빼앗으면 될 것을 왕이라는 자가 굳이 상거래를 제안했다는 사실도 못마땅했습니다. 땅은 그냥 사고파는 토지이지, 거기에 무슨 정신적 가치가 있다고 생각하지 않았습니다. 그래서 아합의 상거래를 뒤집어 버립니다.

이스르엘 사람 나봇이 아합에게 대답하여 이르기를 내 조상의 유산을 왕께 줄 수 없다 하므로 아합이 근심하고 답답하여 왕궁으로 돌아와 침상에 누워 얼굴을 돌리고 식사를 아니하니 그의 아내 이세벨이 그에게 나아와 이르되 왕의 마음에 무엇을 근심하여 식사를 아니하나이까 왕이 그에게 이르되 내가 이스르엘 사람 나봇에게 말하여 이르기를 네 포도원을 내게 주되 돈으로 바꾸거나 만일 네가 좋아하면 내가 그 대신에 포도원을 네게 주리라 한즉 그가 대답하기를 내가 내 포도원을 네게 주지 아니하겠노라 하기 때문이로다 그의 아내 이세벨이 그에게 이르되 왕이 지금 이스라엘 나라를 다스리시나이까 일어나 식사를 하시고 마음을 즐겁게 하소서 내가 이스르엘 사람 나봇의 포도원을 왕께 드리리이다 하고(왕상 21:4-7).

아합은 한 발로는 가나안 풍속에 빠져 있으면서도 다른 발로는 하나님 신앙에 미련을 두고 있습니다. 한쪽으로는 몸이 하자는 대로 따르면서도, 다른 한쪽으로는 마음의 소리를 떨치지 못하고 있습니다. 아합에게 여호와 신앙이 없었던 것은 아닙니다. 두 아들 요람, 아하시야, 딸 아달랴의 이름에 모두 여호와 신앙이 새겨져 있지 않습니까. 그런데 아합의 여호와 신앙이 세속주의자 이세벨 앞에서는 아무 힘을 못 씁니다. 세상이 몰아치는 생존방식 앞에서 아합의 하나님 신앙은 아주 무력했습니다. 이세벨이 어떤 일을 벌입니까?

[이세벨이] 아합의 이름으로 편지들을 쓰고 그 인을 치고 봉하여 그의 성읍에서 나봇과 함께 사는 장로와 귀족들에게 보내니 그 편지 사연에 이르기를 금식을 선포하고 나봇을 백성 가운데 높이 앉힌 후에 불량자 두 사람을 그의 앞에 마주 앉히고 그에게 대하여 증거하기를 네가 하나님과 왕을 저주하였다 하게 하고 곧 그를 끌고 나가서 돌로 쳐죽이라 하였더라(왕상 21:8-10).

아합이 이스라엘 신앙을 지키지 못하니까 이세벨이 아합의 이스라엘 신앙을 이용합니다. 세상은 교인들을 이기기 위해서 교회의 방식을 흉내 냅니다. 이세벨이 아합의 이름으로 편지를 써서 나봇의 동리에 사는 원로들과 귀족들에게 보냈습니다. 금식을 선포하고 그 금식의 자리로 나봇을 오게 합니다. 나봇이 자기를 고발하는 소리를 듣습니다(21:11-13). 이스라엘 풍속으로 위장한 재판정이 사형을 언도할 때 아무 항변도 못하고 돌에 맞아 죽습니다.

아합이 나봇의 포도원을 차지하고자 이스르엘로 내려갑니다. 그러나 죽음의 자리로 내몰린 나봇의 입에서 아무 소리도 나오지 않습니다. 나봇이 아무 소리도 내뱉지 않았기 때문일까요? 아닙니다. 억울해서 외치는 소리가 정녕 있었을 것입니다. 본문은 의도적으로 그 소리 대신 이런 육성을 떠올리게 합니다.

내 조상의 유산을 왕에게 주기를 여호와께서 금하실지로다(왕상 21:3b).

본문은 아합과 이세벨의 악함보다도 나봇의 의와 믿음을 증거합니다. 그렇습니다. 나봇은 순교자였습니다.

이 땅에 하나님 나라를 일군 자는 아합이 아니라 나봇이다 / 본문은 죽은 나봇과 죽어야 할 아합과 이세벨을 비교합니다. 이 둘 사이의 차이가 어디에 있습니까? 나봇은 죽은 자 같으나 산 자입니다. 아합과 이세벨은 산 자 같으나 실상은 죽은 자입니다. 열왕기 이야기에서 나봇은 죽음으로 아합과 이세벨에 맞섰습니다. 나봇이 죽자 엘리야가 등장하여 아합과 이세벨에게 죽음을 선고합니다(21:17-19). 나봇의 죽음으로 하나님이 아합과 이세벨에게 죽음의 심판을 내리십니다. 갈멜산에 불이 떨어졌던 때도 버텼던 아합을 나봇이 그 왕좌에서 끌어냅니다. "한 의인의 죽음이 아합 왕국의 멸망의 근거가 되었습니다"(김정우, "나봇의 포도원과 우리의 기업[왕상 21:1-29]", 「헤르메네이아 투데이」 15 [2001. 04], 7-13, 특히 12쪽).

신약의 순교자가 스데반이라면 나봇은 구약의 순교자입니다. 본문은 이 세속주의 시대에 '나는 죽고 예수는 사는' 순교자 정신을 지니고 살라고 촉구합니다. 우리는 지금 어떻게 살고 있습니까? '나는 살고, 예수는 죽고.' 아합은 자기 이익을 위해서 나봇을 살해했습니다. 자기가 살고자 여호와 신앙의 유산을 포기하였습니다. 누가 이 땅에 하나님 나라를 세워 가는 주인공이 됩니까? 아합이 아니라 나봇입니다.

2021년 8월 9일 서울시청 옆 서울도서관 외벽에 이런 현수막이 걸렸습니다. "비범한 역사를 만든 건 평범한 국민이었습니다." 그렇습니다. 민족의 별 이준, 나라 사랑·하나님 사랑 남궁억, 한국 근대사의 거목 윤치호, 건국 대통령 이승만, 한국 교회의 새날을 연 전덕기, 한 알의 밀알·거룩한 순교자 신석구, 겨레의 스승 주시경, 최초의 여의사 박에스더, 신앙과 민족 사랑의 일치 손정도, 대한독립만세 유관순, 상록수의 모델 최용신 등이 있었기에 오늘의 대한민국이 있을 수 있었습니다. (『대한민국을 세운 위대한 감리교인』[전용재 엮음, kmc, 2016]).

대한민국의 미래만 평범한 국민이 만들어 갑니까? 아닙니다. 한국 교회의 미래도 평범한 그리스도인이 만들어 갑니다. 신앙으로 현실을 이겨 가는 평범한 그리스도인이 교회의 미래를 알차게 만들어 갑니다.

12 열왕기하 | 하나님의 은총이라는 부력으로 불경기의 바다에서 침몰하지 않습니다

• 왕하 6:1-7

최송목의 사장학(社長學) 교본 /　최송목이란 남자가 있습니다. 시골에서 올라와 600만 원짜리 쌍문동 반지하 전세로 신혼살림을 시작했습니다. 1980년대 초 주식투자로 아파트 두 채를 장만했지만 이내 다 날리고 3억 원 빚을 지고 직장에 들어갔습니다. 여섯 번 직장을 옮기고 여덟 번 업종을 바꿔 가며 샐러리맨 생활을 하다가 '한국교육미디어'를 창업하였습니다. 이 회사가 1990년대 중반 수능 학습지 「케이스」로 고교 학습지 시장의 70%를 커버하는 매출 신장을 기록하면서 창업 7년 만에 100억 원 외자 유치, 연 매출 880억 원을 달성하고, 2003년 1월 코스닥 진입에 성공했습니다. 그때 그의 연봉은 9억, 개인 자산은 100억대였습니다.

그러나 성공했다고 여기던 순간 내리막길에 들어섭니다. 무리하게 사업을 확장하다가 실패를 거듭하면서 10년이 못 되어 상장 폐지되고 맙니다. 법정관리를 거쳐 파산할 때 그의 수중에 남은 재산은 단돈 5만 5천 원이었습니다. 최송목은 무일푼 채무자로 전락하고 난 뒤에야 성공에 대해서 다시 생각하였습니다. '밑바닥에서 올려다본 정상은 까마득했다. 저기를 어떻게 올라갔을까? 왜 이곳으로 굴러떨어졌을까?' 지금까지는 무조건 돈을 많이 벌어야 한다는 생각만을 좇아서 달려왔는데, 모든 재산을 잃고 난 뒤에야 그런 생각이 잘못되었다는 것을 깨달았습니다. 그 깨달음을 '사장'으로 사는 자들에게 들려주고 싶어서 책을 썼습니다(『사장으로 견딘다는 것』[서울: 유노북스, 2021]).

그 깨달음의 한 토막입니다. "실패를 보는 태도가 미래를 결정한다"(50-53쪽), "물질적 성공만큼 정신적 성공도 중요하다"(32-34쪽), "눈으로 보는 세상이 다가 아니다. 눈으로는 볼 수 없는 세상이 있다"(223-225쪽). 그는 모든 것을 잃어버리고 난 뒤에야 지금까지 보지 못했던 세상을 보게 되었습니다. 본문 열왕기하

6:1-7에도 성공을 향해 치닫다가 모든 것을 잃어버린 사람이 등장합니다.

제자도보다는 현실 문제에 집중했기에 / 본문의 첫 장면은 질문과 대답 형식입니다.

> 선지자의 제자들이 엘리사에게 이르되 보소서 우리가 당신과 함께 거주하는 이곳이 우리에게는 좁으니 우리가 요단으로 가서 거기서 각각 한 재목을 가져다가 그곳에 우리가 거주할 처소를 세우사이다 하니 엘리사가 이르되 가라 하는지라(왕하 6:1-2).

본문의 주인공은 선지자 엘리사의 제자들입니다. 그 이름은 나오지 않습니다. 본문의 형식은 질문하는 학생과 거기에 응대하는 스승입니다. 학생들의 질문은 깁니다. 선생의 답변은 짧막합니다. 학생들의 말은 질문이기보다는 불평이고 건의사항입니다. 그 요청을 스승이 짧막하게 허락하는 장면이 본문의 얼개입니다. 학생들은 자기들이 거주하는 곳이 너무 좁다고 불평합니다. 그리고 나름대로 대안도 제시합니다(6:2).

열왕기하 2장에 따르면, 엘리야가 운영하던 선지자 학교는 길갈, 벧엘, 여리고에 있었습니다(2:1, 3, 5). 엘리야의 뒤를 이어 엘리사가 선지자 학교의 교장이 되자 엘리사의 학생들이 나서서 좁은 벧엘 산지나 여리고보다는 너른 요단 들판으로 가서 그곳에 새로 교사를 장만하자고 제안합니다. 문자적으로는 좁은 집을 헐고 큰 집을 짓자는 말입니다. 그런 불평과 제안이 잘못된 것은 아닙니다. 그러나 이전에 엘리야와 엘리사가 나누었던 대화와 비교해 보면 사정이 달라집니다. 엘리사가 엘리야에게 요청했던 것이 무엇이었습니까? "당신의 성령이 하시는 역사가 갑절이나 내게 있게 하소서"(2:9)이지 않습니까!

그런데 지금 엘리사의 제자들은 엉뚱하게도 자기들이 "거주할 처소"를 넓히는 일에 몰두하고 있습니다. 거주하는 장소를 넓히려는 마음이 잘못된 것은 아닙니다. 하늘의 것을 추구해야 할 사람들이 땅의 것에 매여 있다는 것이 문제입니다. 하나님의 은총을 누려야 하는 제자들이 지금 세상의 염려에 붙들려 있습니다. 선지자의 제자들이었다면 마땅히 자기를 부인하고 자기 십자가를 지고 주님을 따르겠다는 제자도에 관심을 두어야 하지 않겠습니까? 그런데 본문에서 엘리사의 제자들은 아주 현실적인 문제에 관심을 쏟고 있습니다. 자기를 부인하는 것이 아니라 자기 자아를 드러내고 있습니다. 이런 문제가 엘리사의 제자들에게만 있었습니까? 우리에게도 있지 않습니까? 제자들의 불평과 하소연은 오늘의 그리스도인을 향한 풍자입니다. 오늘 우리도 하늘나라의 비밀을 깨달아 기뻐하기보다는 내 땅을 넓히는 일에서 희열을 느끼고 있지 않습니까?

스승과 함께 떠나는 길에서 / 본문에서 교육이 이루어지는 현장은 교실 안이 아니라 교실 밖입니다. 교실 밖 요단 들판으로 가자고 하는 요청이 본문의 배경입니다.

우리가 요단으로 가서 거기서 각각 한 재목을 가져다가 그곳에 우리가 거주할 처소를 세우사이다 하니 엘리사가 이르되 가라 하는지라 그 하나가 이르되 청하건대 당신도 종들과 함께하소서 하니 엘리사가 이르되 내가 가리라 하고(왕하 6:2-3).

엘리사는 제자들의 요청에 "가라", "내가 가리라"라고 짤막하게 대답합니다. 이 대목, 즉 요단으로 가겠다고 나서는 제자들의 행보에 엘리사가 동의하는 장면에는, 엘리사가 자기 스승 엘리야를 졸라서 함께 걸었던 길에 대한 기억이 서려 있습니다. 스승과 함께 길을 걷게 하면서 제자도를 깨닫게 했던 엘리야의 행보가 떠올랐다는 것입니다(Rickie D. Moore, "Finding the Spirit of Elijah in the Story of Elisha and the Lost Axe Head: 2 Kings 6:1-7 in the Light of 2 Kings 2", *Old Testament Essays*, 31 no 3 [2018], 780-789).

이 땅에서의 사역을 마친 엘리야를 하나님은 하늘로 들어 올리셨습니다. 스승과의 이별을 엘리사는 받아들이지 못했습니다. 그래서 우겼습니다. "선생님이 어디로 가시든, 제가 거기까지 함께하겠습니다." 엘리야는 하늘로 들려 올라가기 전까지 엘리사와 함께 걸었습니다. 길갈에서 벧엘로, 벧엘에서 여리고로, 여리고에서 요단으로. 그러면서 자기에게 있었던 성령의 역사가 갑절이나 엘리사에게 임하게 하였습니다(2:9-10). 그래서였을 것입니다. 엘리사는 요단으로 가자는 제자들의 요청에 기꺼이 길을 나서면서 하나님 나라 제자도에 대해서 가르치고자 했습니다.

예수님도 그렇게 하셨습니다. 갈릴리를 떠나 예루살렘으로 가시는 도중에 가이사랴 빌립보에서 제자들에게 "사람들이 나를 누구라고 하느냐"(막 8:27)라고 물으셨습니다. 그리고 "너희는 나를 누구라 하느냐"(막 8:29)고 물으셨습니다. 베드로가 "주는 그리스도시요 살아 계신 하나님의 아들"(마 16:16)이시라고 고백하자 놀라운 복음의 비밀 하나를 제자들에게 털어놓으셨습니다.

> 이때로부터 예수 그리스도께서 자기가 예루살렘에 올라가 장로들과 대제사장들과 서기관들에게 많은 고난을 받고 죽임을 당하고 제삼일에 살아나야 할 것을 제자들에게 비로소 나타내시니(마 16:21).

예수님도 길을 가시면서 복음의 진수를 제자들에게 가르치셨습니다. 오늘도 우리 주님은 주님과 함께 길을 나서는 자들에게 복음의 비밀을 알려 주십니다. 주님을 스승으로 삼고 길을 떠나는 자들에게 하늘의 은총을 덧입게 하십니다.

쇠도끼가 물에 떨어진지라 / 엘리사의 제자들이 요단에 당도합니다. 쇠도끼를 빌려서 나무를 벱니다. 그런데 뜻밖의 문제가 발생했습니다.

> 드디어 그들이 함께 가니라 무리가 요단에 이르러 나무를 베더니 한 사람이 나무를 벨 때에 쇠도끼가 물에 떨어진지라 이에 외쳐 이르되 아아, 내 주여 이는 빌려온 것이니이다 하니(왕하 6:4-5).

두 가지 문제가 생겼습니다. 하나는 쇠도끼가 물에 떨어졌다는 것, 다른 하나는 빌려온 쇠도끼였다는 것입니다. 쇠도끼는 나무를 베는 도구입니다. 평상시에는 나무 베는 도구이지만, 전쟁이 나면 언제든지 살상무기가 됩니다. 그 쇠도끼가 물에 떨어졌습니다. 도끼날이 물에 빠졌습니다. 이것이 무슨 뜻입니까?

본문의 맥락이 이 질문에 도움이 됩니다. 본문 바로 앞에는 아람 군대의 군대장관 나아만이 나옵니다. 나아만은 뛰어난 용사이지만, 그의 현실은 무력했습니다. 나병에 걸렸기 때문입니다. 본문 바로 뒤에는 사마리아를 침공한 아람 군사들이 엘리사의 말대로 일순간 눈이 멀게 된 장면이 나옵니다. 아무리 힘센 군대라고 해도 앞을 보지 못한다면 그 힘은 아무짝에도 소용없습니다. 도끼날이 빠진 막대기 신세였다는 것입니다.

"쇠도끼가 물에 떨어진지라"에 주목하십시오. '쇠도끼가 물에 빠진지라'가 아닙니다. 도끼의 도끼날이 스스로 달아나다가 물에 떨어졌다는 뜻입니다. 쇠도끼가 어떻게 스스로 달아날 수 있습니까? 쇠도끼가 엘리사 제자들의 손에 있었다는 점을 간과해서는 안 됩니다. 그들은 본래 나무꾼이 아니었습니다. 넓은 교사를 짓고자 잠시 나무꾼 흉내를 내었지만, 그들은 본래 나무꾼이 아니었습니다. 그런 사람들 손에 쇠도끼가 들리자 쇠도끼가 스스로 떨어져 나갔다는 지적입니다. 게다가 안타까운 것은, 다른 사람에게서 빌려온 쇠도끼였다는 것입니다. 힘으로만 살아가는 존재들의 한계가 여기에 있습니다. 힘만 믿고 살아가는 자들의 한계가 여기에 있습니다.

본문에서 제자들이 "아아, 내 주여"라고 탄식하고 있음에 주목하십시오. 이 "아아"에는 힘으로 좌지우지하려던 인생살이가 한계에 부딪힌 뒤에야 터득하게 된 깨달음이 있습니다. 최송목이 그런 경우였습니다. 그는 실패하고 나서야 성공의 의미를 깨달았습니다. "성공한다고 다 똑같은 성공이 아니다. 완전한 성공은 정신적 성공을 요구한다.… 이 세상에 영원한 실패와 고통은 없다. …신은 항상 우리가 견딜 만큼의 시련만을 안겨 준다"(최송목, 33-34쪽).

하나님의 은총이라는 부력 / 이제 엘리사가 등장합니다. 제자들이 엘리사를 부르는 호칭이 달라졌습니다. 처음에는 엘리사를 "당신"이라고 불렀습니다(6:1, 3). 문제가 발생하자 "내 주여"로 달라집니다(6:5). 마지막에는 "하나님의 사람"(6:6)으로 바뀝니다. 보십시오. 하나님의 사람 엘리사가 제자들이 당면한 문제를 해결해 줍니다. 어떻게 해결합니까?

하나님의 사람이 이르되 어디 빠졌느냐 하매 그곳을 보이는지라 엘리사가 나뭇가지를 베어 물에 던져 쇠도끼를 떠오르게 하고 이르되 너는 그것을 집으라 하니 그 사람이 손을 내밀어 그것을 집으니라(왕하 6:6-7).

하나님의 사람 엘리사가 "나뭇가지를 베어 물에 던져 쇠도끼를 떠오르게" 합니다. 나뭇가지와 쇠도끼를 대조해 보십시오. 쇠도끼는 물에 빠지지만, 나뭇가지는 물에 떠오릅니다. 세상의 힘에는 중력과 부력이 있습니다. 쇠도끼는 물에 빠지고 맙니다. 나뭇가지는 하찮은 것이지만, 부력에 의해 물에 뜹니다. 엘리사가 나뭇가지를 꺾어서 물에 던져 쇠도끼를 떠오르게 하는 장면은 우리에게 무엇을 가르칩니까? 중력을 구원하는 부력이 있음을 가르칩니다. 그렇습니다. 내리누르는 힘을 구제하는 것은 떠오르게 하는 힘입니다.

어떤 힘으로 살아야 합니까? 땅에서는 중력이지만, 물에서는 부력입니다. 모든 것을 힘이 지배하는 것 같지만, 그렇지 않을 때가 있습니다. 모든 곳에서 힘이 돋보이지만, 그렇지 않은 곳이 있습니다. 하나님은 오늘도 약한 자를 택하여 강한 자를 부끄럽게 하십니다. 하찮은 것을 들어서 귀하게 여기는 것을 부끄럽게 하십니다. 십자가를 들어서 군대를 부끄럽게 하십니다. 예수 그리스도의 십자가를 들어서 로마제국의 힘을 부끄럽게 하십니다. 세상의 약한 것들을 택하여 강한 것들을 부끄럽게 하십니다(고전 1:27).

코로나 팬데믹이 불러온 불황으로 파산이 급증하고 있습니다. 자영업자와 소상공인들만 벼랑 끝에 내몰리는 것이 아닙니다. 대기업 직장인들의 소망은 정규직으로 잘 다니다가 정년퇴직하는 것이고, 중소기업 직장인들의 가장 큰 바람은 자기 회사가 망하지 않는 것입니다. 불황·불경기의 바다에서 물에 빠지지 않고 물에 뜨는 존재가 누구입니까? 날마다 은총으로 사는 자입니다. 무거운 짐을 잔뜩 실은 컨테이너 배를 보십시오. 우리 삶이 예수 그리스도 안에 있으면, 하나님의 은총이라는 부력으로 불경기의 바다에서 침몰하지 않습니다. 그러니 묻습니다. 어떤 제자가 되겠습니까? 자기 힘, 자기 능력, 자기 권세에 매인 제자로 살겠습니까, 하나님의 은총으로 세상을 이겨 가는 제자가 되겠습니까?

13 역대상 │ 다윗의 혁신,
신앙에 감성을 입히다

│ • 대상 11:15-19

소비자를 만족시키는 혁신 / 인공지능 로봇이 핸드드립 커피를 만들어 주는 카페가 있습니다. 인공지능 로봇이 고객 얼굴도 분석해 주문 이력을 파악하고, 단골에게는 커피 가격도 깎아 줍니다. 이 카페 창업자는 처음엔 로봇이 모든 일을 처리하는 무인 카페를 기획했었다가 너무 삭막할 것 같아 사람과 로봇이 협동하는 가게를 열었습니다. 그랬더니 이른바 '대박'을 터뜨렸습니다. 이 카페가 '라운지X'입니다. "융합의 시대, 푸드에 테크를 입혔습니다"("[융합의 시대, 푸드에 테크를 입히다] 황성재 라운지랩 대표", 「포브스 코리아」 202004호[2020. 3. 23] 기사).

라운지X가 혁신적이기는 하지만 숙련된 바리스타가 내리는 커피 맛과 비교할 수 있을까요? 핸드드립 커피의 맛은 바리스타의 기술에 따라 천차만별입니다. 생두에 따라 드립 알고리즘이 다릅니다. 어떤 생두는 가는 물줄기로 큰 원을 그려야 맛이 나지만, 어떤 생두는 굵은 물줄기로 작은 원을 반복해야 풍미가 살아납니다. 그런데도 라운지X의 드립 알고리즘이 입력된 로봇 팔이 내린 에티오피아산·인도네시아산·파나마산·과테말라산 원두 핸드드립 커피가 첫 달에만 1,300잔 팔렸는데, 그 맛에 많은 고객이 감탄하였다고 합니다.

라운지X 대표 황성재는 카페 창업자이기 이전에 카이스트 박사 출신 엔지니어입니다. 카이스트 대학원 시절 인공지능·블록체인 기술을 융합해서 국내외에 출원한 특허가 300개가 넘고, 30여 개 기술을 대기업·중소기업에 이전했으며, 그 가운데 하나가 2015년에 삼성전자가 사들였던 '플런티'(Fluenty, 대화형 인공지능 플랫폼)입니다. 스타트업계는 황성재의 일거수일투족을 주시합니다. 그가 이런 말을 했습니다. "시장의 때가 묻지 않은 우아한 기술은 거친 시장에서 결코 성공할 수 없다. 기술적 비전과 가치는 대중과 시장에 의해 재평가되고, 반박되고, 수정되고 뒤집힌다. …기술이 제품이 되고, 제품이 사업이 되려면 많은 사람의 손때가 묻어야 한다"("앙트십이 있는 창업가? 시장이 공감하는 문제를 찾고, 스스로를 객관화하며, 자신을 확장시킬 줄 아는 사람!", 「Platum」 2019. 8. 23. 기사).

피터 드러커(Peter F. Drucker, 1909-2005)의 말대로 "이제껏 소비자들이 느껴 온 가치와 만족에 변화를 주지 않는다면 새롭다고 해서 무조건 혁신이라고 이야기할 수는 없습니다." 혁신이 시대의 화두입니다. 본문도 다윗이 시도하였던 혁신을 보여 줍니다.

다윗의 혁신, '삼십 우두머리'를 두었다는 것은 / 본문은 다윗이 왕의 자리에 오르기까지 함께했던 용사들에 관한 이야기입니다. 다윗을 다윗 되게 한 역사의 이면에는 다윗의 용사들이 있었습니다.

> 삼십 우두머리 중 세 사람이 바위로 내려가서 아둘람 굴 다윗에게 이를 때에 블레셋 군대가 르바임 골짜기에 진 쳤더라(대상 11:15).

다윗에게는 "삼십인 특별부대"(새번역)가 있었습니다. 그 특별부대의 지휘관 세 사람이 블레셋 군대가 르바임 골짜기에 진을 치고 있을 때 다윗을 찾아왔습니다. 블레셋 군대가 예루살렘 남서쪽, 베들레헴 북쪽 5km 지점까지 올라왔기에(삼하 5:17-25) 다윗의 용사들은 서둘러서 다윗을 만나 작전계획을 세우고자 했습니다. 본문과 병행하는 기사(삼하 23:8-12)에 따르면, 이 특별부대의 지휘관 세 사람은 요셉밧세벳, 엘르아살, 삼마이지만, 정작 본문에서는 그 이름이 거론되지 않습니다. 이름씨보다는 그들이 얼마나 용맹스러웠는지, 얼마나 신실했는지를 소개하는 일화만을 전합니다.

역대상이 다윗의 용사들에 관하여 소개하는 방식에 주목해 보십시오. 다윗을 도와서 다윗왕국을 일으켰던 용사들 명단의 서두에는 다윗의 특별부대원들이 나옵니다(11:10-19; 비교, 삼하 23:8-39). 그런 다음 이스라엘의 여러 지파에서 차출된 군사들 명단이 나옵니다(12장). 다윗은 사울과는 다른 방식으로 이스라엘 군대를 운영하였습니다. 군대 운용방식에서 혁신을 이루었습니다. 그 혁신의 골자가 삼십인 특별부대를 편성해서 다윗의 수하에 둔 일입니다. 최전선에는 다윗의 특별부대를 배치하고, 그 후방에는 상비군 격으로 이스라엘의 군사들을 배치해 놓았습니다.

'혁신'이란 글자는 '가죽 혁'(革) 자에 '새로울 신'(新) 자입니다. '가죽'을 뜻하는 한자로는 '가죽 혁'(革)과 '가죽 피'(皮) 자가 있는데, 짐승 가죽을 벗긴다고 할 때 쓰이는 낱말은 '가죽 피'(皮) 자이지만, 짐승 가죽에서 털을 다듬고 없애는 공정, 즉 짐승 가죽을 양쪽으로 쭉 펴서 말린 뒤 그것으로 새로운 것을 만드는 공정을 가리킬 때는 '가죽 혁'(革) 자를 씁니다. 혁신을 영어로는 '이노베이션'(innovation)이라고 하는데, 이 낱말은 '안에서 밖으로'를 뜻하는 'in'과 '새롭다'는 뜻의 'nova'가 결합한 글자입니다. 안에서부터 시작해서 겉에 있는 것까지 새롭게 하는 것이 혁신입니다. 단순히 동물 가죽을 벗겨 낸 상태가 아니라 털을 뽑고 다듬고 말려서 달라진 가죽처럼 완전히 다른 가치를 지닌 것을 창출하는 것이 혁신입니다(https://crevate.com/article/혁신이란 무엇인가).

다윗이 사울에게서 물려받은(?) 왕국은 블레셋과 치열하게 투쟁할 수밖에 없었던 나라였습니다. 전쟁이 잦았고, 전쟁이 터질 때마다 백성은 전쟁용사로 차출되어야 했습니다. 백성이 당하는 고초와 희생이 참으로 컸습니다. 다윗은 왕이 되면서 이런 관행을 과감하게 뜯어고쳤습니다. 전선의 최전방에는 이스라엘 지파에서 차출된 사람들이 아니라 다윗의 용병을 두었습니다. 다윗의 용사들의 명단에 암몬 사람, 헷 사람 같은 이방인들이 있음을 눈여겨보십시오. 용병은 전선의 최전방에 두고, 전쟁용사로 차출된 이스라엘 각 지파의 백성은 상비군으로 전장의 후방에 두었습니다. 그렇게 제도를 바꾸어서 다윗은 이스라엘 백성의 마음을 살 수 있었습니다.

시온 산성의 다윗, 베들레헴의 블레셋 / 본문은 다윗의 특별부대 지휘관 세 사람이 어떻게 다윗을 섬겼는지를 회상하는 대목입니다. 왜 그들이 다윗을 만나려고 하였습니까? 다윗은 그때 어디에 있었습니까?

삼십 우두머리 중 세 사람이 바위로 내려가서 아둘람 굴 다윗에게 이를 때에 블레셋 군대가 르바임 골짜기에 진 쳤더라 그때에 다윗은 산성에 있고 블레셋 사람들의 진영은 베들레헴에 있는지라(대상 11:15-16).

다윗의 특별부대 지휘관 세 사람이 아둘람 굴로 다윗을 찾아갔습니다. 아둘람은 다윗이 사울에게 쫓길 때 몸을 숨겼던 은신처입니다. 그때 다윗은 그곳에 있지 않고 산성에 있었습니다. 이 산성은 여부스 사람들이 거주하던 시온 산성입니다. 그 여부스 산성을 막 왕좌에 오른 다윗이 차지하였습니다(11:4-5). 여부스 사람들이 거주하던 산성을 '시온 산성'이라고 불렀습니다. 이때 '시온'은 예루살렘 동남쪽 언덕을 가리킵니다. '시온'이란 글자에는 '산성'이란 뜻이 있습니다(W. H. Bellinger Jr., "Zion", *The New Interpreter's Dictionary of the Bible*, vol. 5, 985). 다윗은 왜 시온 산성을 자기 성읍으로 차지하고자 했습니까? 야곱의 자손들이 가나안 땅에 정착한 후 가나안 땅 남부의 유다 지파와 가나안 중북부의 이스라엘 지파 사이에 갈등이 있었기 때문입니다. 중북부 사람들은 주로 벧엘과 세겜에 모였고, 남쪽 사람들은 헤브론과 브엘세바에 주로 모였습니다. 한때 유다 지파의 왕이었다가 '온 이스라엘'의 왕이 된 다윗은 벧엘, 세겜, 브엘세바, 헤브론이 아닌 제3의 중간지대에서 남북을 아우르고자 했습니다. 그곳이 바로 여부스 사람들의 시온 산성입니다.

시온 산성의 면적은 그리 넓지 않습니다. 그러나 해발 765m 요새이자 삼면이 가파른 절벽입니다. 동쪽 기드론 계곡, 남쪽 힌놈의 계곡, 서쪽 타이로포에온(Tyropoeon) 계곡. 게다가 그 위치가 가나안 땅 정중앙입니다. 다윗은 그 시온 산성을 나라의 정치·사회·군사·종교의 구심점으로 삼고자 했습니다. 그래서 왕이 되어 맨 먼저 시온 산성을 차지하고, 그 산성을 다윗성으로 만드는 터전을 닦았습니다. 바로 그때 블레셋 사람들이 베들레헴까지 진출하는 일이 벌어졌습니다(11:16).

유다 사람 다윗이, 베들레헴 사람 다윗이 유다의 베들레헴을 이방인에게 빼앗기는 수모를 당할 처지가 되었습니다. 산토끼를 잡으려다가 집토끼를 잃어버리고 만 셈입니다. 여기에는 다른 뜻도 있습니다. '베들레헴'은 '떡집'이란 뜻입니다. 그런데 그 떡집을 블레셋 사람들이 차지하고 있습니다. 그때 다윗은 시온 산성에 있었습니다. '시온'(치온)이란 낱말의 뿌리가 히브리어 '치야'(메마르다)에 있다면 그 뜻은 '건조한 곳'이 됩니다(W. H. Bellinger Jr., 985). 무슨 그림이 그려집니까? 다윗은 지금 메마른 고지에 있고, 남쪽 풍요한 곳에는 블레셋 사람들이 진을 치고 있다는 것입니다.

다윗의 용사들, 신실함에 감동을 입히다 / 다윗은 목이 탔습니다. 목이 말라서 목이 탔을 수도 있고, 위기의식에 목이 탔을 수도 있습니다. 순간 다윗은 베들레헴 성문 곁에 있던 우물물이 몹시 그리웠습니다.

다윗이 갈망하여 이르되 베들레헴 성문 곁 우물물을 누가 내게 마시게 할꼬 하매 이 세 사람이 블레셋 사람들의 군대를 돌파하고 지나가서 베들레헴 성문 곁 우물물을 길어 가지고 다윗에게로 왔으나(대상 11:17-18a).

다윗의 마음을 알아챈 세 용사가 주저 없이 여부스 산성에서 베들레헴까지 달려갔습니다. 블레셋 진영을 돌파하고 베들레헴 성문 곁 우물로 가서 재빨리 우물물을 길어서 담아다가 다윗에게 가져왔습니다. 마치 영화 〈라이언 일병 구하기〉(*Saving Private Ryan*)의 한 장면 같습니다. 이 영화는 노르망디 상륙작전에 참전하였던 라이언 가문의 4형제 중 3명이 전사하자 막내인 제임스 라이언 일병을 전쟁터에서 구출해 내는 이야기입니다. 8명의 대원이 투입되는데 그 과정에서 투입된 대원들이 하나씩 목숨을 잃게 되고, 마지막에는 그 작전의 지휘관마저도 총에 맞아 쓰러집니다. 이 영화는 관객들에게 이런 질문을 던집니다. "한 사람의 생명을 구하기 위해서 8명의 목숨을 희생시킬 수 있을까?"

〈라이언 일병 구하기〉 못지않게 지도자 한 사람을 위해서 세 명의 용사들이 적진을 뚫고 들어가서 우물물을 길어 오는 작전을 펼칩니다. 목말라하는 다윗을 위해서, 다윗이 잊지 못하는 베들레헴 성문 곁 우물물을 얻고자 목숨 걸고 적진에 들어가서 어렵사리 물을 길어 다윗에게 주는 가슴 뭉클한 장면입니다. 적진에 뛰어 들어가 우물물을 길은 다음 그 물이 미지근해지기 전에 얼른 다윗에게로 가져가고자 했던 용사들의 기민함을 상상해 보십시오. 다윗의 용사들은 그 용맹함에 진한 감동을 얻었습니다.

다윗, 신앙에 감성을 입히다 / 다윗의 세 용사가 목숨 걸고 적진으로 들어가서 길어 온 물을 받아 든 다윗의 마음이 어땠을까요? 다윗이 그 물을 벌컥벌컥 마셨을까요?

다윗이 마시기를 기뻐하지 아니하고 그 물을 여호와께 부어 드리고 이르되 내 하나님이여 내가 결단코 이런 일을 하지 아니하리이다 생명을 돌아보지 아니하고 갔던 이 사람들의 피를 어찌 마시리이까 하고 그들이 자기 생명도 돌보지 아니하고 이것을 가져왔으므로 그것을 마시기를 원하지 아니하니라 세 용사가 이런 일을 행하였더라(대상 11:18b-19).

다윗은 그 물을 마실 수 없었습니다. 물이 아니라 용사들의 피였기 때문입니다. 다윗은 그 물을 하나님께 드렸습니다. 다윗의 용사들만 신실함에 감동을 얻었던 것은 아닙니다. 다윗도 그 믿음에 감성을 더했습니다. 다윗은 사울왕에게 쫓기면서도 자기를 찾아온 사람들을 기꺼이 품었습니다(삼상 22:1-2). 그들이 다 하나님의 작품이었기 때문입니다.

우리는 그가 만드신 바라 그리스도 예수 안에서 선한 일을 위하여 지으심을 받은 자니 이 일은 하나님이 전에 예비하사 우리로 그 가운데서 행하게 하려 하심이니라(엡 2:10).

제품은 여럿입니다. 작품은 하나밖에 없습니다. 하나님은 우리를 하나님이 만드신 작품으로 세워 주셨습니다. 그 작품에 덮여 있는 죄와 허물을 제거하기 위해서 예수 그리스도를 우리에게 보내 주셨습니다. 우리는 선한 일을 위하여 지으심을 받았습니다. 무엇이 선한 일입니까?

신앙에 따뜻함을 입히십시오. 신앙을 올곧게 지키되 한 영혼을 품으려는 감성이 그 신앙에 더해져야 합니다. 우리 신앙생활의 지평에 더하기가 있고, 빼기가 있고, 곱하기가 있고, 나누기가 있어도, 그 해답은 늘 한결같은 하나님의 사랑이 되게 하십시오. 바로 거기에 신앙의 본질은 변하지 않아도 신앙을 표현하는 방식은 늘 새로워지는 혁신이 있습니다.

14 역대하 | 말을 바꾸면
세상살이가 달라집니다

• 대하 34:14-19, 29-32

말이 바뀌면 삶이 바뀐다 / 영국에 '퍼플페더'(Purplefeather)라는 광고마케팅 회사가 있습니다. 몇 해 전 「국민일보」 '미션 라이프'에 소개된 기사인데 그 회사 홈페이지에는 이런 홍보영상이 걸려 있습니다. 앞을 보지 못하는 장애인이 길가에 앉아서 구걸하고 있고, 그 옆에는 '나는 보지 못하는 사람입니다. 도와주세요'(I'm Blind. Please Help)라고 쓰인 팻말이 놓여 있습니다. 지나가는 사람들이 그를 별로 주목하지 않습니다. 한 여자가 지나가다가 그 사람 앞에 쭈그리고 앉아서 팻말의 글을 바꿔 적습니다. 그랬더니 놀랍게도 행인들이 던진 동전이 그 사람 앞에 수북하게 쌓였습니다. 그가 자기를 다시 찾아온 여자에게 물어봅니다. "뭐라고 쓰셨습니까?" 여자는 "뜻은 같지만 다른 말로 썼습니다"라고 답했습니다. 여자가 고쳐 놓은 팻말에는 이렇게 적혀 있었습니다. '아름다운 날이네요. 그러나 저는 그걸 볼 수 없어요'(It's a Beautiful Day, and I Can't See It).

이 회사 홈페이지는 '마케팅 예술'에 대한 설명으로 시작합니다. 대충 이런 내용입니다. "퍼플페더의 홍보는 고객의 상상력을 자극하고 영감을 불어넣어 그들을 움직이게 합니다. 브랜드에는 스토리가 있어야 합니다. 깨달음을 주고 감동을 불러일으키며 과감하게 행동하게 하는 힘이 우리가 쓰는 말에 있습니다. 제대로만 전한다면 세계관이 달라지고 고객들의 반응도 달라집니다. 당신의 말을 바꾸십시오. 당신의 세상을 바꾸십시오(Change your words, change your world)"(https://www.purplefeather.co.uk).

돈에서 책으로 / 본문은 요시야의 개혁이 어떻게 시작되었는지를 전합니다. 요시야는 왕의 자리에 오른 뒤 나라의 곳곳을 정결하게 하였습니다. 그는 여호와의 전을 수리하였습니다. 그 과정에서 "모세가 전한 여호와의 율법책"

을 발견하게 되는데, 그 일은 이렇게 시작되었습니다.

무리가 여호와의 전에 헌금한 돈을 꺼낼 때에(대하 34:14a).

요시야는 성전을 수리하고자 했습니다. 단순한 수리가 아니라 증·개축하였습니다. 성전 수리에 동원된 "무리"(일꾼들)에게 임금과 비용을 지급해야 했습니다. 성전 수리에 나선 자가 요시야가 처음은 아닙니다. 요시야 이전에도 성전 수리는 여러 차례 있었습니다. 아사(왕상 15:9-15; 대하 15:8-15), 여호사밧(왕상 22:43; 대하 20:31-33), 요아스(왕하 12:4-16; 대하 24:8-14), 요담(왕하 15:34-35; 대하 27:2-6), 히스기야(왕하 18:4; 대하 29:3) 등이 우상숭배의 흔적을 없애는 성전 수리에 나섰습니다. 그러나 성전 수리를 대대적으로 시행한 사람은 요시야입니다.

요시야 당시 성전 수리 공사현장에는 목수, 석수, 쇠나 놋쇠를 다루는 자, 다듬은 돌과 연접하는 나무를 사들이는 자, 들보를 만드는 자, 어깨로 짐을 져 나르는 자가 있었습니다(24:12; 34:11-13). 이들을 통솔하는 감독도 있었습니다. 요시야는 이들에게 지급해야 하는 비용을 백성이 성전에 드렸던 헌금으로 충당하였습니다. 그 책무를 맡았던 자가 대제사장 힐기야입니다(34:9). 본문의 첫 구절 "무리가 여호와의 전에 헌금한 돈을 꺼낼 때에"란 성전 수리에 동원된 자들에게 대제사장 힐기야가 임금을 지급하는 장면을 가리킵니다.

그런데 예기치 않았던 일이 발생합니다. 성전에 보관된 궤에서 돈을 꺼내다가 뜻밖에 책 한 권을 발견합니다.

무리가 여호와의 전에 헌금한 돈을 꺼낼 때에 제사장 힐기야가 모세가 전한 여호와의 율법책을 발견하고(대하 34:14).

돈을 꺼내는 현장에서 "율법책"을 찾았습니다. 힐기야 주변에 모여든 "무리"가 하나같이 자기들이 받을 임금에 몰두하고 있을 때 대제사장 힐기야의 눈에 돈이 아닌 엉뚱한 책 한 권이 들어왔는데, 살펴보니 "모세가 전한 여호와의 율법책"이었습니다. 이때부터 본문의 분위기는 돈 이야기에서 책 이야기로 넘어갑니다. 본문의 구도가 성전 수리에서 "모세가 전한 여호와의 율법책"으로 넘어갑니다. 독자들의 관심사도 돈에서 율법책으로 넘어갑니다.

성전 수리에서 종교개혁으로 / 성전 수리는 요시야보다 앞선 요아스 때도 있었습니다. 요아스 때도 성전 수리에 참여하였던 일꾼들에게 주어야 할 보수를 성전에 드려진 은금에서 충당하였습니다. 그런데 요아스의 성전 수리 기사에는 돈 이야기만 나오지 율법책을 찾았다는 기사는 없습니다. 율법책을 찾았다는 기사는 오로지 요시야 때에만 나옵니다.

대제사장 힐기야가 율법책을 발견한 곳은 성전입니다. 힐기야가 서기관 사반을 시켜 그 율법책을 왕 앞으로 가지고 가게 합니다. 그러면서 본문의 무대가 성전 수리·성전 증축의 현장에서 율법책을 전달하고, 읽고, 듣고, 깨닫는 왕궁으로 바뀌게 됩니다.

> 힐기야가 서기관 사반에게 말하여 이르되 내가 여호와의 전에서 율법책을 발견하였노라 하고 힐기야가 그 책을 사반에게 주매 사반이 책을 가지고 왕에게 나아가서 복명하여 이르되 왕께서 종들에게 명령하신 것을 종들이 다 준행하였나이다 또 여호와의 전에서 발견한 돈을 쏟아서 감독자들과 일꾼들에게 주었나이다 하고 서기관 사반이 또 왕에게 아뢰어 이르되 제사장 힐기야가 내게 책을 주더이다 하고 사반이 왕 앞에서 그것을 읽으매(대하 34:15-18).

일련의 동작에 주목하십시오. '율법책을 찾다 → 율법책을 전달하다 → 율법책을 읽다.' 누구 앞에서 읽었습니까? 요시야 앞에서! 오직 요시야 때만 여호와의 전에서 율법책이 발견된 것을 계기로 성전 수리가 종교개혁으로 치닫습니다. 요시야는 율법책의 말씀을 듣고 건물만 새롭게 해서는 안 되고 그 건물에서 예배드리는 이스라엘의 내면을 새롭게 해야겠다고 다짐하였습니다.

요시야보다 앞선 히스기야 때도 개혁적인 조처는 있었습니다. 그러나 히스기야의 개혁은 그의 선왕 아하스가 예루살렘 성전을 다메섹 신전 모양으로 뒤집어 놓았던 것을 바로잡고자 했던 조처였습니다. 모세의 율법책에 근거한 개혁은 아니었습니다. 율법책은 어디까지나 요시야가 발견했습니다.

이스라엘 역사에 많은 왕이 등장했지만, 모세의 율법책의 말씀을 자기 귀로 직접 들었던 왕은 요시야가 유일합니다. 신명기의 관점에서 이스라엘 역사를 회고하는 신명기 사가에 따르면, 이스라엘 역사에서 가장 이상적인 군주로 제시된 인물은 다윗이나 솔로몬이 아니라 요시야였습니다(Marvin A. Sweeney, *King Josiah of Judah: The Lost Messiah of Israel* [New York: Oxford University Press, 2001], 315-323).

본디소리(本音)가 바른 소리(正音)가 되고,
바른 소리가 생명을 살리는 소리(福音)가 되어 / 요시야가 율법책의 말씀을 듣기만 한 것은 아닙니다. 들음과 동시에 듣는 자리에서 벌떡 일어나 자기 옷을 찢었습니다.

왕이 율법의 말씀을 듣자 곧 자기 옷을 찢더라(대하 34:19).

요시야가 율법의 말씀을 들었습니다. 율법의 다른 말은 토라입니다. 토라는 '가르침'을 뜻합니다. 가야 할 길을 가리키는 가르침입니다. 요시야가 그 가르침을 듣자마자 자기 옷을 찢었습니다. 뜻밖에 듣게 된 슬픈 소식에 애도를 표했습니다.

요셉의 형제들이 요셉을 애굽으로 가는 상인에게 판 뒤 요셉의 옷에 숫염소 피를 묻혀 아버지 야곱에게로 가져갔을 때 야곱은 "악한 짐승이 그를 잡아먹었도다"라고 탄식하면서 자기 옷을 찢었습니다(창 37:33-34). 압살롬이 다윗에게 반기를 들고 일어나 다윗의 모든 아들을 처형하였다는 소문에 다윗은 그만 자리에서 일어나 자기 옷을 찢고 땅에 드러누웠습니다(삼하 13:31). 뜻밖의 소식에 놀란 사람들이 자기 옷을 찢는 모습을 상상해 보십시오. 옷만 찢었겠습니까? 눈을 번쩍 뜨고 놀란 입을 크게 벌리며 탄식하지 않았겠습니까!

사반이 낭독하는 율법책의 말씀을 요시야가 듣다가 자기 옷을 찢었다는 것은 요시야가 받은 충격이 얼마나 컸는지를 암시합니다. '옷을 찢다'라는 히브리어 낱말(카라)은 아랍어에서는 '머리를 때리다, 이를 갈다'라는 의미로도 사용됩니다. 여태껏 한 번도 들어 보지 못했던 소리가 하나님이 모세를 통해서 주신 율법이었다는 깨달음에 요시야는 일어나 자기 옷을 찢었습니다. 지금까지 잘못 살아왔음을 공개적으로 천명하였습니다. 요시야는 자기 옷만 찢지 않았습

101

니다. 자기 마음도 찢었습니다. 돈은 사람의 주머니를 두둑하게 하지만, 하나님의 말씀은 사람의 마음을 찢어 놓습니다. 말씀을 삶의 잣대로 삼았다는 뜻입니다. 주여, 제가 말씀을 읽는 것이 아니라, 말씀이 저를 읽어 가게 하소서!

하나님의 말씀은 살아 있고 활력이 있어 좌우에 날선 어떤 검보다도 예리하여 혼과 영과 및 관절과 골수를 찔러 쪼개기까지 하며 또 마음의 생각과 뜻을 판단하나니 지으신 것이 하나도 그 앞에 나타나지 않음이 없고 우리의 결산을 받으실 이의 눈앞에 만물이 벌거벗은 것같이 드러나느니라(히 4:12-13).

모세가 전한 율법책을 학자들은 '원신명기'라고 부릅니다. 그날 요시야가 들었던 말씀의 속내가 신명기였다는 것입니다. 신명기는 가나안 땅에 들어서려는 이스라엘에게 모세가 설교 형식으로 준 가르침입니다. 힐기야가 발견한 책이 모세의 이름으로 주어진 율법책이었고, 요시야가 그 율법을 듣고 자기 옷을 찢었다는 것은 왕의 이름으로 행해지는 모든 것을 요시야가 모세의 가르침으로 판단하였다는 뜻입니다. 왕이 해 왔던 일, 왕이 하고 있는 일, 왕이 하려고 하는 일을 모세의 가르침을 통해 들여다보니까 왕이 걷고 있는 길이 정도에서 한참 어긋나 있었다는 사실을 깨달았다는 것입니다. 성전 수리에 나섰는데, 모세의 가르침을 듣다 보니 수리해야 할 것은 눈에 보이는 성전이 아니라 내 마음임을 깨닫게 되었다는 것입니다. 그렇습니다. 율법책의 본디소리(本音)가 바른 소리(正音)가 되고, 바른 소리가 생명을 살리는 소리(福音)가 되었습니다.

율법의 말씀을 언약의 말씀으로 들었다는 것은 / 요시야는 모세가 전한 율법의 말씀을 '언약의 말씀'으로 받아들였습니다. 율법의 말씀을 언약으로 듣게 되면서 요시야의 삶에 새로운 지평선이 열립니다.

왕이 사람을 보내어 유다와 예루살렘의 모든 장로를 불러 모으고 여호와의 전에 올라가매 유다 모든 사람과 예루살렘 주민들과 제사장들과 레위 사람들과 모든 백성이 노소를 막론하고 다 함께한지라 왕이 여호와의 전 안에서 발견한 언약책의 모든 말씀을 읽어 무리의 귀에 들려 주고 왕이 자기 처소에 서서 여호와 앞에서 언약을 세우되 마음을 다하고 목숨을 다하여 여호와를 순종하고 그의 계명과 법도와 율례를 지켜 이 책에 기록된 언약의 말씀을 이루리라 하고(대하 34:29-31).

언약은 관계 맺기입니다. 언약과 계약은 관계 맺기라는 점에서는 같지만, 갑(甲)과 을(乙)의 관계를 맺는 계약과는 달리 언약은 서로를 동반자로 대우한다는 약속입니다. 하늘의 하나님이 땅의 백성과 함께 길을 가시겠다는 다짐이 언약입니다. 땅에 있는 사람이 하나님과 언약을 맺은 자가 되면서 그 위상이 하늘에 속한 자로 달라집니다. 그 '언약'이란 용어를 요시야가 사용했습니다.

성전 수리 중 헌금궤에서 발견된 책을 처음에는 대제사장 힐기야가 "모세가 전한 여호와의 율법책"이라고 불렀습니다. 그 책을 힐기야가 서기관 사반에게 건네주면서는 '여호와의 전에서 발견한 율법책'이라고 부릅니다. 사반은 그 책을 다시 '제사장 힐기야가 내게 준 책'이라고 부릅니다. 그렇게 불리던 책이 선지자 훌다의 공증을 거친 다음에는 이렇게 불립니다. "여호와의 전 안에서 발견한 언약책."

율법(律法)은 '이렇게 하라, 저렇게 하라'고 지시하는 계명이니 듣기에 부담됩니다. 그 가르침을 요시야는 '언약의 말씀'으로 부릅니다. 딱딱한 계명이 아니라 풍성한 약속으로 들었습니다. 다른 사람이 아닌, 내게 주시는 약속으로 들었습니다. 처음에는 율법의 소리를 듣다가 회개하였습니다. 율법의 소리를 언약의 말씀으로 받아들이면서는 "마음을 다하고 목숨을 다하여 여호와를 순종하고 그의 계명과 법도와 율례를" 지키겠다고 다짐합니다. 사람들 앞에서 "[내개] 이 책에 기록된 언약의 말씀을 이루리라"라고 선언합니다(34:31).

말을 바꾸면 세상이 바뀐다는 퍼플페더의 홍보영상을 주목해 봅니다. '워드(word)를 바꾸면 월드(world)가 달라진다'고 힘주어 외칩니다. 마음으로 하나님의 말씀을 품으십시오. 내가 품은 그 말씀으로 세상을 다시 읽어 보십시오. 날마다 세상이 새로워집니다. 말씀을 말 숨으로 들이마십시다. 내가 살고, 내 가정이 살고, 내 교회가 살고, 내 사회가 살아나는 은혜를 누리게 될 것입니다.

15 에스라 │ 마음의 지도에 성전을 세우십시오

• 스 3:8-13

메타버스라는 공간 / 메타버스(metaverse)는 가상이나 초월을 뜻하는 '메타'(meta)와 세계나 우주를 의미하는 '유니버스'(universe)를 합성한 신조어입니다. 디지털 기술로 현실 세계를 초월해서 만들어 낸 세계입니다. 현실과 비현실이 공존하는 생활형 가상 세계입니다. 게임의 세계를 넘어 실제 생활과 똑같은 법적 효력을 지닌 세계로 그 폭을 넓혀 가고 있습니다.

메타버스의 세계가 코앞에 다가온 것은 코로나19 때문입니다. 비대면 접촉이라는 코로나 시대의 요구가 디지털 세계 속에서라도 다른 사람들과 만나기를 원하는 인간의 본능과 맞물리면서 급부상했습니다. 메타버스는 코로나19 이전에도 있었습니다. 스마트폰, 컴퓨터, 인터넷 등 디지털 미디어에 담긴 세상은 모두 가상현실입니다. 그런데 코로나19는 세계 인류를 디지털 세계가 주도하는 생활공간으로 강제 이주시켜 놓았습니다(김상균, 『메타버스 디지털 지구, 뜨는 것들의 세상』[화성: 플랜비디자인, 2020], 11쪽). 메타버스가 현실 세계를 완전히 대체하지는 못하겠지요. 그러나 메타버스라는 공간에 들어서지 않고서는 생존하지 못하는 시대가 성큼 닥쳤습니다.

본문에도 어지러운 시대를 헤쳐 가는 대안으로 현실을 초월하는 공간을 세우려는 사람들이 등장합니다. 그 사람들은 일상에 닥친 카오스(chaos, 혼란)를 치유하는 공간으로 일상과 구별된 성소를 세우고자 했습니다. 그렇게 만든 공간에서 혼란스럽던 일상을 극복해 나가기를 원했습니다.

누가 성전 세우기를 원했나? /

예루살렘에 있는 하나님의 성전에 이른 지 이 년 둘째 달에 스알디엘의 아들 스룹

바벨과 요사닥의 아들 예수아와 다른 형제 제사장들과 레위 사람들과 무릇 사로잡
혔다가 예루살렘에 돌아온 자들이 공사를 시작하고 이십 세 이상의 레위 사람들을
세워 여호와의 성전 공사를 감독하게 하매 이에 예수아와 그의 아들들과 그의 형
제들과 갓미엘과 그의 아들들과 유다 자손과 헤나닷 자손과 그의 형제 레위 사람
들이 일제히 일어나 하나님의 성전 일꾼들을 감독하니라(스 3:8-9).

누가 소개되고 있습니까? "무릇 사로잡혔다가 예루살렘에 돌아온 자들"의
지도자들이 소개되고 있습니다. 에스라서에는 사로잡혀 바벨론으로 끌려갔
다가 예루살렘으로 돌아온 사람들의 명단이 두 번 나옵니다(2, 8장). 에스라보
다 앞서서 돌아온 자들과 에스라와 함께 돌아온 자들입니다. 본문에 소개된 자
들은 주전 538년 바벨론에서 예루살렘으로 돌아오는 길이 열리자 에스라보다
앞서서 예루살렘으로 돌아왔습니다.
　본문의 명단에서 소개된 자들은 난민 2세대입니다. 그들은 단순한 귀향민들
이 아니라 성전 공사에 나섰던 자들입니다. 8-9절이 "예루살렘에 있는 하나님
의 성전"으로 시작해서 "하나님의 성전 일꾼들을 감독하니라"로 끝나고 있지
않습니까. 본문이 강조하는 것은 '하나님의 성전'입니다. 하나님의 성전이 있
던 곳에 하나님의 성전을 다시 짓기 시작했다는 말입니다.
　바벨론에서 예루살렘으로 귀향하는 길에 들어선 자들은 처음에는 지도에 난
길을 따라서 걸었습니다. 예루살렘에 당도한 이후부터는 사정이 달라졌습니
다. 지도에 표시된 길만을 찾아서 걷지 않고 지도에 표시되어 있지 않은 길을
찾아 나섰습니다. 성전을 지으려고 했다는 뜻이 여기에 있습니다. 타향살이를
청산하고 고향으로 돌아온 것으로 그치지 않고, 마음의 고향인 하나님의 임재
를 느끼는 성전으로 나아가고자 했습니다.
　이스라엘 신앙에서 성전으로 가는 길은 하늘 가는 길이 됩니다. 성전을 짓는
다는 것은 고향 땅으로 돌아온 자들이 이제는 하나님의 품으로 가는 길을 개척
하러 나섰다는 뜻이 됩니다. 땅에서 하늘로 가는, 세상에서 하나님께로 가는
길을 개척하러 나섰다는 것입니다.

왜 성전을 세우고자 했나? / 그들이 왜 성전을 세우고자 했는지를 알기 위

해서는 무너진 옛 예루살렘 성전을 다시 수축하려고 나섰던 때가 언제인지를 먼저 확인해야 합니다. 그때가 언제입니까?

> 백성이 하나님의 성전 터가 있는 예루살렘으로 돌아온 지 이태째가 되는 해 둘째 달에(스 3:8a, 새번역).

예루살렘으로 돌아온 유다 사람들은 처음에는 각자 성읍에 머물러 있었습니다(3:1). 각자 성읍에 자리를 잡은 지 일곱째 달이 되었을 때 예루살렘에 모여 제단을 세우고 그 위에 제물을 드리며 예배하였습니다(3:2-7). 그리고 나서 예루살렘으로 돌아온 지 이태째가 되는 해 둘째 달에 하나님의 성전 터에서 성전 공사에 나서게 됩니다(3:8).

사로잡혔다가 유다 땅으로 돌아온 자들은 처음에는 각자가 살던 마을을 찾았습니다. 그런 다음에 예루살렘을 찾았습니다. 그랬다가 마침내 여호와의 성전이 있던 곳에 발을 들여놓게 되었습니다. 예루살렘은 지명입니다. 예루살렘이라는 장소에 일상과 구별되는 거룩한 장소로 세웠던 공간이 성전입니다. 예루살렘이라는 지정학적 장소에 마련된 영적인 공간이 성전입니다.

그들은 지금까지는 지평선을 따라서 걸었습니다. 그러던 자들이 지평선을 넘어서는 공간을 찾아 나서는 발걸음을 떼었습니다. 유다 사람들에게 성전은 단순히 예배하기 위해, 집회 장소로 짓는 공간이 아니었습니다. 유다 사람들에게 성전은 '하늘과 땅이 만나는 곳'이었습니다(존 D. 레벤슨 지음, 홍국평 옮김, 『시내 산과 시온』[서울: 대한기독교서회, 2012], 134쪽). 하늘과 땅과 지하세계가 만나는 세상의 축(Axis Mundi)이었습니다(존 D. 레벤슨, 144, 146, 157쪽). 마음의 지도에서 예루살렘은 세상의 배꼽(navel)이었습니다(겔 5:5).

바벨론에서 예루살렘으로 오는 길을 걸었던 자들이 성전 공사에 나섰다는 것은 예루살렘이라는 장소에서 하나님의 성전이라는 신령한 공간으로 나아가는 길을 닦기 시작했다는 뜻입니다. 세상이 답답하고 힘들었을 때 눈에 보이는 세상이 전부가 아닌 것을 깨달았습니다. 눈으로는 볼 수 없는 믿음의 세계를 온 세상에 고백하고자 성전을 건축하는 일에 나섰습니다. 암울하던 시절을 극복해 나갈 처방을 성전 건축에서, 하나님의 품에서 찾았습니다(시 27:4).

수고하고 무거운 짐 진 자들아 다 내게로 오라 내가 너희를 쉬게 하리라(마 11:28).

그들이 세웠던 것은 무엇인가? /

건축자가 여호와의 성전의 기초를 놓을 때에 제사장들은 예복을 입고 나팔을 들고 아삽 자손 레위 사람들은 제금을 들고 서서 이스라엘 왕 다윗의 규례대로 여호와를 찬송하되 찬양으로 화답하며 여호와께 감사하여 이르되 주는 지극히 선하시므로 그의 인자하심이 이스라엘에게 영원하시도다 하니 모든 백성이 여호와의 성전 기초가 놓임을 보고 여호와를 찬송하며 큰 소리로 즐거이 부르며(스 3:10-11).

그들이 완성한 것은 성전의 기초입니다. 10-11절에서 처음과 나중에 두드러지는 구절은 "여호와의 성전의 기초"입니다. 성전 건물을 다 지은 것이 아니라 성전의 기초만 놓았습니다. 무엇을 짓든지 기초가 중요합니다. 그렇게 본다면 본문의 주인공들은 성전 건축에서 가장 중요한 공정을 마쳤다고 볼 수도 있습니다. 그러나 아무리 기초가 중요하다고 해도, 전체 공정에서 보면, 아직 시작에 불과합니다. 그런데도 기초가 놓인 것을 보는 순간 제사장들과 레위 사람들과 모든 백성이 여호와를 찬송하며 큰 소리로 즐거이 노래하였습니다. 왜 그런지 아십니까?

'어둠 속의 대화'(Dialogue in the dark)라는 전시회가 있습니다. 1988년 독일에서 시작되어 27년간 유럽, 아시아, 미국 등 전 세계 150여 개 지역에서 900만 명 이상이 경험한 국제적인 전시 프로젝트입니다. 전시와 퍼포먼스가 접목된 전시회입니다. 우리나라에서는 서울 북촌과 동탄에 이 전시회장이 있습니다. 전시회라고 하지만 체험이 더 적합한 말입니다. 아무런 것도 보이지 않는 깜깜한 어둠 속에서 오로지 100분 동안 길 안내자의 목소리만을 따라서 감각만으로 걷게 하는 체험 전시입니다. 시각을 배제할 때 평소 보이지 않던 것들이 보인다는 발상이 거기에 깔려 있습니다(http://www.dialogueinthedark.co.kr).

본문에서 왜 그들이 환호성을 지르면서 하나님을 찬양하였을까요? 이제 막 기초 공사를 끝낸 것에 불과하지만, 그들은 폐허로 방치되어 있던 곳에 하나님의 성전으로 쓰일 건물의 기초를 놓으면서 장차 완공될 성전의 본모습을 상상하였습니다. 성전을 짓기 전에 이미 그들의 마음속에는 성전이 지어지고 있었습니다. 그들은 하나님의 도우심의 손길을 느꼈습니다. 성전 기초를 놓으면서 "주는 지극히 선하시므로 그의 인자하심이 이스라엘에게 영원하시도다"라는 것을 느꼈습니다. 그들에게는 볼 수 없는 것을 볼 수 있는 믿음이 있었습니다.

삶의 근본 사실은 이것입니다. 하나님을 신뢰하는 이 믿음이야말로, 삶을 가치 있게 하는 든든한 기초입니다. 믿음은 볼 수 없는 것을 볼 수 있게 하는 단서입니다. 우리 조상을 다른 사람들과 구별해 준 것이, 바로 이 믿음의 행위였습니다(히 11:1-2, 메시지).

하나님의 현실을 상상하라 /

제사장들과 레위 사람들과 나이 많은 족장들은 첫 성전을 보았으므로 이제 이 성전의 기초가 놓임을 보고 대성통곡하였으나 여러 사람은 기쁨으로 크게 함성을 지르니 백성이 크게 외치는 소리가 멀리 들리므로 즐거이 부르는 소리와 통곡하는 소리를 백성들이 분간하지 못하였더라(스 3:12-13).

12-13절에서 어떤 소리가 들립니까? 다음 다섯 마디에 주목하십시오. '대성통곡하다', '[기쁨으로] 크게 함성을 지르다', '크게 외치는 소리', '즐거이 부르는 소리', '통곡하는 소리.' 맨 먼저 거론되는 소리는 대성통곡입니다. 맨 나중에 언급된 소리도 통곡입니다. 본문의 처음과 나중을 장식하는 소리는 통곡하는 소리입니다. 그런데 그 중간에는 기뻐서 외치는 함성이 나옵니다.

누가 통곡했습니까? 제사장들과 레위 사람들과 나이 많은 사람들, 첫 성전에 대한 기억이 있는 자들, 첫 성전을 보았던 자들입니다. 예전 성전에 비하면 지금 세우려는 성전의 규모가 왜소하다고 판단했다는 암시입니다. 아무리 힘을 다해 지은들 솔로몬 성전의 영광에 비할 수가 없다고 판단했다는 말입니다.

기뻐하는 자들은 이와 다릅니다. 누가 기뻐했습니까? 백성입니다. 성전의 기초를 놓았던 일꾼들입니다. 그들은 첫 성전에 대한 기억이 없습니다. 이제부터 들어서게 될 성전에 대한 기대로 가슴이 설렙니다. 과거의 경험으로 현실을 판단하지 않았습니다. 현실에 기초해서 미래를 조망하였습니다. 그랬더니 그 입에서 기쁜 함성이 터져 나왔습니다. 과거를 되새겨 보면서 아쉬워하는 것이 아니라 눈으로 보이는 성전을 세워 가면서 내 안에 지어지는 성전의 청사진을 그리고 있었다는 뜻입니다.

[너희는] 그의 안에서 건물마다 서로 연결하여 주 안에서 성전이 되어 가고 너희도 성령 안에서 하나님이 거하실 처소가 되기 위하여 그리스도 예수 안에서 함께 지어져 가느니라(엡 2:21-22).

마음의 지도에 성전을 그리십시오. 마음이라는 공간에 성전이라는 공간을 세워 놓으십시오. 세월이 어려울수록, 삶이 힘들수록 일상의 시간 속에, 일상 생활이라는 공간 속에 하늘의 하나님과 만나는 거룩한 성전을 마련해 놓으십시오.

대중교통 수단인 지하철은 1863년 1월 영국에서 처음 시작되었습니다. 영국 사회가 지하철을 설계할 당시 논란이 되었던 문제는 '지하철에 창문을 낼 것인가 말 것인가'였습니다. 땅속 깊은 곳에 뚫린 칠흑 같은 터널로만 운행하는 지하철에 창문을 내는 것이 무의미하다고 여겼습니다. 하지만 결국 창문을 내기로 했습니다. 왜냐하면 사람들은 창문을 통해서 어두움이 아닌 현실 너머의 것을 상상할 줄 안다고 판단했기 때문입니다.

캄캄한 현실을 바라보지 말고 이 어두운 현실에 오셔서 우리를 품어 주시는 하나님의 현실을 상상하십시오. 왜 이 정도밖에 안 되느냐고 서글퍼하는 것이 아니라 이만큼 하였기에 장차 커다란 열매가 맺히게 된다는 소망을 고백하게 될 것입니다. 그러니 여러분 마음의 지도에 성전이 있어야 할 곳을 표시해 두십시오. 그곳에 하나님과 만나고, 하나님의 소리를 듣고, 하나님의 말씀에 부응하는 일상의 성전을 세워 두십시오. 여러분의 일상에 기쁘고 벅찬 찬양이 가득하게 될 것입니다.

16 느헤미야 | 하나님의 선한 손이 나를 도우셨습니다

• 느 6:15-19

도시개발 프로젝트 / '도시 인프라'(infra)란 말을 들어 보았습니까? 인프라는 사회간접자본이나 사회생활의 토대에 해당하는 하부구조를 뜻하는 infrastructure의 준말로, 사회기반시설을 가리킵니다. 도시가 살아나기 위해서는 사회기반시설이 잘 갖추어져 있어야 합니다. 상하수도 시설, 전기, 가스, 통신 시설, 도로, 다리, 교통체계, 공항, 학교, 병원, 쇼핑센터 등이 제대로 갖추어져야 도시가 제구실을 할 수 있습니다. 최근에는 드론이 기존의 교통체계를 대체할 교통수단으로 떠오르면서 드론이 이착륙할 수 있는 공항시설도 도시 인프라 중 하나로 떠오르고 있습니다. 이 이슈를 주도하고 있는 기업 중에 현대자동차도 있습니다("현대차 플라잉카 전 세계 65개 도시 뜬다…'UAP' 인프라 배치 발표", 「The GuRu」, 2021.9.17. 기사).

도시 인프라 구축 문제는 어제오늘 일이 아닙니다. 인류 문명은 자연이라는 환경 안에 도시라는 공간을 세우면서 시작되었습니다. 역사는 도시를 만들었고 도시는 역사가 되었습니다. 본문에도 도시개발에 나선 사람이 등장합니다. 느헤미야가 그 주인공입니다.

느헤미야 프로젝트, 도성 쌓기 / 본문의 무대는 예루살렘 도성입니다. 예루살렘 도성을 사람들이 거주할 만한 곳으로 만들겠다는 다짐이 '느헤미야 프로젝트'입니다. 느헤미야 당시 도시 인프라의 기본은 도시 외곽에 성벽을 쌓는 일이었습니다. 성벽을 쌓아서 도성 안 주거지를 삶의 둥지로 만드는 과제가 시급했습니다. 그 작업에 대한 보고서가 본문에서는 이렇게 시작합니다.

성벽 역사가 오십이 일 만인 엘룰월 이십오 일에 끝나매(느 6:15).

도시 외곽에 성벽을 쌓고 그 사이사이에 성문을 달아서 도성을 안전한 공간으로 꾸미는 공정이 일단락되었습니다. "끝나매"라는 말에 주목하십시오. 이 글자에는 원상회복되었다는 뜻도 있습니다. 우리 귀에 친숙한 '샬롬'의 동사형(샬람)입니다. 이 글자는 '회복되었다'라고도 읽을 수 있습니다. '회복되었다'로 읽으면 느헤미야 프로젝트는 오늘날 용어로 '도시재개발 사업'이 됩니다.

느헤미야는 이방 땅에서 태어나 성장해서 페르시아 왕궁에서 신임을 받는 관리의 자리에까지 올랐습니다. 그 느헤미야의 귀에 유다 땅 예루살렘이 폐허로 방치되어 있다는 소식이 들렸습니다. 그 뉴스에 느헤미야가 왕궁 생활을 청산하고 총독의 신분으로 예루살렘을 찾습니다. 그때 그가 처음 목격했던 장면은 무너진 성벽과 불타 버린 성문이었습니다(2:13). 느헤미야는 폐허로 방치되어 있던 예루살렘을 도시다운 도시로 재생하는 작업을 하나님이 그에게 주신 사명으로 수렴합니다(2:12). 그래서 성벽 쌓기 작업에 착수합니다. 그 도시에 거주하는 주민들의 정체성을 회복시켜 주고자 했습니다. '성벽 역사가 끝났다'라는 구절을 '성벽 공사로 도시를 회복시켰다'라고 보려는 이유가 여기에 있습니다.

그런데 여기 '끝나다·회복하다'(샬람)에는 또 다른 의미가 있습니다. 느헤미야서 전반부(1-6장)는 성벽을 쌓아서 도성의 주민들에게 삶의 보금자리를 되돌려 주고, 후반부(7-13장)는 그 도성 안에 거주하게 된 예루살렘 주민들을 위한 사회개혁을 소개합니다. 그 경계선에 '성벽 역사가 끝났다'가 있습니다. 본문에서 '끝났다'라는 말은 느헤미야서 전반부가 추진하던 사역이 이루어졌다는 보고이자 후반부가 이루는 회복의 디딤돌이 마련되었다는 신호입니다. 정체성을 회복한 자들에게 삶의 방향을 되찾아 주고자 했다는 것입니다.

지금까지 느헤미야가 도성 외곽에 담을 쌓는 일에 주력했다면, 이제부터는 도성 안에 단을 쌓는 일에 힘을 모읍니다. 말씀을 듣는 단을 세우는 것입니다. 그 단에서 들려오는 말씀으로 담장 안에 거주하는 자들의 영적 순수성을 회복시켜 주고자 했습니다. 기억하십시오. 담만 세워서는 안 됩니다. 단을 쌓아야 합니다. 세상 중에 살던 우리를 주님은 예수 그리스도의 사람으로 불러 주셨습니다. 부름 받은 자로 그쳐서는 안 됩니다. 이제는 단을 쌓아야 합니다. 하늘 아버지의 사람으로 세상 중에 우뚝 세워져야 합니다.

가슴에 사명의 별을 간직한 사람 / 성벽 공사는 52일 진행되다
가 유대 달력의 여섯 번째 달 엘룰월 이십오 일에 끝났습니다(6:15).
주전 4세기 중반 느헤미야 당시 예루살렘의 면적은 121,405㎡로,
주민 수는 4,500명 정도였을 것입니다(https://biblia.co.il/예루살렘성 크기와 인구 변천사). 그랬던 곳에서 어떻게 52일 만에 성벽 쌓는 일을 끝
낼 수 있었겠습니까? 요세푸스(*Ant.* 11. 179)에 따르면, 느헤미야 시절 이루어졌
던 성벽 재건은 2년 4개월 걸렸습니다.

예루살렘성
크기와
인구 변천사

본문에 기록된 52일에는 이런저런 여건이 좋지 않았지만, 단숨에, 거든히,
너끈히 그 어려운 성벽 공사를 해 냈다는 감격이 담겨 있습니다. 왜 그렇게 말
했을까요? 성벽 공사가 마무리되기까지 심한 방해가 있었기 때문입니다. 특
히 사마리아 총독 산발랏, 암몬 총독 도비야, 아라비아 사람 게셈(2:10, 19)이 심
하게 훼방하였습니다. 그들을 지지하는 유다 사람들과 서로 작당해서 비웃었
습니다(2:19). 곧 무너질 것이라고 조롱하였습니다(4:3). 그래도 멈추지 않으니
까 느헤미야를 암살하려는 함정을 팠습니다(6:1-2). 느헤미야가 성벽 쌓기를 핑
계로 페르시아 왕을 배반하려 한다는 소문을 퍼뜨렸습니다(6:5-9). 그들의 반대
강도가 점점 더 세져 갔던 것에 주목하십시오.

기억할 것은 그런 조롱, 음모, 위협이 가해질 때마다 성벽 공사를 향한 느
헤미야의 열정이 더욱 타올랐다는 사실입니다. 느헤미야는 자기를 조롱하는
말을 들었을 때 하늘의 하나님이 우리를 형통하게 하신다고 맞받아쳤습니다
(2:20; 4:20; 6:14). 성벽 공사를 52일 만에 마쳤다는 보도에는 이런 감격이 서려
있습니다. 느헤미야가 이루었다는 게 아닙니다. 느헤미야의 하나님이 그 엄청
난 일을 그토록 신속하게 이루어 주셨다는 이야기입니다.

예전에 마포 공덕오거리 도로변 건물에 걸려 있는 현판의 글이 제 눈에 크게
들어온 적이 있습니다.

"가슴에 별을 간직한 사람은 / 어둠 속에서 길을 잃지 않는다"(신형주, '별').

느헤미야는 성벽 공사가 끝나기까지 하나님이 맡기신 사명을 향한 행진을
멈추지 않았습니다. 그 가슴에 사명의 열정이 뜨겁게 타오르고 있었기에 어떠
한 훼방에도 굴하지 않았습니다. 그렇습니다. 가슴에 사명의 별을 간직한 사
람은 시련 속에서도 길을 잃지 않습니다. 삶의 현장을 사명으로 받드는 자는

어떠한 어려움에도 쓰러지지 않습니다. 우리에게 그런 사명을 안겨 주신 하나님을 자랑하십시오. 그런 엄청난 일을 거뜬하게 이루게 해 주신 하나님을 자랑하십시오. 느헤미야가 소개한 52일에는 이런 감격이 담겨 있습니다.

사명이 있는 한 길을 잃지 않는다 / 느헤미야가 하나님의 사람일 수 있었던 것은 그의 주변에 도비야 같은 자가 가로막고 있었기 때문입니다.

또한 그때에 유다의 귀족들이 여러 번 도비야에게 편지하였고 도비야의 편지도 그들에게 이르렀으니 도비야는 아라의 아들 스가냐의 사위가 되었고 도비야의 아들 여호하난도 베레갸의 아들 므술람의 딸을 아내로 맞이하였으므로 유다에서 그와 동맹한 자가 많음이라 그들이 도비야의 선행을 내 앞에 말하고 또 내 말도 그에게 전하매 도비야가 내게 편지하여 나를 두렵게 하고자 하였느니라(느 6:17-19).

유다 사람들 내부에는 도비야를 지지하는 자들이 많이 있었습니다. 그들은 지지했을 뿐만 아니라 느헤미야 앞에서 도비야를 적극적으로 옹호하였습니다. 도비야와 합세하여 느헤미야가 추진하는 예루살렘 재생 프로젝트의 진행을 집요하게 가로막았습니다.

느헤미야서에는 '도비야'가 두 명 나옵니다. 포로에서 돌아온 사람들 명단에 나오는 사람(7:62)과 페르시아가 세운 암몬 총독입니다. 후자의 도비야가 느헤미야를 몹시 괴롭힌 사람입니다. 느헤미야서에 그 이름이 모두 17번 거론되는데(2:10, 19; 4:3, 7; 6:1, 12, 14, 17[×2], 18[×2], 19[×2]; 13:4, 5, 7, 8), 6장에서만 9번 나옵니다. 도비야(토비야)란 이름씨만 봐서는 여호와 신앙을 지닌 자입니다. 그 뜻이 '여호와는 나의 선하신 분이다'(Yahweh is my good)입니다. 도비야는 그 아들에게 '여호하난'이란 이름을 붙여 주었는데, 따지고 보면 '야훼 + 하난', 즉 '여호와는 은혜로우신 분'이라는 뜻입니다. 그래서였을까요? 본문에 따르면 도비야는 유다 사람 스가냐의 사위가 되었고, 그 아들은 유다 사람의 딸을 아내로 맞이하면서 유다 자손의 귀족들과 친인척 관계를 맺었습니다.

그런데 보십시오. 느헤미야란 이름도 '여호와가 위로하신다'는 뜻입니다. 참 신앙인과 거짓 신앙인이 충돌하고 있습니다. 느헤미야가 당한 괴로움이 여기에 있습니다. 느헤미야는 예후드 총독으로 두 번에 걸쳐 12년간 유다 땅을 돌보았습니다(주전 445-433년). 느헤미야가 첫 번째 임기를 마치고 잠시 페르시아로 돌아가 있을 때 무슨 일이 벌어진 줄 아십니까? 성전 제사장이 도비야의 살림집을 성전 안에 꾸려 주었습니다(13:4-5). 느헤미야가 두 번째 임기를 수행하고자 예루살렘에 왔을 때 그 방을 헐물어 버렸지만(13:6-9), 도비야의 세력이 얼마나 뿌리 깊었는지 짐작할 수 있습니다. 이 악을 느헤미야가 어떻게 물리쳤습니까? 이 질문에 관한 답을 앞에서 소개했던 신형주 시인의 시구에서 찾았습니다.

> 가슴에 별을 간직한 사람은
> 어둠 속에서 길을 잃지 않는다
> (중략)
> 가슴에서 별이 빠져나간 사람은
> 어둠 속에서 절벽을 만난다 (신형주, 「별」).

그 시의 맨 앞 구절과 맨 뒤 구절이 이루고 있는 대조에 눈길이 갔습니다. 느헤미야는 거친 반대 앞에서도 하나님이 주신 사명을 내려놓지 않았습니다. 그 가슴에서 별이 빠져나갔다면, 그는 어둠 속에서 절벽을 만난 사람으로 그치고 말았을 것입니다.

여러분의 가슴에는 지금 어떤 별이 떠 있습니까? 가슴에 사명이 있는 한 우리는 결코 길을 잃지 않습니다. 아니, 하나님은 우리가 길을 잃지 않도록 은혜로, 말씀으로, 성령으로 늘 붙들어 주십니다.

느헤미야 프로젝트 성공의 비결 / 느헤미야서는 기도하는 느헤미야로 시작해서 기도하는 느헤미야로 끝납니다. 총독 느헤미야가 아닙니다. 기도하는 느헤미야입니다. 본문은 그 감격을 이렇게 전합니다.

> 우리의 모든 대적과 주위에 있는 이방 족속들이 이를 듣고 다 두려워하여 크게 낙담하였으니 그들이 우리 하나님께서 이 역사를 이루신 것을 앎이니라(느 6:16).

느헤미야의 모든 대적은 하나님이 느헤미야와 함께하셨다는 것을 알게 되었습니다. 성벽 공사는 느헤미야가 끝낸 것이 아닙니다. 하나님이 끝내셨습니다. 하나님이 이루셨다는 것을 느헤미야를 훼방하던 자들도 깨달았습니다. 느헤미야의 기도에 하나님이 응답하셨습니다.

느헤미야는 어려울 때마다, 시련이 거듭될 때마다, 반대에 부딪힐 때마다 '하나님의 선한 손이 나를 도우신다'(2:18), '하늘의 하나님이 우리를 형통하게 하신다'(2:20), "내 하나님이여 내가 이 백성을 위하여 행한 모든 일을 기억하사 내게 은혜를 베푸시옵소서"(5:19)라고 기도하였습니다. 그 기도에 하나님이 응답하셨습니다. 느헤미야가 체험한 이 진리를 신약의 말로 바꿔 보면 다음과 같습니다.

나는 포도나무요 너희는 가지라 그가 내 안에, 내가 그 안에 거하면 사람이 열매를 많이 맺나니 나를 떠나서는 너희가 아무것도 할 수 없음이라(요 15:5).

백용현 목사의 책『기도학교』(서울: 두란노, 2016)의 표지에는 이런 글이 실려 있습니다. "기도의 골방은 세상에서 가장 좁은 방이지만 하늘 문이 열리는 가장 넓은 방입니다." 그렇습니다. 느헤미야에게는 세상에서 가장 좁은 방, 그러나 하늘 문이 열리는 가장 넓은 방이 있었습니다. 그랬기에 예루살렘 성벽 쌓기라는 도시 인프라 구축을 성공적으로 이룰 수 있었습니다. 그는 담을 세우고 단을 쌓으면서 유다 자손의 정체성과 순수성을 회복시켜 주었습니다. 예후드 땅의 유다 사람들과 하늘에 계신 하나님을 이어 주는 다리를 놓는 일에 최선을 다하였습니다. 그것이 바로 기도하는 느헤미야의 모습이었습니다. 이런 느헤미야의 고백, "하나님의 선한 손이 나를 도우셨습니다"가 오늘 이 시대를 살아가는 우리 모두의 고백이 되기를 바랍니다.

17 에스더 | 모르드개, 주연을 빛나게 하는 조연입니다

• 에 6:10-14

드라이빙 미스 데이지 / 〈드라이빙 미스 데이지〉(Driving Miss Daisy)는 제시카 탠디와 모건 프리먼이 출연한 1989년 영화입니다. 전직 교사이자 나이가 70이 넘은, 성격이 꼬장꼬장한 유대인인 데이지 부인(제시카 탠디)과 그의 운전사로 고용된, 성격이 느긋한 흑인 호크 콜번(모건 프리먼)이 서로 티격태격하면서 지내다가 진한 우정을 쌓게 된다는 줄거리입니다.

영화의 첫 장면은 자동차를 몰기 위해 운전대에 앉은 데이지 부인이 후진하려다가 액셀러레이터를 잘못 밟아 일어난 자동차 사고 장면입니다. 놀란 아들이 노련한 콜번을 운전기사로 고용했습니다. 콜번은 늙은 유대인 마님과 부대끼는 일상을 보내다가 마침내 서로에게 가장 필요한 존재로 변해 갑니다. 영화의 마지막은 요양원에 입원해 있는 데이지 부인을 콜번이 면회 가는 장면입니다. 치매로 음식 먹는 법도 잊어버린 데이지 부인을 위해서 하나밖에 없는 벗 콜번이 음식을 떠먹여 줍니다.

영화의 무대는 인종차별이 절정이던 1950년대 KKK(흑인과 흑인 해방의 동조 세력을 적대시한 백인 비밀 결사대)의 본고장 조지아주입니다. 차별이 일상화되어 있던 곳에서 전개된 백인 가정 이야기의 제목이 '드라이빙 미스 데이지'입니다. 말 그대로는 '데이지 부인을 위해 운전하기'이지만, 데이지 부인 길들이기(?)도 되고, 꼬장꼬장한 유대계 백인을 흑인 운전기사가 차별을 넘어서는 곳으로 데리고 간다는 뜻도 됩니다. 영화 배역에서는 제시카 탠디, 모건 프리먼 모두 주연이지만, 영화가 던지는 메시지에서는 운전기사 콜번이 데이지 부인을 빛나게 하는 조연의 자리에 내려와 있습니다. 조연 역할을 하는 사람이 있어서 주연이 스포트라이트를 받게 되는 이야기는 우리 사회에도, 우리 가정에도, 우리 삶에도 있습니다. 에스더서에 나오는 모르드개가 바로 에스더서의 주인공 에스더를 빛나게 하는 조연입니다.

조역 하만 / 본문은 모르드개를 소개하기 위해 하만을 먼저 등장시킵니다.

이에 왕이 하만에게 이르되(에 6:10a).

하만은 아하수에로왕이 페르시아 왕궁에서 아주 높은 지위에 앉힌 인물입니다. 이런 하만의 모습은 에스더서 이야기 초반부에 대궐 문에 앉아서 시간을 보내던(2:19, 21) 모르드개와는 사뭇 상반됩니다(3:1-2a). 사건은 낮은 자리에 있던 모르드개가 높은 자리에 오른 하만에게 고개를 숙이지 않으면서 일어납니다. 사람들이 다그치지만 모르드개는 자기가 유다 사람임을 밝히면서 끝내 절하지 않습니다. 하만이 대노하여 모르드개를 없애려는 음모를 꾸밉니다. 모르드개가 유다인인 것을 알고 그의 민족을 다 멸하고자 합니다.

하만이 모르드개가 무릎을 꿇지도 아니하고 절하지도 아니함을 보고 매우 노하더니 그들이 모르드개의 민족을 하만에게 알리므로 하만이 모르드개만 죽이는 것이 부족하다고 생각하고 아하수에로의 온 나라에 있는 유다인 곧 모르드개의 민족을 다 멸하고자 하더라(에 3:5-6).

그는 왕에게 조서를 내리게 해서 페르시아 달력의 열두째 달 곧 아달월 십삼일에 모든 유다인을, 젊은이·늙은이·어린이·여인들을 막론하고 다 죽이고 진멸하고 그 재산을 탈취하려고 하였습니다(3:13). 모르드개는 높이가 오십 규빗 되는 나무에 달아 죽이려고 하였습니다(5:14). 유다인과 페르시아인이 서로 섞여 살아가던 시절에, 하만은 유다 사람들에게 두려움을 주는 인물로, 공포를 조성한 조역(助役)으로 등장하였습니다.

조연 모르드개 / 본문은 하만에 이어 모르드개를 거론합니다.

이에 왕이 하만에게 이르되 너는 네 말대로 속히 왕복과 말을 가져다가 대궐 문에 앉은 유다 사람 모르드개에게 행하되 무릇 네가 말한 것에서 조금도 빠짐이 없이 하라(에 6:10).

지난밤 아하수에로왕은 잠이 오지 않자 역대 일기를 가져다가 읽었습니다. 아하수에로왕을 암살하려던 음모가 있었는데, 그것을 모르드개가 알려 주어서 위기에서 벗어났다는 기록이 눈에 띄었습니다(6:1). 신하를 찾았습니다. 마침 하만이 모르드개를 처형해야겠다고 결심하고 왕의 허락을 받고자 왕궁에 와 있었습니다. 왕이 하만을 불러 묻습니다. "내가 특별히 대우하고 싶은 사람이 있는데, 그에게 어떻게 하면 좋을지 말하여 보시오"(6:6, 새번역). 하만은 그 당사자가 자기인 줄 착각하고 이렇게 저렇게 해 주시면 된다고 대답하였습니다. 왕이 모르드개에게 그렇게 해 주라고 지시합니다. 그 결과가 이것입니다.

하만이 왕복과 말을 가져다가 모르드개에게 옷을 입히고 말을 태워 성중 거리로 다니며 그 앞에서 반포하되 왕이 존귀하게 하시기를 원하시는 사람에게는 이같이 할 것이라 하니라(에 6:11).

모르드개는 처음에 자기 신분을 감추었습니다. 에스더에게도 그렇게 시켰습니다. 하닷사(2:7)라는 유다식 이름 대신 에스더로 바꿔 불렀습니다. 에스더는 '에스타르'에서 온 말로 '별'이라는 뜻인데, 페르시아 사람들은 별을 숭배했습니다. 그렇게 숨어 지내던 모르드개가 지금은 온 천하 사람들이 보는 앞에서 왕의 말을 타고 퍼레이드하고 있습니다. 그 퍼레이드를, 모르드개를 죽여 버리겠다고 벼르던 하만이 인도하였습니다. 모르드개와 하만의 처지가 순식간에 역전되었습니다. 그 결과가 이것입니다.

모르드개는 다시 대궐 문으로 돌아오고 하만은 번뇌하여 머리를 싸고 급히 집으로 돌아가서(에 6:12).

대궐 앞으로 돌아간 모르드개와 자기 집으로 돌아간 하만! 돌아가기는 마찬가지였지만 돌아간 곳이 서로 다릅니다. 처지가 역전되었습니다. 모르드개가

118

자기 신분을 감추고 지낼 때 하나님도 그 모습을 드러내지 않으셨습니다. 모르드개의 신분이 온 누리에 밝혀질 때 하나님이 모르드개의 일상에 간섭하셨습니다. 시련에 눌리지 말기를 바랍니다. '하나님이 일하신다. 하나님이 도우신다. 하나님이 길을 내신다'라고 확신하고 염려·근심·걱정을 하나님께 맡기십시오. 삶의 전면을 기도·찬양·감사로 채우면 하나님은 우리를 세상 중에 귀한 자로 세우십니다. 이 메시지를 신약의 말씀으로 바꾸면 다음과 같습니다.

> 아무것도 염려하지 말고 다만 모든 일에 기도와 간구로, 너희 구할 것을 감사함으로 하나님께 아뢰라 그리하면 모든 지각에 뛰어난 하나님의 평강이 그리스도 예수 안에서 너희 마음과 생각을 지키시리라(빌 4:6-7).

엑스트라의 등장, 상상 못할 역전 / 이제 하만의 아내 세레스가 등장합니다. 하만이 머리를 싸매고 왕궁에서 집으로 급히 돌아와서 방금 왕궁에서 일어난 일을 털어놓자 세레스가 하만에게 이렇게 말합니다.

> 자기가 당한 모든 일을 그의 아내 세레스와 모든 친구에게 말하매 그중 지혜로운 자와 그의 아내 세레스가 이르되(에 6:13a).

세레스의 말은 하만에게 닥칠 어떤 장면을 예고하고 있습니다. 에스더서에는 '하나님'이라는 단어가 나오지 않습니다. 하나님의 모습이 전면에 드러나지 않습니다. 그렇다고 해서 에스더서가 하나님 이야기가 아니라고 단정해서는 안 됩니다. 에스더서는 더 깊은 차원에서 하나님이 어떤 분이신지를 독자에게 일깨워 주고 있습니다. 하만의 죽음을 예고하는 하만의 아내 세레스가 그런 경우입니다. 하나님이 이방인 세레스의 입을 통해서 모르드개의 대적자 하만의 죽음을 예고하게 하셨다고 보아야 합니다. 그가 이렇게 말했기 때문입니다.

> 모르드개가 과연 유다 사람의 후손이면 당신이 그 앞에서 굴욕을 당하기 시작하였으니 능히 그를 이기지 못하고 분명히 그 앞에 엎드러지리이다(에 6:13b).

하만의 아내 세레스의 말속에는 하만 집안과 모르드개 집안 사이에 얽혀 있는 과거사가 담겨 있습니다. 다음 구절을 묵상해 보십시오.

도성 수산에 한 유다인이 있으니 이름은 모르드개라 그는 베냐민 자손이니 기스의 증손이요 시므이의 손자요 야일의 아들이라(에 2:5).

그 후에 아하수에로왕이 아각 사람 함므다다의 아들 하만의 지위를 높이 올려 함께 있는 모든 대신 위에 두니(에 3:1).

하만은 아각 사람 함므다다의 아들입니다. 아각이 누구입니까? 이스라엘 왕 사울 앞에 무릎을 꿇었던 자입니다. 사울은 아말렉 왕 아각을 쳐서 이긴 적이 있습니다(삼상 15:7-8, 32-33). 모르드개는 베냐민 자손 기스의 후손입니다(2:5). 아각을 무찔렀던 사울 이야기를 떠올려 보십시오. 하만의 아내는 두 집안 사이에 얽혀 있는 사정을 알아챘습니다. 그래서 말했습니다. "아각을 무찔렀던 사울의 후손이 모르드개라면 아각의 후손인 당신은 모르드개를 이길 수 없습니다."

하나님의 역사는 신비롭습니다. 하나님의 역사는 신기합니다. 한때는 숨죽이며 살던 인생이었는데 모르드개가 자기 신분을 공개적으로 드러냈더니, 처음에는 엄청난 시련을 만났지만, 하나님이 신기하게, 신비롭게 일하셔서, 하만이 왕궁을 찾아오려던 전날 밤에 아하수에로왕이 밤잠을 설치게 하시고, 역대일기를 읽게 하시고, 모르드개가 쌓은 공적을 발견케 하시고, 하만에게 모르드개가 탄 말을 끌게 하셨습니다. 그렇습니다. 하나님은 우리가 상상할 수 없는 방법으로 삶의 추를 옮겨 놓으십니다.

역전의 잔치 / 이제 에스더가 등장합니다. 왕의 내시들이 하만을 부르러 옵니다. 왕후 에스더가 잔치를 베풀었기 때문입니다.

아직 말이 그치지 아니하여서 왕의 내시들이 이르러 하만을 데리고 에스더가 베푼 잔치에 빨리 나아가니라(에 6:14).

에스더 이야기는 잔치로 시작해서 잔치로 끝납니다. 아하수에로 왕궁의 강성함을 알리는 잔치로 시작해서(1:5-8) 유다 사람들이 생존하게 됨을 기념하는 잔치로 끝납니다(9:17-19). 본문의 잔치도 그중 하나입니다. 에스더 이야기의 주인공 에스더가 하나님이 일하셔서 유다 사람의 처지가 역전된다는 것을 알리는 잔치를 엽니다. 그 잔치 자리에서 에스더는 하나님을 주연 되시게 하는 자리로 내려앉습니다.

오래전 방영되었던 코카콜라 광고 영상이 있습니다. 핀란드 어린이와 싱가포르 어린이가 화이트 크리스마스를 함께 누리는 광고입니다. 그 광고에서 핀란드의 라플란드 지방은 영하 10도로 온통 눈에 뒤덮여 있습니다. 같은 시간 싱가포르 기온은 영상 29도로 무덥기 짝이 없습니다. 이 상반된 두 도시 거리에 각각 카메라와 모니터가 달린 기계가 등장했습니다. 추운 핀란드에는 더운 싱가포르의 영상이 나오고, 더운 싱가포르에는 추운 핀란드의 영상이 나옵니다. 핀란드 측의 기계에는 눈을 투입하는 구멍이 있는데 여기에 눈을 넣으면 싱가포르의 기계에서 눈이 흩날립니다. 핀란드 사람들은 기계에 눈을 넣을 때 싱가포르에 눈이 내리는 모습을 확인하고 무척 즐거워합니다. 눈이 공중에 뿌려지는 모습을 본 싱가포르 사람들도 아주 즐거워합니다. 모니터를 통해서 모두가 즐거운 크리스마스를 보내는 것. 춥지만 가슴이 따뜻해지는 시도입니다. 이 영상의 제목은 이렇습니다. "코카콜라, 화이트 크리스마스를 모두와 나눕니다"(Coca-Cola: Share a White Christmas).

죽임에 내몰리던 유다 사람의 처지가 역전되었습니다. 우리 삶이 이런 역전의 잔치가 되기를 바랍니다. 그러려면 내가 조연, 우리 주 하나님이 주연이 되셔야 합니다. 다음 동그라미에 자기 이름을 넣어서 고백합시다. "나 ○○○ 는(은) 조연, 예수 그리스도는 내 삶의 주연이십니다." 오 주여, 조연으로 주어진 배역에 신실한 하나님의 사람이 되게 하소서!

우리가 살아도 주를 위하여 살고 죽어도 주를 위하여 죽나니 그러므로 사나 죽으나 우리가 주의 것이로다(롬 14:8).

18 욥기 | 욥의 아내를 변호합니다

• 욥 2:7-10

이중섭과 그의 아내 / 서귀포에 있는 이중섭 미술관을 방문한 적이 있습니다. 한국전쟁 발발 이듬해인 1951년 1월 이중섭 화가가 아내(야마모토 마사코; 이남덕)와 두 아들과 서귀포로 피난 와서 약 일 년 동안 살았던 집을 복원해 만든 미술관입니다. 1916년생 이중섭은 오산고등보통학교를 거쳐 1935년 일본에서 미술 공부를 하다가 1943년 귀국하였습니다. 유학 시절 사귀던 후배 마사코가 1945년 이중섭을 찾아와 원산에서 결혼식을 올렸습니다.

이중섭의 그림 세계를 떠받들고 있는 주제는 '가족'입니다. 1952년 이중섭은 아내와 두 아들을 전쟁이 없는 일본으로 떠나보냈습니다. 그 뒤 이중섭은 가족이 너무 보고 싶어서 어렵사리 선원 증명서를 구해 1953년에 배를 타고 일본 동경으로 갔습니다. 그러나 6일 만에 돌아오고 말았습니다. 그때부터 이중섭의 그림에는 가족을 향한 애타는 그리움이 고스란히 담깁니다. 종이를 구할 수 없어서 담뱃갑 속 은박지(銀箔紙)에 날카로운 것으로 드로잉하는 방식으로 가족을 향한 애절한 마음을 그렸습니다. 이중섭은 만 40세에 숨을 거두었습니다. 이중섭은 가족에게 참으로 많은 그림 편지를 보냈는데, 그의 아내가 빠짐없이 모아 두었던 그림 편지 88점을 이중섭 미술관에 기증하면서 부부가 나누었던 사랑의 깊이를 확인할 수 있었습니다.

하나님이 아담과 하와를 창조하신 이래 남편과 아내는 서로 돕는 짝이 되었습니다. 남편이 어려울 때 아내가 지켜 주고, 아내가 고생할 때 남편이 함께하는 삶을 창조주 하나님은 남자와 여자의 길로 제시해 주셨습니다. 욥기에도 그런 남편과 아내 이야기가 나옵니다.

전통적 이해, 욥의 아내를 향한 비난 / 욥기에서 욥의 아내가 한 말은 단

한 구절입니다. 그마저도 "어리석은 여자의 말"(2:10)로 취급되기에 욥의 아내는 무시되었습니다.

욥기의 서막은 천상회의입니다. 그 자리에 사탄도 참석하였습니다. 하나님이 사탄을 보면서 욥을 자랑하셨습니다. "그와 같이 온전하고 정직하여 하나님을 경외하며 악에서 떠난 자는 세상에 없느니라"(1:8). 사탄이 답합니다. "욥이 어찌 까닭 없이 하나님을 경외하리이까"(1:9). 사탄이 하나님과 내기를 합니다. 하나님이 욥의 처지를 사탄의 손에 맡기셨습니다. 욥의 재산이 하루아침에 재난·재앙으로 사라집니다. 일곱 아들, 세 딸도 모두 한자리에서 죽음을 맞이합니다. 그래도 욥은 하나님을 원망하지 않았습니다(1:21). 사탄이 한 걸음 더 나섭니다. '이제라도 그의 건강을 치시면 그는 틀림없이 주님을 향하여 욕하게 될 것입니다'(2:5). 하나님이 사탄의 손에 욥을 맡기십니다.

사탄이 이에 여호와 앞에서 물러가서 욥을 쳐서 그의 발바닥에서 정수리까지 종기가 나게 한지라(욥 2:7).

욥기 서막에서 펼쳐진 하나님과 사탄의 논쟁은 신앙 세계의 바탕을 파헤칩니다. 사탄은 까닭 없이 하나님을 믿는 사람이란 존재하지 않는다고 생각했습니다. 욥기의 하나님은 아무 까닭 없이도 하나님을 믿는 신앙인이 엄연히 존재한다는 것을 보여 주려고 하십니다. 그 장면이 욥기 2:8-10입니다.

욥이 재 가운데 앉아서 질그릇 조각을 가져다가 몸을 긁고 있더니 그의 아내가 그에게 이르되 당신이 그래도 자기의 온전함을 굳게 지키느냐 하나님을 욕하고 죽으라 그가 이르되 그대의 말이 한 어리석은 여자의 말 같도다 우리가 하나님께 복을 받았은즉 화도 받지 아니하겠느냐 하고 이 모든 일에 욥이 입술로 범죄하지 아니하니라(욥 2:8-10).

욥기 2:8-10의 처음과 나중은 욥의 행동과 말입니다. 그 사이에 욥의 아내가 한 말이 끼어 있습니다. 욥의 아내가 발바닥에서 정수리까지 난 피부병으로 잿더미 가운데 앉아 자기 몸을 긁고 있는 남편에게 내뱉었습니다. "당신이 그래도 자기의 온전함을 굳게 지키느냐 하나님을 욕하고 죽으라." 욥이 뭐라고 대꾸하였습니까? "당신까지도 어리석은 여자처럼 말해야 되겠소? 우리가 누리는 복을 하나님께 받았는데 어찌 재앙이라고 해서 못 받는다고 하겠소." 욥은 어려운 처지에서도 결코 말로 죄를 짓지 않았습니다. 본문의 모양새는 사탄의 생각을 대변하는 욥의 아내를 욥이 행동과 말로 감싸고 있는 모습입니다. 사탄의 소리를 대변하는 욥의 아내를 고난 중에 자기를 지켜 가던 욥이 감싸고 있습니다. 누가 세상을 이기는 자입니까? 까닭 없이도 하나님을 신앙하는 자가 마침내 세상을 이깁니다. 그런 이치를 욥의 아내는 미처 깨닫지 못했습니다. 그래서 욥의 아내가 비난을 받았습니다.

욥의 아내 말 다시 읽기 (1) / 그러나 욥의 아내가 한 말을 다시 새겨 보면 사정이 꼭 그렇지만은 않습니다. 욥의 아내가 욥에게 뭐라고 소리쳤습니까?

당신이 그래도 자기의 온전함을 굳게 지키느냐(욥 2:9a).

우리가 읽는 성경에서 욥의 아내가 한 말은 물음표로 끝나는 질문입니다. 히브리어 원어(오데카 마하찌크 베툼마테카)에는 의문사나 물음표가 없습니다. 그래서 이 구절은 '굳게 지키느냐'는 질문이 아니라 '굳게 지키고 있다'는 긍정으로도 읽을 수 있습니다. 그 경우 욥의 아내가 욥에게 한 말은 이렇게 받아들여야 합니다. "당신은 그래도 자기의 온전함을 굳게 지키고 있습니다."

이렇게 보면 욥의 아내는 사탄의 생각을 대변하는 것이 아니라 하나님의 생각을 지지하게 됩니다. 시련과 역경 중에도 자기 신앙의 온전함을 굳세게 지키고 있는 남편에 대한 아내의 지지와 성원이 듬뿍 담겨 있습니다. 생각해 보십시오. 서로 돕는 배필이 되어 한평생 같이 살겠다고 다짐한 아담과 하와라면, 한쪽이 병들고 지쳤다고 해서 그 곁을 그냥 떠나 버리겠습니까? 남편이 그 발바닥에서 정수리까지 퍼진 심한 종기로 병색에 지쳐 쓰러져 가고 있다고 해서 아내가 그 남편을 버리고 떠나겠습니까? 욥기 19장에 이런 말씀이 있습니다.

내 아내도 내 숨결을 싫어하며 내 허리의 자식들도 나를 가련하게 여기는구나(욥 19:17).

욥기 19장은 욥이 자기를 위로하러 왔다가 자기를 심하게 나무라는 친구들과 거친 말싸움을 벌이고 있는 대목입니다. 그 와중에 욥이 "내 아내도 내 숨결을 싫어하고 있다"고 외치고 있습니다. 이 말씀을 새번역으로 보면 "아내조차 내가 살아 숨쉬는 것을 싫어하고, 친형제들도 나를 역겨워한다"입니다. 비난할지언정, 욥의 아내가 욥의 곁을 여전히 지키고 있었다는 암시입니다. 그래서 이렇게 추측할 수 있습니다. 환난과 시련 중에라도 하나님의 사람이라는 자기 온전함을 굳게 지키고 있는 욥을 욥의 아내는 오히려 대견해하고 있었다!

욥의 아내 말 다시 읽기 (2) / 욥기 2:9b에 담긴 욥의 아내가 한 말도 되새겨 보아야 합니다. 전통적으로 우리가 읽는 성경에서는 이렇게 되어 있습니다.

하나님을 욕하고 죽으라(욥 2:9b).

이 구절도 히브리어 성경(바레크 엘로힘 봐무트)에서는 다르게 읽을 수 있습니다. 히브리어 '바레크'는 '바라크'에서 온 말로 기본적으로 '축복한다'는 뜻입니다. 전통적으로는 이 소리를 하나님을 저주하는 완곡어법으로 읽었습니다. 사람이 어떻게 하나님을 축복할 수 있겠습니까? 그러니 사람이 하나님에게 복을 내린다고 되어 있는 표현을 완곡어법으로 보아서 '하나님을 욕하다, 하나님을 저주하다'로 읽었습니다. 그러나 이 말은 그냥 '하나님을 찬양하라'로 읽을 수도 있습니다. 지금까지 자기 신앙의 온전함을 굳게 지키고 있으니 하나님을 찬양하는 자세를 곧추세우라는 것입니다.

문제는 그 뒤에 이어진 "죽으라"는 낱말입니다. 이 "죽으라"도 되새겨 보면 사정이 달라집니다. '하나님을 욕하고, 그러고 나서 죽으라'가 아니라 '하나님을 찬양하라. 그러면 죽음을 맞이할 것이다'가 됩니다. 욥기 시대에는 병원이 없었습니다. 저절로 낫기를 기다려야만 했습니다. 하나님이 병을 고쳐 주시기를 기도하였습니다. 하나님이 고쳐 주시지 않는다면 죽음만이 고통에서 벗어날 수 있는 길이었습니다. 그래서 욥의 아내가 소리쳤습니다. "하나님을 찬양하라. 그러면 [고통에서 벗어나는] 죽음을 맞이하리라." 그는 죽음을 안식으로 보았습니다. 그 남편에게 하나님을 저주하고 죽으라고 소리쳤던 것이 아니라 하나님을 찬양하고 하나님이 주시는 쉼을 맞이하라고 충고하였다는 것입니다.

이중섭 미술관 방문에서 오랫동안 품고 있었던 질문 하나가 풀리는 수확이 있었습니다. '왜 이중섭은 아내와 두 아들을 보려고 일본으로 건너갔다가 6일 만에 다시 돌아오고야 말았을까?' 일본인 아내에게 초췌한 모습의 남편이 버림받았던 것일까요? 이중섭 미술관에는 그 자초지종을 설명한 일본인 아내의 설명이 있었습니다(1986년 「계간미술」에 실린 이남덕 여사 인터뷰). "제가 어떻게 남편을 버릴 수가 있었겠습니까? 남편이 받아 온 선원 증명서에 따르면 일본에 체재할 수 있는 곳은 입항한 항구로 제한되었고, 그 기간도 일주일에 지나지 않아서, 일주일 동안만 일본에 머물겠다는 신원 보증서를 제출하고 나서야 가까스로 만날 수 있었기에 저는 울면서 남편과 다시 헤어질 수밖에 없었습니다." 이중섭의 아내는 10년간 나눈 사랑을, 남편과 헤어진 지 반세기가 훨씬 넘도록 남편의 자취를 가슴에 담고 살아왔습니다. 그러다가 남편을 기리는 미술관이 세워지면서 거기에 자기가 그토록 애지중지하던 하나밖에 없는 남편의 유물을 기증하였습니다. 이중섭이 남긴 유일한 유품인 팔레트였습니다.

욥의 아내에게 한 욥의 말 다시 읽기 / 욥의 아내가 "당신은 그래도 자기 온전함을 굳게 지키고 있습니다. 하나님을 찬양하세요. 그러면 고통에서 벗어나는 죽음을 맞이할 수 있습니다"라고 말했다면, 그다음에 이어지는 욥의 말, "그대의 말이 한 어리석은 여자의 말 같도다"라는 지적은 어떻게 받아들여야 할까요? 말 그대로만 읽으면 이 말은 욥의 아내를 꾸짖는 소리입니다. 그러나 이 소리는 '하나님을 찬양하고 차라리 죽음을 맞이하라는 아내의 소리가 처음에는 욥의 귀에 제대로 들리지 않았다'는 뜻이 됩니다. 욥기 3장에 들어서면 욥이 고난 중에 어떻게 부르짖었습니까? 자기 생일을 저주하지 않았습니까?

어찌하여 내가 태에서 죽어 나오지 아니하였던가 어찌하여 내 어머니가 해산할 때에 내가 숨지 아니하였던가(욥 3:11).

욥기 3장에 담긴 욥의 탄식은 그 소리의 결이 욥기 2:9에서 들었던 욥의 아내의 탄식과 다르지 않습니다. 욥의 아내가 한 말은 욥기 3:1 "그 후에 욥이 입을 열어 자기의 생일을 저주하니라"에서 하나님이 욥의 친구들을 향해 "너희가 나를 가리켜 말한 것이 내 종 욥의 말같이 옳지 못함이라"(욥 42:8b)에 이르기까지 욥의 내면에 숨어 있던 하나님을 향한 신앙적 사고를 드러내는 단서가 됩니다.

여기에 욥의 아내가 욥에게 한 말의 순기능이 있습니다. 처음에 듣기에는 어리석은 말이었지만, 다시 생각해 보니 욥의 아내가 한 말은 욥의 신앙을 '무작정 믿는 믿음'(cocksure believer)에서 '질문하는 믿음'(an asker of question)으로, '질문하는 믿음'에서 '깨달음의 믿음'으로 변화시키는 지렛대가 되었습니다(Ellen van Wolde, "The development of Job: Mrs Job as catalyst", *The Feminist Companion to Wisdom Literature* [1995], 201-206).

욥의 아내를 이렇게 읽는다면, 욥의 아내 이야기는 하와와 아담의 실수를 극복하게 합니다. 에덴동산에서 하와가 사탄의 말에 넘어가서 선과 악을 알게 하는 나무 실과를 따먹었을 때 하와는 아담에게도 먹게 하였습니다. 아담은 하와의 제안에 주는 대로 받아먹었다가 하나님 앞에서 숨는 실수를 저질렀습니다(창 3:1-8). 욥의 아내와 욥은 그렇지 않았습니다. 고난과 시련 중에 하나님을 향한 온전함을 버리지 않은 남편을 지지하면서 "하나님을 찬양하고 죽음을 맞이하라"라는 아내의 소리에 욥은 비로소 하나님을 향해 질문하기 시작하였습니다. 그런 질문이 있었기에 욥은 마침내 하나님의 세계를 온전히 깨닫게 되면서 시련과 환난을 이겨 낸 영적 거장의 자리에 우뚝 설 수 있었습니다.

욥이 그 자리에 서게 되기까지 옆에 누가 있었습니까? 욥의 아내가 있었습니다! 그러니 본문은 우리에게 이렇게 도전합니다. 욥의 아내가 욥을 영적 거장의 자리에 서게 하였듯이 내가 있기에 내 옆의 가족이 영적으로 깨닫는 자리에 이르게 하소서!

무릇 하나님께로부터 난 자마다 세상을 이기느니라 세상을 이기는 승리는 이것이니 우리의 믿음이니라(요일 5:4).

19 시편 | 시편의 둘레길은 탄식에서 찬양으로 가는 길입니다

• 시 130:1-8

시편이라는 둘레길 / 사려니 숲길을 걷고 왔습니다. 하늘 높이 쭉쭉 솟은 삼나무숲이 펼쳐져 있었습니다. 한라산 둘레길의 한 자락입니다. 요즈음 우리나라 어디에나 둘레길이 눈에 띕니다. 우리나라에서 둘레길의 효시는 제주도 올레길입니다. 올레는 큰길에서 집까지 이르는 골목을 의미하는 제주도 방언인데, 올레길 걷기가 제주여행의 패턴을 바꿔 놓자 전국 각지에서 둘레길을 조성하여 여행객들의 발걸음을 끌어당겼습니다. 양평 물소리길이나 서울성곽둘레길, 한강길, 북한산둘레길, 해운대달맞이길 등이 다 그런 트레킹 코스들입니다.

우리말 '둘레'는 사물의 바깥 테두리를 가리킵니다. 사물의 가장자리를 한 바퀴 돈 길이 둘레입니다. 사물의 바깥 언저리 '둘레'에 '길'이 합해져서 '둘레길'이란 용어가 만들어졌습니다. 우리말 둘레에는 '둘러본다'나 '두르다'는 뜻도 있습니다. 둘레길마다 숲이 있는 길, 강이 있는 길, 바다가 보이는 길, 산등성이를 넘는 길 등 특징이 있습니다.

구약성경에도 둘레길에 해당하는 길이 있습니다. 시편이라는 둘레길입니다. 시편의 둘레길은 기도의 숲입니다. 150편의 시편은 모두 150개의 봉우리가 있는 장엄한 산맥입니다. 그러나 어디에서 걷든 시편의 둘레길은 탄식에서 찬양으로 가는 능선을 넘게 합니다.

첫 구간, 탄식 / 시편 130편의 둘레길, 그 첫 구간은 탄식의 기도입니다. 시인의 기도는 수렁에서 울부짖는 탄식에서 출발합니다. 탄식이 무엇입니까? 없음의 상태입니다. 없기에 부르짖습니다. 사라졌기에 부르짖습니다. 빼앗겼기에 부르짖습니다. 부르짖을 수밖에 없는 현실, 그 현실이 바로 시인이 살아가고 있는 세상입니다. 그래서 이렇게 기도합니다.

여호와여 내가 깊은 곳에서 주께 부르짖었나이다 주여 내 소리를 들으시며 나의 부르짖는 소리에 귀를 기울이소서(시 130:1-2).

부르짖었다는 말이 두 번 나옵니다. 처음에는 '소리 높여 외쳤다'(카라)라는 동사이고, 나중에는 '탄원·애원'(탁하눈)이라는 명사입니다. 처음에는 목청 높여 외치는 동작을 가리키고, 나중에는 그 외치는 동작에 담겨 있는 애절한 마음을 가리킵니다.

시인이 어디에서 부르짖고 있습니까? 깊은 곳에서! 깊은 곳은 구약에서는 대개 혼돈의 바다를 가리킵니다. 요나가 깊은 바다에, 바닷속 깊은 곳에 던져지지 않았습니까? 깊다는 것은 겉으로는 드러나지 않는다는 뜻입니다. 남들에게는 감추고 싶다는 뜻입니다.

그렇게 보면 "깊은 곳"(마아막킴)이란 삶의 내밀한 상처, 아픔, 고통, 수모, 갈등, 외로움, 수치, 절망, 괴로움 등을 가리킵니다. 외로운 곳입니다. 사방이 단절된 곳입니다. 가족으로부터 분리된 곳입니다. 하나님의 사람으로 살아가고 있지만, 오르막길이 아닌 내리막길에 몰리고 있다는 뜻입니다. 밝은 낮처럼 신나는 때가 아니라 어두운 밤처럼 심란한 때에 내몰리고 있다는 뜻입니다. 시인에 관한 이야기가 아닙니다. 나에 관한 이야기입니다. '나도 거기 있었다', '나도 거기 깊은 곳에 있었다'는 공명이 절로 솟구치지 않습니까.

지금 시인은 희망이 사라져 버렸다고 여기는 곳에서도 주 하나님을 향해 부르짖고 있습니다. 누구에게 부르짖었습니까? 내 소리를, 나의 부르짖는 소리를 들으시는 주님께 부르짖었습니다. "주여 내 소리를 들으시며"는 '주님의 귀로 내 소리에 쫑긋하게 하소서'라는 청원입니다. 내 소리에 귀를 기울이시는 분이 있다는 것이 얼마나 다행인지 모릅니다. 사람들이 가장 힘들어하는 때는 자기 소리를 귀담아듣는 사람이 없을 때입니다. 시인은 지금 자기 문제를 주 하나님에게로 가져가고 있습니다. 나의 소리에 귀를 기울이시는 주님에게로 나의 내밀한 아픔을 가져가고 있습니다.

둘째 구간, 참회 / 시편 130편의 둘레길, 그 두 번째 구간에 들어섰습니다. 그런데 시인은 덜컥 겁이 났습니다.

여호와여 주께서 죄악을 지켜보실진대 주여 누가 서리이까 그러나 사유하심이 주께 있음은 주를 경외하게 하심이니이다(시 130:3-4).

원문은 이렇게 되어 있습니다. '만약 주님이 죄를 살피신다면, 누가 감히 주님 앞에 제대로 서 있을 수 있겠습니까.' '만약'(히브리어 '임')이란 접속사가 맨 앞에 있습니다. 만약 하나님이 시인을 쭉 지켜보셨다면, 시인은 지금 의로우신 재판장 앞에 바르게 서 있을 수 없습니다. 하나님의 사람이라고 하면서도 살면서 저지른 허물(아보노트, 복수형)이 만만치 않기 때문입니다. 그러나 시인의 주님은 용서하시는 하나님이십니다. 하나님은 부족한 사람일지라도 하나님 앞에서 자기 행실을 부끄러워한다면 그를 용서하시고, 그를 의로운 자로 품어 주신다고 확신합니다. 그 확신이 이렇게 표현되었습니다. "그러나 사유하심이 주께 있음은 주를 경외하게 하심이니이다!"

교회는 시편 130편을 '참회시'라고 불렀습니다. 어거스틴은 임종 마지막에 130편 4절을 침상 벽에 써 놓고 읽으면서 날마다 위로를 받았고, 마르틴 루터는 시편 32, 51, 143편을 바울 시편으로 여기고 시편 130편을 묵상하면서 거저 주시는 하나님의 은총과 죄 사함의 은혜를 되새겼습니다. 루터는 이 구절을 '복음의 심장'이라고까지 불렀습니다(김정우, 『시편 주석 III』[서울: 총신대학교출판부, 2010], 593쪽). 1738년 5월 24일 존 웨슬리가 올더스게이트 거리로 나서게 된 것은 그 거리에 있던 성 바울 교회에서 연주되던 시편 130편의 말씀을 들었기 때문입니다(Rowland E. Prothero, *The Psalms in Human Life and Experience* [New York: E. P. Dutton and Co., 1903], 230. J. 클린튼 매칸 지음, 김영일 옮김, 『새로운 시편 여행』[서울: 은성, 2000], 123쪽에서 중인). 참회와 용서의 말씀이 들리는 곳을 향해 가다가 마침내 의인이 믿음으로 산다는 말씀의 도리를 깨달으면서 가슴이 이상하게 뜨거워지는 체험을 하였습니다. 이 진리를 신약의 말씀으로 바꾸면 다음과 같습니다.

너희는 그 은혜에 의하여 믿음으로 말미암아 구원을 받았으니 이것은 너희에게서 난 것이 아니요 하나님의 선물이라 행위에서 난 것이 아니니 이는 누구든지 자랑하지 못하게 함이라(엡 2:8-9).

셋째 구간, 고백 / 이제 시인의 기도는 제3구간, 고백으로 넘어갑니다. 탄원으로 시작된 기도가 참회기도가 되다가, 그 참회기도가 이제는 하나님을 기다리는 소망으로 넘어갑니다.

> 나 곧 내 영혼은 여호와를 기다리며 나는 주의 말씀을 바라는도다 파수꾼이 아침을 기다림보다 내 영혼이 주를 더 기다리나니 참으로 파수꾼이 아침을 기다림보다 더하도다(시 130:5-6).

기다린다는 말이 모두 몇 번 나옵니까? 한글성경에서는 네 번 나옵니다. "여호와를 기다리며", "파수꾼이 아침을 기다림보다", "내 영혼이 주를 더 기다리나니", "파수꾼이 아침을 기다림보다 더하도다." 그러나 히브리어 성경에서는 '기다린다'는 말이 두 번 나옵니다. '파수꾼이 아침을 기다린'고 되어 있는 구절은 '아침을 바라는 파수꾼처럼'(미쉬쇼메림 람보케르)으로 되어 있습니다. 밤새 망대에서 사방을 관찰하는 사람은 아침이 빨리 오기를 고대합니다. 아침이 와서 파수꾼의 직무가 무사하게 완결되기를 고대합니다. 그처럼 시인의 영혼이 여호와를 기다리고 있습니다. 두 번에 걸쳐 그의 영혼이 주님을 기다린다고 힘주어 말합니다.

여기에서 눈여겨볼 것은 기다리고 바란다는 구절입니다. 고대하는 것은 마찬가지인데 여호와를 향해서는 기다린다고 하고, 여호와의 말씀을 향해서는 바란다고 하였습니다. "내 영혼은 여호와를 기다리며 나는 주의 말씀을 바라는도다." '기다린다'(카바)는 말은 간절히 바라고 있다는 뜻입니다. '바라다'(약할)라는 말은 희망을 품고 기다린다는 뜻입니다. 말씀을 읽을 때마다 기대합시다. 말씀이 나를 읽을 때까지 말씀 읽는 자리를 떠나지 않아야 합니다. 처음에는 내가 말씀을 읽는 것 같지만, 말씀의 세계에 들어서 보십시오. 말씀이 나를 읽어 갑니다. 말씀을 읽으려고 나서면서 기대하기 바랍니다. 기도하기 바랍니다. 주님의 인도하심을 기다리기 바랍니다.

그래프에는 상수와 변수가 있습니다. 변수는 상황과 환경에 따라서 변하는 가치입니다. 상수는 환경에 따라 변하지 않는 가치입니다. 힘든 환경은 상수가 아니라 변수입니다. 환경이 나를 힘들게 한다고 해서 인생의 상수마저 변하는 것은 아닙니다. 인생의 상수는 예수 그리스도이십니다. 변수가 어지러울수록 우리 눈을 어디에 두어야 합니까?

마가복음 5장에는 열두 해 동안 혈루증을 앓아 온 여자가 고침을 받는 이야기가 나옵니다. 그녀는 예수님에 관한 소문을 듣고 예수님에게로 나아왔습니다. 그런데 허다한 무리가 예수님을 에워싸고 있었습니다. 게다가 예수님도 한곳에 계시는 것이 아니라 예수님을 공경하는 회당장 야이로의 집으로 향하고 계셨습니다. 그랬는데도 소망을 예수님에게 두었던 여자는 기어이 예수님 곁으로 나아왔습니다. 그 모습을 성경은 이렇게 전합니다.

예수의 소문을 듣고 무리 가운데 끼어 뒤로 와서 그의 옷에 손을 대니(막 5:27).

예수님의 옷에만 손을 대도 구원을 받을 줄로 생각하였던 것입니다(막 5:28). 그 여자를 향해서 예수님이 뭐라고 축복하셨습니까?

예수께서 이르시되 딸아 네 믿음이 너를 구원하였으니 평안히 가라 네 병에서 놓여 건강할지어다(막 5:34).

우리 눈을 예수님에게로 돌리기를 바랍니다. 말씀을 준비하면서 '눈을 주님께 돌려'(Turn Your Eyes Upon Jesus)라는 찬양에 한동안 깊이 빠져 있었습니다.

마지막 구간, 찬양 / 하나님을 바랐더니 기도의 기조가 달라집니다. 기도의 어조가 신선해집니다. 기도의 박자가 빨라집니다. 탄원으로 시작된 기도가 참회기도, 고백과 감사를 거쳐 찬양으로 솟구쳐 오릅니다. 시작은 탄식이었지만 마지막은 찬양입니다. 어떻게 찬양합니까?

이스라엘아 여호와를 바랄지어다 여호와께서는 인자하심과 풍성한 속량이 있음이라 그가 이스라엘을 그의 모든 죄악에서 속량하시리로다(시 130:7-8).

"주의 말씀을 바라는도다"(130:5b)라고 하였던 시인이 이제는 똑같은 글자를 가지고 "이스라엘아 여호와를 바랄지어다"라고 선포합니다. 우선 "이스라엘아!"라고 소리칩니다. 지금까지는 시인 개인의 문제를 가지고 하나님께 나아갔습니다. 나의 죄와 허물을 용서하시는 하나님을 간증하면서 하나님의 은혜가 나 같은 사람이라도 하나님을 경외하게 한다고 외치지 않았습니까? 그랬던 시인이 마지막에 와서는 온 이스라엘을 향해서 소리칩니다. 온 이스라엘에게 '너희는 하나님을 바라라', 즉 하나님에게 희망을 두라고 권고합니다. 시인의 관심이 개인에서 공동체로 뻗어 가고 있습니다. 이스라엘은 왜 하나님께 희망을 두어야 합니까? 하나님에게만 한결같은 사랑과 풍성한 구원이 있기 때문입니다. 그것을 드러내는 말이 이것입니다. "여호와께서는 인자하심과 풍성한 속량이 있음이라."

시의 마지막 구절(130:7-8)은 '속량'이라는 말을 두 번 반복합니다. 한 번은 명사(페두트)로, 다른 한 번은 동사(파다)로. 이 글자는 '값을 치르고 얻었다'는 뜻입니다. 하나님의 인자하심(헤세드)과 구원(페두트)은 값비쌉니다. 고귀합니다. 하나님은 우리에게 은혜를 거저 주시지만, 그렇다고 해서 값싼 것이 아닙니다. 아주 고귀한 것입니다. 한량없으신 하나님의 은혜와 풍성한 구원이 실현되었던 자리는 예수 그리스도의 십자가입니다. 은혜는 저절로 주어진 것이 아니라 하나님이 그분의 아들을 십자가에 제물로 드리게 하면서 주셨습니다. 하나님이 나를, 우리를, 이스라엘을 그 한량없는 은혜로 속량해 주신다는 감격이 있기에 시인의 기도가 마침내 찬양의 봉우리에 올라서게 됩니다.

언제 시인이 이런 찬양을 가슴에 새기게 되었을까요? 성전에 올라가면서입니다. 시편 130편에는 '성전에 올라가는 노래'라는 표제어가 붙어 있지 않습니까? 이제 새벽마다, 주일마다, 집회시간마다 주님의 성전에 다시 올라오는 순례를 시작합시다. 그래서 우리 삶에서 터져 나오는 간구가 마침내 찬양을 이루는 뜨거운 체험을 하게 되기를 바랍니다.

20 잠언

아굴의 기도, 은혜는 누리고
삶은 누비게 하소서

• 잠 30:1, 7-9

행복지수 조사 / UN이 발간하는 「세계행복보고서」에 따르면, 2023년 대한민국의 행복지수는 조사 대상인 137개국 중 57위(https://blog.naver.com/gnhforum/223051150531), 총 6가지 지표(1인당 국민총생산, 사회적 지원, 건강기대수명, 사회적 자유, 포용성, 부패지수) 10점 만점에서 5.95점으로, 1위 핀란드(7.80), 2위 덴마크(7.58), 3위 아이슬란드(7.53)에 크게 못 미쳤습니다. 2015년에는 47위, 2019년에는 54위, 2020년에는 59위였습니다.

우리나라
행복 순위 조사

「조선일보」와 여론조사기관 한국갤럽·글로벌마켓인사이트가 2011년 브라질, 인도네시아, 캐나다, 베트남, 말레이시아, 호주, 미국, 덴마크, 핀란드, 한국 등 모두 10개국 5,190명에게 "당신은 지금 행복하십니까"라고 물었던 조사에서도 "나는 매우 행복하다" 브라질 57% 한국 7%, "다른 나라에서 살고 싶다" 미국 11% 한국 37%, "공교육 못 믿겠다" 핀란드 6% 한국 57%, "대통령은 권력 휘두르는 사람" 핀란드 3% 한국 30%, "정치인은 분쟁 일삼는 사람" 9개국 13% 한국 45%였습니다("가장 행복한 사람? 행복 9개국[각종 행복관련 조사 최상위권 국가]은 "나 자신" VS. 한국은 "빌 게이츠"」, 「조선일보」, 2011. 1. 1. 기사).

행복
10개국 조사

이 조사는 세상에서 가장 행복한 사람으로 누구를 꼽느냐고도 물었는데, 마이크로소프트 빌 게이츠 회장을 꼽은 사람들은 한국이 압도적으로 1위였습니다(49.3%). 우리나라 사람들이 빌 게이츠를 가장 행복할 것 같은 사람으로 꼽고 있을 때 덴마크, 핀란드, 캐나다 같은 나라는 티베트의 정신적 지도자 달라이 라마를 가장 행복한 사람으로 꼽았습니다(23.7%). 행복과 돈은 무관하다는 것입니다.

2022년 달러 기준 한국인의 1인당 국민총생산은 1960년대 76달러에 비해 423배 증가한 3만 2,142달러입니다. 그러나 이렇게 놀라운 소득 증가세와 비교하면 행복지수는 OECD 국가 중 가장 밑바닥입니다. 한국 사회의 역설이 여기에 있습니다. 물질적 성공과 정신적 실패! 진정한 행복이란 무엇입니까? 잠언은 이런 질문에 해답을 제시합니다.

아굴은 누구인가? / 본문은 잠언의 결론부입니다. 잠언은 무엇이 지혜이고, 무엇이 어리석은지를 쭉 설파하다가 마지막에 들어서면서 '아굴의 잠언'이라는 형식으로 삶의 자세를 다짐합니다. 그 다짐의 첫마디가 이것입니다.

내가 두 가지 일을 주께 구하였사오니(잠 30:7a).

우선 "내가"가 누구인지부터 확인해야 합니다.

이 말씀은 야게의 아들 아굴의 잠언이니 그가 이디엘 곧 이디엘과 우갈에게 이른 것이니라(잠 30:1).

본문의 "나"는, 잠언 30:1에 따르면, "야게의 아들 아굴"입니다. 야게가 누구인지는 잘 모르지만, 야게를 여호와(Yahweh)의 Y와 거룩함(카도쉬, kadosh)의 K와 인칭대명사 '후'(hu, '그')의 H를 합성해서 만든 글자로 추정한다면, 그 뜻은 '여호와, 그는 거룩하신 분이다'가 됩니다. 일종의 암호입니다. 하나님의 이름을 감추어 놓았던 세속사회를 반영하고 있습니다. 하나님의 이름을 거론하기가 쉽지 않았던 시절에 하나님이 어떤 분이신지를 자기 이름에 감추어 놓으려던 신앙적 열의가 야게 속에 담겨 있다고 볼 수 있습니다.

그 야게가 자기 아들의 이름을 '아굴'이라고 불렀습니다. '아굴·아구르'는 사전적으로는 히브리어 '아가르'(모으다)에서 파생한 낱말로 '모으는 자'(gatherer)란 뜻입니다. 모으기 위해서는 돌아다녀야 합니다. 이 글자를 소리 내어 읽다 보면, 히브리어 구문 '나는 나그네다'(아구르)를 떠올리게 됩니다.

아브라함, 야곱, 모세 모두 나그네였습니다. 다윗, 예수님, 사도 바울도 나그네로 살았습니다. 그리스도인도 모두 나그네입니다. 아굴의 잠언에는 이 땅에서 하나님의 사람으로 살아가는 자가 품어야 할 다짐이 들어 있습니다. 아굴에게는 다른 사람들과 같은 지식, 학식, 배움은 없지만, 하나님의 말씀에 대한 확신이 있었습니다(30:2-6). 그래서 외칩니다. "하나님의 말씀은 다 순전하며 하나님은 그를 의지하는 자의 방패시니라"(30:5). 여기서 "하나님의 말씀"(콜-이무라트 엘로아흐)은 글말로 선포된 말씀(드바림)이 아니라 그 속내에서 울려 퍼지고 있는 하나님의 음성입니다. 아굴은 세상 것으로는 자기 속을 채우지 못했지만, 자기 속을 하늘 양식으로, 하나님의 음성으로 꽉 채운 사람이었습니다. 그래서 그는 행복한 사람이었습니다.

내가 두 가지 일을 주께 구하였사오니 / 아굴이 기도문 형식으로 자기 속내를 이렇게 털어놓습니다.

내가 두 가지 일을 주께 구하였사오니 내가 죽기 전에 내게 거절하지 마시옵소서 (잠 30:7).

아굴은 두 가지 간구를 하나님이 응답해 주시기를 기대합니다. "내가 죽기 전에 내게 거절하지 마시옵소서"라는 청원은 살아 있는 동안 '이렇게 처신하겠다'는 다짐이기도 합니다. 본문의 맥락에 따르면, 아굴은 이런 다짐을 그의 아들(학생?) 이디엘과 우갈 앞에서 털어놓았습니다. 아굴이 자기 앞에 있는 두 사람의 면면을 살피다가 자기 속내를 두 가지로 정리하였다고 볼 수도 있습니다.

한글성경과는 달리 히브리어 잠언 30:1은 "이디엘에게, 이디엘에게 그리고 우갈"(레이티엘, 레이티엘 베우칼)로, 아굴의 다짐을 듣는 대상을 이디엘에게로 한정해 놓았습니다. 한글성경에서는 이디엘과 우갈 두 사람이지만, 히브리어 문장에서 두드러지는 것은 이디엘 한 사람입니다. 이디엘은 '나와 함께(이디) 하나님(엘)이 계신다'라는 뜻일 수 있습니다. 이때 '베우칼'('그리고 우갈')은 '아칼'(먹다)에서 비롯된 구문 '나는 먹혀 버렸습니다'라는 동사 문장이 될 수도 있습니다 (D. W. Wittman, "UCAL yoo'kuhl ['ukhal]", *The New Interpreter's Dictionary of the Bible*, vol. 5, 699). 이는 세속도시에서 하나님의 자녀로 사는 것이 쉽지 않다고 푸념(?)하는 자들에게 아굴이 자기 다짐을 기도문 형식으로 정리해 놓았다는 암시입니다. 험악한 세속도시에서 하나님의 자녀는 어떻게 살아야 할까요?

헛된 것과 거짓말을 내게서 멀리하옵시며 / 아굴이 이디엘(또는 이디엘과 우갈) 앞에서 이렇게 다짐하며 기도합니다.

곧 헛된 것과 거짓말을 내게서 멀리하옵시며(잠 30:8a).

이 구절에는 이디엘에 관한 풍자가 있습니다. 하나님(엘)과 함께(이디)한다고 하면서도 세상살이에 붙들려 헛된 것, 허망한 것, 허무한 것에 매여 사는 현실을 꼬집고 있습니다. 사람들을 만나다 보면, 이런저런 업무를 처리하다 보면 헛된 풍조나 헛된 짓, 헛된 생각에 붙들릴 때가 있습니다. 그래서 아굴은 기도문 형식으로 헛된 것과 거짓말에서 벗어나는 존재가 되게 해 달라고 청원합니다. '나의 삶이 세상의 오염으로부터, 세속에 짓눌린 결함으로부터 멀어지게 해 주소서.' 누가 행복한 사람입니까? 바르게 사는 사람입니다!

한글성경과 달리 히브리어 본문은 우갈이라는 사람 대신 '나는 먹혀 버렸습니다(나는 지쳤습니다)'라고 읽히는 문장일 수 있다는 사실을 기억하십시오. 무엇을 먹어야 하는지에 쫓기다가 먹혀 버리고 말았다고 한탄하는 자 앞에서 아굴은 이렇게 기도합니다.

나를 가난하게도 마옵시고 부하게도 마옵시고 오직 필요한 양식으로 나를 먹이시옵소서(잠 30:8b).

본문의 방점은 "가난하게도 마옵시고 부하게도 마옵시고"가 아닌 "오직 필요한 양식으로 먹이시옵소서"에 있습니다. 오해하지 마십시오. 이 기도는 '중산층으로 살게 하소서'라는 기도가 아닙니다. "오직 필요한 양식"이란 '내게 할당된 몫'이란 뜻입니다. 한글성경에서는 "필요한"으로 번역되었지만, 히브리어 성경에서는 '[내게] 할당된', '[내게] 분배된'이란 뜻이 강합니다. 하나님이 주신 양식에는 내 몫이 있고 다른 사람의 몫이 있다는 것입니다. 그러기에 내 몫을 먹게 해 달라는 기도에는 남과 더불어 먹는 삶에 대한 배려가 있습니다. 나만을 생각하지 말고 우리를 생각하자는 것입니다. 나만 생각하지 말고, 이웃도 있음을 기억하자는 것입니다. 행복의 기준은 더불어 살기에 있습니다.

아굴의 기도에 나오는 "필요한 양식"을 주기도문은 "일용할 양식"(마 6:11)으로 승화시켜 놓았습니다. 일용할 양식이 있음을 감사하는 인생이 진정 행복한 사람이라는 지적입니다. 그런데 예수님이 말씀하신 '일용할'이란 글자에는, 읽기에 따라서는 '하늘에서'란 뜻도 들어 있습니다. 땅에서 얻는 소득이 아닌 하늘에서 내리는 선물로 살아가는 자가 되어서 행복하다는 것입니다. 행복의 차원이 승화되고 있습니다.

에카르트 폰 히르슈하우젠(Eckart von Hirschhausen)은 1967년에 태어난 독일 프랑크푸르트 출신 의사입니다. 병실에서 환자를 진료하는 의사가 아닙니다. 한 번에 수천 명이 모이는 공연장에서 사람들에게 웃음을 주는 코미디언입니다. 그가 2009년에 책을 펴냈습니다. 출간과 동시에 독일에서 120만 부가 팔리는 베스트셀러가 되었습니다. 그 책의 제목이 『행복은 혼자 오지 않는다』(서울: 은행나무, 2010)입니다. 그가 이런 말을 합니다. "행복은 혼자 오지 않는다. 행복은 다른 사람들과 함께 온다. 행복은 깨달음과 함께 온다." 사람들이 물어보았습니다. "왜 잘나가는 의사를 그만두고 사람들을 웃기는 코미디언이 되었습니까?" 그는 이렇게 대답합니다. "나는 의사를 그만둔 것이 아닙니다. …다만 나의 행동반경을 바꾸었습니다. 2천명 관객이 모인 하룻밤의 공연으로 병원에서 8년 동안 일대일 상담을 한 것과 똑같은 수의 사람들을 상대할 수 있습니다. …나는 단지 다른 방식으로 의사 노릇을 하고 있습니다." 히르슈하우젠의 깨달음이 바로 아굴의 기도에 담긴 내용입니다.

하나님을 위한 내가 되게 하소서 / 아굴이 이렇게 기도하는 까닭이 무엇입니까?

혹 내가 배불러서 하나님을 모른다 여호와가 누구냐 할까 하오며 혹 내가 가난하여 도둑질하고 내 하나님의 이름을 욕되게 할까 두려워함이니이다(잠 30:9).

아굴의 기도가 나를 위한 기도에서 하나님을 위한 기도로 그 색깔을 달리합니다. 지금까지는 나를 위해 기도했는데, 이제는 하나님을 위한 기도를 드리게됩니다. 처음에는 나를 위한 하나님을 찾았는데, 이제는 하나님을 위한 내가되겠다고 다짐합니다. 기도의 여정이 깊어지면서 아굴의 성품이 어린아이에서 어른으로, 미숙한 신앙에서 성숙한 신앙으로 변화되고 있습니다. 기도하다보면 내가 변화됩니다(마 26:39).

아굴이 무엇을 두려워하고 있습니까? 배부르면 하나님을 모르게 될까 봐, 가난하게 되면 하나님의 이름을 욕되게 할까 봐 두려워합니다. 이 두려움을 기도문으로 바꿔 봅니다. '부자가 되어 하나님을 무시하지 않게 하시고, 궁핍하게 되어 하나님의 영광을 가리지 않게 하소서!' 이런 식으로 기도하다가 아굴은 마침내 하나님 앞에 서 있는 자기 자신을 발견합니다. 자신의 삶을 통해서하나님의 영광이 드러나게 되기를 바라는 영성이 그 기도 속에 들어 있습니다.이런 영성에서 아굴의 삶은 물질적인 차원에서 영적인 차원에 들어섭니다. '내가 바르고도 온전하게 삶으로써 창조주 하나님이, 구원의 하나님이 나를 통해온 누리에 드러나게 하소서! 하나님을 위한 내가 되게 하소서!' 이런 아굴의 다짐을 에베소서의 말씀으로 바꾸면 이렇게 됩니다.

이는 우리가 그리스도 안에서 전부터 바라던 그의 영광의 찬송이 되게 하려 하심이라(엡 1:12).

하나님은 그리스도인에게 하나님의 영광을 찬송하는 삶이 되기를 기대하십니다. 찬송은 인생의 주어를 '나'에게서 '하나님'으로 바꾼 노래입니다. '내가 해냈다'에서 '주님이 내게 이루어 주셨다'로 주어를 바꾼 사람만 찬송할 수 있습니다. 무대에서 노래하는 가수를 보십시오. 무대를 누비지 않습니까? 바르게사는 행복을 아는 자가, 더불어 사는 행복을 아는 자가, 하늘의 은혜로 사는 행복을 아는 자가 찬송하는 사람이 되어 세상을 누비라는 것입니다.

세상은 그리스도인의 정체성을 드러내고 살아가기 쉽지 않은 현장이지만, 그런 곳에서도 나의 삶을 통해서 창조주 하나님을 드러냅시다. 그래서 다짐합니다. 하나님의 은혜는 누리게 하시고, 하나님이 맡겨 주신 삶은 누비게 하소서!

21 전도서 | 삶의 그림자가 아닌 실체를 깨닫게 하소서

• 전 1:1-11

빛의 벙커 / 전도서는 새기기가 어려운 책입니다. 말이 어려워서가 아니라, 말의 내용이 거칠어서 어렵습니다. 첫마디가 "헛되고 헛되며 헛되고 헛되니 모든 것이 헛되도다"(1:2)이지 않습니까. 이 말씀의 세계에 들어서기 위해서 저는 제주도의 몰입형 미디어아트 '빛의 벙커'를 소개하려고 합니다.

빛의 벙커라지만 실은 미술전시관입니다. 미술전시관이지만, 실제로 벙커로 사용되었던 공간입니다. 국가의 기간 통신망 운용을 위해 한국과 일본, 한반도와 제주도 사이에 구축했던 해저광케이블을 관리하던 곳입니다. 그 벙커에 900평 규모의 철근 콘크리트 구조물을 세우고 산자락처럼 위장하면서 외부의 빛과 소리로부터 완전히 차단된, 몰입형 미디어아트를 전시하기에는 아주 적절한 공간을 마련해 놓았습니다.

여름휴가 때 이곳을 찾아갔습니다. '모네(Monet), 르누아르(Renoir)… 샤갈(Chagall), 지중해의 화가들'로 꾸며진 전시회가 열리고 있었습니다. 들어섰더니 디지털로 재구성된 모네, 르누아르, 샤갈 등의 작품 500여 점이 동굴 속 사면을 밝고 화사한 빛깔로 물들였습니다. 생동감·색채감 넘치는 클래식과 재즈 음악들이 미디어아트로 구현되면서 인상주의에서 모더니즘에 이르는 여정을 담아냈습니다. 감상하는 내내 관람객의 시각과 청각에 깊은 감동과 울림을 주었습니다. 압권은 본 전시에 뒤따라 소개된 10분짜리 기획 프로그램 '파울 클레, 음악을 그리다'였습니다. 소리를 그림으로 그렸다는 것 자체가 대단하지 않습니까? 디지털로 재구성된 이들의 작품에서 저는 풍경에 대한 강한 긍정, 삶에 대한 깊은 소망, 사물을 대하는 따뜻한 마음을 느낄 수 있었습니다.

전도자의 참회록, 어둠의 벙커 / 본문은 '빛의 벙커'와 반대되는 장면을 연출합니다. 누가 그런 어둠의 벙커에 대해서 말합니까?

다윗의 아들 예루살렘 왕 전도자의 말씀이라(전 1:1).

전도서의 얼개는 '내'가 '너'에게 털어놓는 이야기 형식입니다. 전도서에서 '나'는 "마음을 다하며 지혜를 써서 하늘 아래에서 행하는 모든 일을 연구하며 살핀"(1:13) 사람입니다. 그자가 누구이겠습니까? 솔로몬왕입니다. 그런데 전도서 1:1은 솔로몬이라는 이름을 애써 감춰 놓았습니다. "다윗의 아들 예루살렘 왕"이라고만 했지, 다윗의 아들 예루살렘 왕 솔로몬이라고는 하지 않았습니다. 왜 그랬을까요? 뭔가 부끄럽고 아쉽고 수치스러웠다는 뜻입니다.

그는 이름은 감추었지만, 자기 역할은 감추지 않았습니다. "다윗의 아들 예루살렘 왕 전도자의 말씀"이라고 하지 않았습니까. 자기를 가리켜 "전도자"라고 부릅니다. 히브리어로는 '코헬렛'입니다. 코헬렛은 사람들을 '모으다'(카할)라는 낱말에서 파생되었습니다. 코헬렛의 뜻은 사람들을 모이게 하는 자도 되고, 모인 사람들에게 외치는 자도 됩니다. 코헬렛이 솔로몬왕이라면, 전도서는 평생을 왕으로 살았던 사람이 인생 후반부에 가서야 깨달았던 삶에 대한 통찰을 다음 세대에게 들려주는 말씀이 됩니다. 한평생 누구보다도 삶을 누렸던 자가, 그 인생 막바지에 가서 후회하게 된 삶의 스토리를 젊은 사람들에게 들려주려고 합니다. 그런 맥락에서 볼 때 전도서는 전도자의 참회록이 됩니다.

왜 세상살이를 어둡게 보았을까? / 전도자가 털어놓는 속내의 첫마디가 무엇입니까?

전도자가 이르되 헛되고 헛되며 헛되고 헛되니 모든 것이 헛되도다(전 1:2).

전도서 1:2은 전도서를 대표하는 구절입니다. 우리말에서는 '헛되다'라는 말이 다섯 번 반복되지만, 히브리어 성경에서는 '헛되고 헛되다'(하벨 하발림)라는 구절이 두 번 반복됩니다. '헛되다'(헤벨)는 문자적으로 바람을 가리킵니다. 때론 수증기를 가리킵니다. 사람의 들숨·날숨을 가리키는 호흡이기도 합니다.

연기를 가리키기도 합니다. 바람은 잡을 수 없고, 수증기는 이내 마릅니다. 숨도 들이마시고 내뱉기는 하지만 볼 수는 없습니다. 연기도 보이기는 해도 이내 사라지고 맙니다. 그래서 삶이란 그만큼 무모하고, 허망하고, 쓸쓸하고, 덧없다고 외칩니다(1:14; 2:11, 17, 26; 4:4; 6:9).

전도자가 "헛되다"라고 외치는 탄식은 어떤 인생을 살 것인가, 인생을 어떻게 살 것인가를 묻는 자리에 서게 합니다. 인간의 한계를 공감하게 합니다. 잠언에서는 지혜롭게만 살면 삶은 행복에 다다른다고 보았습니다. 지혜를 예찬했습니다. 전도서는 이와 다릅니다. 지혜라는 것도 결국 사람의 마음에서, 사람의 경험에서 우러나오는 것이기에 아무리 지혜로운 자라도 결국 인간의 한계에서 벗어날 수 없다고 지적합니다. 그래서 살다 보면 모든 것이 헛되다고여길 때가 온다는 것입니다. 그러면서 이렇게 푸념을 늘어놓습니다.

해 아래에서 수고하는 모든 수고가 사람에게 무엇이 유익한가(전 1:3).

"해 아래에서"(탁하트 핫쉐메쉬)는 시간의 제약 속에 사는 세상을 가리킵니다. 세상사는 해의 지배를 받지 않습니까. "해 아래"는 "하늘 아래에서"(탁하트 핫샤마임, 1:13)와 병행하는 말입니다. "해 아래에서 수고하는 모든 수고가 사람에게 무엇이 유익한가"라는 말은 시간과 공간의 제약 속에서 수고하는 노력이 소용없다는 푸념입니다. 여기에서 "무엇이 유익한가"라는 구절을 주목해 보십시오. 해 아래 땅에서, 해 아래 세상에서 하루 24시간 동안 벌어지는 모든 수고가 얼마나 사람에게 유익한가(마이트론)를 따지고 있습니다. 여태껏 이익을 따지는 인생이었다는 말입니다. 늘 수고의 손익계산서를 따졌다는 것입니다.

"수고"(아말)란 땀 흘리며 일하는 노동을 가리킵니다. 땅에서 힘들게 일을 하면서 하루하루를 지내는 것이 사람에게 얼마나 유익한가를 따지고 있습니다. 관심사가 손익계산서로 쏠립니다. 의미를 묻는 것이 아닙니다. 얼마나 재정적으로 보탬이 되었느냐를 따집니다. 보람을 묻는 것이 아닙니다. 남는 것은 무엇인지를 묻고 답합니다. 과정을 묻는 것이 아닙니다. 결과적으로 얻은 것이 얼마나 되는지를 묻고 답합니다.

앞에서 '헛되고 헛되다'고 할 때 '헛되다'는 말이 바람을 가리키는 낱말과 동일하다고 하지 않았습니까? 바람을 잡으려는 인생을 가리켜서 헛되다고 부르짖지 않았습니까. 전도자는 바람까지도 잡으려고 하였습니다. 느끼면 되는데, 소유하려고 하였습니다. 바람의 방향에 내 몸을 맡기면 되는데, 바람을 가지려고 하였습니다. 그렇게 살아 보니 허망한 결과를 맞았다는 것입니다. 손익계산서를 따지는 인생으로 살아 보니 지금 와서는 벽에 부딪히고 말았습니다.

삶에는 돈으로 따질 수 없는 것이 있습니다. 이익으로는 계산할 수 없는 은혜가 있습니다. 그 이치를 외면하며 살았기에 전도자의 인생은 실(實)하지 못하고 허(虛)했습니다. 그래서 헛되게 살았다고 부르짖습니다.

해 아래 세상만 보았기에 / 전도자가 어째서 헛되다고 말하게 되었습니까? 3절이 질문이라면 4-11절은 대답입니다. 전도서 1:4-11은 세대로 시작해서 세대로 끝납니다. "한 세대는 가고 한 세대는 오되"로 시작해서 "장래 세대도 그 후 세대들과 함께 기억됨이 없으리라"라고 합니다. 전도자가 문제 삼는 것은 세대는 오고 가는데 땅은 그대로 있다는 사실입니다. 땅 주인은 왔다가 가는데, 땅은 그대로 있다는 사실이 전도자의 속을 불편하게 하였습니다.

그가 땅에서 본 것이 무엇입니까? 두 가지입니다. 하나는 자연(풍경)이고, 다른 하나는 경험입니다. 그는 무엇을 보았기에 헛되다고 말합니까?

한 세대는 가고 한 세대는 오되 땅은 영원히 있도다 해는 뜨고 해는 지되 그 떴던 곳으로 빨리 돌아가고 바람은 남으로 불다가 북으로 돌아가며 이리 돌며 저리 돌아 바람은 그 불던 곳으로 돌아가고 모든 강물은 다 바다로 흐르되 바다를 채우지 못하며 강물은 어느 곳으로 흐르든지 그리로 연하여 흐르느니라(전 1:4-7).

무엇을 말합니까? 땅, 해, 바람, 강물 모두 같은 모습이라는 것입니다. 도무지 변화가 없다는 말입니다. 또 무엇을 경험했기에 헛되다고 말합니까?

모든 만물이 피곤하다는 것을 사람이 말로 다 말할 수는 없나니 눈은 보아도 족함이 없고 귀는 들어도 가득 차지 아니하도다 이미 있던 것이 후에 다시 있겠고 이미 한 일을 후에 다시 할지라 해 아래에는 새것이 없나니 무엇을 가리켜 이르기를 보

라 이것이 새것이라 할 것이 있으랴 우리가 있기 오래전 세대들에도 이미 있었느
니라 이전 세대들이 기억됨이 없으니 장래 세대도 그 후 세대들과 함께 기억됨이
없으리라(전 1:8-11).

아무리 말을 해도 새로운 말은 없고, 아무리 보아도 눈에 들어오는 장면은
달라지지 않고, 아무리 들어도 귀에 들리는 소리는 다 뻔하다는 경험이 전도자
를 피곤하게 합니다. 도대체 해 아래에서는 새로운 것이 없습니다. 그러나 잘
읽어 보십시오. 전도자가 다루는 것은 눈에 비친 현상, 피부에 와닿은 현상입
니다. 본질이 아닙니다.

여기에서 전도자의 거주지가 어디인지를 파악해야 합니다. 예루살렘 왕이
었으니까 예루살렘이, 예루살렘 왕궁이 그의 거주지입니다. 그 예루살렘은 어
디에 있습니까? 땅 위에 있습니다. 전도자의 용어로 말하면 해 아래에 있는 세
상입니다. 해 아래에 있는 만물입니다. 해 아래에서 행해지는 일입니다. 평생
을 해 아래, 하늘 아래 땅만 쳐다보며 살아왔다는 말입니다. 전도자는 평생 그
렇게 살다 보니 남는 것이 없다는 생각에 다다르게 되었습니다.

전도자의 눈에는 근본이 보이지 않았습니다. 하늘과 땅을 지으신 하나님이
보이지 않았습니다. 하나님 없이 세상을 살아가는 현상에 저당 잡힌 삶을 살았
습니다. 그래서 지금 와서 후회합니다. 해 아래 세상만 바라보며 살아왔던 삶
이었다고 아쉬워합니다.

현상에서 깊이로, 현상에서 뿌리로 / 전도자가 삶을 보는 시선에 문제가
있었습니다. 풍경의 현상만 보았지 풍경의 근본을 헤아리지 못했습니다. 『풍
경의 깊이』(파주: 돌베개, 2020)라는 책은 강요배 화가의 산문집입니다. 강요배가
그린 작품의 주제는 바람입니다. 전도자가 잡을 수 없어서 헛되다고 부르짖었
던 그 바람이 작품의 모티프입니다. 강요배의 그림은 제주도의 바람을 보고,
듣고, 느끼게 해 줍니다. 「치솟음」(2017), 「서북 하늘」(2009), 「억새 황야」(1993),
「폭풍설」(2018), 「마파람」(남풍, 1992). 그의 그림을 감상하면서 깨달았습니다. '바
람은 잡으려고 해서는 안 되고 느껴야만 한다!' 그가 그린 풍경은 제주도의 자
연이 아니라 그의 '마음의 풍경'이었습니다. 풍경의 깊이란 결국 마음의 깊이

입니다.

전도자는 만물이 다 제자리에만 있기에 해 아래에는 새로운 것이 없다고 외쳤는데, 이 화가는 거꾸로 말합니다. 바람이 있어야 나무가 있다는 것입니다. 바람을 통해서 나무는 자기 참모습을 드러낸다는 것입니다. 풍경의 현상이 아니라 풍경의 깊이를 보자는 이야기입니다. 풍경의 깊이를 제대로 보려면 어떻게 해야 합니까? 전도자는 그의 고백록 마지막에 가서는 눈을 들어서 하늘을 보라고 외칩니다.

> 너는 청년의 때에 너의 창조주를 기억하라 곧 곤고한 날이 이르기 전에, 나는 아무
> 낙이 없다고 할 해들이 가깝기 전에(전 12:1).

현상을 보는 것은 사람의 능력이지만, 사물의 뿌리를 보는 것은 하나님의 은총입니다. 기억하십시오. 현상을 보는 눈에서 현상의 뿌리를 보도록 돕는 사다리가 예수 그리스도의 십자가입니다. 예수 그리스도가 우리 안에 계실 때 우리는 사람의 지혜가 아닌 하나님의 지혜를 얻게 됩니다. 내가 새로워지면 모든 것은 다 새롭게 보입니다.

> 그런즉 누구든지 그리스도 안에 있으면 새로운 피조물이라 이전 것은 지나갔으니
> 보라 새것이 되었도다(고후 5:17).

믿음으로 하나님의 지혜를 얻게 될 때 만물을 바라보는 눈이 달라집니다. 내 안에 예수 그리스도가 계실 때 바라보는 세상은 덧없는, 허망한 헛된 풍경이 아니라 하나님의 솜씨를 드러내는 무대가 됩니다. 풍경의 현상이 아닌 풍경의 근본을 느끼고, 체험하고, 누리는 삶을 인생의 고백록으로 써 갑시다.

창조주를 기억하며 사는 삶은 항상 청년의 때를 삽니다. 나이가 젊어서 청년이 아니라 창조주 하나님이 그 마음에 계시기에 '날마다' 청년입니다. 주여, 우리로 해 위에 계시는, 해를 다스리시는 하나님을 예배하는 은총의 사다리에 오르게 하소서! 그래서 삶의 그림자가 아닌 삶의 실체를 깨닫게 하소서!

22 아가 | 둘이 하나 되어 가는 길, 그 길을 함께 걸어야 합니다

• 아 2:10-14

카로 미오 벤 / 이탈리아 가곡에 '카로 미오 벤'(Caro mio ben)이 있습니다. '사랑스러운(Caro) 나의(Mio) 연인(Ben)'을 향해 부르는 노래로 서정적이면서도 애잔한 멜로디가 반복되는, 따라서 부르기 쉬운 노래입니다. 노래의 소재는 헤어진 연인을 그리워하는 마음입니다. 가사는 대충 이런 뜻입니다. "사랑스러운 내 연인이여 / 어떠한 경우라도 날 믿어 주오 / 당신 없이 내 마음은 연약해집니다 / 당신에 대한 믿음은 언제나 기다림으로 가득해…."

아가도 이런 '카로 미오 벤'에 속합니다. 사랑하는 여자와 남자가 서로 번갈아 가면서 부르는 노래가 아가입니다.

여자가 들은 남자의 말 / 아가(雅歌)는 사랑의 노래입니다. 그 첫 소절(1:2), "내게 입맞추기를 원하니 네 사랑이 포도주보다 나음이로구나"(개역개정), "나에게 입맞춰 주세요. 숨막힐 듯한 임의 입술로. 임의 사랑은 포도주보다 더 달콤합니다"(새번역)부터 아가는 그 주제가 '사랑'인 것을 밝힙니다. 아가의 사랑은 마음이 아니라 몸으로 나누는 사랑입니다. 그 사랑을 두고 "포도주보다 더 달콤합니다"라고 이야기합니다. 포도주는 지중해 연안 사람들에게는 술이 아니라 일상의 식음료입니다. '사랑이 포도주보다 낫다'는 말은 일상의 무료함을 구원하는 것은 사랑이라는 뜻입니다. 사랑이 없는, 사랑이 사라진 일상은 참 우울하지만, 사랑이 있는 일상은 참 곱고 아름답습니다.

아가 1-2장에서 들리는 소리는 포도원지기 여자(1:6)와 양치는 목동(1:7)이 나누는 정담(情談)입니다. 개역개정에는 나오지 않습니다만, 새번역은 단락마다, 각각 노래마다 누구의 목소리인지를 밝히고 있습니다. 거기에 따르면 본문에서 들리는 소리는 전반적으로 남자의 음성입니다. 다만, 그 첫 구절만은 여자의 목소리입니다.

> 나의 사랑하는 자가 내게 말하여 이르기를(아 2:10a).

사랑하는 남자가 속삭이던 말을 인용구 형식으로 여자가 되뇌고 있습니다. 여자가 남자를 부르는 호칭이 한글성경에서는 "나의 사랑하는 자"이지만, 히브리어로는 참 예쁜 낱말인 '도디'입니다. '도드'는 '사랑하는 사람'을 가리킵니다. 주로 사촌 사이를 가리키는 말이지만, 널리 쓰이기는 여자가 사모하는 연인(戀人)을 가리킵니다. 그 연인이 여자에게 이런 고백을 하였습니다.

> 나의 사랑, 내 어여쁜 자야 일어나서 함께 가자(아 2:10b).

여자는 남자에게 '도디'라고 부르는데, 남자는 여자를 "나의 사랑, 내 어여쁜 자"라고 부릅니다. 처음에는 "나의 사랑"(라야티)이라고 부르고, 그다음에는 "내 어여쁜 자"(야파티)라고 부릅니다. '라야는 동반자(companion)입니다. '야파'는 '아름다운'이란 뜻의 형용사입니다. "나의 사랑"은 여자와 남자의 관계를 설명하고, "내 어여쁜 자"는 여자의 외모를 지칭합니다. 여자가 남자에게 건네는 '도디'에 피를 나눈 형제자매 못지않은 사람이라는 뜻이 담겨 있다면, 남자가 여자에게 건네는 '라야티'에는 나의 짝, 동반자, 돕는 배필이라는 뜻이 담겨 있습니다. 그 짝을 향해서 남자가 이렇게 고백합니다. "일어나서 함께 가자!" 어디로 가자고 합니까?

> 겨울도 지나고 비도 그쳤고 지면에는 꽃이 피고 새가 노래할 때가 이르렀는데 비둘기의 소리가 우리 땅에 들리는구나 무화과나무에는 푸른 열매가 익었고 포도나무는 꽃을 피워 향기를 토하는구나(아 2:11-13a).

사방을 둘러보니 우기가 막 지났습니다. 사방에 꽃이 피고 새들이 노래합니다. 무화과 열매가 달리기 시작했고, 포도나무가 꽃을 피웠습니다. 그래서 고백합니다. '일어나서 겨울이 지나 봄이 된 자연의 품으로 같이 나서자!' 이런 고백은 13절에서도 들립니다.

나의 사랑, 나의 어여쁜 자야 일어나서 함께 가자(아 2:13b).

앞에서 살핀 "일어나서 함께 가자"가 같이 가고 싶은 곳을 가리킨다면, 이번에 들리는 "일어나서 함께 가자"는 왜 함께 가야 하는지를 밝힙니다.

바위틈 낭떠러지 은밀한 곳에 있는 나의 비둘기야 내가 네 얼굴을 보게 하라 네 소리를 듣게 하라 네 소리는 부드럽고 네 얼굴은 아름답구나(아 2:14).

이번에는 남자가 여자를 "나의 비둘기"(요나티)라고 부릅니다. 은밀한 곳에 숨어 있는 여자를 가리킵니다. 거기에서 혼자 외롭게 있지 말고 나와 함께 길을 나서자고 요청합니다. 머나먼 길을 가장 빠르게 가는 방법은 둘이 함께 가는 길이지 않습니까! 그래서 자기 속내를 이런 음률에 맞춰 털어놓았습니다. '라야티, 야파티, 요나티! 일어나서 함께 가자.'

창세기의 환호성에 대한 아가의 댓글 / "일어나서 함께 가자"라는 말이 아가에 맨 처음 들리는 것은 아닙니다. 그 말의 뿌리는 창세기 2장입니다. 하나님이 아담을 지으시고 아담이 혼자 있는 것이 보기에 언짢으셔서 아담을 재우신 뒤에 하와를 지으셨습니다. 잠에서 깨어난 아담의 눈에 눈부신 여자가 서 있었습니다. 그때 아담이 뭐라고 소리쳤습니까?

아담이 이르되 이는 내 뼈 중의 뼈요 살 중의 살이라 이것을 남자에게서 취하였은즉 여자라 부르리라 하니라(창 2:23).

처음 만난 여자를 향해서 남자가 한 말치고는 참 멋이 없습니다. 그 멋없는(?) 소리를 새번역은 이렇게 옮겼습니다.

그때에 그 남자가 말하였다. "이제야 나타났구나, 이 사람! 뼈도 나의 뼈, 살도 나의 살, 남자에게서 나왔으니 여자라고 부를 것이다"(창 2:23, 새번역).

아담의 목소리에는 하나님이 자기 몸의 일부를 떼어서 자기와 똑같은 자를 따로 만드셨다는 깨달음이 담겨 있습니다. 남자에게서 여자가 나왔지만, 히브리어로는 남자(잇쉬)가 여자(잇슈아) 쪽으로 간다는 뜻입니다. 아가에서 들리는 "나의 사랑, 나의 어여쁜 자야 일어나서 함께 가자"라는 남자의 소리는 창세기 2장에서 들었던 아담의 소리에 대한 긴 댓글입니다. 아담이 짤막하게 소리쳤던 놀라움을 아가는 길게, 소상하게, 세심하게 밝히고 있습니다. 그 말의 핵심이 무엇입니까? "일어나서 함께 가자!"

교회는 이 아가의 소리를 교회를 향해 건네시는 예수 그리스도의 초청으로 되새겼습니다. 우리 주님도 교회를 향해서, 그리스도인 한 사람 한 사람을 향해서 "나의 사랑하는 자"라고 하시면서 "일어나서 함께 가자"라고 부르신다고 되새겼습니다.

함께 가려면 / 함께 가려면 방향이 같고 마음이 같아야 합니다. 함께 가려면 걸음걸이가, 빠르기가 같아야 합니다. 그런데 방향보다, 함께하는 마음보다, 함께 맞추는 속도보다 더 중요한 것은 함께하려는 자를 위한 배려입니다. 자기주장만을 앞세워서는 함께 멀리 갈 수 없습니다. 어른과 아이가 같이 길을 간다고 생각해 보십시오. 아이의 보폭에 어른이 맞춰야 합니다. 아이가 힘들어하면 안거나 업어 주어야 함께 갈 수 있습니다.

월드와이드웹(World Wide Web, WWW 또는 W3), 줄여서 웹(Web)은 컴퓨터끼리 정보를 교환하는 네트워크를 가리키는 용어로 인터넷 활용법 가운데 하나입니다. 컴퓨터의 이치를 몰라도 웹을 통해서 어렵지 않게 인터넷을 경험할 수 있습니다. 이 월드와이드웹이 개발된 해가 1990년입니다.

월드와이드웹을 개발한 사람은 팀 버너스리(Sir Timothy Berners-Lee)입니다. 1955년 영국 런던에서 태어나 1976년 옥스퍼드대를 졸업한 컴퓨터 과학자입니다. 1984년 유럽입자물리연구소(CERN)에 들어가 여러 과학자가 서로 실험 데이터와 논문을 쉽게 주고받을 수 있는 인터넷 환경을 지원하는 업무를 맡았습니다. 인터넷은 1960년대에 개발되었지만, 기관마다 관리시스템이 달라 접근하기 어려웠습니다. 그런 어려움을 해결하고자 버너스리가 여러 아이디어를 통합하여 구현하는 웹브라우저 '월드와이드웹' 시스템을 세상에 내놓았습니다. 그때가 1990년 12월 25일입니다. 텍스트를 만들고, 콘텐츠를 등록하고, 컴퓨터 사용 규약(프로토콜, HTTP)을 만들고, 웹사이트 주소(URL)를 정해서 'http://www.'으로 시작하는 인터넷 세계를 열어젖혔습니다. 세상 사람들 모두가 WWW로 시작되는 네트워크를 사용하는 인터넷 세상을 도래하게 했습니다.

버너스리는 월드와이드웹 프로젝트를 특허 등록하지 않고 일반 대중에게 무료로 배포하였습니다. 그러자 월드와이드웹이 탄생한 지 불과 30년 만에 세상이 바뀌었습니다. '컴맹'인 사람도 스마트폰에서 웹을 통해 인터넷 세상을 경험합니다. 아마존이나 구글 같은 신생 회사가 세계적인 규모의 기업으로 성장하게 된 것도 순전히 인터넷 대중화를 이끈 월드와이드웹 덕분입니다. 페이스북과 트위터, 인스타그램 등 소셜네트워크서비스(SNS)나 유튜브 모두 웹을 활용하여 엄청난 부를 쌓는 기업이 되었습니다

월드와이드웹 탄생 30년 기사

("WWW[월드와이드웹] 탄생 30년", 「신동아」, https://shindonga.donga.com/3/all/13/1990818/1, 2020. 3. 2. 기사).

버너스리가 아무런 이득을 챙기지 않고 월드와이드웹을 세상에 내놓았기에 지구촌 사람들이 월드와이드웹과 함께 인터넷 세상을 경험하게 되었습니다. 한 사람이 자기를 내려놓았을 때 다른 사람들이 그와 함께 갈 수가 있습니다.

일어나서 주님과 함께 걸을 때 / "일어나서 함께 가자"는 소리는 신약성경에서도 들립니다. 예수님이 겟세마네 동산에서 기도하셨을 때입니다. 예수님이 십자가 사역을 앞에 두고 기도하실 때 제자들은 피곤을 이기지 못하고 잠이 들었습니다. 예수님은 그런 제자들에게 오셔서 이렇게 말씀하셨습니다.

일어나라 함께 가자 보라 나를 파는 자가 가까이 왔느니라(마 26:46).

예수님의 말씀에 대한 메아리가 요한복음 11장에서도 들립니다.

디두모라고도 하는 도마가 다른 제자들에게 말하되 우리도 주와 함께 죽으러 가자 하니라(요 11:16).

도마의 이 말은 새기기가 쉽지 않습니다. 나사로처럼 죽어야 부활의 주님을 맞이할 수 있다는 말인지, 나사로가 있는 베다니로 가면 돌에 맞을 수도 있는 예수님을 생각하면서 우리도 주와 함께 죽으러 가자고 외친 말인지 정확하지 않습니다. 도마의 말을 어떻게 듣든, 요한복음 11장에서 들리는 소리는 예수 그리스도의 제자는 복음으로 살고 복음을 위해 죽는다는 가르침에서 그리 멀지 않습니다. 주님과 함께라면 죽음의 자리라도 외롭거나 두렵지 않다는 것입니다.

2021년 10월 30일 제50차 한국기독교학회 학술대회(주제, "뉴노멀 시대, 빛을 만나다")에서 강사 중 한 명이던 중국계 미국인 팽강 양(Fenggang Yang) 퍼듀대학(Purdue Univ.) 교수가 온라인으로 진행된 "글로벌 이스트의 기독교, 뉴노멀 시대의 재방향 설정"(Christianity in the Global East: Re-Orient in the New Normal Era)에서 이런 이야기를 들려주었습니다. 다른 종교와 달리 기독교는 매 주일 모여서 예배드리는 공동체 생활에서 영적 에너지를 충전합니다. 그런데 시진핑 공산당 정책으로, 중국 교회가 코로나19 사태 탓에 모이지 못하는 위기를 맞았습니다. 그 위기를 중국 교회들은 이렇게 대처했다고 합니다. "걸으면서 예배하기!"

온라인으로 전달된 목사님의 말씀을 예배 시간에 맞춰 야외 공원으로 나가 걸으며 들으면서 영적인 에너지를 충전한다고 했습니다. 십자가를 철거하고, 교회 건물을 폐쇄하면 교인들이 줄어들 줄 알았는데, 정반대로 이 어려운 시대에도 중국 교회가 더 부흥하고 있다는 것입니다. 교인들 사이에 "서로 걷자" 하면 "서로 걸으면서 예배를 드리자"라는 신호로 알아챈다고 합니다.

저는 "걸으면서 예배하자"라는 소리를 "나의 사랑, 나의 어여쁜 자야 일어나서 함께 가자"의 댓글로 새기려고 합니다. 기억하십시오. 일어나서 주님과 함께 걸을 때 삶의 분위기가 새로워집니다. 일어나 걸으면서 주님의 말씀을 들을 때 세상이 주지 못하는 영적 에너지를 얻습니다.

23 이사야 | 이사야의 비전, 정답은 일상의 틀 밖에 있습니다

• 사 4:2-6

블라디미르 쿠쉬의 초청, 「세계 너머」 / 　블라디미르 쿠쉬(Vladimir Kush, 1965-)를 아십니까? 그는 러시아 태생으로 모스크바를 중심으로 활동하다가 지금은 미국 하와이에 갤러리를 두고 있는 화가입니다. 그는 기발한 발상을 원색적으로 표현해 놓은 초현실주의(surrealism) 작가입니다. 쿠쉬의 말로는, '은유적 현실주의'(metaphorical realism)입니다. 그의 작품에는 성경이나 기독교 신앙을 모티프로 삼은 그림들이 많이 있습니다. 그의 작품 중 「세계 너머」(Above the World)가 있습니다. 그림 한가운데에는 예수님이 연상되는 사람의 뒷모습이 보입니다. 십자가이기도 하고 브라질 리우데자네이루 언덕 위에 세워진 거대한 예수상 같기도 합니다. 그가 커튼을 열어젖히고 있습니다. 그런데 그 커튼은 천이 아니라 나무껍질입니다. 활짝 열어젖힌 나무껍질 사이로 생동감 있는 전원의 풍경이 눈에 들어옵니다.

　쿠쉬의 작품으로 이사야서를 시작하는 이유가 있습니다. 본문이 우리 눈을 세계 너머로 향하게 하기 때문입니다. 지금까지는 욥기, 시편, 잠언, 전도서, 아가에서 사람살이의 일상을 들여다보았습니다. 이제부터는 예언서의 안내로 하나님이 다스리시는 세상을 관찰하게 됩니다. 그 첫 번째 안내자가 이사야입니다.

쿠쉬
「세계 너머」

이사야의 초청, 일상 너머로 /

그날에 여호와의 싹이 아름답고 영화로울 것이요 그 땅의 소산은 이스라엘의 피난한 자를 위하여 영화롭고 아름다울 것이며(사 4:2).

본문의 첫 구절은 "그날에"입니다. '이날'이 아니고 '그날'입니다. 내일이 아니라 '그날'입니다. 사람의 날이 아니라 여호와의 날입니다. '그날'에 들어서기 위해서는 본문 앞뒤 장면이 전쟁과 심판으로 얼룩져 있는 것을 고려해야 합니다.

선지자 이사야 당시 유다 백성은 매일매일 끔찍한 날을 마주하였습니다. 당시 유다 사람들은 하나님 보시기에 비뚤어지게 살았습니다. 악한 일을 했습니다. 하나님의 백성이라고 하면서도 그들의 일상에는 하나님이 계시는 시공간이 없었습니다. 하나님이 유다 사람들에게 회초리를 드신 것은 이 때문입니다. 하나님이 드신 회초리는, 흔히 하는 말로, 하나님의 심판입니다. 심판에는 벌을 내린다는 뜻이 강하지만, 구약 예언서에서 심판은 '회초리'로도 읽을 수 있습니다. 무엇이 잘못되었는지, 누가 잘못했는지, 어떻게 잘못했는지를 일깨워 주시려는 수단이 하나님의 심판입니다. 이사야서 전반부에서 하나님은 앗수르를 들어서 이스라엘을 치는 회초리로 삼으셨습니다.

본문의 앞뒤에 묘사된 세상 소식은 온통 전쟁과 관련된 이야기입니다. 특히 본문의 앞에는 신세가 가련하게 된 여자들 이야기가 나오는데(4:1), 그것은 전쟁터에 나가 쓰러져 죽은 남자들, 남편들이 참으로 많았기 때문입니다. 그런 오늘을 보면서 절망하는 자들에게 이사야가 전달하는 초청장이 "그날에"입니다. 오늘의 참상만 보지 말고 "그날에" 있을 놀라운 일을 고대하라는 부르심입니다. "그날에" 대한 소망을 품은 자는 오늘을 이길 수 있다는 깨우침입니다.

이사야서에서 "그날"은 종말의 때, 이 세상의 마지막을 가리키는 표현입니다. 그런데 "그날"은 마지막이기보다는 새로운 시작이 펼쳐지는 날이기도 합니다. 이 세상의 마지막은 끝이 아니라 전혀 차원이 다른 새로운 시작이라는 것입니다. 그래서 본문은 "그날에"라는 글자로 이사야서의 청중을 새롭게 시작하는 날에 들어서게 합니다.

삶의 해답은 오늘이라는 일상의 틀 밖에 있다 / 본문이 말하는 것은 "그날에"라는 시간만은 아닙니다. "그날에"에 이어서 이사야가 보여 주려는 새 세상이 펼쳐집니다. 이사야 당시 유다 사람들이 마주한 일상에서는 땅에서 돋아난 싹이 재앙·재난·전쟁 탓에 식물로 자라지 못했습니다. 그렇지만 "그날에" 여호와 하나님이 돋게 하신 싹이 든든한 식물로 자라나 풍성한 소출을 낼 것입니다. 없음과 있음이 대조를 이룹니다. 이날에는 없지만, 그날에는 있게 된다는 지적입니다.

본문을 좀 더 들여다보십시오. "그날에" 이사야가 바라보는 것이 무엇입니까? 하나님의 뜻이 이루어지는 세상입니다. 하나님이 뜻하신 대로 싹이 나고, 하나님이 뜻하시는 대로 식물이 자라고, 하나님이 뜻하신 대로 소출을 풍성하게 거두는 세상입니다. 오늘만 쳐다보고 있는 자들에게, 삶의 해답은 오늘이라는 일상의 틀 밖에 있다고 일깨워 주고 있습니다.

세상만 달라지는 것이 아닙니다. 그 세상을 살아가는 사람들의 처지도 달라집니다. 어떤 사람들의 처지가 어떻게 달라집니까?

> 시온에 남아 있는 자, 예루살렘에 머물러 있는 자 곧 예루살렘 안에 생존한 자 중 기록된 모든 사람은 거룩하다 칭함을 얻으리니 이는 주께서 심판하는 영과 소멸하는 영으로 시온의 딸들의 더러움을 씻기시며 예루살렘의 피를 그중에서 청결하게 하실 때가 됨이라(사 4:3-4).

본문의 주인공은 "시온에 남아 있는 자"입니다. 예루살렘에 머물러 있는 자들입니다. 본문의 앞뒤 정황이 전쟁의 때라고 했지요? 이사야 당시 벌어진 앗수르의 침공 때 예루살렘만 빼고 온 유다 땅이 앗수르 수중에 떨어졌습니다. 본문에서 "시온에 남아 있는 자"는 그런 정황을 가리킵니다. 그러나 그 외에도 '시련과 환란의 때에 예루살렘으로, 시온으로 도피한 사람들'이라고도 새길 수 있습니다.

선지자 이사야 당시 유다 땅이 받은 앗수르의 위협은 아주 심각했습니다. 예루살렘도 바람 앞의 등불 같은 신세였습니다. 그러니 예루살렘 주민 중에는 예루살렘성을 몰래 벗어나고자 했던 시도도 있었습니다. 그러기에 시온에 남아 있는 자, 예루살렘에 머물러 있는 자는 시온을 지키는 자라고 부를 수 있습니다. 전쟁이 났다고, 재앙과 재난이 온다고 시온에서 떠나 버린 자들이 아니라, 시련과 역경 중이라도 시온을 지키고 있는 자들입니다. 그런 자들을 가리켜 이사야는 이렇게 말합니다. "거룩하다 칭함을 얻으리니!"

거룩하다 칭함을 얻는다는 것은 구별되었다고 인정되었다는 뜻입니다. 세상에 속한 자가 아니라 하나님께 속한 자로 인정되었다는 뜻입니다. 사람이 사람을 가리켜 그렇게 부르는 것이 아니라 여호와 하나님이 사람을 가리켜 그렇게 부르십니다. 어떻게 이런 일이 가능합니까? 하나님의 영이 시온에 거주하는 사람들의 더러움을 씻기시고 예루살렘의 피를 말끔히 닦아 주시기에 가능합니다. 하나님의 영을 가리켜 "심판하는 영과 소멸하는 영"(4:4)이라 부릅니다. 잘 잘못을 가려내신 후에는 잘못된 허물을 다 불로 태워 버리시는 분입니다.

사람의 인생은 자기 힘으로 달라지는 것이 아닙니다. 하나님이 달라지게 하십니다. 업적으로 사는 것이 아니라 은총으로 사는 인생입니다. 종교개혁의 표제 중 소중한 것이 '오직 은혜'입니다. '오직 믿음'과 더불어 간직해야 할 기독교 신앙의 주제가 '오직 은혜'입니다. 사람은 하나님의 은혜로 삽니다. 오직 은혜로 사는 자들만 "그날에" 주인공이 될 수 있습니다. 시온에 남아 있는 자들, 성전에 머물러 있는 자들, 교회를 지키는 자들에게 하나님이 내리시는 은혜가 여기에 있습니다.

성전을 새롭게 하신다 / 그날에 하나님은 세상만, 시온의 주민들만 새롭게 하시지 않습니다. 시온 자체를 새롭게 하십니다. 성전을 새롭게 하십니다.

여호와께서 거하시는 온 시온산과 모든 집회 위에 낮이면 구름과 연기, 밤이면 화염의 빛을 만드시고 그 모든 영광 위에 덮개를 두시며 또 초막이 있어서 낮에는 더위를 피하는 그늘을 지으며 또 풍우를 피하여 숨는 곳이 되리라(사 4:5-6).

시온을 가리켜 "여호와께서 거하시는 온 시온산"이라 부릅니다. 하나님이 거하신다는 말에 주목하십시오. 하늘 성전에 계시는 하나님이 하나님을 경배하고 찬양하는 자들과 만나고자 시온산에 계신다는 뜻입니다. 하나님은 어디에나 계십니다. 그러나 하나님을 예배하는 장소는 정해져 있습니다. 하나님의 성전을 낮이면 낮대로, 밤이면 밤대로 하나님이 덮개를 두어 지키십니다. 시온이라는 장소만 지키시는 것은 아닙니다. 시온에서 이루어지는 모든 집회를 지키십니다. 시온 성전에서 열리는 집회에 모이는 사람들을 지키십니다. 하나님은 예루살렘을 "그의 영광으로 덮으셔서, 한낮의 더위를 막는 그늘을 만드시고, 예루살렘으로 폭풍과 비를 피하는 피신처가 되게 하실 것이다"(4:6, 새번역)라고 하지 않습니까.

호주 시드니에 있는 힐송교회는 경배와 찬양으로 널리 알려져 있습니다. 모든 예배를, 예배 중에 선포되는 설교를, 예배 중에 부르는 찬양과 찬송을 한 편의 뮤지컬 드라마로 꾸며서 무대에 올리는 공연처럼 예배를 드리고 있습니다. 힐송교회라는 대형교회를 이야기하려는 것이 아닙니다. 세계의 모든 힐송교회는 교회 출입구 전면에 'Welcome Home!'이란 문구를 부착해 놓았습니다. 교회를 찾아오는 성도들에게 교회가 집이라는 것을 느끼게 합니다. '집'(house)이 아니라 '가정'(home)입니다. 교회는 폼나는 집이 아니라 품어 주는 가정이어야 합니다. 교회를 향한 하나님의 기대가 여기에 있습니다. 하나님이 "그날에" 시온산에 "초막"을 두겠다고 하시지 않았습니까. 이 초막을 집으로 바꿔서, 아니 가정으로 바꿔서 읽어 봅시다. 품으로, 둥지로, 보금자리로 바꿔서 읽어 봅시다. 품에는 무엇이 있어야 합니까? 둥지와 보금자리에는 무엇이 있어야 합니까?

하나님의 사람에겐 뒷심이 필요하다 / 본문은 우리에게 다가오는 하나님 나라에 관해서 말합니다. 우리가 가게 될 하나님 나라에 관해서 말합니다. 그런데 "그날에" 펼쳐질 땅, 시온, 예루살렘, 나라 같은 장소에만 주목해서는 안 됩니다. 하나님은 "그날에"만 일하시는 분입니까? 아닙니다. 지금 유다 사람들이 보지 못해서 그렇지, 하나님은 오늘날에도 일하고 계십니다.

하나님 나라는 하나님이 다스리시는 세상입니다. 정치인이 다스리는 공간이 아니라 창조주 하나님이 다스리시는 공간입니다. 하나님은 그날, 그곳에만 아니라 오늘 이곳에서도 세상을 다스리고 계심을 잊지 마십시오.

그렇다면 "그날에"는 언제일까요? 이 질문에 대한 대답은 누가복음 17장에 나옵니다.

바리새인들이 하나님의 나라가 어느 때에 임하나이까 묻거늘 예수께서 대답하여 이르시되 하나님의 나라는 볼 수 있게 임하는 것이 아니요 또 여기 있다 저기 있다고도 못하리니 하나님의 나라는 너희 안에 있느니라(눅 17:20-21).

누가복음 17장에서 예수님이 가르치시는 하나님 나라는 우리 안에 있는 나라입니다. 복음 안에 사는 자는 이미 하나님 나라 안에서 살아가는 자들입니다. 주님의 말씀이 규칙이 되고 질서가 된다면, 우리는 이미 하나님 나라를 살아가는 자들입니다. 블라디미르 쿠쉬의 작품 「세계 너머」에 대해서 단해기념관의 하태혁 목사는 이렇게 설명합니다. "하나님 나라는 너희 가운데 있다. 손닿을 만큼 가까운 그곳에, 이미, 바로, 지금 그 나라를 발견하고 누리고 나눠라"(하태혁, "경계에 움트는 하나님 나라, 블라디미르 쿠쉬 「세계 너머」", 「기독교세계」 1080 [2021. 11], 79쪽). 기억하십시오. 오늘 여기에서 하나님 나라를 누리는 자가 정녕 그날의 주인공이 됩니다. 내 안에 하나님 나라가 세워진 사람이 정녕 그날에 하나님 나라의 주인공이 됩니다.

KBS FM의 김주영 DJ가 KBS 음악실(2021년 11월 3일) 오프닝멘트에서 이런 말을 하였습니다. "사람의 마음에는 세 가지가 있다. 초심, 열심, 뒷심." 열매 맺는 인생이 되려면 초심, 열심만 가지고는 안 됩니다. 뒷심이 있어야 합니다. 본문 3절을 다시 보십시오.

> 시온에 남아 있는 자, 예루살렘에 머물러 있는 자 곧 예루살렘 안에 생존한 자 중 기록된 모든 사람은 거룩하다 칭함을 얻으리니(사 4:3).

예루살렘 안에 생존한 자 중에 그 이름이 기록된 사람이 거룩한 자로 일컬어진다는 것입니다. 생존하려면, 끝까지 남아 있으려면 뒷심이 있어야 합니다. 처음 믿을 때 가졌던 마음 말고, 한창 때 힘을 내었던 열심 말고, 이제는 한 발 뒤로 물러나 있어야 한다고 여겨지는 사람들이라도 하나님 성전의 사람으로 끝까지 남아서 구별된 자로, 거룩한 자로 있어야 합니다. 하나님의 사람으로 불리려면 뒷심이 있어야 합니다. 성전을 초막으로 삼는 뒷심이 있어야 합니다. 성전에서 초막을 체험하는 뒷심이 있어야 합니다. 그럴 때 이사야의 "그날"은 오늘을 리모델링하시는 하나님의 은총의 수단이 됩니다.

24 예레미야 │ 하나님이 연주하시기에 편한 악기가 되고 싶습니다

• 렘 1:4-10

테너 존 노 / 테너 존 노(John Noh, 노종윤)는 메트로폴리탄 미술관에서 세계 초연한 〈무라사키의 달〉에 출연하여 오페라 유망주로 이름을 올렸습니다. 그는 크로스오버 오디션 프로그램 〈팬텀싱어3〉를 통해서 결성된 '라비던스' 라는 4인조 그룹의 멤버이기도 합니다. 그는 노래를 통해서 청중이 하나님을 느끼기를 원합니다. 그의 아버지는 목사입니다. 그가 우리나라에 알려지게 된 계기는 〈팬텀싱어3〉 첫 무대에서 부른 'The Prayer'(기도)가 청중에게 엄청난 감동을 주었기 때문입니다.

이런 뒷이야기가 있습니다. 미국에서 오페라 무대가 끝나자마자 비행기로 한국에 왔고, 도착하자마자 저녁 오디션 녹화 시간에 맞춰 방송국으로 갔는데 새벽 3시가 넘어서야 그의 차례가 왔습니다. 비몽사몽이었습니다. 그는 하나님을 의지했습니다. 이 노래로 자기의 정체성이 알려지기를 원했습니다. '하나님을 찬양한다'라고 생각하며 불렀습니다. 결과는 대박이었습니다. 그가 이렇게 고백하였습니다. "하나님이 연주하시기에 편한 악기가 되고 싶습니다"(「빛과소금」 80 [2021. 08], 100-108쪽). 예레미야서 본문에도 하나님이 연주하시는 악기로 소개되는 한 사람이 등장합니다. 예레미야입니다.

세상에서 하나님을 대변하는 자로 / 본문은 예레미야와 하나님이 나눈 대화입니다. 엄밀히 말하면, 예레미야에게 주시는 하나님의 말씀입니다. 단순히 하나님의 일방적인 말씀으로만 그치지 않습니다. 예레미야가 인격적으로 체험한 하나님을 전합니다. 하나님이 예레미야에게 이렇게 말을 거셨습니다.

여호와의 말씀이 내게 임하니라 이르시되 내가 너를 모태에 짓기 전에 너를 알았고 네가 배에서 나오기 전에 너를 성별하였고 너를 여러 나라의 선지자로 세웠노라 하시기로(렘 1:4-5).

이 말씀의 뜻은 예레미야의 신분이 본래 무엇이었는지를 파악해야 풀립니다. 예레미야는 "베냐민 땅 아나돗 마을의 제사장 출신인 힐기야의 아들"(1:1, 새 번역)입니다. 태생적으로 아버지의 뒤를 이어 제사장이 되어야 했다는 뜻입니다. 하나님이 그런 예레미야에게 찾아오셔서 제사장이 아닌 다른 신분의 일꾼으로 다시 태어나게 하셨다는 말입니다. 쉽게 말해 이것은 예레미야가 경험한 중생 체험입니다. 예수님이 니고데모에게 "사람이 물과 성령으로 나지 아니하면 하나님의 나라에 들어갈 수 없느니라"(요 3:5)라고 말씀하셨던 것처럼 본문에서 예레미야는 하나님의 말씀으로 다시 태어납니다. 제사장 신분의 사람에서 선지자 신분의 사람으로 다시 태어납니다.

제사장이나 선지자 모두 하나님의 일에 쓰임 받지만, 섬김의 차원이 다릅니다. 제사장은 성전 안에서, 선지자는 성전 밖에서 쓰임 받습니다. 제사장은 성전으로 오는 자를 맞이하지만, 선지자는 하나님이 지시하시는 곳으로 가서 하나님의 말씀을 외쳐야 합니다. 제사장은 온몸을 다해서 하나님의 제단에 올리는 제물을 관장하지만, 선지자는 온 힘을 다해서 하나님의 말씀을 사람들에게 전달합니다. 제사장은 하나님 앞에 서는 자이고, 선지자는 사람 앞에 나서는 자입니다. 하나님이 지금 예레미야의 자리를 '하나님 앞에서'에서 '사람들 앞으로'로 옮기시고 있습니다. 선지자로 세우셨다는 뜻이 여기에 있습니다.

중생의 경험이 있습니까? 그날, 그 시간, 그때의 감격을 지금도 기억하고 있습니까? 하나님은 오늘도 우리를 찾아오셔서 우리를 사람 앞에 서는 자가 되게 하십니다. 하나님 앞에서 신실한 자를 세상으로 보내 하나님을 대변하는 자가 되게 하십니다.

편히 연주하시기 위해 뒤엎으신다 / 하나님의 갑작스러운 방문에 예레미야는 어떻게 반응하였습니까?

내가 이르되 슬프도소이다 주 여호와여 보소서 나는 아이라 말할 줄을 알지 못하나이다 하니(렘 1:6).

예레미야는 선지자가 제사장과 달리 말로, 목청으로, 입술로, 음성으로 사역하는 자인 것을 알아챘습니다. 그래서 자기는 자격이 없다고 대꾸합니다. 선지자로 나설 능력이 없다는 것입니다. 예레미야가 자기를 "아이"로 부르고 있음에 주목하십시오. 어른과 비교하면 아이는 어휘력이 짧습니다. 목소리도 작습니다. 어순이 서툽니다. 사람 앞에 나서기를 두려워합니다. 예레미야의 말에 하나님은 이렇게 대꾸하십니다.

내가 너를 누구에게 보내든지 너는 그에게로 가고, 내가 너에게 무슨 명을 내리든지 너는 그대로 말하여라(렘 1:7b, 새번역).

본문의 강조가 어디에 있습니까? "너는 '그대로' 말하여라, 너는 '그대로' 행하여라. 너는 '그대로' 길을 나서라." 선지자는 외치는 자, 목소리를 내는 자입니다. 소리마다 가락과 장단과 높낮이가 있습니다. 나이가 들면 사람의 몸은 노쇠해지지만, 가장 늙지 않는 것이 목소리입니다. 성악가들은 목소리로 연주합니다. 성악가에게는 그 몸이 악기입니다.

하나님이 예레미야를 선지자로 삼으시겠다는 것은 아직 여물지 않고, 때 묻지 않고, 철들지 않은 예레미야를 하나님의 소리를 내는 악기로 삼으시겠다는 뜻입니다. 아이는 길들이기 나름입니다. 하나님이 아직 아이에 불과한 예레미야를 찾아가서 그의 삶의 지평선을 송두리째 뒤흔드시는 것은 예레미야를 편히 연주하시겠다는 뜻입니다. 아무리 어린아이가 부는 작은 피리라도 능숙한 연주가의 손에 들리면 아름다운 선율이 나오지 않습니까.

'나'라는 악기를 만드신 분은 하나님이십니다. 하나님은 '나'라는 악기를 가장 잘 알고 계십니다. 하나님은 오늘도 여러분을 연주하시려고 합니다. 여러분의 재능이 무엇이든, 취미가 무엇이든, 직능이 무엇이든 그 각각의 특징을 고스란히 살리는 악기로 삼으시겠다는 뜻입니다. 기억하십시오. 주여, 우리를 하나님이 편히 연주하시는 악기가 되게 하소서.

하나님의 말씀은 이렇게 이어집니다.

너는 그들 때문에 두려워하지 말라 내가 너와 함께하여 너를 구원하리라 나 여호
와의 말이니라 하시고(렘 1:8).

연습은 혼자 있을 때 하지만 연주는 사람 앞에서 합니다. 연습은 독방에서
하지만 연주는 무대에서 합니다. '선지자'(先知者)는 영어로 'prophet'입니다. 접
두어 'pro'는 장소적 의미로는 '누구누구 앞에', '어디어디 앞에'입니다. 즉 사람
앞에 선다는 뜻입니다. 선지자는 '선 자'입니다. 쓰이기는 '선지자'이지만, 읽기
는 '선(서 있는) 자'입니다. 그렇기에 하나님은 예레미야에게 힘주어 말씀하십니
다. "사람들을 두려워하지 말라!"
　사람들 앞에 선지자로 나서기가 쉬운 것은 아닙니다. 그 까닭을 아브라함 요
수아 헤셸이 정의한 '예언자'에서 찾을 수 있습니다. "악에 대하여 민감한 사람,
사소하다고 여겨지는 일에 꾸짖는 사람, 지혜와 건강과 힘을 자랑하는 자를 밉
살스럽게 여기는 사람, 한 옥타브 높게 소리치는 사람, 원수가 아닌 자기 동족
을 비난하는 사람, 꾸지람과 징계를 내리면서도 위로와 약속과 화해의 희망을
외치는 사람, 사람들의 사정보다는 하나님의 사정에 민감한 사람, 소수가 잘못
했지만 그 책임을 모두에게 묻는 사람, 세상이 편히 누워 잠자고 있는 동안 하
늘에서 불어오는 돌풍을 보는 사람, 세상에서 외톨이가 되어 고통을 겪는 사
람, 세상 사람들이 선동자로 여겼던 사람, 말을 통해 보이지 않는 하나님을 보
이게 하는 사람, 매사를 하나님의 관점에서 들여다보는 사람, 하나님의 음성을
듣고 하나님의 마음을 느끼는 사람"(아브라함 요수아 헤셸, 『예언자들 상권』[서울: 종로서
적, 1996], 9-38쪽).

삶의 현장으로 파송하신다 /　사람들 앞에 나서기를 두려워하는 예레미야
에게 하나님은 이런 경험을 안기십니다.

여호와께서 그의 손을 내밀어 내 입에 대시며 여호와께서 내게 이르시되 보라 내
가 내 말을 네 입에 두었노라(렘 1:9).

하나님이 그의 손을 내밀어 예레미야의 입에 대셨습니다. '쉿' 하라는 몸짓

이 아닙니다. 정반대입니다. 예레미야의 입술에 하나님이 손을 내미실 때 예레미야가 그 입을 다물었겠습니까, 벌렸겠습니까? 벌렸습니다! 하나님의 손은 하나님의 솜씨와 능력을 나타냅니다. 하나님의 인격을 대신합니다. 하나님의 영을 나타냅니다. 예레미야의 입은 사람의 처지를 상징합니다. 사람의 역할을 나타냅니다. 사람의 역량을 드러냅니다. 모자라고, 부족하고, 안타까운 예레미야의 처지, 역할, 역량을 하나님이 그 크신 능력으로 채우신다는 것입니다.

예레미야는 예언자 가운데 가장 힘들게, 가장 힘든 시기를 살았습니다. 그는 유다가 망해 가던 시기에 사람들의 마음과는 거리가 먼 하나님의 마음을 전했습니다. 여러 차례 배신자로 몰리면서 감옥에도 갇혔습니다. 바벨론 느부갓네살왕의 군대가 예루살렘을 함락시키던 순간에도 예루살렘의 감옥에 갇혀 있었습니다.

하나님의 사람으로 살아가기가 쉽지 않기는 오늘도 마찬가지입니다. 그러나 기억하십시오. 하나님은 오늘도 그 능하신 손을 내밀어 우리를 붙들고 계십니다. 우리를 삶의 현장으로 파송하시면서 하나님의 손을 우리 입에 대며 말씀하십니다. "보라 내가 내 말을 네 입에 두었노라." 입을 다물지 말고 입을 벌려 하나님의 말씀을 들이마시기를 바랍니다.

서두에 소개한 존 노는 고등학생 때 미국으로 유학 갔습니다. 고등학교를 마칠 무렵 뒤늦게 성악 공부에 뛰어들었습니다. 음대를 1년 다니다가 논산훈련소에 입대하였습니다. 탱크병으로 군복무를 마치고 줄리어드음대 석사과정에 들어갔습니다. 졸업을 앞두고 있었는데 성대에 물혹이 생겼습니다. 한국으로 와서 수술을 받아야만 했습니다. 평생 노래를 못할 수도 있었는데 수술이 잘되어 미국으로 돌아가 공부하고 있을 때 〈팬텀싱어3〉 오디션 소식을 듣고 자기 목소리로 하나님을 나타내고 싶어서 오디션에 참가했습니다. 인터뷰하는 사람이 물었습니다. "형제님의 30년 인생을 한 문장으로 표현한다면 어떨까요?" "나의 나 된 것은 다 하나님의 은혜입니다!"(『빛과소금』, 80, 108쪽)

세워지기 전에 허물어야 / 이제 하나님의 말씀은 본문의 첫마디로 돌아갑니다. 하나님이 예레미야를 여러 나라의 선지자가 되게 하리라고 말씀하시지 않았습니까! 그 말씀을 본문의 마지막 구절은 이렇게 바꿔 표현합니다.

보라 내가 오늘 너를 여러 나라와 여러 왕국 위에 세워 네가 그것들을 뽑고 파괴하며 파멸하고 넘어뜨리며 건설하고 심게 하였느니라 하시니라(렘 1:10).

하나님이 예레미야를 말하는 자로만 세우신 줄 알았습니다. 그런데 그것이 전부가 아니었습니다. 세상 여러 나라를 뽑고 파괴하며, 파멸하고 넘어뜨리며, 건설하고 심는 자로 세우겠다고 하셨습니다. 뽑고 파괴하며, 파멸하고 넘어뜨리며, 건설하고 심고! 앞의 두 쌍은 부수는 작업이고 뒤의 한 쌍은 세우는 작업입니다. 즉 '부수고, 세우고'입니다.

오늘날과는 정반대입니다. 건물 해체 작업을 본 적이 있습니까? 아무리 높은 건물이라도 단번에 해체되고 맙니다. 그러나 그 자리에 그와 똑같은 건물을 다시 세우려면 수십 배, 수백 배의 노력이 필요합니다. 그런 경험에 비교해 본다면 본문 말씀은 우리 상식과는 어긋납니다. 해체하는 데 걸리는 기간이 세우는 데 걸리는 기간보다 두 배나 더 많다고 가르치기 때문입니다. 무슨 말입니까? 예레미야에게는 선지자가 되어 하나님의 구원을 외치기보다 하나님의 심판을 외치기가 두 배나 더 어려웠다는 뜻입니다.

아파트 엘리베이터에서 이런 광고를 보았습니다. 'Must.It'(머스트 잇). 온라인 명품 판매 사이트인데 한 자료를 보니까 TV 광고 이후 한 달 거래액이 320억 원에 달했습니다. '머스트 잇'이 무슨 뜻인지 참 궁금했습니다. 이 광고는 이렇게 풀어놓았습니다. 'Must 반드시 It 있다!' 처음에는 피식하고 웃었다가 이내 한참 동안 생각했습니다. 여러분, 무엇이 우리에게 반드시 있어야 합니까? 회개가 반드시 있어야 합니다!

예레미야 당시 유다는 다시 세워지기 전에 반드시 먼저 허물어져야, 회개해야 했습니다. 그래야 다시 세워질 수 있었습니다. 예레미야의 조국 유다를 허물고 다시 세우는 일에 하나님이 예레미야를 사용하시려고 합니다. 이 말씀은 이렇게도 새길 수 있습니다. 하나님의 사람으로 세워지기 전에 먼저 나의 허물을 반드시 회개합시다. 그럴 때 우리는 하나님이 편하게 연주하시는 악기가 됩니다. 하나님의 손이 나를 연주하시도록 하나님께 나를 맡기십시오. 놀라운 일들이 우리 삶에 펼쳐질 것입니다.

25 예레미야 애가 | 여호와여 우리를 주께로 돌이키소서

• 애 5:19-22

하나님 신앙이 실종된 세상 / 2021년 9월 17일에 공개된 〈오징어 게임〉(Squid Game)은 넷플릭스가 서비스되는 83개국에서 모두 1위를 차지한 드라마입니다. '넷플릭스'(Netflix)는 '인터넷'(Net)과 '영화'(Flicks)를 합성한 이름으로, 전 세계 190개국에 2.1억 명의 회원이 있는, 구독 주문형 비디오 서비스입니다. 넷플릭스는 〈오징어 게임〉에 2,140만 달러(약 253억 원)를 투자해 약 9억 달러(1조 원)의 수익을 거뒀습니다. 전 세계 1억 3,200만 가구가 시청했습니다.

〈오징어 게임〉은 9개 에피소드로 구성되어 있습니다. 빚에 쫓기는 사람들 456명이 456억 원의 상금이 걸린 서바이벌 게임에 참가하면서 이야기가 펼쳐집니다. 게임에 참가한 사람들은 총 6개의 어린이 놀이를 통과해서 최후의 승자가 되는 게임에 도전합니다. 그 첫 번째가 '무궁화 꽃이 피던 날'입니다. 이 드라마를 제작한 감독은 극한 경쟁에 내몰린 현대인들의 상황을 고발하고자 어린 시절에 경험했던 놀이 6개를 잔혹하고 충격적인 죽음의 게임으로 변모시켜 놓았습니다. 게임의 규칙으로는 게임에서 지면 죽음을 맞는다고 설정해 놓았습니다. 입시경쟁에서, 성과전쟁에서, 주식시장에서 실패한 이들이 육체적·정신적으로 심각하게 파괴되는 현실을 풍자하고 있습니다.

이 드라마에 세상은 열광하였지만, 저의 마음은 몹시 불편했습니다. 단 한 사람의 승자를 위해서 수많은 사람의 목숨이 게임 속의 '말'처럼 소비되는 현실에 분노했습니다. 드라마에 묘사된 교회나 그리스도인이 조롱받는 현실에 속상했습니다. 하나님 신앙이 실종된 세상에서, 종교가 사라진 세상에서, 도덕과 윤리가 잊힌 세상에서 치열하게는 살았으나 결국은 패배자가 되는, 이겨도 허무한 승자가 되고 마는 사람들 이야기에 못내 착잡했습니다. 이 드라마를 대하는 내내 제 마음속에서 울리는 말은 "Oh, No"(아니야, 그래선 안 돼)였습니다. 본문에서도 "Oh, No" 소리가 들립니다. 예레미야애가의 소리입니다.

시온의 탄식, "어찌하여 우리를 오래 버리시나이까" / 예레미야애가의 주인공은 무너진 시온의 성전 터를 지키던 자들입니다. 성전이 무너진 뒤에도 예루살렘 성전에서 예배드리려던 자들이 있었습니다(렘 41:5). 그들이 지르는 소리, '슬프다', '괴롭다', '이래선 안 돼'가 애가의 모티프입니다. 예레미야애가는 주전 587년 예루살렘 성전이 무너졌던 현장을 지켜보며 살아야 했던 유다 사람들의 아픈 마음을 전하고 있습니다. 하나님 신앙이 실종되고 만 것 같은 현실을 아픈 마음으로 토로하고 있는 노래입니다.

예레미야애가는 모두 다섯 장인데, 장마다 22개 구절입니다. 히브리어 알파벳이 모두 22개이기 때문입니다. 3장은 길지만, 그것도 22×3=66에 맞춰 놓았습니다. 슬픔의 노래라고 해서 입에서 나오는 대로 적어 놓은 것이 아니라 예술적으로 다듬어 놓았다는 뜻입니다. 예레미야애가는 슬픈 감정의 말글이기보다는 깊은 사색으로 빚어낸 글말입니다.

본문은 예레미야애가의 결론으로, 하나님의 긍휼을 비는 기도입니다. 5장도 22개 구절이지만, 매 절이 알파벳 순서를 따르지는 않았습니다. "여호와여 우리가 당한 것을 기억하시고 우리가 받은 치욕을 살펴보옵소서"(5:1)라고 운을 뗀 뒤 시온의 백성이 받은 치욕을 하나님 앞에서 하나씩 나열하다 보니(5:2-18) 알파벳 순서를 잊어버린 모양새입니다. 마치 아이가 밖에서 놀다가 친구들에게 당했던 치욕을 엄마에게 두서없이 일러바치는 모습입니다. 그렇게 서러움을 토해 내다가 하나님께 이렇게 묻습니다.

주께서 어찌하여 우리를 영원히 잊으시오며 우리를 이같이 오래 버리시나이까…주께서 우리를 아주 버리셨사오며 우리에게 진노하심이 참으로 크시니이다 (애 5:20, 22).

시온의 영광이 사라지고 만 자리에 치욕과 조롱과 풍자가 들어선 것을 꼬집고 있습니다. 시온의 백성, 즉 하나님의 사람들이 감내해야 하는 부끄러움과 안타까움을 꼬집고 있습니다. 이때 22절을 개역개정 난하주는 이렇게 번역해 놓았습니다.

주께서 우리를 아주 버리셨나이까 우리에게 심히 진노하셨나이까(애 5:22, 난하주).

마침표 문장을 물음표 문장으로 바꿔 놓았습니다. 20절과 그 가락을 맞춰 놓았습니다. 시온의 영광이 사라진 자리에 남은 것은 온통 물음표투성이입니다. 시온의 영광이 사라진 것은 하나님 탓이 아닙니다. 순전히 시온 백성이 잘못 살았던 탓입니다. 그렇게 뉘우치고 있지만, 물음표가 사라진 것은 아닙니다. 그 물음표를 놓고 시온의 백성이 하나님께 묻습니다. "주여, 언제까지 진노하시겠나이까? 주께서 우리를 아주 버리셨나이까?"

시온의 영광이 사라져 가기는 오늘 우리 사회도 마찬가지입니다. 세상에서는 지금 하나님 신앙이 실종되고 있습니다. 목회자 탓이 큽니다. 성직자이기보다는 세상에서 지탄받는 종교인으로 그 이름이 오르내린 탓입니다. 게다가 코로나19 팬데믹 시대를 거치면서 교회가 세상의 아픔과는 거리를 둔 자기들만의 조직이라는 민낯을 고스란히 드러내고 말았습니다. 여론이 교회에 등을 돌리고, 젊은이들이 교회 생활에 실망하고 있습니다. 그러다 보니 신앙이 있어야 할 자리에 거짓된 영성이, 십자가가 있어야 할 자리에 바벨탑이, 예수 그리스도의 사랑이 있어야 할 자리에 빅데이터와 인공지능이 자리 잡고 있습니다. 우리 귀에 들리는 소리가 예레미야애가처럼 온통 탄식입니다.

시온의 고백, "주는 영원히 계시는데" / 본문에서 주목할 것이 있습니다. 20, 22절은 "주께서"로 시작하지만, 19, 21절은 "여호와여"로 시작한다는 사실입니다. "주께서"로 시작하는 구절이 탄원이라면, "여호와여"로 시작하는 구절은 간구입니다. 본문이 예레미야애가의 결론부라고 말씀드리지 않았습니까. 지금껏 시온의 백성이 당한 치욕을 하나님 앞에 낱낱이 거론하면서 "하나님, 어째서 우리를 잊고 계십니까"라고 따지던 탄원이 하나님의 부재(不在) 상황을 가리킨다면, 하나님의 이름을 부르는 간구는 글말의 분위기를 하나님의 부재에서 하나님의 임재(臨在)로 바꿉니다.

여호와여 주는 영원히 계시오며 주의 보좌는 대대에 이르나이다(애 5:19).

고대 서아시아 사람들은 성전이 무너졌으면 성전의 신도 어디론가 사라져 버렸다고 생각하였습니다. 성전이라고 부르지만, 쉽게 말하면 집입니다. 집이 무너져 버리면 그 집주인도 사라지고 만다고 판단했습니다. 그러나 예레미야는 그렇게 생각하지 않았습니다. 예루살렘 성전이라는 건물은 무너졌어도 이스라엘의 주 하나님은 여전히 하늘 성전에 계신다고 생각했습니다. 땅에 계셨던 하나님이 하늘로 철수하셨다고 생각하였습니다. 그래서 이렇게 외쳤습니다.

우리가 스스로 우리의 행위들을 조사하고 여호와께로 돌아가자 우리의 마음과 손을 아울러 하늘에 계신 하나님께 들자(애 3:40-41).

하나님이 어디에 계신다고 말합니까? "하늘에 계신 하나님!" 그래서 이렇게 외쳤습니다. "여호와여 주는 영원히 계시오며 주의 보좌는 대대에 이르나이다!" 성전의 위상이 형편없어졌다고 해서 하나님이 계시다는 사실을 잊은 것이 아닙니다. 지상의 교회가 제구실을 하지 못한다고 해서 교회가 예수 그리스도의 몸이라는 진리가 사라진 것은 아닙니다. 무슨 말입니까? 본질로 돌아가자는 소리입니다.

시온의 간구, "우리를 주께로 돌이키소서" / 이제 예레미야애가는 하나님께로 돌아서는 길에 들어섭니다. 지금까지는 하나님을 떠나서 세상으로 향하던 발걸음이었습니다. 여태껏 하나님 없이도 살 수 있다고 우쭐대면서 세속으로 치닫던 삶이었습니다. 그랬기에 나라가 썩고 성전이 망가지다가 결국에는 '시온산은 여우들이나 노는'(5:18) 놀이터로 방치되고 말았습니다.

친구가 이런 메시지를 제게 보내왔습니다. "삶을 풀어 보니 사람이 되고, 사람을 합쳐 보니 삶이 되네." 예레미야애가의 판단이 그러합니다. 삶이 바로 되어야 사람이 바로 된다고 생각했습니다. 사람이 바로 되어야 삶이 제대로 된다고 생각했습니다. 사람이 바로 되려면 사람으로 있어야 할 자리가 하나님 앞이라는 것을 새삼 깨달았습니다. 그래서 이렇게 외칩니다.

> 여호와여 우리를 주께로 돌이키소서 그리하시면 우리가 주께로 돌아가겠사오니
> 우리의 날들을 다시 새롭게 하사 옛적 같게 하옵소서(애 5:21).

해답은 바로 알았습니다. 그런데 그 해답에 이르는 길을 스스로는 찾지 못했습니다. 하나님께로 돌아서야 매사가 제대로 된다고 깨닫기는 했지만, 하나님께로 돌아서는 길을 잃어버렸습니다. 그래서 외칩니다. "여호와여 우리를 주께로 돌이키소서. 그리하시면 우리가 주께로 돌아가겠습니다!" 지금 시온의 주민은 스스로 회개할 여력조차 없을 정도로 지쳐 있습니다. 회개조차도 하나님이 몸소 이루어 주셔야 한다고 하나님께 매달리고 있습니다. 하나님이 이스라엘의 날들을 다시 새롭게 해 주시기를 기대합니다. 우리의 날들을 다시 새롭게 하시라고 외치지 않습니까!

시온의 주민에서 시므온으로 / 어떻게 하나님께로 돌아설 수 있습니까? 우리에게는 그 길에 들어설 능력이 없는데 어떻게 해야 그 길에 들어서서 하나님의 사람다운 삶을 회복할 수 있습니까? 예레미야애가에서 들리는 시온 백성의 기도를 묵상하다가 성전의 위상이 왜곡되어 있던 시대에도 여전히 예루살렘 성전을 지키고 있었던 시므온을 떠올리게 되었습니다. 예레미야애가의 주인공이 시온을 떠나지 않고 있던 자들이었듯, 시므온도 시온을 떠나지 않고 예루살렘 성전에서 오시는 주님을 기다리던 자였습니다.

시므온은 로마가 예루살렘을 장악하고 있던 시절에 예루살렘 성전을 떠나지 않은 채 이스라엘을 위로하러 오시는 주님을 기다리다가 아기 예수로 오신 하나님을 맞이한 사람입니다. 정결 예식을 행하고자 그 부모와 함께 성전에 오신 아기 예수를 품에 안고 하나님의 구원이 이루어졌다고 찬송하였던 위인입니다. 하나님께로 돌아가는 길을 찾던 시온 백성의 물음에 대한 답을 시므온이 하였습니다. 예수 그리스도가 주시는 구원이, 예수 그리스도의 십자가가 그 해답이라고 일깨워 줍니다. 그 시므온을 누가복음은 이렇게 설명하였습니다.

예루살렘에 시므온이라 하는 사람이 있으니 이 사람은 의롭고 경건하여 이스라엘의 위로를 기다리는 자라 성령이 그 위에 계시더라(눅 2:25).

'시므온'은 히브리어로 '듣는 자'란 뜻입니다. 모두가 헬라식으로 개명하던 시절에 시므온은 히브리어 이름을 사수했습니다. 이름뿐이 아닙니다. 그는 예루살렘을 떠나지 않았습니다. 그런 시므온을 가리켜 "의롭고 경건하여 이스라엘의 위로를 기다리는 자"라고 부릅니다. 그런 시므온에게 성령이 그 위에 계셨다고 말합니다. 기억하십시오. 성령은 기다리는 자에게 함께하십니다. 하나님의 영광이 회복되고, 시온의 위상이 회복되고, 시온 사람들의 체면이 회복되기를 기다리도록 성령이 함께하셨습니다.

대강절은 하나님을 잊어버리고 사는 사람들에게 하나님이 우리를 찾아오신다는 것을 상기시키는 계절입니다. 우리의 발걸음을 세상에서 하나님 앞으로 인도하는 절기입니다. 십자가를 지기 위해서 이 땅으로 오시는 메시아를 기다리는 절기입니다. 기억하십시오. 예수 그리스도의 십자가는 하나님이 우리에게 오시는 길이면서도 우리가 하나님께로 가는 길이 됩니다. 하나님은 우리에게 오시기 위해서 십자가를 지는 길을 택하셨습니다. 십자가의 길은 우리가 하나님의 사람으로 돌아서는 길이기도 합니다. "아무든지 나를 따라오려거든 자기를 부인하고 날마다 제 십자가를 지고 나를 따를 것이니라"(눅 9:23)라고 하지 않았습니까!

이제 시온의 사람에서 시므온으로 나섭시다. 시온(지명, 건물)에서 시므온(인격, 말씀을 듣는 자)으로 나섭시다. 안타까운 현장만 보지 말고 하늘에서 들려오는 소식에 귀를 기울이는 자로 나섭시다. "우리를 하나님께로 돌아가게 하소서"라는 예레미야의 기도에서 하늘의 소식을 듣는 자로, 하나님이 오시는 소식을 기다리는 자로 나섭시다. 시온의 사람이 오늘의 시므온이 되어 우리를 구원하기 위해서 오시는 예수 그리스도를 온 마음으로 품는 감격을 되찾읍시다.

주여, 시온의 주민으로만 머물지 말고 시므온이 되어 시온(예루살렘)을 지키게 하소서! 시온의 사람이 시므온이 되어 우리 가운데 오시는 우리 주 예수 그리스도를 맞이하게 하소서!

26 에스겔 | 하나님은 아픈 현실에 생기를 불어넣으시는 주님이십니다

• 겔 37:1-6

BTS와 아미 / 2021년에 방탄소년단(BTS)의 미국 공연이 있었습니다. 로스앤젤레스 소파이 스타디움에서 11월 27, 28일, 12월 1, 2일 4회에 걸쳐 '춤은 마음껏 춰도 된다'(Permission To Dance)라는 타이틀 아래 진행되었는데, 매회 매진, 4회 공연에 20만 명이 모였습니다. 뉴스를 보니까 BTS와 BTS 팬(아미, ARMY)들이 '떼창'을 하면서 '파도타기' 하는 열광의 잔치를 벌였습니다. 공연은 저녁 7시 30분에 시작되었는데 아침 일찍부터 몰려든 열성 팬들은 BTS 상징색인 보라색으로 치장한 채 스타디움 안팎을 채웠습니다. BTS 팬들이 주고받는 인사가 "퍼플 유"(보라해, BORAFICATION)입니다. '서로 아껴 주고 믿고 의지하고 사랑해 주고 좋아해 주자'는 뜻이라고 합니다.

왕으로 오시는 예수 그리스도를 맞이하는 마음을 '퍼플데이'로 표현해 봅니다. 그러다 보니 본의 아니게 BTS 팬이 되었습니다. BTS를 이야기하려는 것이 아니라 기다림을 이야기하려고 합니다. BTS 콘서트를 기다리는 팬들의 모습을 보면서 기다림의 자세를 되새겨 보았습니다. 기다림에는 두 얼굴이 있습니다. 지루함을 동반하기도 하고 설렘을 동반하기도 합니다. BTS 공연을 기다리는 팬들의 얼굴을 보면서 이런 생각이 들었습니다. '기다림은 마음에 담아 두는 설렘이다!' 누군가를 기다리는 자들이 이러하다면, 하나님의 오심을 기다리는 자들은 어떠해야 할까요?

하나님이 찾아오신 곳 / 본문은 우리 귀에 친숙한 환상 보도입니다. 환상은 현실의 아픔을 치유하시는 하나님의 처방입니다. 나라가 망하고 성전이 폐허가 되면서 덩달아 실패한 인생이 되고 만 유다 사람들의 트라우마를 치료하시는 방식입니다. 에스겔은 정점에서 나락으로 떨어지는 비극을 겪어야만 했습니다. 예루살렘에서는 제사장 가문의 촉망받는 후계자였는데, 나라가 망하면서 바벨론에 끌려와서는 난민들 속에 섞여 지내는 신세가 되었습니다. 그런 에스겔을 하나님이 부르셔서 파수꾼으로 삼으시고 이런 환상을 첫 번째로 보여 주셨습니다.

> 여호와께서 권능으로 내게 임재하시고 그의 영으로 나를 데리고 가서 골짜기 가운데 두셨는데 거기 뼈가 가득하더라 나를 그 뼈 사방으로 지나가게 하시기로 본즉 그 골짜기 지면에 뼈가 심히 많고 아주 말랐더라(겔 37:1-2).

하나님이 에스겔을 마른 뼈가 가득한 골짜기로 데려가셨습니다. 절망이 가득한 곳, 두려움이 가득한 곳, 소망이 없어진 곳입니다. 전에 캄보디아 킬링필드를 다녀온 적이 있습니다. 수많은 사람이 대학살을 당한 곳입니다. 에스겔을 데리고 가신 골짜기가 그러합니다.

하나님이 에스겔에게 골짜기에 수북이 쌓여 있는 마른 뼈들을 보여 주셨습니다. 희망을 잃어버리고 소망이 사라져 버린 유다 사람들입니다. 주목할 것은 에스겔이 본 것이 사람들이긴 한데, 그들은 모두 죽었다는 점입니다. 죽은 지 오래되어, 죽임을 당한 지 오래되어 골짜기에 버려진 채 뼈까지 말라 버린 주검들입니다. 절망의 현장이라는 뜻입니다. 끌려온 유다 백성의 처지가 참담했다는 뜻입니다. 유다 포로들이 오랫동안 절망의 늪에 빠져 있었다는 뜻입니다. 그런 처참한 곳으로 하나님이 에스겔을 데리고 가셨습니다.

파수꾼 에스겔이 환상 중에 전하는 마른 뼈 골짜기는 '거기'에만 있지 않고 '여기'에도 있습니다. 기가 빠지고, 생기가 사라지고, 몸이 으스러지고, 마음이 찢긴 채 살아가는 곳이라면, 그곳은 어디든 다 마른 뼈 골짜기입니다.

본문의 초점은 마른 뼈 골짜기를 전하는 데 있지 않습니다. 마른 뼈 골짜기로 하나님이 오셨다는 사실을 전하려는 데 본문의 초점이 있습니다. 대강절은 헤롯의 궁전에서 지키던 절기가 아닙니다. 광야의 목자들이 지키던 절기입니다. 디트리히 본회퍼(Dietrich Bonhoeffer)가 이렇게 설교한 적이 있습니다.

"모든 사람이 기다릴 수 있는 것은 아닙니다. 만족하는 사람, 세상에서 온갖 좋은 것을 누린다고 느끼는 사람은 기다릴 수 없습니다. …대강절은 오직 영혼으로 괴로워하는 사람들만이 환영할 수 있습니다. …거룩한 분이 친히 우리에게 오실 때까지, 하나님이 말구유에 아기의 모습으로 오실 때까지 겸손히 두려워하며 기다립니다"(본회퍼, "1928년 12월 2일 대강절 설교" 중에서, 『본회퍼와 함께 기다리는 성탄 : 2017 대림절 묵상집』[서울: 대한기독교서회, 2017], 12쪽).

대강절은 광야로 쫓겨난 사람들이 기다리던 절기입니다. 제사장이나 율법학자의 절기가 아닙니다. 가난하고 병든 사람의 절기입니다. 어둠 속에서도, 고통이나 고난 속에서도 좌절하지 않고 하나님이 권능으로 임재하시기를 기다리는 사람들이 지키는 절기입니다.

이 뼈들이 능히 살 수 있겠느냐 / 환상의 두 번째 대목은 하나님이 에스겔에게 던지시는 질문입니다.

그가 내게 이르시되 인자야 이 뼈들이 능히 살 수 있겠느냐 하시기로 내가 대답하되 주 여호와여 주께서 아시나이다(겔 37:3).

하나님이 에스겔을 "인자"라고 부르십니다. 에스겔이 사람을 섬기는 자로 부름을 받았다는 지적입니다. 하나님이 에스겔에게 물으십니다. "인자야 이 뼈들이 능히 살 수 있겠느냐?" 생각해 보면, 살고 죽는 것은 사람이지 뼈가 아닙니다. 그런데도 하나님이 이 뼈들이 능히 살 수 있겠느냐고 물으셨다는 것은 '이 뼈들이 능히 생명을 가질 수 있겠느냐'는 물음입니다.

하나님이 던지신 질문의 초점이 "살 수 있겠느냐"에 있음에 주목하십시오. 살려 내는 일이 하나님의 일입니다. 살 수 있게 하는 일이 하나님의 관심사입니다. 하나님이 에스겔에게 던지신 질문은 우리가 여전히 새겨야 할 기도 제목입니다. '이 사람들이 능히 치유될 수 있겠느냐? 우리 사회가 능히 살아날 수 있겠느냐? 한반도에 평화가 능히 회복될 수 있겠느냐? 한국 교회가 생명의 공동체로 치유될 수 있겠느냐?'

하나님의 질문에 에스겔은 이렇게 답합니다. "주 여호와께서 아십니다!" 사람의 답이 아니라 하나님의 답을 전하고 있습니다. 하나님의 답이 대강절입니다. 에스겔에게 하나님이 오신 것은 절망에 빠진 사람들을 구원하시기 위해서입니다. 대강절이 그런 하나님을 여실히 드러냅니다. 하나님이 이 땅에 오신 것은 삶에 지친 자에게 구원을, 시련에 걸려서 넘어진 자들에게 회복을, 살면서 몸과 마음이 망가진 자들에게 생명을 주시기 위해서입니다.

이 시대의 에스겔 / 환상 보도는 이렇게 이어집니다.

> 또 내게 이르시되 너는 이 모든 뼈에게 대언하여 이르기를 너희 마른 뼈들아 여호와의 말씀을 들을지어다(겔 37:4).

하나님이 파수꾼 에스겔에게 대언하게 하십니다. 왜 하나님은 모든 뼈에게 직접 "너희 마른 뼈들아 살아나라"라고 말씀하시지 않았습니까? 왜 에스겔에게 대언하여 "너희 마른 뼈들아 여호와의 말씀을 들을지어다"라고 하게 하십니까? 태초에 하나님이 천지를 창조하실 때에는 하나님이 말씀하실 때마다 빛, 궁창, 육지가 생겼습니다. 그것들이 생길 때마다 하나님은 '보기에 좋았다'라고 평하셨습니다. 사람이 창조되기 전에는 하나님이 직접 창조사역을 수행하셨습니다. 그런데 아담과 하와가 창조된 이후부터는 사람이 하나님의 창조사역의 파트너로 나섰습니다(안근조, "에스겔 37:1-14에 나타난 영과 땅의 의미를 통한 자아정체성 문제", 「기독교교육정보」 43 [2014], 218쪽).

에스겔 이야기에서도 마찬가지입니다. 이스라엘을 하나님의 백성으로 회복시키는 일에 하나님은 에스겔을 파트너로 참여하게 하십니다. 하나님이 이루실 구원사역의 동역자가 되는 자리에 에스겔을 세우십니다. 하나님의 오심은 하나님의 사람을 하나님 역사의 참여자로 세우시기 위함입니다. BTS 멤버들이 기자회견에서 이렇게 말하더군요. "이번 공연은 BTS와 '아미'가 함께 만든 무대입니다!"

하나님이 사람으로 이 땅에 오셨을 때도 그런 참여자들이 있었습니다. 마리아가 그 대표적 인물입니다. 천사가 마리아에게 와서 "네가 하나님께 은혜를 입었느니라…잉태하여 아들을 낳으리니 그 이름을 예수라 하라"(눅 1:30b-31)라고 하자 마리아가 뭐라고 대꾸하였습니까? "나는 남자를 알지 못하니 어찌 이 일이 있으리이까!"(눅 1:34b) 하지만 마리아는 자기 생각으로는 도저히 납득되지 않는 하나님의 일을 기꺼이 수용하였습니다.

> 마리아가 이르되 주의 여종이오니 말씀대로 내게 이루어지이다(눅 1:38a).

누가 에스겔이 됩니까? 누가 마리아가 됩니까? 매년 12월에는 거리에 구세군 자선냄비가 걸립니다. 1891년 미국의 샌프란시스코 구세군 사관 조셉 맥피(Joseph McFee)에 의해서 시작되었습니다. 당시 화재로 슬픈 성탄을 맞이하게 된 천여 명의 이재민들을 돕고자 구세군 사관 맥피는 오클랜드 부두로 나가 주방에서 사용하던 큰 쇠솥을 거리에 내걸었습니다. 그리고 그 위에 이렇게 써 붙였습니다. "이 국솥을 끓게 합시다." 이 냄비가 한국에서는 1928년 12월 15일 한국 구세군 사관 박준섭에 의해서 서울 명동 거리에 걸렸습니다. 이 운동은 모금이 아니고 낮은 곳으로 향하는 마음의 실천입니다.

에스겔이 하나님이 하신 말씀을 대언하는 형식으로 하나님의 일에 동참하였듯이, 마리아가 주의 말씀에 순종하면서 아기 예수가 이 땅에 탄생하셨듯이, 구세군이 자선냄비를 들고 거리로 나갔듯이 우리도 하나님의 일과 하나님의 말씀에 적극적으로 참여해야 합니다.

생명의 루아흐가 이 땅에 불기를 / 에스겔이 대언하는 하나님의 말씀은 이렇습니다.

> 주 여호와께서 이 뼈들에게 이같이 말씀하시기를 내가 생기를 너희에게 들어가게 하리니 너희가 살아나리라 너희 위에 힘줄을 두고 살을 입히고 가죽으로 덮고 너희 속에 생기를 넣으리니 너희가 살아나리라 또 내가 여호와인 줄 너희가 알리라 하셨다 하라(겔 37:5-6).

하나님이 말씀으로 사람을 살리십니다. 마른 뼈 위에 힘줄을 두고 살을 입히고 가죽으로 덮는 것은 땅의 흙으로 사람의 몸을 지으시는 방식과 유사합니다. 그러나 그 뼈에 힘줄이 생기고 살이 오르며 그 위에 가죽이 덮였다고 해서 곧장 사람이 되는 것은 아닙니다. 그 몸속에 '생기'(루아흐)가 있어야 합니다. 본문에는 "내가 생기를 너희에게 들어가게 하리니 너희가 살아나리라"라는 말씀이 두 번 반복됩니다. 사람이 사람 구실을 하려면 그 속에 생기가 있어야 합니다. 신바람이 있어야 합니다. 하나님의 바람이 있어야 합니다. 하나님의 영이 있어야 합니다.

여기에서 "생기"를 가리키는 낱말이 히브리어 '루아흐'인 것을 주목해야 합니다. 하나님이 처음에 땅의 흙으로 그 몸을 지으시고 그 속에 생기를 불어넣으셨을 때 그 '생기'는 히브리어로 '네샤마'(창 2:7)였습니다. 에스겔의 환상에서 하나님이 사람을 하나님의 사람으로 살려 내는 데 사용된 글자는 '루아흐'입니다. '네샤마'가 사람의 코에 불어넣은 바람을 가리킨다면 '루아흐'는 사방으로 휘몰아치는 바람입니다. '네샤마'가 들숨·날숨 같은 호흡이라면, '루아흐'는 생명을 살리는 산소(바람)입니다. '네샤마'가 사용되었을 때는 한 사람 아담이 지어졌지만, '루아흐'가 불어닥치면서는 한 사람이 아닌, 마른 뼈 같던 자들이 살아나 일어서서 큰 군대가 되었습니다(37:10). 하나님이 한 사람을 창조하실 적에는 '네샤마'를, 공동체를 창조하실 때는 '루아흐'를 불어넣어 주셨습니다.

우리나라에 하늘에서 불어오는 생명의 바람이, 생명의 '루아흐'가 불어오기를 기대합니다. BTS의 아미들이 "보라해"라는 신조어를 유행시켰다고 말씀드렸습니다. 이제는 이 땅의 그리스도인들이 예수 그리스도의 군사(아미)가 되어 생명의 바람이 우리 사회에 불어온다는 말이 널리 퍼지도록 합시다.

오늘도 하나님은 예수 그리스도의 오심을 설렘으로 기다리는 자에게 은혜 위에 은혜를 더하십니다. 기억하십시오. 한 사람이 살아나면 공동체가 살아나고, 공동체가 살아나면 사회가 살아납니다. 사회가 살아나면 나라가 살아납니다.

27 다니엘 | 성도의 시간은 기다림과 기다림 사이에 있습니다

• 단 7:9-14

값없는 선물 / 2019년 12월 11-16일 인사동의 한 갤러리(갤러리 인사아트, GALLERY INSAART, 서울 종로구 인사동길 56)에서 '값없는 선물전'이라는 전시회가 열렸습니다. 대강절 기간이었습니다. 7명의 그리스도인 작가(김영주, 김용성, 김현영, 박병근, 안태이, 전태영, 황학만)가 참여했는데, '값없는 선물'이라는 전시회 명칭에 눈길이 갔습니다. '값없는 선물'이 무엇일까요? 세상에서 정말 소중한 것은 값없이 주어지는 선물입니다. 공기, 물, 햇빛이 그렇지 않습니까! 그런데 '값없는 선물'의 영어 표현이 도드라졌습니다. 'God is Not Dead.' '값없는'은 'God이 없는'이란 의도였고, 하나님이 없는 세상은 무의미하다는 심정을, '하나님은 죽지 않았다'라는 고백으로 세상에 알리고자 했습니다. 그 작가들 중에 두 명을 소개할까 합니다.

전태영의 「그 어린 주 예수」(2008)는 낮은 곳으로 오신, 거친 광주리에 누워 계신 주님을 그렸습니다. 이스라엘이 오랫동안 기다리던 주님이 이 땅에 오셨을 때 누웠던 곳은 화려한 궁궐이 아니라 초라한 구유였다는 것을 일깨워 줍니다. 그러나 그 기다림에 대한 하늘

값없는
선물전

의 반응은 놀랍습니다. 하늘에서 빛이 무더기로(!) 아기 예수에게로 쏟아지고 있습니다. 전태영의 「고요한 밤 거룩한 밤」은 아기 예수로 오신 주님을 반기는 사람들을 담았습니다. 1960-70년대 성탄 전야 새벽송을 도는 찬양대 그림입니다. 지금은 잊힌 성탄절 문화이지만, 그때는 성탄절이 오기를 손꼽아 기다렸습니다. 그렇게 기다리다가 성탄 전야가 되면 삼삼오오 모여서 크리스마스 캐럴(carol)을 동네 구석구석에서 목청껏 불렀습니다.

안태이의 2017년 작품 「관계(Connect) 03」은 예수님의 말씀을 가슴에 품고 사는 사람들이 연결되면 하늘의 별이 된다는 뜻으로 새길 수 있습니다. 주님의

오심을 기다리던 자들은, 주님의 말씀에 따라 길을 나서는 자들은 마침내 세상의 빛이 된다는 가르침으로 새겼습니다. 본문에도 주님의 오심을 기다리는 자가 등장합니다. 다니엘입니다.

이미 오신 주님과 이제 오실 주님 / 다니엘 7장이 전하는 기다림의 이야기를 새기기 위해서는 다니엘서를 먼저 파악해야 합니다. 다니엘서 전반부(1-6장)는 어둠의 시대를 믿음으로 살아가는 하나님의 사람 다니엘을 소개하고, 후반부(7-12장)는 어둠의 시대를 믿음으로 헤쳐 나간 다니엘이 환상 중에 깨달은 마지막 날에 대한 청사진을 소개합니다. 이 청사진을 가리켜 '다니엘의 묵시록'이라고 부릅니다. 본문의 첫 단락은 이렇습니다.

내가 보니 왕좌가 놓이고 옛적부터 항상 계신 이가 좌정하셨는데 그의 옷은 희기가 눈 같고 그의 머리털은 깨끗한 양의 털 같고 그의 보좌는 불꽃이요 그의 바퀴는 타오르는 불이며 불이 강처럼 흘러 그의 앞에서 나오며 그를 섬기는 자는 천천이요 그 앞에서 모셔 선 자는 만만이며 심판을 베푸는데 책들이 펴 놓였더라(단 7:9-10).

"내가 보니", 즉 다니엘은 환상을 보았습니다. 환상은 그림 언어입니다. 그림으로 해석해 놓은 세상사입니다. 본문 이전에도 다니엘이 본 환상이 있었습니다(7:1-8).

내가 밤에 환상을 보았는데 하늘의 네 바람이 큰 바다로 몰려 불더니 큰 짐승 넷이 바다에서 나왔는데 그 모양이 각각 다르더라(단 7:2b-3).

"큰 바다"는 카오스(chaos, 혼돈·혼란)를 가리킵니다. "큰 짐승 넷"은 역사의 구간을 넷으로 나누어 새겼다는 뜻입니다. "네 짐승"은 순서대로 등장했던 세상의 네 왕입니다(7:17). 다니엘 7:4-8에 따르면 그 생김새들이 하나같이 괴기합니다. 첫 번째 짐승은 사자와 같은데 독수리 날개가 있고(7:4), 두 번째 짐승은 곰 비슷한데 갈빗대 셋을 입에 물고 뒷발로 서 있으며(7:5), 세 번째 짐승은 표범과 같은데 새의 날개 넷과 머리 넷이 있고(7:6), 네 번째 짐승은 그 모습을 다

표현할 수는 없지만, 쇠 이빨과 뿔이 열 개인 것만은 분명합니다. 그런데 가만히 보니까 나중에 돋아난 작은 뿔 하나가 세상을 마구 뒤흔듭니다. 그 뿔에는 사람의 눈과 입이 있었습니다(7:7-8, 19-20). 다니엘 7:23-25에 따르면, 이 괴물이 성도를 탄압하고, 안식일을 지키지 못하게 하며, 하나님의 말씀을 불온서적으로 금해 버렸습니다. 그런 회상에 뒤이어 이스라엘이 맞이할 새날이 묘사됩니다.

> 내가 보니 왕좌가 놓이고 옛적부터 항상 계신 이가 좌정하셨는데 그의 옷은 희기가 눈 같고 그의 머리털은 깨끗한 양의 털 같고 그의 보좌는 불꽃이요 그의 바퀴는 타오르는 불이며 불이 강처럼 흘러 그의 앞에서 나오며 그를 섬기는 자는 천천이요 그 앞에서 모셔 선 자는 만만이며 심판을 베푸는데 책들이 펴 놓였더라(단 7:9-10).

지금까지 다니엘이 본 환상의 무대는 소란스러운 땅이었습니다. 그랬던 다니엘이 하늘을 바라봅니다. 하늘을 잃고 사는 자들에게 하늘을 보게 합니다. 하나님을 잊고 사는 자들에게 하나님을 바라보게 합니다. 땅만 바라보면 해답이 나오지 않습니다. 미국의 시인인 랄프 에머슨(Ralph Emerson)은 "슬픔은 뒤를 돌아보고, 근심은 주위를 둘러보지만, 믿음은 위를 바라본다"라고 했습니다. 돌아만 보면 마음이 무너지고, 둘러만 보면 마음이 어두워지지만, 바라보면 마음이 밝아집니다. 하나님이 다니엘에게 보여 주신 환상의 뜻이 여기에 있습니다. 하늘을 바라보았더니 옛적부터 항상 계신 하나님이 한 치 오차도 없이 세상사를 내려다보고 계셨습니다. 하늘의 주님이 지금껏 세상사를 어지럽혔던 땅의 괴물들을 심판하시려고 합니다.

'마란 아타'와 '마라나 타' 사이에서 / 보십시오. 하늘 성전을 바라보던 눈으로 땅을 둘러보니 환상의 어조가 달라집니다. 지금까지는 현실이 어둡고 답답하고 두려웠는데, 하늘의 시각으로 땅의 처지를 재단해 보니 그 칙칙했던 분위기가 일순간 달라집니다.

그때에 내가 작은 뿔이 말하는 큰 목소리로 말미암아 주목하여 보는 사이에 짐승이 죽임을 당하고 그의 시체가 상한 바 되어 타오르는 불에 던져졌으며 그 남은 짐승들은 그의 권세를 빼앗겼으나 그 생명은 보존되어 정한 시기가 이르기를 기다리게 되었더라(단 7:11-12).

세상사를 공포로 몰아넣던 흉측한 괴물이 처형됩니다. 그 악한 세력이 하나님의 심판을 받도록 "정한 시기"가 도래합니다. 이 그림을 가슴에 새긴 자들은 이 땅에서 어떤 마음가짐을 하게 될까요? 기다리자는 것입니다. 견디자는 것입니다. 버티자는 것입니다. 주님이 오셔서 이 땅에 평화의 나라를 세우실 때까지 기다리자는 것입니다(7:26).

본문의 "정한 시기"는 우리가 되새겨야 할 기다림이 무엇인지를 밝혀 줍니다. 오실 주님은 세상을 심판하러 오십니다. 성도의 시간은 주님의 초림(初臨)과 재림(再臨) 사이에 있습니다. 이 기다림이 헬라어로는 '마라나타'(maranatha)입니다. 마라나타는 그 시제에 따라 두 가지로 읽힙니다. '마라나 타'(marana tha)로 읽으면 '주님 오시옵소서', '마란 아타'(maran atha)로 읽으면 '주님이 오셨다'가 됩니다. 성도의 시간은 '마란 아타'와 '마라나 타' 사이에 있다는 말입니다(Thomas J. Talley, *The Origins of the Liturgical Year* [Collegeville, Minnesota: The Liturgical Press, 1986], 79. 박해정, "생명의 주기: 강림절에서 주현절까지", 「신학과세계」 83 [2-15], 105쪽에서 거듭 인용). 그러니 '마란 아타'라고 고백한 자는 이제 '마라나 타'를 고백해야 합니다.

심판 주를 기다리는 신앙 / '마라나 타'의 심정으로 다니엘의 환상을 들여다보십시오. 누가 오고 있습니까?

내가 또 밤 환상 중에 보니 인자 같은 이가 하늘 구름을 타고 와서 옛적부터 항상 계신 이에게 나아가 그 앞으로 인도되매(단 7:13).

누가, 어떻게, 어디로 오고 있습니까? "인자 같은 이가 하늘 구름을 타고" 와서 '하나님 앞으로' 나아갑니다. 이스라엘 선지자들은 오랫동안 다윗의 후손으로 오는 "한 아기"를 기다렸습니다(사 9:6-7). 그 아기를 가리켜 '메시아'라고 불렀습니다. 다니엘도 메시아를 기다렸습니다. 그러나 "한 아기"가 태어날 것이라고 하지 않고 "인자 같은 이"가 온다고 말합니다. 이사야나 예레미야가 구원의 주님을 기다렸다면, 다니엘은 심판의 주님을 기다립니다. 다니엘이 고대했던 이 메시아를 기다린 자가 신약성경에도 나옵니다. 요한계시록의 요한입니다.

촛대 사이에 인자 같은 이가 발에 끌리는 옷을 입고 가슴에 금띠를 띠고 그의 머리와 털의 희기가 흰 양털 같고 눈 같으며 그의 눈은 불꽃 같고(계 1:13-14).

다니엘서에서 요한계시록에 이르는 "인자 같은 이"는 심판주로 오시는 하나님입니다. 기독교 신앙은 이 심판의 주로 오시는 주님을 '예수 그리스도의 재림'이라고 불렀습니다. 우리는 이미 오신 주님을 축하하는 자리에 머무르지 않고, 이제 오실 주님, 심판의 주님을 기다리는 신앙을 갖추어야 합니다.

다시 오실 주를 기다리는 시간 / 본문은 여기에서 반전을 이룹니다. 환상의 분위기가 심판에서 구원으로 바뀝니다. 세상 권세를 쥐고 성도들을 공포 속에 몰아넣었던 자를 오시는 주님이 단호하게 심판하시지만, 그 심판이 성도들에게는 새로운 시대가 열리는 축포입니다.

그에게 권세와 영광과 나라를 주고 모든 백성과 나라들과 다른 언어를 말하는 모든 자들이 그를 섬기게 하였으니 그의 권세는 소멸되지 아니하는 영원한 권세요 그의 나라는 멸망하지 아니할 것이니라(단 7:14).

무슨 일이 벌어집니까? 인자 같은 이가 하늘 구름을 타고 와서 옛적부터 항상 계시던 하나님 앞으로 가 하나님 앞에 있던 심판 책을 들고 세상의 권세자를 벌하십니다. 그런 뒤에 하나님은 "인자 같은 이"가 다스리는 영원한 나라를 세우십니다(7:26). 인자가 다스리는 나라가 세워지면, 그 나라의 혜택을 받는 자들은 "지극히 높으신 이의 성도들"(7:22)입니다. 힘든 시기였지만, 하나님 신앙을 고수하며 버틴 자들입니다. 이 환상의 메시지를 이렇게 정리해 봅니다.

'그들에게는 심판이, 우리에게는 상급이!'

"그날에" 심판이 있음을, 심판하는 그날이 있음을 아는 자들은 오늘을 어떻게 살아야 할까요? '값없는 선물전'에 참여했던 7명의 작가들의 소리를 다시 들어 봅니다. 이 작가들은 서로 표현 기법도 다르고, 그림 장르도 다르지만, 한 가지만은 공통됩니다. 그들은 다 '성도'입니다. 모두 똑같이 한 가지를 자기 삶에서 가장 귀한 것으로 꼽았는데, 하나같이 그것을 얻는 과정에서 자기들은 아무 노력도, 어떠한 대가도 치르지 않았다고 고백합니다. 그 한 가지가 무엇입니까? 예수 그리스도입니다. 값없이 주신 예수 그리스도가 내 삶의 지평선을 이전과 이후로 달라지게 했다고 증언합니다. 그래서 그들의 작품을 해설하는 난에는 이런 성구들이 이어집니다.

> 모든 사람이 죄를 범하였으매 하나님의 영광에 이르지 못하더니 그리스도 예수 안에 있는 속량으로 말미암아 하나님의 은혜로 값없이 의롭다 하심을 얻은 자 되었느니라(롬 3:23-24).

> 이 예수는 너희 건축자들의 버린 돌로서 집 모퉁이의 머릿돌이 되었느니라 다른 이로써는 구원을 받을 수 없나니 천하 사람 중에 구원을 받을 만한 다른 이름을 우리에게 주신 일이 없음이라 하였더라(행 4:11-12).

여러분이 값없이 얻은 선물은 무엇입니까? 누군가는 이 선물을 거들떠보지도 않았지만, 그 선물을 받아 든 자는 의롭다 함을 얻어 구원에 이르게 됩니다. 그러나 기억하십시오. 이 값없는 선물이 누구에게나 주어지는 것은 아닙니다. 오직 예수 그리스도를 믿는 자에게만 주어집니다. 예수 그리스도가 이 땅을 심판하러 다시 오십니다. 이 땅을 심판하신 뒤 하나님의 성도들에게 그 나라를 맡기려고 오십니다. 그렇습니다. 다시 오실 주님을 잊고 사는 우리 모두에게 대강절은 주님이 심판의 주로 다시 오신다는 진리를 상기시켜 줍니다. 그렇기에 대강절에 확인하는 성도의 시간은 오심과 기다림 사이에 있습니다. 대강절의 은혜가 여기에 있습니다.

28 호세아 │ 그날은 '어둠에 묻힌 밤'이 아니라 어둠이 묻힌 밤입니다

│ • 호 2:14-20

고요한 밤 거룩한 밤 / 크리스마스 캐럴 중에 '고요한 밤 거룩한 밤'이 있습니다. 1818년에 요셉 모르(Joseph Mohr, 1792-1848)가 지은 노랫말에 프란츠 그뤼버(Franz Grueber)가 곡을 붙인 찬송입니다. 이 캐럴의 독일어(영어)와 우리말 번역을 비교해 보면 차이가 있음을 알 수 있습니다. 1절의 첫 대목을 우리말 번역은 원래 가사와는 다르게 부릅니다. 독일어나 영어 찬송은 첫 번 성탄의 밤을 '어둠에 묻힌 밤'이라고 부르지 않습니다. '조용하고 밝은 밤'(All is calm, all is bright)이라고 부릅니다. 영어 번역 가운데에는 'All is calm, all is bright'를 '고요한 땅 빛만 찬란해'(Still the earth, lone the light)라고 옮긴 것도 있습니다. 찬양 '고요한 밤 거룩한 밤'은 빛으로 오신 구세주의 탄생이 세상의 어둠을 물리쳤다는 것을 노래합니다. 첫 성탄의 밤은 '어둠에 묻힌 밤'이 아니라, '어둠이 빛 속에 묻힌 밤'입니다(민영진, "성탄절과 수난절", 「헤르메네이아 투데이」 40 [2007. 09], 77-87, 특히 81쪽). 주님이 오신 날은 '어둠에 묻힌 밤'이 아니라 '어둠이 묻힌 밤'이라는 이야기는 본문에도 나옵니다.

벌하지 않고 용서하신다 / 본문에 들어서기 위해서는 본문 앞 장면부터 스케치해야 합니다. 본문 앞에 수록된 장면은 이스라엘에게 퍼부으시는 하나님의 꾸짖음 일색입니다. 하나님의 백성이 여태껏 음란하게 살았다고, 하나님을 저버리고 살았다고 나무라고 계십니다.

호세아가 선지자로 나섰던 시대는 여로보암 2세(주전 787-747년) 이후 25년 동안 사마리아 궁에 여섯 임금이 들어섰고, 그 가운데 넷은 암살되는 정변이 끊이지 않았던 시대였습니다. 외세의 위협이 거친데도 여론은 양분되어 전전긍긍했습니다. 그러다가 앗수르에게 정복되면서 호세아의 조국은 역사의 무대에서 사라지고 맙니다. 그런 참혹한 사태에 대한 고발이 본문의 맥락입니다. 호세아의 시대가 어둡고 암담했고 캄캄했다는 뜻입니다.

그런데 본문에 들어서면 그 분위기가 달라집니다. 하나님이 이렇게 말씀하십니다.

> 그러므로 보라 내가 그를 타일러 거친 들로 데리고 가서 말로 위로하고 거기서 비로소 그의 포도원을 그에게 주고 아골 골짜기로 소망의 문을 삼아 주리니(호 2:14-15a).

"보라"는 말은 시선을 집중해서 바라보라는 신호입니다. 달리기 선수들을 보십시오. 정해진 트랙에 선 선수들은 출발 신호에 맞춰 어디를 내다보고 있습니까? "보라"는 하나의 중요한 신호입니다. 하나님의 영광을 볼 준비를 하라는 신호입니다. 우리의 시선을 하나님에게로 돌리라는 신호입니다.

보십시오. 누가 오고 있습니까? 하나님이 오고 있습니다. 누구에게 오고 있습니까? 못난, 어긋난, 일그러진 이스라엘에게 오십니다. 어떻게 오십니까? 사랑을 청원하는 남자의 모습으로 오십니다. 본문 '타이르다'라는 말은 '유혹하다'라는 뜻입니다. '말로 위로하다'라는 구절은 "다정한 말로 달래 주겠다"(새번역)는 뜻입니다. 분노의 하나님이 아니라 용서의 주님으로 오고 계십니다.

지금까지 이스라엘은 하나님을 저버리고 살았습니다. 물질을 따르다가 정신을 잃어버렸고, 탐욕을 좇다가 정체성을 잃어버렸고, 풍요의 신 바알을 좇다가 하나님 사람의 얼을 내팽개쳤습니다. 그런 모습만 본다면 벌을 받아 마땅합니다. 그런데 그 못난 이스라엘을 품으려고 하나님이 오십니다. 오셔서는 꾸짖지 아니하시고 타이르십니다. 벌하지 아니하시고 용서하십니다. 그렇습니다. 하나님의 오심은 감격입니다.

내 처지를 역전시키신다 / 하나님이 이스라엘에게 오신 이유가 무엇입니까? 하나님이 이스라엘을 거친 들로, 광야로 데리고 가십니다. 이스라엘은 광야에서 하나님의 사랑을 경험한 적이 있습니다. 애굽을 나온 이스라엘은 사십년 동안 광야 길을 걸었을 때 그 의복이 해어지지 않았고 그 발이 부르트지 않았으며, 사람이 떡으로만 사는 것이 아니라 여호와의 입에서 나오는 말씀으로 사는 줄을 알게 되었습니다(신 8:3-4). 사도 바울도 부활의 주님을 체험하고 난 뒤 광야로 가서 주님의 임재를 체험하였습니다(갈 1:17).

눈으로 보기에는 척박한 광야이지만, 그 광야에 하나님이 계신다면 사정이 달라집니다. 하나님과 함께하는 곳이라면 더는 광야가 아닙니다. 하나님이 이스라엘에게 무엇을 약속하십니까? 그의 포도원을 그에게 주고 아골 골짜기로 소망의 문을 삼아 준다고 하십니다. 삶의 터전을 회복시켜 주십니다.

아골 골짜기를, 슬픔의 골짜기를, 이스라엘이 가나안 땅에 들어섰을 때 지었던 죄 탓에 싸움에서 졌던 곳을 새로운 소망의 문이 되게 하십니다. 상처를 닦아 주시고, 흔적을 지워 주시며, 눈물을 훔쳐 주십니다. 이스라엘의 처지를 역전시키십니다. 출애굽할 때 이스라엘이 하나님과 나누었던 정을 다시 회복시켜 주십니다. 그렇습니다. 하나님의 오심은 감사입니다. 상처와 눈물과 고통이 감사에 묻힌 날이 하나님이 오시는 날입니다.

방문객이 아니라 신랑이신 하나님 / 이제 놀라운 일이 벌어집니다. 하나님이 이스라엘을 거친 광야로 데리고 가서 포도원을 일구고, 아골 골짜기로 소망의 문이 되게 하셨는데, 그보다 더 놀라운 일이 벌어집니다.

여호와께서 이르시되 그날에 네가 나를 내 남편이라 일컫고 다시는 내 바알이라 일컫지 아니하리라 내가 바알들의 이름을 그의 입에서 제거하여 다시는 그의 이름을 기억하여 부르는 일이 없게 하리라(호 2:16-17).

이 일은 호세아 2:9-13을 뒤집어 놓고 있습니다. 거기에서는 신실하신 하나님이 불신실한 이스라엘에게 그 책임을 물으셨습니다. 이스라엘의 정신이 온전하지 못하다고, 생활이 단정하지 못하다고 꾸짖으셨습니다. 그런데 본문에서는 하나님의 신실하심이 이스라엘의 불신실함을 이겨 낸다고 다짐하십니다. 이스라엘의 모자람을 하나님이 채우시는 날이 바로 "그날"이라는 것입니다. 그 놀라운 일을 본문은 이렇게 설명합니다.

내가 네게 장가들어 영원히 살되 공의와 정의와 은총과 긍휼히 여김으로 네게 장가들며 진실함으로 네게 장가들리니 네가 여호와를 알리라(호 2:19-20).

하나님이 이스라엘의 신랑이 되려고 하십니다. 이스라엘을 하나님의 아내로 삼으십니다. 이스라엘의 모자람을 하나님의 공의로 채우십니다. 이스라엘의 어긋남을 하나님의 사랑으로 세우십니다. 이스라엘의 일그러진 처지를 하나님의 은총으로 고치십니다. 그래서 하나님을 이스라엘의 신랑으로, 이스라엘을 하나님의 신부로 비유해서 타이르십니다. "그날에 네가 나를 내 남편이라 일컫고 다시는 내 바알이라 일컫지 아니하리라."

바알은 가나안 사람들이 섬기던 풍요의 신입니다. 그 시대의 화두가 바알입니다. 그 시대의 문법이자 대세가 바알입니다. 모두가 바알을 주인으로 삼았습니다. 그런 사회 속에서 하나님은 이스라엘의 바알이 아니라 이스라엘의 남편(잇쉬)이 되기를 바라십니다. 이스라엘이 하나님의 신부(잇샤)가 되기를 바라십니다. 시인 정현종의 글에 '방문객'이란 시가 있습니다.

사람이 온다는 건
사실은 어마어마한 일이다
그는
그의 과거와
현재와
그리고
그의 미래와 함께 오기 때문이다
한 사람의 일생이 오기 때문이다…(중략)

정현종이 펴낸 시집 『광휘의 속삭임』(서울: 문학과지성사, 2008)에 실려 있는 시의 일부입니다. 정현종의 '방문객'은 "사람이 온다는 건/ 사실은 어마어마한 일"이라고 가르칩니다. 그의 '과거와 현재와 미래와 함께 오기 때문'입니다. 사람이 오는 일이 어마어마하다면, 하나님이 이스라엘에게 오시는 일은 어떠하겠습니까? 하나님의 어제와 하나님의 오늘과 하나님의 내일을 상상해 보십시오. 지켜 주시고, 함께하시고, 예비해 두시는 하나님이 우리에게 오시는 일은 또 어떠하겠습니까? 정현종 시인이 어머어마한 사건이라고 부른 방문객은 잠시 머물다가 가는 사람이지만, 하나님은 방문객이 아닙니다. 예수님의 이름이 '임마누엘', 우리와 함께하는 주님이신 것을 기억하십시오.

내 삶의 어둠이 주님의 빛에 묻힌 날 / 본문은 하나님의 오심이 자아내는 감동을 이렇게 이어 갑니다.

> 그날에는 내가 그들을 위하여 들짐승과 공중의 새와 땅의 곤충과 더불어 언약을 맺으며 또 이 땅에서 활과 칼을 꺾어 전쟁을 없이하고 그들로 평안히 눕게 하리라 (호 2:18).

결혼은 신랑 된 자와 신부 된 자가 주고받는 언약입니다. 본문은 이 언약식이 이루어지는 날 또 하나의 언약이 맺어진다고 공표합니다. 그 언약식이 이루어지는 날, 땅에서 전쟁을 없애서 이스라엘 백성이 "마음 놓고 살 수 있게"(새번역) 하십니다. 하나님과 이스라엘이 화목함으로 하나님이 그 땅에 평화를 이루신다는 것입니다. 호세아가 고대하는 하나님의 오심이 평화이듯이 성탄절의 코드도 평화입니다. 로마제국은 군대의 힘으로 평화를 이룩하고자 했지만 오래가지 못했습니다. 하나님의 오심을 고대하는 이유가 여기에 있습니다. 하나님이 오시는 날에 하나님이 이루실 평화가 이 땅에 구축됩니다. 오늘날 우리가 묵상해야 할 신앙의 주제가 이것입니다.

> 홀연히 수많은 천군이 그 천사들과 함께 하나님을 찬송하여 이르되 지극히 높은 곳에서는 하나님께 영광이요 땅에서는 하나님이 기뻐하신 사람들 중에 평화로다 하니라(눅 2:13-14).

주님이 오시면서 평화의 나라가 시작됩니다. 하늘만 누리는 평화가 아닙니다. 땅도 누리는 평화입니다. 사람들만 누리는 평화가 아닙니다. 온 세상이, 짐승들을 비롯한 온 생태계가 누리는 평화입니다. 주님이 계신 곳에 하나님의 나라가 세워집니다. 이스라엘의 어둠이 하나님의 빛에 묻힌 날을 보여 주고 있습니다. 어떻게 이스라엘의 어둠이 하나님의 빛에 파묻혀 버렸습니까? 하나님이 이스라엘에게 오셔서 이스라엘과 동행하시기 때문입니다.

『시골 의사의 아름다운 동행』(박경철[파주: 리더스북, 2005])은 의과대학을 졸업하고 외과 전문의로 일하다가 고향 친구들과 했던 약속대로 40세가 되던 해에 고향으로 돌아가서 병원을 운영하는 의사 박경철의 이야기입니다. 책에는 가슴 아픈 사연이 참 많습니다. 가령 좌측 횡격막이 터지면서 생긴 엄청난 출혈로 중환자실에서 사투를 벌이던 여성이 죽음 직전 인공호흡기가 달린 팔을 겨우 움직여 "시신 기증"이라고 써서 주변을 울렸던 이야기(18-26쪽), 고속도로에서 교통사고로 짓뭉개진 오른쪽 다리를 절단해야만 했던 20대 여성이 퇴원 후 미니스커트를 입고 다시 병원을 찾아온 이야기(178-189쪽) 등 한 시골 의사가 고향의 이웃들과 동행하는 이야기에 가슴이 뭉클했습니다.

시골 의사의 동행이 아름답다면, 하나님이 우리와 동행하고자 이 땅을 찾으시는 일은 어떻게 설명할 수 있을까요? 그것은 아름다움을 넘어 감동입니다. "위를 쳐다보거나 땅을 굽어보아도 환난과 흑암과 고통의 흑암뿐"(사 8:21b-22a)인 세상에 한 아기가 탄생하면서 영원한 빛으로 세상을 다시 밝히십니다.

주님이 내 마음에 오심으로 내 삶의 어둠이 빛 되신 주님에게 묻히기를 바랍니다. 내 삶의 시련이 평강의 주님에게 묻히기를 바랍니다. 내 삶의 고통이, 우리 사회의 시련이 평화의 주님에게 묻히기를 바랍니다. 우리 삶이 어둠에 묻힌 밤이 아니라 어둠이 주님이 주신 감동에 묻힌 밤이 되기를 바랍니다. 그렇습니다. 하나님의 오심은 감동입니다.

29 요엘 │ 올해의 성적표에는 무엇이 적혀 있습니까

• 욜 3:14-17

누구에게나 마침표가 있다 / 2021년 12월 독일 베를린 국방부 청사 광장에서 2005년부터 2021년까지 16년간 총리직을 네 번이나 연임하였던 앙겔라 메르켈(Angela Dorothea Merkel, 1954-)의 총리직 이임을 기려 '앙겔라 메르켈을 위한 군악제'(Großer Zapfenstreich für Angela Merkel)가 열렸습니다. 메르켈 총리가 그간의 소회를 밝히는 연설을 하고, 그 뒤를 이어 메르켈이 신청한 세 개의 곡을 군악대가 연주하였습니다. 그는 이렇게 말했습니다.

제가 재임한 지난 16년간 많은 일이 있었고 도전의 연속이었습니다. 정치적으로나 인간적으로 지난 16년은 제게는 어려움을 극복하라고 요구했던 시간이었습니다. 저를 신뢰해 준 여러분에게 감사를 드립니다. …정치에서 가장 소중한 자산은 신뢰입니다. …뒤돌아보면 지난 2년간 우리를 힘들게 한 코로나 위기 이전에도 우리에게는 2008년 글로벌 경제위기, 2015년 시리아 난민 문제 같은 힘겨운 과제가 있었습니다. 앞으로도 우리는 기후변화, 디지털화, 난민과 이주민 문제 등을 풀어가야 합니다. 이 도전들에 대한 답을 찾고 우리의 미래를 만들어 가는 것은 차기 정부의 몫입니다. 올라프 숄츠(Olaf Scholz)와 그가 이끄는 정부의 미래가 정말로, 정말로 잘되기를 기원합니다"("임재훈 칼럼」'메르켈 총리 이임 군악제'", m.dangdangnews.com, 2021. 12. 12).

메르켈은 2021년 12월 8일 총리직에서 물러났습니다. 네 번 연임하고도 75%의 지지율을 얻었던 총리였지만, 그에게도 마침표가 있었습니다. 이런 생각이 들었습니다. '이 군악제는 메르켈이 받아 든 성적표다.' 시민들이 환호했거든요. 시민들이 아쉬워했거든요. 메르켈에게는 그 군악제가 총리직으로 재직하던 기간을 회상하는 기회였지만, 독일 시민들에게는 총리직에서 떠나는 정치인을 아쉬워하는 시간이기도 했습니다.

여러분은 어떻게 살았습니까? 본문에는 지금까지의 삶을 정리하는 성적표를 받아 든 사람들이 소개됩니다.

내 삶 현장의 색깔은? / 본문은 이렇게 시작합니다.

사람이 많음이여, 심판의 골짜기에 사람이 많음이여, 심판의 골짜기에 여호와의 날이 가까움이로다 해와 달이 캄캄하며 별들이 그 빛을 거두도다(욜 3:14-15).

사람들이 심판의 골짜기에 모여 있습니다. 여기에 모인 사람들은 유다 백성을 탄압하였던 자들입니다. 그들을 하나님이 심판하려고 하십니다. 그 심판이 벌어지는 날을 "여호와의 날"이라고 부릅니다. 본문에 나오는 "심판의 골짜기"는, 요엘 3:2, 12에 따르면, 여호사밧 골짜기입니다. "민족들은 일어나서 여호사밧 골짜기로 올라올지어다 내가 거기에 앉아서 사면의 민족들을 다 심판하리로다"(3:12)라고 하시지 않았습니까. 여호사밧은 유다 왕 이름이지만, 여기에서는 지명으로 쓰였습니다. '여호와가 판단하시는 골짜기'라는 뜻입니다.

유다 왕 여호사밧에 얽힌 골짜기 이야기는 역대하 20장에 나옵니다. 모압과 아람의 연합군이 유다를 침공하였을 때입니다. 여호사밧이 그들과 맞서고자 전쟁터로 나갑니다. 하나님의 도우심을 구하며 담대하게 백성과 함께 아침 일찍이 "드고아 들"(대하 20:20)로 나갔습니다. 드고아는 예루살렘 남쪽 16km, 베들레헴 남동쪽 10km에 있는 염해로 향하는 황량한 벌판입니다(M. Daniel Carroll R., "TEKOA", *The New Interpreter's Dictionary of the Bible*, vol. 5, 490).

드고아가 어디에 있느냐보다 중요한 것은 드고아란 명칭에 담긴 뜻입니다. 드고아는 바람 소리가 요란한 곳입니다. 이런저런 소동으로 시끄러운 곳입니다. 여호사밧이 드고아 들을 아람 사람들과의 싸움터로 삼았습니다. 싸움터로 나갈 때 먼저 노래하는 자들이 군대 앞에서 행진하면서 하나님을 찬송하였습니다. "여호와께 감사하세 그의 인자하심이 영원하도다"(대하 20:21). 하나님이 유다의 대적들을 치셨습니다. 여호사밧에게 큰 승리를 안겨 주셨습니다. 전리

품이 너무 많아서 유다 백성들이 사흘 동안 거두어야 했습니다. 넷째 날에 무리가 다시 모여서 하나님을 송축하였습니다. 그때 모였던 장소를 가리켜 "브라가 골짜기"(대하 20:26)라고 불렀습니다. '브라가'란 '축복'이라는 뜻입니다. 이곳이 바로 여호사밧 골짜기입니다.

따지고 보면 드고아 들이나, 브라가 골짜기나, 여호사밧 골짜기나 다 똑같은 곳입니다. 그렇지만 그 쓰임새에 따라, 같은 골짜기가 서로 다르게 불립니다. 시끄러운 소리가 들리는 곳은 드고아 들, 하나님이 심판하실 때에는 여호사밧 골짜기, 싸움에 승리할 때는 브라가 골짜기. 같은 장소, 다른 이야기가 이 골짜기에 얽혀 있습니다. 어떻게 살아가느냐에 따라서 내 삶의 현장의 색깔이 달라집니다. 찬양하며 살면 브라가입니다. 애통해하며 살면 드고아입니다. 하나님의 심판을 두려워하면 여호사밧입니다. 여러분이 지금 두 발을 디디고 있는 자리는 어디에 속합니까? 드고아입니까, 브라가입니까, 여호사밧입니까?

묘서동처(猫鼠同處) / 본문의 첫 장면은 여호사밧 골짜기에 몰려든 유다의 대적들을 소개하였습니다. 여기에 이어지는 장면은 그 골짜기에 몰려든 자들을 비추는 해와 달과 별들에 관한 이야기입니다.

해와 달이 캄캄하며 별들이 그 빛을 거두도다(욜 3:15).

심판받는 자들이 얼마나 많았으면, 그 골짜기에서 바라본 해와 달이 캄캄하고 별들이 그 빛을 거두었겠습니까. 그러나 이 구절에는 그 이상의 뜻이 담겨 있습니다. 하나님이 판단하시는 자리에 의기양양 들어섰다가 하나님이 내리시는 무거운 형벌을 받아 든 사람들의 표정을 상상해 보십시오. 어둡기 짝이 없습니다. 사람들이 어두우니 해와 달이 어두웠다는 뜻입니다. 해와 달과 별이 어두워졌기에 그 아래 사는 사람들의 표정도 어두워졌다는 뜻입니다. 웃음을 잊어버린 사람들이나 빛을 잃어버린 해와 달과 별이나 처량하기는 똑같습니다. 「교수신문」이 2021년 한국 사회의 성적표를 '묘서동처'(猫鼠同處)로 정리한 적이 있습니다. 전국의 대학 교수 880명의 설문조사에서 그런 결과가 나왔습니다. '고양이와 쥐가 함께 있다'는 뜻입니다. 고양이가 쥐를 잡지 않고 쥐와 한패가 되었다는 말은 법을 집행하는 사람과 이권을 노리는 사람이 한통속이 되어 있는 우리 사회의 모습을 꼬집는 지적입니다. 전국 대학 교수 880명이 6개의 사자성어 중 2개씩 선정했는데, 묘서동처가 총 1,760표 가운데 514표를 받았습니다(『교수신문』, 1094 [2021.12.13], 1, 5면). 여러분의 한해살이는 어떠합니까? 올해살이에 성적을 매긴다면 몇 점을 매기겠습니까?

두 종류의 사람, 두 종류의 성적표 / 본문에는 자기 삶을 판단하는 성적표를 받아 든 사람들이 소개됩니다. 본문의 성적표는 수우미양가나 ABC로 표시되지 않습니다. 미국의 대학 중에는 학과목을 신청할 때 학생들에게 이렇게 묻는 경우가 있습니다. "ABC 등의 평가를 받을 것인가, 아니면 '통과 또는 낙제'(Pass or Fail)를 받을 것인가." 만약 수강 신청하는 학생이 '통과 또는 낙제'를 선택한다면, 그 학생의 성적표에는 둘 중 하나만 표시됩니다. 요엘 3장에 소개된 성적표도 이와 같습니다. 우는 자와 웃는 자로 갈립니다. 칭찬받는 자와 꾸지람 받는 자로 갈립니다. 심판받는 자와 구원 얻는 자로 갈립니다. 다음 구절을 비교해서 읽어 보십시오.

> 민족들은 일어나서 여호사밧 골짜기로 올라올지어다 내가 거기에 앉아서 사면의 민족들을 다 심판하리로다(욜 3:12).

> 여호와께서 시온에서 부르짖고 예루살렘에서 목소리를 내시리니 하늘과 땅이 진동하리로다 그러나 여호와께서 그의 백성의 피난처, 이스라엘 자손의 산성이 되시리로다(욜 3:16).

두 종류의 사람들이 소개됩니다. 여호사밧 골짜기로 몰려든 사람들과 시온으로 피난 간 사람들. 여호사밧 골짜기로 몰려간 사람들은 '심판'이라고 적힌 성적표를 받아 듭니다. 그들은 한때 힘과 세력을 과시했습니다. 규모를 과시했습니다. 업적을 과시했습니다. 그러나 하나님의 시각과는 무관했습니다. 그래서 받아 든 성적표는 '심판'(Fail)입니다. 시온으로 올라간 사람들은 '구원'이라는 성적표를 받아 듭니다. 한때는 힘들고 부끄러웠습니다. 조마조마했습니다.

그러나 하나님의 뜻대로 살고자 했습니다. 하나님이 그들에게 내리신 점수는 '구원'(Pass)입니다. 본문은 마치 예수님이 세상에는 두 종류의 길이 있다고 말씀하시는 것과 비슷합니다.

> 좁은 문으로 들어가라 멸망으로 인도하는 문은 크고 그 길이 넓어 그리로 들어가는 자가 많고 생명으로 인도하는 문은 좁고 길이 협착하여 찾는 자가 적음이라 (마 7:13-14).

살면서 어느 길로 걸어왔습니까? 올해살이 성적표는 '통과 또는 낙제', 이 둘 중 어디에 속합니까? 마음과 뜻과 정성을 다하여 주님을 사랑하는 우리는, 내 안에 계시는 주님을 기쁨으로 섬기는 우리는, 주일예배를 삶의 기본기로 삼는 우리는 모두 구원과 은총의 성적표를 받아 든 하나님의 사람이라 믿습니다.

위대하신 하나님, 우리가 당신을 찬양합니다! / 본문의 마지막은 구원받은 자들에게 주시는 하나님의 말씀입니다.

> 그런즉 너희가 나는 내 성산 시온에 사는 너희 하나님 여호와인 줄 알 것이라 예루살렘이 거룩하리니 다시는 이방 사람이 그 가운데로 통행하지 못하리로다(욜 3:17).

하나님을 안다는 것이 무엇입니까? 하나님을 아는 자들은 어떻게 행동합니까?

> 누구든지 여호와의 이름을 부르는 자는 구원을 얻으리니 이는 나 여호와의 말대로 시온산과 예루살렘에서 피할 자가 있을 것임이요 남은 자 중에 나 여호와의 부름을 받을 자가 있을 것임이니라(욜 2:32).

하나님을 아는 자들은 하나님의 이름을 부릅니다. 하나님의 이름을 부르며 시온과 예루살렘, 성전을 찾는 자들에게는 구원이 있습니다. 메르켈을 위한 군악제에서 연주된 곡은 세 곡이었습니다. 첫 번째 곡은 메르켈의 대학 시절을 떠올리게 하는 음악이었고, 두 번째 곡은 샹송풍 독일 가요로 라인강의 기적 이후 독일 사회에 몰아닥쳤던 변화의 바람을 회상하는 곡이었으며, 세 번째 곡은 4세기 성가 '위대하신 하나님, 우리가 당신을 찬양합니다'(Großer Gott, wir loben dich, 1771)였습니다. 독일 사회 저변에 기독교 신앙이 깔려 있음을 고백하는 곡이었습니다. 메르켈이 목사의 딸임을 고백하는 곡이었습니다. 메르켈의 둥지에는 기독교 신앙이 있었음을 만천하에 알리는 곡이었습니다.

메르켈의 아버지 호르스트 카즈너(Horst Kasner) 목사는 1954년 온 가족과 함께 서독에서 동독으로 이주했습니다. 태어난 지 한 달 반밖에 되지 않은 신생아 앙겔라를 데리고, 당시 270만 동독인이 자유를 찾아 서쪽으로 이주하던 것과는 반대로 동독으로 이주하였습니다. 서독에는 목회자가 넘쳐 났지만, 동독에는 수많은 영혼이 방치되어 있었기 때문입니다. 카즈너 목사는 하나님 앞에서 바른 삶을 살고자 죽음을 무릅쓰고 낮은 곳으로, 천한 곳으로, 교회도 없는 공산 치하로 내려갔습니다. 그 슬하에서 신앙 교육을 받으며 자란 메르켈(앙겔라 카즈너)이 동독의 물리학자가 되고, 독일 통일 운동에 참여하면서 환경부 장관이 되었다가 마침내 2005년 독일 총선에서 총리가 되어 내리 4선에 성공한 정치 지도자가 되었습니다. 메르켈이 택한 세 번째 곡을 우리말로 옮기면 이렇습니다.

"거룩하신 하나님 경배하고 찬양하세/ 땅은 주님 발등상 저 하늘은 그의 보좌/ 영원토록 세상을 홀로 다스리신다."

하나님을 인정하십시오. 하나님이 우리를 인정해 주십니다. 하나님을 높이십시오. 하나님이 우리를 세워 주십니다. 하나님을 기리십시오. 하나님이 우리를 세상에서 귀하게 사용하십니다. 우리가 받아 든 올해살이의 성적표에 "위대하신 하나님, 우리가 당신을 찬양합니다" 같은 고백이 새겨져 있기를 바랍니다. 그렇습니다. 모든 것은 다 하나님의 은혜입니다.

30 아모스 │ 문(文)이 문(紋)이 될 때 문(門)이 열리고 문(問)이 풀립니다

• 암 5:4-8

하나님의 말씀으로 일상을 디자인하라 / 한국관광공사가 제작한 〈필 더 리듬 오브 코리아 서산편〉은 불고기와 한복으로 대변된 한국 관광 콘텐츠의 틀을 완전히 뒤집어 놓았습니다. 많은 경운기가 바지락으로 유명한 서산 대산 읍 오지리 갯벌을 줄지어 달리면서 그 사이사이에 관광명소를 소개하는 발상 이 참신합니다. 경운기 위에 올라탄 어부들의 표정도 비장하고요. 무엇보다도 서산 갯벌을 가로지르는 경운기 행렬이 압권입니다. 바지락을 잡으러 경운기 를 타고 갯벌로 향하는 어부들의 행렬에 우리 민요 '옹헤야'를 '힙'하게 입혀서 영상의 분위기가 자못 경쾌합니다. 이 영상의 제목은 영화 〈매드맥스〉(Med Max)를 패러디한 '머드맥스'인데, 국내는 물론 해외에서도 큰 인기를 얻었습 니다.

이 영상의 무대는 가로림만입니다. '숲에 이슬을 더하는 바다'란 뜻의 '가로 림만'은 다양한 해양생물의 보고이자 천연기념물 '점박이물범'의 서식지입니 다. 전체 해안선의 길이가 162km에 이르고 전체 면적은 1만5,985ha인데 이 중 갯벌 면적이 8,000ha로 수심이 얕아 간조가 되면 전체 면적의 3분의 2가 갯 벌로 드러납니다. 한때 조력발전 사업지로 떠오르기도 했으나 지금은 충남도 와 서산시, 태안군이 힘을 기울여 생태학적 가치가 큰 가로림만을 국가해양생 태공원으로 조성하려고 합니다.

서산 관광을 이야기하려는 것이 아닙니다. 나에게 주신 삶을, 나에게 주신 시간을 재미있게, 신바람 나게, 보람차게 사는 스토리로 엮어 가자는 이야기를 나누려고 합니다. 주여, 저의 삶이, 신앙생활이, 교회생활이 은혜롭고, 재미있 고, 신바람 나게 하소서! 어떻게 해야 은혜롭고 재미있고 신나는 삶이 될 수 있 을까요? 본문이 답합니다.

문(門) 앞에 서 있는 자들 / 본문은 이렇게 시작합니다.

여호와께서 이스라엘 족속에게 이와 같이 말씀하시기를 너희는 나를 찾으라 그리
하면 살리라(암 5:4).

하나님을 찾으라는 말씀입니다. 하나님을 찾지 않으면 죽을 수밖에 없다는
암시가 본문에 서려 있습니다. 본문은 겉으로만 보면, '재미있는, 신바람 나는'
삶과는 아무 상관이 없습니다. 아모스는 왜 이런 말씀을 하게 되었을까요?
　선지자 아모스의 시대는 주전 8세기 후반 북왕국 이스라엘입니다. 이 시대
는 나라 전체적으로는 부강했던 시절입니다. 나라의 경제적 규모가 커졌던 것
에 비해 사회 구성원 사이에 빈부격차가 아주 심했습니다. 왕을 비롯한 사회
지도층 인사들 가운데에는 여름철에 사는 집과 겨울철에 사는 집이 따로 있기
도 했지만(3:15), 서민들은 '신 한 켤레 값으로' 팔리기도 했습니다(2:6; 8:6). 이때
선지자 아모스는 서민의 마음을 대변합니다. 서민을 위한 하나님의 마음을 대
표합니다. 그래서 그 사회의 높은 자, 가진 자, 힘 있는 자를 꾸짖습니다. 그만
큼 아모스서의 분위기는 무겁습니다. 그만큼 아모스서에 소개된 사람들의 면
면은 거칠기 짝이 없습니다. 그들은 이렇게 살았습니다.

정의를 쓴 쑥으로 바꾸며 공의를 땅에 던지는 자들아(암 5:7).

아모스서에서 하나님의 말씀을 듣는 자들은 정의를 쓴 쑥으로 바꾸고 공의
를 땅에 던집니다. '정의'(미쉬파트)는 법적 용어이고 '공의'(체다카)는 신앙 용어
입니다. 사람살이를 공평하게 이끄는 질서가 정의라면, 하나님이 보시기에 바
른 자세는 공의입니다. 쓴 쑥은 먹을 수 없습니다. 정의를 폐기처분했다는 지
적입니다. 공의를 땅에 던졌다는 것은 공의를 땅에 처박아 두었다는 지적입니
다. 공의를 무시했다는 뜻입니다.
　본문 4절에서 "너희는 나를 찾으라 그리하면 살리라"라는 하나님의 말씀을
듣는 자들은 이대로 가다가는 파멸과 심판과 죽임을 당할 수밖에 없다는 현실
앞에 서 있습니다. 이대로 가다가는 사회가 결딴납니다. 이대로 가다가는 개

인도 하나님의 버림을 받습니다. 그러니까 본문에서 하나님을 찾으라는 말씀을 듣는 자들은 심각한 물음 앞에 서 있습니다. 사회생활이 엉망이 되었고 개인의 신앙생활도 크게 비뚤어지고 말았습니다. 한마디로, 그들은 지금 절망으로 나아가는 문(閂) 앞에 서 있습니다.

문(門)을 찾는 사람들 / 아모스의 꾸지람을 듣는 사람들이 절망의 문 앞에서 대책을 찾지 않은 것은 아닙니다. 죽음에 이르게 된다는 경고 앞에서 살길을 모색하지 않은 것이 아닙니다. 아니, 더 적극적으로 살길을 찾아 나서는 일에 매달렸습니다. 그러나 엉뚱했습니다.

[너희는] 벧엘을 찾지 말며 길갈로 들어가지 말며 브엘세바로도 나아가지 말라 길갈은 반드시 사로잡히겠고 벧엘은 비참하게 될 것임이라 하셨나니 너희는 여호와를 찾으라 그리하면 살리라 그렇지 않으면 그가 불같이 요셉의 집에 임하여 멸하시리니 벧엘에서 그 불들을 끌 자가 없으리라(암 5:5-6).

그들은 자기 시대의 문제를 푸는 해답을 하나님 신앙에서 찾지 않았습니다. 하나님이 이스라엘 백성에게 그것을 일러주셨지만, 안타깝게도 그들은 그 해답에 귀를 기울이지 않았습니다. 해답이 아닌 오답에 귀를 기울였습니다.

본문에 거론된 벧엘, 길갈, 브엘세바는 다 유명한 성소요 종교적 명소입니다. 커다란 산당이 있었고, 영험하다는 소문이 자자했고, 사람들이 떼로 몰려들었던 곳입니다. 그들은 하나님의 말씀에 귀를 기울여야 했지만, 하나님의 말씀보다는 눈에 보이는 종교적 위세에 더 가중치를 두었습니다. 그러다 보니 벧엘로, 길갈로, 저 멀리 브엘세바로 극성스럽게 찾아다녔습니다. 눈에 보이는 산당과 눈에 보이지 않는 하나님 사이에서 눈에 보이는 산당을 택했습니다. 사람들이 몰려드는 명소와 혼자서 겸손히 들어야 하는 말씀 사이에서, 사람들은 몰려가는 명소를 택했습니다.

'선택' 하면, 떠오르는 이야기 중에 조앤 롤링(Joan Rowling)의 소설 『해리 포터』가 있습니다. 해리 포터 시리즈를 한 문장으로 요약하면, "우리의 진정한 모습은… 해리, 우리의 능력이 아니라 우리의 선택을 통해 나타나는 거란다"(2권, 「비밀의 방」, 호그와트 학교장인 덤블도어의 말)라고 생각합니다.

실력은 능력이 아니라 선택입니다. 선택은 내가 누구인가를 보여 주는 창구입니다. 어떤 선택을 하며 살아왔는가는 내가 진정 어떤 사람인가를 알게 해 주는 이력서이기도 합니다. 세상의 글이 아닌 하나님의 말씀을 선택하십시오. 넓은 길이 아닌 좁은 길을 선택하십시오. 종교생활이 아닌 신앙생활을 선택하십시오. 빠르기보다는 바르기를 선택하십시오. 땅의 것이 아닌 하늘의 것을 선택하십시오.

문(文)에 귀를 기울이는 자들 / 본문은 엉뚱한 곳을 찾고 엉뚱한 것을 붙드는 자들에게 살아날 길이 어디에 있는지를 들려줍니다.

> 여호와께서 이스라엘 족속에게 이와 같이 말씀하시기를 너희는 나를 찾으라 그리
> 하면 살리라(암 5:4).

하나님을 찾으라는 말은 생명을 찾으라는 뜻입니다. 본문은 죽음을 벗어나는 길, 절망을 헤쳐나가는 길, 패배에서 벗어나는 길은 하나님을 찾는 데 있다고 힘주어 말합니다. "나를 찾으라 그리하면 살리라"(디르슈니 비흐유)에서 '찾으라'는 말은 '구하다, 묻다'(다라쉬)라는 뜻입니다. 이 낱말에서 유대인의 성서주석을 가리키는 '미드라쉬'라는 용어가 파생되었습니다. 미드라쉬는 유대인의 주석 방법을 가리키는 용어이지만, 쉬운 말로 하면, 말씀 새기기입니다.

어떻게 하나님을 찾을 수 있습니까? '미드라쉬'가 거기에 대해서 답합니다. 하나님의 말씀을 새길 때 하나님을 만날 수 있습니다. 하나님의 말씀에 들어설 때 살아날 길이 열립니다. 하나님의 말씀(文)이 내 삶의 무늬(紋)가 될 때 죽음을 헤쳐 나가는, 절망을 벗어나는, 심판을 모면하는, 패배를 극복하는 문(門)이 열립니다.

유대인들의 '말씀 새기기'(미드라쉬)를 중세기의 교회는 '렉시오 디비나'라고 불렀습니다. 흔히 중세기를 암흑시대라고 부르지만, 교회사적으로 이 시기는 수도원 시대입니다. 암흑시대라고 일컬었던 시절에 수도원 신앙은 하나님의 말씀을 깊이 새기고 실천하는 수행에 나섰습니다. '렉시오 디비나'는 성경 말씀

을 사중으로 새기는 독법입니다. 읽기 → 묵상 → 기도 → 체험 순으로 성경을 읽습니다. 이 순서를 이렇게도 풀 수 있습니다. 하나님의 말씀을 눈으로 읽기 → 하나님의 말씀을 암송하기 → 하나님의 말씀으로 기도하기 → 말씀대로 수행하기. 하나님의 말씀을 찾고, 구하고, 읽고, 수행하는 삶을 통해 어둡던 세월을 이겨 나갔습니다. 비뚤어졌던 교회를 바로 세웠습니다. 힘들던 일상을 바르게 고쳤습니다.

어둡기는 오늘도 마찬가지입니다. 경제적 불황을 나타내는 이런저런 지수가 우리를 위협합니다. 사회적 혼란도 마찬가지입니다. 이 어려운 시대를 살아가는 해답이 무엇입니까? 하나님의 말씀을 찾으십시오. 하나님의 말씀을 익히십시오. 하나님의 말씀을 새기십시오. 하나님의 말씀을 삶으로 풀어 가십시오.

문(紋)을 새기는 자들 / 본문은 아모스의 청중이 하나님의 말씀을 자기 삶의 무늬로 새겨 가기를 바랍니다. 듣는 데서 끝내는 것이 아니라 삶의 내용을, 삶의 방식을, 삶의 차원을 들은 말씀대로 꾸미기를 바랍니다.

> 묘성과 삼성을 만드시며 사망의 그늘을 아침으로 바꾸시고 낮을 어두운 밤으로 바꾸시며 바닷물을 불러 지면에 쏟으시는 이를 찾으라 그의 이름은 여호와시니라
> (암 5:8).

본문은 다시 한 번 하나님을 찾으라고 주문합니다. 그러나 앞 구절과는 그 매무새가 다릅니다. 앞에서는 '하나님을 찾으라. 그리하면 살리라'였습니다. 여기에서는 천지를 창조하시고, 사망의 그늘을 아침으로 바꾸시고, 낮을 밤으로 바꾸시는 이를 찾으라고 합니다. 그러면서 그 이름이 '여호와'라고 부언합니다. 하나님을 찾고, 하나님의 말씀을 구하고, 하나님의 뜻이 자기 삶의 문(무늬)이 되면 내 삶의 그림자가 밝게 되고, 내 삶의 상처에 새살이 나고, 내 삶의 쓰라림이 기쁨으로 바뀐다는 약속입니다. 아모스의 주문을 신약의 말로 바꾸면 다음과 같습니다.

그런즉 누구든지 그리스도 안에 있으면 새로운 피조물이라 이전 것은 지나갔으니 보라 새것이 되었도다(고후 5:17).

문(文)이 문(紋)이 될 때 문(門)이 열리고 문(問)이 풀립니다. '새롭게'라는 말을 이렇게 바꿔 읽읍시다. 재미있게, 신나게, 알차게. 하나님의 말씀이 내 안에 있기에 삶이 재미있게 풀리고, 일상이 알차며, 교회생활이 신바람 나는 무늬를 남깁시다.

K-팝, K-드라마, K-콘텐츠가 세계인의 주목을 끌고 있습니다. 오래전 서구인들은 동양 사람을 보면 "중국 사람입니까?" 하고 물었습니다. 얼마 전까지만 해도 "일본 사람입니까?"라고 물었습니다. 그러나 이제는 달라졌습니다. 서구인들도 동양 사람만 보면 "한국 사람입니까?"라고 먼저 묻습니다.

네덜란드에서 살고 있는 아들과 이런 이야기를 나눈 적이 있습니다. 택배 배달을 하는 사람이 사무실에 들어서면서 대뜸 이렇게 물었다는 것입니다. "너, 한국 사람이니?"(벤 예 코레안스; Ben jij Koreans?) 그래서 이렇게 대답했답니다. "응, 나는 대한민국 사람이야"(야, 익크 벤 쥐드 코레안스; Ja, ik ben Zuid Koreans). 그 이야기를 전하면서 오늘날 대한민국 사람들이 세계에서 어떤 대접을 받고 있는지를 여실히 느꼈다고 그 소회를 밝혔습니다.

그 이야기를 아들과 나누면서 저는 이렇게 기도하였습니다. 이제는 주여, "당신은 그리스도인입니까?"라는 말을 듣게 하소서. 모두가 힘들다고 여기는 세상에서, 그리스도 예수 안에서 하나님의 말씀으로 일상을 디자인하는 사람들은 날마다 재미있고, 신바람 나고, 알차다는 감동을 세상이 느끼게 하소서. 이제는 '필 더 리듬 오브 코리아'(Feel the Rhythm of Korea)만이 아니라 '필 더 리듬 오브 가스펠'(Feel the Rhythm of Gospel)을 느끼는 감격이 널리 퍼지게 하소서.

31 오바댜 | 우리 삶의 무늬는 축복의 통로입니다

• 옵 1:17-21

힘든 길을 걷고 있는 사람들에게 / TV조선 〈내일은 국민가수〉 최종 3위에 오른 스물아홉 살 청년 이솔로몬이 지인들의 입에 오르내리는 것을 들었습니다. 이솔로몬의 아버지는 목사였는데, 그가 13세 때 급성 백혈병으로 돌아가셨습니다. 아버지가 돌아가시면서 그의 중고등학생 생활은 참으로 힘들어졌습니다. "아버지가 어느 날 어지럽다고 하셔서 검진을 해 보니 급성골수성 백혈병이라대요. 혈액암의 일종이라더군요. 12월에 진단받으시고 이듬해 1월 25일에 돌아가셨어요. 저는 현실을 받아들이지 못했어요. 학창 시절 내내 아버지가 안 계신다는 사실을 인지는 하는데 와닿지 않았어요. 계속 옆에 계시는 것만 같고. 보통은 슬프고 아프고 하는 게 온몸으로 나타나잖아요. 저는 어머니와 누나에게 짐이 될까 봐 내색하지도 못했어요."

이솔로몬은 생활 전선에 뛰어든 어머니의 뒷모습을 보며 자기 인생을 스스로 개척해 가자고 마음을 먹었습니다. 그게 바로 노래였고, 가수가 되는 것이었습니다. 중학생 때부터 스무 살 때까지 재즈, 발라드, 알앤비 등을 따라 부르면서 노래 기법을 깨쳤습니다. 고등학교를 마친 뒤 한 엔터테인먼트 회사 오디션에 합격해서 백댄서로 한두 번 무대를 경험한 뒤 군에 입대했습니다. 스물셋 군대 시절에 그는 이런 마음을 먹었습니다. '10년 뒤, 서른두 살이 됐을 때 세계적인 강연 플랫폼에 나가 영어로 내 이야기를 들려주겠다. …한 부모 가정에서 가진 것 없이 자라도 스스로 믿고 노력한다면 적어도 나만큼은 할 수 있다는 걸 보여 주고 싶다.'

이솔로몬이 최종 결승에 올라 부른 노래는 임재범의 '이 또한 지나가리라'였습니다. 일찍 혼자되신 어머니를 위해 부른 노래입니다. 힘들게 살았던 자신을 노래하는 '인생곡'이었습니다. 힘든 길을 걷고 있는 사람들에게 힘을 주고 싶어 선택한 음악이었습니다. 시청자들의 눈가에 눈물이 흥건히 고였습니다. 저는 이솔로몬의 노래 실력보다도 이솔로몬이 써 간 인생 스토리가 참 감동적이었습니다. 같은 스펙이라면 스토리가 있는 사람이 대중의 마음을 얻습니다. 이솔로몬이 바로 그러했습니다. 본문에도 지난(至難)했던 삶을 스토리로 풀어낸 자들이 등장합니다.

예배하는 자리로 오르는 자들 / 본문은 보자기 구조입니다. 본문의 처음과 마지막에는 시온에 거하는 자들이 소개되고, 그 중간에 야곱 족속이 소개됩니다. 같은 사람들이지만, 그들을 부르는 호칭이 다릅니다. 본문의 처음과 마지막에서는 '시온에 거하는 자들'인데, 그 중간에서는 '야곱 족속', '요셉 족속', '이스라엘 자손'으로 소개됩니다. 본문의 처음은 이렇습니다.

오직 시온산에서 피할 자가 있으리니 그 산이 거룩할 것이요(옵 1:17a).

오바댜서는 나라가 망하고 성전이 무너지던 현장을 눈으로 보았던 유다 사람들의 아픔을 대변하는 글입니다. 유다 사람들에게 하는 말입니다. '시온산에서는 피할 자가 있을 것이다'라는 말은 일종의 역설입니다. 이미 성전이 무너져 없어진 현실입니다. 그런데도 본문은 시온산에 오른 자들에게 구원이 있으리라고 전합니다. 무슨 뜻입니까?

"오직 시온산에서 피할 자가 있으리니"(우베하르 치온 티흐예 펠레이타)란 "그러나 시온산에서는 구원이 있을 것이다"(But on Mount Zion there will be deliverance)란 의미입니다. 그런데 '피하다'란 글자를 이 구절과 짝을 이루는 21a절과 더불어 읽으면, '[시온에] 피한다'는 말은 '[시온]으로 올라간다'는 뜻이 됩니다.

구원받은 자들이 시온산에 올라와서 에서의 산을 심판하리니 나라가 여호께 속하리라(옵 1:21).

누가 구원받은 자들입니까? 시온산에 오른 자들입니다. 누가 패망의 자리에서 구원을 경험합니까? 시온산으로 피한 자들입니다. 성경에서 도드라지는 산은 셋입니다. 시내산, 시온산, 갈보리산. 시내산은 모세가 하나님으로부터 말씀을 받은 곳입니다. 시온산은 이스라엘이 하나님을 경배하던 곳입니다. 갈보리산은 예수님이 하나님께 순종하신 곳입니다.

말씀이 있는 현장이 시내산입니다. 예배가 있는 곳이 시온산입니다. 순종이 있는 곳이 갈보리산입니다. 그러니까 본문에서 시온산에 오른다는 것은, 어떠한 상황에서라도, 비록 성전이 눈에 보이지 않는 환경이라고 하더라도, 하나님을 예배하는 자로 살겠다는 다짐입니다. 우리는 어떤 환경에서라도 예배하는 자가 되어야 한다는 메시지입니다. 하나님을 예배하는 자리로 오릅시다. 거기에서 세상이 줄 수 없는 구원을 누리게 될 것입니다.

기본으로 돌아가기 /　이제부터 본문은 시온에 오른 자들을 '야곱 족속'이라고 부릅니다. 산에 올랐을 때는 '시온에 오른 자들'이라고 불렀습니다. 산 아래, 세상에서 살 때는 '야곱 족속'이라고 부릅니다. 교회에서는 성도이지만, 세상살이에서는 시민이지 않습니까.

　그 산이 거룩할 것이요 야곱 족속은 자기 기업을 누릴 것이며(옵 1:17b).

시온산에 오른 자들은 세상에서 얻지 못하는 은혜를 누립니다. 그 산이 거룩하기 때문입니다. 산만 거룩하지 않습니다. 산에 오른 자들도 거룩함에 물듭니다. 산 아래에서는 거룩하거나 구별되지 못했는데, 산에 오르면서 거룩해졌다는 것입니다. 거룩은 변화입니다. 산 아래에 거주할 때 야곱의 후손은 분했습니다. 자기들이 곤경에 빠져 있는데 에서의 후손이 형제애를 저버리고 자기들을 노략질 상대로 삼았다고 보았습니다. 그래서 억울하고 속상했습니다. 하지만 산 위로 오르면서 분노와 억울함을 버렸습니다. 속상함을 던져 버렸습니다. 그러니까 거룩해졌다는 것은 분노를 이긴 마음입니다. 억울함을 이긴 마음입니다. 속상함을 이긴 마음입니다. 그 결과 기업을 누리게 됩니다. 빼앗긴 유산을 되찾게 됩니다. 그런 변화를 예수님은 이렇게 풀어 내셨습니다.

　온유한 자는 복이 있나니 그들이 땅을 기업으로 받을 것임이요(마 5:5).

선지자 오바댜가 시온에 오른 자들이 땅을 기업으로 받을 것이라고 말했던 것을 예수님은 온유한 자가 땅을 기업으로 받을 것이라고 바꾸십니다. 시온에 오름으로 거룩해진 자를, 예배드리며 얻은 은총으로 삶의 결이 변화된 자를 예수님은 "온유한 자"(프라우스)라고 부르십니다.

"온유한 자"에는 두 가지 뜻이 있습니다. 우선 어린아이의 성품입니다. 어린이는 온유합니다. 하나님 나라는 어린아이 같아야 들어갈 수 있습니다. 그러나 헬라어에서 "온유한 자"는 어떠한 상황에서도 화를 참아 내는 성품을 가리킵니다. 외유내강(外柔內剛)입니다. 겉으로는 부드럽고 순하나 속으로는 강하고 굳센 성품을 가리킵니다.

경기도 남양주 조안면 남한강과 북한강이 만나는 두물머리 옆에 다산 정약용의 유적지가 있습니다. 다산 정약용은 인생 육십이 되어서야 어린아이의 온유함을 되찾았습니다. 다산은 마흔이 될 때까지 누구나 부러워할 인생을 살았습니다. 어릴 때부터 천재 소리를 들었고, 성균관에 들어가서도 뛰어난 글재주로 정조의 눈에 들었으며, 과거 급제 후에는 정조의 총애를 받으며 마흔이 채 못 된 나이에 형조참의(지금의 법무부 차관) 자리에 올랐습니다. 천주교 신앙을 받아들였던 그는 정조가 죽자 정적에게 몰려 나이 사십에 18년간 유배생활을 합니다. 유배지에서 돌아와서 1882년 환갑을 맞자 감회가 새로웠습니다. 그 시절의 다산을 살펴본 글이 있습니다(조윤제, 『다산의 마지막 습관』[파주: 청림출판, 2020]).

다산은 어렵사리 회갑을 맞이한 후 자신의 화려했던 과거를 '나를 잃어버린 시간이었다'라고 반성합니다. 그때부터 잃어버린 자신을 찾아 나섭니다. 어린 시절에 익혔던 『소학』(小學)을 다시 붙듭니다. 물 뿌리고 쓸고, 응대하고 대답하고, 나아가고 물러가고, 공경하고 존경하는 도리를 다시 붙듭니다. 수신(修身)의 근본은 이미 어린 시절에 익혔던 것임을 새삼 깨닫습니다. 그때부터 새로운 습관을 익히기 시작합니다. 그가 익히고자 했던 마지막 습관이 바로 매일 '기본으로 돌아가기'였습니다.

그리스도인의 기본기는 예배드리기입니다. 예배함으로 온유해지기입니다. 우리는 이 기본기를 다시 익혀야 합니다. 예배하는 자리에 올라가 세상살이의 상처가 변화되는 거룩함에 젖어 온유하면서도, 성령 하나님이 속을 꽉 채우신

외유내강의 일상을 살아 내는 습관을 익힙시다. 온유하고, 온순하고, 온전한 자가 되는 습관을 익혀서 세상을 이겨 가는 성도가 됩시다.

역전의 은혜를 주신다 / 본문은 '오르다'는 말만 하지 않습니다. '누리다'라는 말로도 그치지 않습니다. '야곱 족속은 ~이 될 것이다'라는 다짐을 여러 차례 합니다.

> 야곱 족속은 불이 될 것이며 요셉 족속은 불꽃이 될 것이요 에서 족속은 지푸라기 가 될 것이라 그들이 그들 위에 붙어서 그들을 불사를 것인즉 에서 족속에 남은 자 가 없으리니 여호와께서 말씀하셨음이라(옵 1:18).

한글성경은 세 번에 걸쳐 '될 것이다'라고 풀어 놓았습니다. 시온의 성도가 이 땅의 시민이 되어 살아갈 때 경험하게 될 은혜를 '야곱 족속은 불이 되고, 요셉 족속은 불꽃이 되고, 에서 족속은 지푸라기가 될 것이다'라는 식으로 펼쳐 놓았습니다.

야곱의 자손과 에서의 자손은 혈통으로 따지면 형제간입니다. 그 형제들이 세상에 흩어져 살다 보니 서로 소원해졌습니다. 처음에는 역사의 주도권을 야곱 자손이 쥐었습니다. 처음에는 야곱 자손이 에서의 후손을 홀대했습니다. 그러다 보니 주전 587년 야곱 자손이 바벨론 군대에 짓밟힐 무렵, 에서의 자손은 야곱의 자손을 돌보지 않고 적군과 한패가 되어 예루살렘을 짓밟았습니다. 말하자면 '에서의 후손이 불이 되어, 에서의 형제들이 불꽃이 되어 야곱의 후손을 지푸라기가 되게' 했습니다. 그랬던 처지를 하나님이 바꾸어 주신다고 선지자 오바댜가 약속합니다. 역전의 은혜가 야곱 족속에게 주어진다는 뜻입니다. 여기에 본문이 전하는 '될 것이다'의 의미가 있습니다. 역전의 감격을 누리게 된다는 뜻입니다.

얻을 것이다 / 본문에서 마지막으로 들리는 소리는 "얻을 것이요"입니다. 야곱의 족속이 무엇인가를 얻는다는 것입니다. 본문에서는 "얻을 것이요"가 모두 다섯 번 반복됩니다.

그들이 네겝과 에서의 산과 평지와 블레셋을 얻을 것이요 또 그들이 에브라임의 들과 사마리아의 들을 얻을 것이며 베냐민은 길르앗을 얻을 것이며 사로잡혔던 이스라엘의 많은 자손은 가나안 사람에게 속한 이 땅을 사르밧까지 얻을 것이며 예루살렘에서 사로잡혔던 자들 곧 스바랏에 있는 자들은 네겝의 성읍들을 얻을 것이니라(옵 1:19-20).

"얻을 것이요"(야라쉬)는 앞에 나온 '기업을 누리다'(1:17)와 똑같은 글자입니다. 그 글자가 앞에서는 '차지하다'로 쓰였지만, 여기에서는 '유산으로 남기다'(inherit)의 의미로 쓰입니다. 얻은 것을 나 혼자 차지하지 않고 다음 세대에게 고스란히 넘겨준다는 뜻입니다. 이 뜻에 따라 '얻을 것이다'를 우리 귀에 친숙한 말로 바꾸면 이렇게 됩니다. '축복의 통로가 되십시오.'

이솔로몬은 오디션 경연에 뛰어들 때 자신을 '대구 출신 집시 총각'으로 소개하였습니다. 군대 생활 중 시를 쓰기 시작해서 제대 후 2016년 한 문예지에서 신인상을 받자 직업란에 자신의 직업을 '시인'이라고 썼습니다. 그는 안 해 본 일용직이 없습니다. 페인트칠, 외장 철거, 내장 목수, 외장 목수, 도장, 벽지, 설비 철거, 택배 상하차까지 다 해 보았습니다. 그러면서도 자기 성장을 위해서 노력하였습니다. 레스토랑 아르바이트를 하면서도 도서관에서 새벽 서너 시까지 책을 읽었습니다. '1년간 1,000권 읽기, 매일 글쓰기'를 목표로 삼았습니다. 그는 영어를 네이티브처럼 구사합니다. 영어 원서를 하루 한 시간씩 읽다가 영어 대본을 아예 통째로 외웠습니다. 좋아하는 배우가 등장하는 영화의 대사는 다 외웠습니다. 그러다가 2018년 평창동계올림픽 통역 요원으로 선발됐습니다. 기자가 그의 인생 목표를 물었습니다. "이젠 뭐든 다 할 수 있을 것 같아요. 그릇이란 말 있잖아요. 제가 세상에 담아내고 그려 낼 그릇의 역할이 어느 정도까지인지는 모르겠지만 저 어디든 쓸모 있지 않겠습니까?" 그는 쓸모 있는 그릇이 되기를 인생 목표로 삼고 있습니다.

우리 인생의 목표는 무엇입니까? 공부해서 남 주고, 돈 벌어서 베풀고, 건강해져서 섬기는 자가 됩시다. 교회에서 예배드리는 성도가 이 땅의 시민으로 살아가면서 드러내게 될 삶의 무늬가 이것입니다. 축복의 통로가 되십시오.

32 요나 │ 마음의 주인이 바뀌면 삶이 새로워집니다

• 욘 2:6-10

달란트로 하나님 영광을 위해 산다면 / 병원 운영의 목표를 의료선교에 둔 의료기관이 있습니다. '안양샘병원'입니다. 병원 설립 53주년에 '아프리카 사진전'을 열었습니다. 왜 하필 '아프리카 사진전'이었을까요? 아프리카 사진전에 소개된 사진들은 병들고, 가난하고, 기근과 재앙에 시달리는 아프리카가 아닙니다. '건강한 아프리카, 꿈꾸는 아프리카'가 소개되고 있습니다.

왜 이런 전시회를 열게 되었을까요? 이 병원의 박상은 원장은 독실한 그리스도인입니다. 병원이 내건 모토가 '전인 치유, 생명 사랑, 의료선교'입니다. 의술을 통해 펼치는 선교를 병원의 운영 목적 중 하나로 내걸었습니다. 박상은 원장이 처음부터 의료선교사로 나선 것은 아닙니다. 서울의 유명한 의과대학에 들어가서 의사가 되었지만, 한때 몹시 방황했습니다. 그러다가 온몸에 돋아난 거의 불치병 수준이었던 피부병이 하나님 말씀을 묵상하던 중 치유되는 기적을 체험한 뒤 '크리스천 닥터'로 나섰습니다(https://www.nocutnews.co.kr/news/4768654). 그 뒤부터 그는 의사로 살면서 선교사로도 살아갑니다. 그는 '아프리카 미래재단'을 세웠습니다. 지난 18년간 아프리카를 섬기면서 가난하고, 병들고, 상처투성이 대륙이 아니라 '건강한 아프리카, 꿈꾸는 아프리카'를 재건하는 선교에 나섰습니다. 그는 이렇게 말합니다. "내가 지닌 달란트로 하나님의 영광을 위해서 산다면 그것이 선교이고, 그런 삶이 펼쳐지는 곳이라면 어디든지 선교지가 된다." 그래서 하는 말이지요. "삶은 선교다."

박상은 원장 인터뷰 기사

본문에도 거칠게 살다가 쓰러진 자리에서 하나님을 만난 인물이 등장합니다. 하나님을 만난 뒤 인생 후반부를 선교사로 살았던 인물이 등장합니다. 선지자 요나입니다.

내리막길, 하나님과 다르게 생각했기에 / 요나의 이력은 독특합니다. 선지자이기보다는 선교사입니다. 그가 본래부터 선교사로 나섰던 것은 아닙니다. 요나는 인생 3막을 살았습니다. 1막은 하나님의 낯을 피하여 도망치던 요나입니다. 2막은 바다에 던져져 큰 물고기 배 속에서 밤낮 3일을 지내며 기도하던 요나입니다. 3막은 그 물고기가 자신을 토해 내자 니느웨 성읍에 들어가서 하나님의 말씀을 선포하는 요나입니다. 본문은 요나의 인생 2막에 해당하는 장면입니다. 본문은 이렇게 시작합니다.

내가 산의 뿌리까지 내려갔사오며 땅이 그 빗장으로 나를 오래도록 막았사오나 (욘 2:6a).

본문의 "내가 산의 뿌리까지 내려갔사오며"(레키츠베이 하림 야라드티)는 요나의 인생 1막을 압축해 놓은 문장입니다. "산의 뿌리"(산의 끝자락)란 그가 지금 갇혀 있는 곳입니다. 물고기 배 속(2:1)을 가리키기도 하고, "스올의 배 속"(2:2)이기도 하며 '바다 가운데 깊은 곳'(2:3)이기도 합니다. 쫓겨 다니다가 내리막길의 막장에 갇혔다는 고백입니다. 어제의 요나는 고난의 뿌리까지 내려갔던 인생이었습니다. 어제의 요나는 마음이라는 숲에서 길을 잃고 있었습니다.

요나 이야기의 1막을 설명할 때 가장 적합한 단어는 '내리막길'입니다. 모두다 오르기를, 성취하기를 바랍니다. 요나도 그러했습니다. 그러나 지금 요나의 처지는 오르는 것과는 정반대입니다. 하나님은 요나더러 니느웨로 가라고 하셨는데, 요나는 하나님의 낯을 피해 욥바로 내려갔습니다(1:3). 다시스로 가는 배를 만나서는 배 밑층으로 내려가 깊은 잠을 잤습니다(1:5). 사공들이 요나를 성난 바닷속으로 던지자(1:15) 바닷속 깊은 곳에 있던 큰 물고기가 그를 삼켜 버렸습니다(1:17). 본문의 "산의 뿌리"는 그런 처지를 가리킵니다. 왜 요나의 인생 1막이 인생 막장에 갇힌 처지로 그치고 말았습니까? 하나님과 다르게 생각했기 때문입니다.

마음의 주인이 바뀌었더니 / 본문을 잘 새겨 보십시오. 갇혀 있었지만, 하나님이 요나의 생명을 건져 주셨다고 토로합니다.

땅이 그 빗장으로 나를 오래도록 막았사오나 나의 하나님 여호와여 주께서 내 생명을 구덩이에서 건지셨나이다(욘 2:6b).

요나의 입말에 "나의 하나님 여호와"가 오르내립니다. 지금까지 요나의 마음의 주인은 요나였습니다. 그랬던 요나가 자기 마음의 주인이 하나님이심을 깨달았습니다. 그때부터 요나의 마음밭이 땅에서 하늘로, 흑암에서 생명으로, 갇힘에서 해방으로 채워집니다. 내리막길로 치닫던 요나가 어느 순간 눈을 들어 하늘을 쳐다보는 사람이 되었습니다. 마음의 주인이 바뀌자 지나온 삶의 자취를 하나님의 섭리에서 되새기는 안목이 생겼습니다. 그래서 그는 뱃사공들이 자기를 바다에 던졌다고 말하지 않습니다. "주께서 나를 깊음 속 바다 가운데에 던지셨으므로"(2:3a)라고 고백합니다. 바다에 빠져서 허우적댔다고 말하지 않습니다. "주의 파도와 큰 물결이 다 내 위에 넘쳤나이다"(2:3b)라고 고백합니다. 자기가 산의 뿌리까지 내려가게 된 것도 '주의 목전에서 쫓겨났기'(2:4a) 때문이라고 고백합니다. 그를 삼킨 큰 물고기 배 속을 가리켜 하나님의 손이 뻗치는 "구덩이"(2:6b)라고 부릅니다. 이제부터 요나의 기도가 반전을 이룹니다.

내 영혼이 내 속에서 피곤할 때에 내가 여호와를 생각하였더니 내 기도가 주께 이르렀사오며 주의 성전에 미쳤나이다(욘 2:7).

여기에 요나의 인생 2막의 참모습이 있습니다. 요나의 인생 2막은 하나님의 구원을 경험하는 무대입니다. 어제는 실수했지만, 어제는 착각했지만, 어제는 실패했지만, 오늘은 그렇지 않습니다. 상상해 보십시오. 요나가 지금 있는 곳은 물고기 배 속입니다. 여호와 하나님은 하늘 성전에 계십니다. 어떻게 해서 요나의 기도가 하나님의 성전에 도달하게 되었습니까? 요나가 하나님을 생각하였기 때문입니다. 마음의 주인이 바뀌었기 때문입니다. 내 마음의 주인이 나라고 우길 때에는 내 영혼마저도 시름시름 했는데, 마음의 주인이 바뀌자 내 삶의 방향이 새로워졌다는 것입니다.

온라인 매체가 대세인 요즈음 신문이나 책을 읽는 사람들이 점점 줄어들고

있습니다. 저도 기독교학회 회장으로 재직하면서 정기적으로 간행하는 학술
논문집(『기독교신학논총』)을 전자출판으로 전환하였습니다. 세대의 흐름이 그러
한데 "종이를 펼치면 아름다운 세상이 보입니다"라는 광고 카피가 한동안 많
은 생각을 하게 하였습니다. 그러면서 그 광고 카피를 이렇게 바꾸어 보았습니
다. '성경책을 펼치면 아름다운 하나님 나라가 보입니다.'

　요나가 그러했습니다. 그가 지금 있는 곳이 현상적으로는 앞뒤가 꽉 막힌,
사방이 보이지 않는 캄캄한 곳이지만, 그 자리에서 하나님을 '생각'하였더니,
하나님을 '기억'하였더니, 아니 하나님의 말씀을 '펼쳤더니' 요나 앞에 '주의 성
전'이 파노라마처럼 펼쳐졌습니다. 그래서 하는 고백이 무엇입니까? "내가 여
호와를 생각하였더니 내 기도가 주께 이르렀사오며 주의 성전에 미쳤나이다."

내 일터가 니느웨다 /　요나의 눈앞에 주님의 성전이 펼쳐지자 요나의 입에
서 나오는 말이 달라집니다.

> 거짓되고 헛된 것을 숭상하는 모든 자는 자기에게 베푸신 은혜를 버렸사오나 나는
> 감사하는 목소리로 주께 제사를 드리며 나의 서원을 주께 갚겠나이다 구원은 여호
> 와께 속하였나이다 하니라(욘 2:8-9).

　두 종류의 인생이 거론됩니다. "모든 자"와 "나" 요나. 모든 사람이 거짓되고
헛된 것을 숭상하며 하나님의 은혜를 저버리고 있지만, 나는 하나님께 감사하
는 마음으로 하나님을 예배하는 자로 살겠다는 다짐입니다. 수적으로는 하나
님을 예배하는 자보다 하나님을 저버린 자들이 더 많습니다. 하나님을 찾는 자
보다 거짓되고 헛된 것에 매달린 자들이 더 많습니다. 요나의 다짐은 그런 통
계표를 확인하는 데 있지 않습니다.

　원문을 직역해 보겠습니다. '거짓되고 헛된 것에 매달리기에 하나님의 은혜
를 버린 자들이 아무리 많아도, 나는 감사하는 목소리로, 내가 주님께 제물을
드리며, 내가 했던 서원을, 내가 이행하겠습니다.' 원문에서는 이처럼 "나"가 여
러 번 나옵니다. 이전의 나와 지금의 내가 다르다는 것을 강조합니다. 지금까
지는 하나님의 얼굴로부터 도망치는 삶이었지만, 이제부터는 '나의 서원을 갚

는' 인생을 살겠다고 공표합니다. 서원을 갚는다는 말은 니느웨로 가겠다는 뜻입니다. 자기 일터가 니느웨인 것을 깨달았습니다. 마음의 주인이 달라지니 니느웨를 보는 눈이 달라졌습니다. 지금까지 니느웨는 이방인의 도성, 두려운 도성이었습니다. 가기 싫은 곳이었습니다. 그러나 그 마음의 주인이 하나님이 되시면서 니느웨로 가라고 하셨던 하나님 말씀의 뜻을 제대로 수행하게 되었습니다. 니느웨 선교사가 되겠다는 다짐입니다. 요나가 한 이 기도를 신약의 말로 바꾸면 이렇습니다.

> 너희는 이 세대를 본받지 말고 오직 마음을 새롭게 함으로 변화를 받아 하나님의 선하시고 기뻐하시고 온전하신 뜻이 무엇인지 분별하도록 하라(롬 12:2).

어디에서 하나님의 뜻을 분별합니까? 세상에서! 이 세대 속에서! 아니, 니느웨에서! 우리의 정체성은 "이 세대"에서, 이 세상에서, 일터에서 드러납니다. 주일에는 하나님을 예배하지만, 월요일부터 금요일까지는 세상의 신을 따른다면, 그것은 또 다른 모습의 다신론입니다. 삶의 마당에서, 일상에서 하나님의 선하고 기뻐하시고 온전하신 뜻이 무엇인지를 분별하십시오.

『월요일을 기다리는 사람들』(서울: IVP, 1998년)이라는 책이 있습니다. 저자 윌리엄 딜(William E. Diehl)은 30년 동안 직장생활을 했던 평신도입니다. 이 책의 원제는 *Thank God, It's Monday*입니다. 세상 사람들은 "하나님 감사합니다, 금요일입니다"(Thank God, It's Friday)라고 외치지만, 그리스도인들은 반대로 주일의 신앙을 평일의 세계와 연결해 보자는 것입니다. 그래서 하는 말입니다. '하나님 감사합니다, 월요일입니다!'(Thank God, It's Monday) 일상이 하나님을 기쁘시게 하는 선교지가 되기를 바랍니다.

오르막길, 삶이 선교가 될 때 / 삶이 선교가 될 때 무슨 일이 벌어집니까?

> 여호와께서 그 물고기에게 말씀하시매 요나를 육지에 토하니라(욘 2:10).

본문은 요나의 기도에서 요나 이야기로 돌아갑니다. 하나님이 요나의 기도를 들으시고 요나를 삼켰던 물고기에게 말을 건네십니다. 물고기가 요나를 마른 땅에 토해 냈습니다. 하나님이 요나를 니느웨 땅으로 운반(!)하셨습니다. 오늘 우리에게도 그런 니느웨가 있습니다. 박상은 원장에게는 아프리카가 그 니느웨입니다. 우리에게 니느웨는 일터입니다. 일상입니다. 하나님이 보내 주신 그 일터에서, 그 일상에서 하나님의 뜻을 세워 가십시오.

요나는 고통의 구덩이에 처박히기까지 한 단계씩 내려앉았습니다. 그런데 하나님이 요나의 기도를 들으시자 상황이 달라졌습니다. 순식간에 요나가 바닷속 깊은 곳에서 마른 땅 위로 올라왔습니다. 어떻게 그런 일이 가능했습니까? 하나님이 미리 준비해 놓으셨던 물고기로 요나를 실어 나르게 하셨습니다. 요나 이야기에서 물고기는 요나를 하나님의 사람으로 다듬기 위해서 하나님이 '예비하신' 소품 중 하나입니다(1:17; 참조, 박넝쿨 4:6; 벌레 4:7; 동풍 4:8). 그 소품으로 요나가 기꺼이 가고자 했던 니느웨로 보내셨습니다. 물고기의 쓰임새가 달라졌습니다. 전에는 물고기가 두려움의 대상이었는데, 이번에는 물고기가 운반의 수단이 되었습니다.

오늘 우리에게도 요나가 경험하였던 '물고기'가 있습니다. 모습이나 형편은 다르지만, 전에는 우리를 힘들게 했던 대상이 이제는 우리를 돕는 상대가 되는 물고기가 있습니다. 하나님이 자기 일터를 선교지로 대하는 자를 위해서 준비하신 물고기가 있습니다.

기억하십시오. 마음의 주인이 바뀌자 요나의 처지가 순식간에 회복되었습니다. 하나님이 물고기를 준비하셔서 요나의 처지를 바꿔 놓으셨습니다. 마음의 주인이 바뀌자 요나의 일상이 하나님의 뜻을 이루는 선교지가 되었습니다. 무슨 일을 하든지 하나님 나라의 선교사라는 심정으로 감당하기를 바랍니다. 하나님은 우리 앞에 마른 땅을 펼쳐 주십니다. 모든 조건, 형편, 상황을 가장 적절한 조건, 형편, 상황으로 인도해 주십니다. 주여, 우리로 그 땅에 들어서서 하나님을 기쁘시게 하는 오늘의 요나, 오늘의 선교사로 살아가게 하소서!

33 미가 │ 인생은 지우개 달린 연필입니다

• 미 6:1-5

사람을 찾습니다 / "사람은 어디서든 사람의 얼굴을 찾아낸다"는 글을 읽었습니다. 계량기, 산업 현장에서 사용되는 원통형 구조물, 길바닥 배수구, 건축의 턴테이블, 저수지 관리 사무실 외관, 위에서 본 드럼통, 건물의 벽, 출입문의 세로목, 스피커 상자를 보여 주면서 그 안에 담긴 얼굴 모습을 들여다보게 했습니다. 다양한 표정의 얼굴들을 찾을 수 있었습니다(박웅현·강창래『인문학으로 광고하다』[서울: 알마, 2021], 115쪽). 사람들만 얼굴을 찾아내는 것은 아닙니다. 하나님도 사람을 찾아내십니다. 어떤 사람을, 어떤 표정의 얼굴을 찾아내실까요?

공감(共感)에서 공간(共間)으로 / 미가는 북왕국의 사마리아가 앗수르에게 정복되던 시기(주전 722년)를 전후해서 남왕국 유다에서 활동했던 선지자입니다. 미가의 시대는 어지러웠습니다. 왕국의 통치자들과 지도자들이 약하고 천한 자들을 괴롭히던 시절이었습니다(2:1-3:12). 미가가 태어난 모레셋(1:1)은 예루살렘 남서쪽 구릉지로 앗수르 군대가 예루살렘을 침공할 때 싸움터로 짓밟혔습니다. 평온했던 농부의 일상이 망가지고 만 현장입니다. 이런 물음이 솟구쳤습니다. "누구 탓에 이런 일이 벌어졌는가?" 그런 미가에게 본문은 이렇게 말을 겁니다.

너희는 여호와의 말씀을 들을지어다 너는 일어나서 산을 향하여 변론하여 작은 산들이 네 목소리를 듣게 하라 하셨나니 너희 산들과 땅의 견고한 지대들아 너희는 여호와의 변론을 들으라 여호와께서 자기 백성과 변론하시며 이스라엘과 변론하실 것이라(미 6:1-2).

하나님이 미가 시대의 사람들을 하나님의 법정으로 소환하셨습니다. 누가 옳은지 법정에서 따져 보자는 것입니다. 변론은 바르게, 크게, 제대로 해야 합니다. 하나님이 먼저 유다 사람들에게 따져 보라고 하십니다. 천지사방이 다 듣도록 크게 외치라고 주문하십니다. 그런 뒤에 이렇게 말씀하십니다. "너희는 여호와의 변론을 들으라."

미가는 하나님께 따지는 자를 찾지 않습니다. 하나님이 따지시는 소리에 귀를 기울이는 자를 찾습니다. 미가 당시의 사람들은 나라가 이민족의 침략으로 어지럽게 된 상황을 하나님 탓으로 돌렸습니다. "그들의 우두머리들은 뇌물을 위하여 재판하며 그들의 제사장은 삯을 위하여 교훈하며 그들의 선지자는 돈을 위하여 점을 치면서도" 입으로는 "여호와께서 우리 중에 계시지 아니하냐 재앙이 우리에게 임하지 아니하리라"(3:11) 하고 떠벌리고 다녔습니다.

미가는 그렇게 생각하지 않았습니다. 유다가 하나님이 주시는 평화(4:1-5)를 누리지 못하는 것은 순전히 그들 탓이라고 보았습니다(3:1-3). 그 땅에서 살아가는 자들이 하나같이 탐욕과 불의에 찌들어 있기에 아무리 하나님께 부르짖어도 하나님은 그 얼굴을 가리시고 있다고 꾸짖었습니다(3:4).

몇 해 전 한 미술관이 전시회를 열면서 이런 타이틀을 걸었습니다. '공감공간 현대미술전'(共感共間 現代美術展). 공감(共感)은 흔히 쓰는 표현이지만, '공간'은 그렇지 않습니다. 빈자리 공간(空間)이 아니라 '함께 공(共), 틈 간(間), 함께하는 사이'입니다. 같은 공간에 있다고 해서 서로 공감하는 것은 아닙니다. 같은 마음을 공유해야 우리가 있는 그곳이 가정이든 교회이든 허전한 공간이 아니라 공감으로 채워집니다. 그래서 공간(空間)을 공간(共間)으로 꾸며 가자고 주창하였습니다.

본문에서 들리는 하나님의 소리도 그런 뜻에서 새길 수 있습니다. 하나님과 이스라엘이 같은 자리에 있다고 해서 하나님이 이스라엘의 하나님, 이스라엘이 하나님의 이스라엘이 되는 것이 아닙니다. 하나님의 말씀을 듣는 자들에게는 '공감 능력'이 있어야 합니다. 시대가 어려울수록, 삶에 이런저런 물음표가 많을수록 하나님의 마음에 공감할 수 있어야 합니다. 어떻게 해야 그런 일이 가능할까요?

공유(共有)에서 공감(共感)까지 / 본문에는 "내 백성아"로 시작하는 구절이 두 번 나옵니다. 그 첫 번째 구절입니다.

> 이르시기를 내 백성아 내가 무엇을 네게 행하였으며 무슨 일로 너를 괴롭게 하였
> 느냐 너는 내게 증언하라 내가 너를 애굽 땅에서 인도해 내어 종노릇하는 집에서
> 속량하였고 모세와 아론과 미리암을 네 앞에 보냈느니라(미 6:3-4).

하나님을 괴롭히고 하나님께 따지는 자들이 있었습니다. 그런 자들에게 하나님은 어제의 자취를 되새겨 보게 하십니다. 하나님의 역사를 되돌아보라는 주문입니다. 하나님 사람의 뿌리는 출애굽이고, 그 기초는 하나님의 구원이며, 그 바탕은 하나님이 이스라엘을 애굽의 속박에서 구출해 내고자 값을 치르신 속량입니다. "내가 너를 애굽 땅에서 인도해 내어 종노릇하는 집에서 속량하였고"에서 "속량"(贖良)은 '바칠 속(贖), 좋을 양(良)'입니다. 이는 몸값을 받고 종의 신분을 풀어 주어 양민이 되게 하는 일을 가리켰습니다. 히브리어 글자(파다)도 값을 치르고 죄에서 벗어나게 한다는 뜻입니다.

하나님이 이스라엘을 구원하기 위해 모세를 보내어서 속량의 짐을 지게 했고, 아론을 보내어서 속죄의 짐을 지게 했으며, 미리암을 보내 죄사함의 길을 닦게 하셨습니다. 처음에 하나님은 이스라엘을 구출하기 위해서 모세, 아론, 미리암의 목숨을 담보로 내놓으셨지만, 나중에는 우리 모두를 속량하시고자 예수 그리스도를 골고다 언덕에서 속량의 제물로 삼으셨습니다. 이 하나님의 마음을 공유해야 우리는 진정 하나님과 공감을 이루는 하나님의 사람이 될 수 있습니다. 본문의 소리를 신약의 말로 바꾸면 이렇습니다.

> 그리스도께서 우리를 자유롭게 하려고 자유를 주셨으니 그러므로 굳건하게 서서
> 다시는 종의 멍에를 메지 말라(갈 5:1).

우리는 걸핏하면 죄와 악에 매이려고 합니다. 어떤 간섭도 없이 모든 것을 할 수 있다면, 그것은 자유가 아니라 방종입니다. 우리에게는 지워야 할 것이 있고, 써야 할 것이 있습니다. 새는 하늘에서 날 때 가장 편안하고 자유롭습니

다. 물고기는 물속에 있을 때 가장 자유롭습니다. 꽃은 흙에 뿌리를 내리고 있을 때 가장 자유롭습니다. 사람은 하나님 품 안에 있을 때 영육이 가장 자유로워집니다. 어거스틴이 이런 말을 했습니다. "인간은 하나님의 품 안에서만 진정한 평화와 안식을 누릴 수 있다." 하나님과 함께하는 사이를 누리는 자가 누구입니까? 구원받은 사람입니다. 인생이라는 공책에서 애굽을 지우고 출애굽을 써 놓으십시오.

실수·실패를 지우고 은혜의 자리로 / 하나님은 지금 어떤 사람을 찾고 계십니까? 싯딤에서부터 길갈까지의 일을 기억하는 자를 찾으십니다. 이제 "내 백성아"로 시작하는 두 번째 문장을 읽어 봅시다.

> 내 백성아 너는 모압 왕 발락이 꾀한 것과 브올의 아들 발람이 그에게 대답한 것을 기억하며 싯딤에서부터 길갈까지의 일을 기억하라(미 6:5a).

한글성경에서는 '기억하다'(짜카르)가 두 번 나오지만, 히브리어 성경에서는 한 번 나옵니다. '내 백성아, 기억하라. 싯딤을 떠나 길갈에 이르기까지, 모압 왕 발락이 무엇을 꾸미고 브올의 아들 발람이 거기에 어떻게 응대하였는지를.' 싯딤은 이스라엘이 광야살이를 마치고 진을 치고 머물던 곳입니다. 길갈은 요단강 건너 가나안 땅 초입에 있던 마을입니다.

이스라엘이 모압 평원에 모여 숨 고르기를 하고 있을 때입니다. 모압 왕 발락이 이스라엘을 두려워해서 음모를 꾸몄습니다. 주술사를 고용해서 이스라엘에게 저주를 퍼붓고자 하였습니다(민 22:5-6). 그런데 발람이 입을 열려고 할 때마다 하나님이 개입하셔서 발락의 뜻과는 다르게 네 번씩이나 이스라엘을 축복하게 되었습니다(민 22-24장). 하나님이 이스라엘의 보호자가 되셔서 이스라엘을 사망의 구렁텅이로 빠뜨리려고 하였던 대적의 음모를 막아 주셨습니다. 화가 변해서 복이, 악담이 변해서 덕담이, 저주가 변해서 은혜가 되게 하셨습니다.

그럼에도 이스라엘은 모압 평원 싯딤에서 하나님의 은혜를 저버렸습니다. 이스라엘을 향한 하나님의 마음과는 다르게 모압 신을 따르는 일을 서슴없이 자행하였습니다(민 25:1-3). 그래서 하나님이 이스라엘에게 벌을 내리셨습니다. 싯딤은 이스라엘을 위한 하나님의 마음과 하나님을 향한 이스라엘의 마음이 엇갈리던 곳입니다. 싯딤은 이스라엘이 자초한 수치스런 일이 벌어졌던 현장입니다. 하나님은 이스라엘에게 그런 싯딤을 떠나 요단강 건너 길갈까지 가게 하셨습니다(수 2-4장).

싯딤은 하나님의 마음을 헤아리지 못했던 현장입니다. 길갈은 고백이 있는 현장입니다. 감사가 있는 곳입니다. 찬양이 있는 곳입니다. 본문이 전하는 "싯딤에서부터 길갈까지의 일"이란 수치스러운 곳을 떠나야 고백과 감사와 찬양이 있는 자리에 들어선다는 것을 기억하자는 이야기입니다. 실수와 실패와 수치를 지우고 은혜의 자리로 나아갔던 것을 되새기자는 이야기입니다. 이스라엘만의 이야기입니까? 아닙니다. 우리 이야기입니다.

> 그러므로 이제 그리스도 예수 안에 있는 자에게는 결코 정죄함이 없나니 이는 그리스도 예수 안에 있는 생명의 성령의 법이 죄와 사망의 법에서 너를 해방하였음이라(롬 8:1-2).

싯딤은 우리 가운데에도 있습니다. 실수와 허물이 서려 있던 자리에서 떠나야 합니다. 땅의 풍속에서 벗어나서 하늘의 소리를 구현해야 합니다. 땅의 관습에서 벗어나서 은혜의 문화를 세워야 합니다. 하나님의 말씀이 우리 삶의 계명이 될 때 우리는 진정 자유를 누릴 수 있습니다. 내 목소리로 하나님의 소리를 누르기보다는 내 마음으로 하나님의 소리를 누려야 합니다. 누르지 말고 누리십시오. 그때 우리 얼굴은 밝아집니다. 맑아집니다. 고와집니다.

십자가의 연필로 기록하는 은혜 / 본문은 하나님의 소리를 공유하고, 하나님의 마음에 공감하며, 하나님과 공간(共間)을 꾸미는 자에게 주시는 약속으로 끝납니다.

> 그리하면 나 여호와가 공의롭게 행한 일을 알리라(미 6:5b).

216

여기 "알리라"를 '기록하라'로 바꿔서 새깁시다. 알기 위해서는 늘 기억해야 합니다. 기억하기 위해서는 기록해 두어야 합니다. 무엇을 기록해 두어야 합니까? 하나님을 알게 된 것을 기록해 두어야 합니다. 본문은 이렇게도 읽을 수 있습니다. '그리하면 너희가 알게 될 것이다, 하나님의 공의(치드코트 야훼, the righteousness of YHWH)를.' '공의'(체다카)는 하나님의 성품 중 하나입니다. 그 뜻은 최소 다섯 개입니다. 추상적으로는 '곧음', 주관적으로는 '올바른 판단', 객관적으로는 '공정', 도덕적으로는 '미덕', 은유적으로는 '번성.'

이런 생각이 들었습니다. '아! 하나님의 공의를 알게 되리라는 말씀은 하나님이 사람의 눈높이에 맞춰 은혜를 주신다는 뜻이구나! 곧음이 필요한 자에게는 곧음을 주시고, 올바르게 판단해야 할 사람에게는 올바름을 주시고, 사람들 사이에서는 공정하게 하시고, 미덕이 필요한 자에게는 미덕을 주시고, 번영이 필요한 자에게는 번영을 주시는구나.' 하나님이 나의 눈높이에 맞춰 주신 은혜를 기록해 둡시다. 그 은혜가 미가에게는 하나님의 공의였습니다.

『이어령의 마지막 수업』(김지수[파주:열림원, 2021])에 이런 내용이 나옵니다. "인간은 어쩌면 지우개 달린 연필이야. 연필은 기억하고 남기기 위해 있고, 지우개는 흔적을 지우기 위해 있잖아. 그런데 어떻게 한 몸이 되어 지우개 달린 연필로 탄생했을까? 알고 보니 지우개 달린 연필은 한 형제가 낸 특허품이야. 그림 그리던 형이 밤낮 지우개를 잃어버려서 동생에게 찾아오라고 시키거든. 동생이 그러지 말고 지우개를 연필에 달아서 쓰자고 해. 그런데 지우는 기능과 쓰는 기능을 한 몸뚱이에 달아놓은 그게 우리 인생이잖아. 비참함과 아름다움이 함께 있고 망각과 추억이 함께 있으니 말일세"(201쪽).

이 표현을 빌려서 정리합니다. 살다 보면 싯딤에 있을 때가 있습니다. 그러나 살기 위해서는 길갈로 나아가야 합니다. 하나님은 오늘도 예수 그리스도의 십자가의 은총이라는 다리로 싯딤과 길갈 사이에 있는 장애물을 건너게 하십니다. 그러니 싯딤이라는 수치스러운 현장은 십자가의 지우개로 지워 버리고 길갈에서 있었던 감사와 고백과 찬양은 십자가의 연필로 기록해서 간직합시다. 거기에서 하나님의 소리를 공유하고, 하나님의 마음에 공감하며, 하나님과 함께하는 공간(共間)을 빚어 가는 신앙 성숙을 이룰 수 있습니다.

34 나훔 | 마음의 공간은 죄가 아닌 하나님으로 채워야 합니다

• 나 1:2-8

팀 켈러, 하나님을 말하다 / 팀 켈러(Timothy J. Keller, 1950-2023)는 신학교 졸업 후 1989년 뉴욕 맨해튼에 리디머 장로교회(Redeemer Presbyterian Church)를 개척하여 2017년 7월에 은퇴한, 미국에서 아주 영향력 있는 목회자였습니다. 교회를 개척할 때 교인은 그의 아내 캐시와 3명의 아이가 전부였는데, 28년간 담임하면서 6천 명 성도가 모이는 대형교회로 성장시켰습니다. 48개 도시에 250개 교회를 개척하였고, 자기 목회사상을 글로 펴내는 저술 작업을 꾸준히 실천하면서 C. S. 루이스 뒤를 이은 기독교 사상가 대열에 올랐습니다.

켈러가 쓴 첫 번째 책은 교회를 개척하고 나서 만났던 뉴욕의 젊은 직장인들을 대상으로 했습니다. 그 책 제목이 『하나님을 믿는 이유』(The Reason for God, 2009)인데, 저는 이 원제보다도 우리말 제목『팀 켈러, 하나님을 말하다』(서울: 두란노, 2017)에 마음이 더 갑니다. 켈러가 교회를 개척하면서 마주했던 사람들은 하나님에 대해서 모르거나, 오해하거나, 하나님이 없다고 했습니다. 켈러는 그런 자들에게 하나님을 소개해야 했습니다. 켈러는 이 책에서 이 시대가 하나님을 믿지 못하는 이유가 무엇인지를 지적한 다음 우리가 하나님을 확실하게 믿는 근거들이 무엇인지를 밝히고 있습니다. 본문에도 하나님을 말하는 자가 등장합니다. 선지자 나훔입니다.

나훔, 하나님을 말하다 / 본문은 나훔서의 들머리입니다. 본문은 이렇게 시작합니다.

여호와는 질투하시며 보복하시는 하나님이시니라 여호와는 보복하시며 진노하시되 자기를 거스르는 자에게 여호와는 보복하시며 자기를 대적하는 자에게 진노를 품으시며 여호와는 노하기를 더디 하시며 권능이 크시며 벌 받을 자를 결코 내버려 두지 아니하시느니라(나 1:2-3a).

어떤 하나님을 말합니까? 악을 무찌르시는 '용사 하나님'(Divine Warrior)을 말합니다. 하나님은 노하기를 더디 하시지만, 하나님을 무시하는 자에게는 엄하게 벌을 내리신다는 말속에는 세상의 악을 무찌르시고자 하나님이 하늘의 군대를 거느리고 행진하신다는 뜻이 담겨 있습니다. 누구에게 이렇게 말했습니까? 니느웨 사람들에게 그렇게 말했습니다(1:1).

나훔서의 독자는 주전 7세기 후반 유다 사람입니다만, 나훔서의 소재는 니느웨입니다. 나훔은 유다 사람에게 하나님이 니느웨를 벌하신다는 소식을 전합니다. 니느웨는 주전 8-7세기 당시 고대 서아시아를 주름잡았던 앗수르 제국의 도성입니다. 앗수르가 한창일 때는 애굽도 꼼짝 못했습니다.

앗수르의 아슈르바니팔은 노아몬(3:8, 아몬의 성읍, 테베)을 주전 633년에 점령했지만, 얼마 지난 후 바벨론과 메대 연합군이 니느웨를 함락했습니다(주전 612년). 앗수르가 노아몬을 무너뜨릴 때와 앗수르의 니느웨가 무너지던(1:14; 3:18) 주전 612년 사이가 대략 나훔의 시대입니다. 이 시기에 약소국가 유다는 앗수르 앞에서 숨도 제대로 쉬지 못했습니다. 앗수르 신 위세에 혼이 빠지고 말았습니다. 이대로 가다가는 유다 사람들의 영적 기상도가 풍비박산(風飛雹散)나고 말 지경이었습니다. 그랬기에 나훔이 나서서 하나님을 말하기 시작했습니다.

꼽아 보십시오. 하나님의 호칭이 몇 가지입니까? 2절만 해도 하나님을 '질투하시는 신, 보복하시는 여호와, 원수를 갚으시는 여호와, 진노하시는 주인'(엘카노, 베노킴 야훼, 노켐 야훼, 우바알 헤마)이라고 부릅니다. 앗수르의 종교는 다신론이었습니다. 그들에게는 사랑의 신, 분노의 신, 보복하는 신이 따로 있었습니다. 이런 풍토에 짓눌려 있던 유다 사람들에게 선지자 나훔이 나서서 하나님을 말합니다. 하나님을 말하되 그 이름을 여럿으로 나누어서 풀었습니다(윤동녕, "나훔서에 등장하는 구원신탁의 요소들", 「구약논단」 18:4 [2-12], 151-176쪽). 하나님을 잊고 살던 자들에게, 하나님을 외면하며 살던 자들에게 세상에는 하나님이 계시고 그 하나님은 오직 한 분 여호와시라고 가르칩니다. 그 여호와가 사람에게 오실 때는 하나님(엘)으로, 주인(바알)으로, 주님(아도나이)으로 오신다고 가르칩니다. 이것이 나훔 시대만의 이야기입니까? 아닙니다. 오늘 우리 시대의 이야기입니다. 오늘 이 시대도 하나님 없이 살아가는 자들이 '그리스도인의 하나님'을 외면하면서 카르페 디엠(carpe diem, 오늘을 즐겨라)이라는 우상에 빠져 지내지 않습니까.

만물은 하나님의 실재를 가리키는 지문이다 / 이제 나훔은 여호와 하나님의 실재를 알 수 있는 방도를 설명합니다. 그런 설명이 본문이 전하는 여호와의 길(데렉)에 관한 말씀입니다.

여호와의 길은 회오리바람과 광풍에 있고 구름은 그의 발의 티끌이로다 그는 바다를 꾸짖어 그것을 말리시며 모든 강을 말리시나니 바산과 갈멜이 쇠하며 레바논의 꽃이 시드는도다 그로 말미암아 산들이 진동하며 작은 산들이 녹고 그 앞에서는 땅 곧 세계와 그 가운데에 있는 모든 것들이 솟아오르는도다(나 1:3b-5).

그가 범람하는 물로 그곳을 진멸하시고 자기 대적들을 흑암으로 쫓아내시리라(나 1:8).

하나님의 길을 어떻게 소개합니까? 회오리바람, 광풍, 구름, 바다, 강, 산, 꽃, 땅, 범람하는 물, 흑암. 우리가 자연의 이치라고 부르는 현상을 가리켜 하나님의 길이라고 부릅니다. 여기에는 두 가지 뜻이 있습니다. 자연은 창조주 하나님의 솜씨를 드러내는 무대라는 것과, 하나님이 용사가 되셔서 세상 악을 징벌하실 때는 그 자연 현상을 무기로 삼으신다는 것입니다. 주목할 것은, 여호와의 길이 회오리바람에 있다는 지적입니다. 자연의 풍광이, 자연의 이치가, 자연의 속성이 사람의 이성과 감성을 압도하지만, 그렇다고 해서 자연이 곧 신성한 것은 아니라는 말입니다. 자연을 숭배해서는 안 된다는 것이지요. 자연의 이러저러한 현상 속에 하나님의 길이 있다는 것은, 하나님이 세상 사람들을 일깨워 주기 위해서 자연을 계시의 도구로 활용하신다는 뜻입니다. 자연은 하나님을 알게 하는 창문입니다. 만물은 하나님을 느끼게 하는 창문입니다. 나훔의 하나님 이야기를 예수님은 이렇게 바꿔서 가르치셨습니다.

공중의 새를 보라 심지도 않고 거두지도 않고 창고에 모아들이지도 아니하되 너희 하늘 아버지께서 기르시나니 너희는 이것들보다 귀하지 아니하냐(마 6:26).

이 예수님의 말씀을 사도 바울은 다음과 같이 바꾸었습니다.

하나님의 진노가 불의로 진리를 막는 사람들의 모든 경건하지 않음과 불의에 대하여 하늘로부터 나타나나니 이는 하나님을 알 만한 것이 그들 속에 보임이라 하나님께서 이를 그들에게 보이셨느니라(롬 1:18-19).

만물은 하나님의 지문(指紋)입니다. '손가락 지(指), 무늬 문(紋), 지문'. 만물의 생김새, 차림새, 쓰임새 등을 보면서 만물을 만물 되게 하시는 창조주를 느끼라는 것입니다.

마음의 빈 공간은 하나님 아니면 죄로 채워진다 / 이제 본문은 질문을 던집니다. 말씀의 분위기가 설명문에서 의문문으로 바뀝니다.

누가 능히 그의 분노 앞에 서며 누가 능히 그의 진노를 감당하랴 그의 진노가 불처럼 쏟아지니 그로 말미암아 바위들이 깨지는도다(나 1:6).

두 번 나오는 의문사 "누가"(히브리어 '미')에 주목하십시오. 지금까지는 하나님을 말했는데, 이제부터는 말씀의 초점이 하나님에게서 사람에게로 넘어갑니다. 나훔은 세상 사람을 둘로 구분합니다. 유다 사람과 니느웨 사람. 마음에 여호와 하나님이 있는 자와 마음에 여호와 하나님이 없는 자. 마음을 하나님으로 채운 자와 마음을 땅의 신으로 채운 자. 마음을 다해 하나님의 말씀에 순응하는 자와 마음을 다해 하나님의 뜻에 맞서는 자.
마음에 여호와 하나님이 없는 자란, 기독교 신앙으로 풀이하면 죄인입니다. "죄의 삯은 사망"(롬 6:23)이라는 말씀은 니느웨 사람은 하나님의 분노를 감당할 수 없다는 나훔의 지적과 일맥상통합니다. 사람들은 죄를 도덕적으로만 파악합니다만, 죄는 그런 것이 아닙니다. 하나님을 등지는 것이 죄입니다. 하나님의 실재를 부정하는 것이 죄입니다. 하나님 없는 삶이 죄입니다.

그런 죄가 내 마음을 지배하면 나라는 존재가 사라지고, 사회가 무너지고, 평강을 잃어버립니다. 어거스틴이 이렇게 말했습니다. "하나님이 인간을 지으셨기에 그 영혼 깊은 데 자리 잡은 빈 공간은 하나님 외의 무엇으로도 채워지지 않는다." 그것을 켈러가 이렇게 바꿨습니다. "마음의 빈 공간은 하나님이 아니면 죄로 채워진다"(팀 켈러, 251-269쪽). 저는 어거스틴과 켈러의 주장을 선지자 나훔의 음성으로 바꾸어서 풀어보았습니다. "사람 마음의 공간은 죄가 아닌 하나님으로 채워야 한다!"

마음의 공간을 예수 그리스도로 채우기 / 지금까지 본문은 세상사에 가슴 앓이하는 자들에게 주신 말씀이었습니다. 나훔서 독자들은 니느웨 사람들을 책망하시는 하나님의 말씀을 들으며 위로를 받았습니다. 본문은 그런 소극적인 차원에서 한 걸음 더 나아갑니다. 위로의 차원을 보다 적극적으로 설파합니다.

여호와는 선하시며 환난 날에 산성이시라 그는 자기에게 피하는 자들을 아시느니라(나 1:7).

'여호와는 선하시며(토브 아도나이), 피난처가 되신다. 환난 날에(레마오쯔 베욤 차라), 그는 돌보신다, 자기에게 피하는 사람을(베요데아 호쎄이 보).'
나훔은 하나님에게 피하라고, 하나님에게 초점을 맞추라고 주문합니다. 죄에 휘둘리는 삶을 이기는 유일한 방도는 삶의 방향을 하나님에게로 재설정하는 것입니다. 땅의 것에 맞춰져 있던 렌즈를 예수 그리스도의 보혈로 닦아서 하늘의 하나님에게로 맞추는 것입니다. 예수님이 뭐라고 말씀하셨습니까?

예수께서 이르시되 내가 곧 길이요 진리요 생명이니 나로 말미암지 않고는 아버지께로 올 자가 없느니라(요 14:6).

한 모임에서 이야기를 나누는데, 기업인 한 분이 제게 이렇게 물었습니다. "목사님, 본죽 대표가 진실한 그리스도인인 것을 아세요? 그는 십의 일조가 아니라 십의 칠조를 드린다고 하네요." 그래서 본죽 창업주 김철호의 이야기를 살펴보았습니다. 그는 대학 졸업 후 신문사 광고부에 취직했다가 사표 쓰고 나와 이런저런 사업을 벌였지만, 그때마다 망했습니다. 아버지는 그가 9살 때 돌아가셨습니다. 그때 어머니 나이가 36세였습니다. 5남매를 남겨 두고 떠난 남편을 대신해서 억척스럽게 자식들을 대학 교육까지 시켰습니다. 그런 어머니의 DNA가 그에게 있어서 그는 망할 때마다 재기하곤 했습니다.

그러다가 1997년 IMF로 다시 파산하고서는 길을 잃었습니다. 낮에는 요리 학원에서 청소하면서 요리를 배우고, 저녁에는 호떡을 구워서 팔았습니다. 그러다가 2002년에 본죽을 창업했는데, 오늘날 수천여 개 가맹점이 있는 프랜차이즈 외식업으로 성장하였습니다.

그의 성공 비결이 무엇일까요? 그의 좌우명은 이것입니다. "그럼에도 불구하고 감사." 그의 사훈은 이것입니다. "하나님께 영광, 세상에 빛과 소금." 그의 아내 최복이 대표는 영업 비밀을 '무릎경영'으로 내걸었습니다. 이 부부에게 왜 사업을 하느냐고 물어보았습니다. "선교하기 위해서 사업합니다. 십일조 드리기 위해서 사업합니다." 또 물었습니다. "십의 칠조를 드리고 나면 남는 것이 있습니까?" "하나님이 다 채워 주십니다!"

사람은 하나님을 위해서 살지 않으면 다른 무언가를 위해서 살게 되어 있습니다. 그런데 기억하십시오. 출세를 위해서 살다가 뜻을 이루지 못하면 평생 낙오자로 삽니다. 아들딸만 보고 살았는데, 자식들에게 문제가 생기면 하늘이 무너지고 맙니다. 그러나 예수님이 삶의 중심이자 기쁨이라면 삶의 차원이 달라집니다. "여호와는 선하시며 환난 날에 산성이시라 그는 자기에게 피하는 자들을 아시느니라"라는 선지자 나훔의 말을 예수님의 가르침으로 바꾸면 이렇게 됩니다. "내게 오라. 내가 너희를 쉬게 하리라. 세상으로 나아가라. 내가 너희와 함께하리라." 예수님에게 오십시오. 주님이 쉬게 하십니다. 예수 그리스도의 이름으로 세상을 향하십시오. 우리 주 하나님이 함께하십니다. 그래서 하는 다짐입니다. 우리 마음의 공간은 죄가 아닌 하나님으로 채워야 합니다.

35 하박국 │ 의인 됨의 감격이 삶의 걸음걸이를 앞으로 나아가게 합니다

• 합 2:1-5

우유곽 대학 총장 커뮤니케이터 최영환 / 한동대에서 문화와 커뮤니케이션을 전공하고 학교의 모토 'Why not change the world?'(세상을 변화시키자)를 가슴에 품고 2007년 학사장교로 입대한 청년이 있었습니다. 그는 인터넷이나 휴대전화가 터지지 않는 최전방 GOP에서 2년, 육군본부에서 1년 6개월간 군 생활을 하였습니다. 최전방 비무장지대 앞에서 커뮤니케이션하기 힘든 북한을 바라보며 '대한민국에서 가장 커뮤니케이션을 잘하는 청년이 되겠다'는 꿈을 품었습니다. 군 생활 중 청년들에게 인생을 헤쳐 갈 '노하우'(know-how)를 전수하는 대학을 만들었습니다. 대학 총장을 맡고 교수진을 확보하고자 국내외 인사들에게 편지를 써 보냈습니다. 군대에서 보급된 우유의 우유갑을 편지지 삼아 "제가 만든 대학의 교수님이 되어 주십시오"라고 부탁하였습니다. 솔직하고 아날로그적인 소통 방식에 마음이 움직인 사람들에게서 동참하겠다는 응답이 왔습니다. 그래서 만들어진 대학이 '우유곽(우유갑) 대학'입니다.

세상에서 가장 고립된 곳을 지키던 한 청년이 열정을 다해 여섯 개 학부, 열세 개 학과를 둔 희망의 대학을 세웠습니다. 당시 섭외된 교수진이 강우현 남이섬 대표, 지승룡 민들레영토 대표, 안성기 영화배우, 신호범 미국 워싱턴주 상원의원, 윤윤수 휠라코리아 대표 등 28명이었습니다. 그들의 이야기를 책으로 엮어서 돈이 없고, 인맥이 없고, 현실을 박차고 나갈 용기도 없는 동시대를 사는 청년들에게 가슴을 뛰게 할 메시지를 전하기를 소망했습니다(『우유곽 대학을 빌려드립니다』[파주: 21세기북스, 2010]).

최영환, 그는 20대 나이에 하나님과 소통하며 자기 이야기로 세상에 감동을 준 커뮤니케이터가 되었습니다. 그 밑바탕에 진실한 기독교 신앙이 있었습니다. 그 본바탕에 하나님의 사랑을 세상과 나누고픈 소망이 있었습니다. 본문

에도 글로 세상을 바꾼 사람이 등장합니다. 답답하고 암울한 현실 속에 믿음의
교실을 열었던 선지자 하박국입니다.

하박국이라는 커뮤니케이터 / 선지자 하박국은 "갈대아 사람"(1:6)이 고대
서아시아를 휩쓸던 시대(주전 612-539년)에 선지자로 부름을 받았습니다. 하박
국은 사람들을 둘로 구분하였습니다. 악인과 의인. 힘에 의지해서 사는 사람
과 믿음으로 사는 사람. 갈대아 사람과 유다 사람. 하박국의 눈에 비친 현실은
의인이 악인에게 눌려 지내는 세상이었습니다. 그래서 하박국서는 그 첫 대목
을 하나님께 던지는 질문으로 채웁니다. '어느 때까지 악인이 의인을 에워싸는
일이 계속됩니까?'(1:2-4) 하나님이 대답하십니다. '믿기지 않겠지만 그 일은 내
가 주도한 일이다'(1:5-11). 그러자 하박국이 다시 묻습니다. '주님은 의로운 사
람이 악한 자들에게 짓밟히는데도 어째서 가만히 계십니까?'(1:12-17) 그 질문
에 이어지는 장면이 본문입니다. 본문은 이렇게 시작합니다.

> 내가 내 파수하는 곳에 서며 성루에 서리라 그가 내게 무엇이라 말씀하실는지 기
> 다리고 바라보며 나의 질문에 대하여 어떻게 대답하실는지 보리라 하였더니(합 2:1).

하박국이 연 믿음의 교실은 질문으로 시작하였습니다. 우리는 하박국의 개
인적인 사정에 대해서는 잘 알지 못합니다. 하박국이란 이름씨도 유다 명칭으
로는 낯섭니다. 하박국이 '함바쿠쿠'(hambaququ)라는 식물에서 유래한 이름이
라고 보기도 하지만, 정확하지 않습니다. 경우에 따라서는 히브리어 동사 '하
바크'(안다, 품다)에서 온 말로 읽을 수도 있습니다(Marvin A. Sweeney, "Habakkuk,
Book of", *Anchor Bible Dictionary* 3:1).

분명한 것은 하박국이 지금 있는 곳입니다. 하박국은 지금 파수하는 곳을 지
키고 있습니다. 그곳이 어디입니까? 성루(망대)입니다. 하박국은 그곳에서 하
나님께 질문만 하지 않았습니다. 하나님의 대답을 기다렸습니다. 하나님의 대
답을 제일 먼저 잘 들을 수 있는 곳에 올라갔습니다. 하나님이 무엇이라고 대
답하실지, 어떻게 대답하실지 기다렸습니다. 오늘날 용어로 말하자면, 하박국
은 하나님과 소통하는 커뮤니케이터가 되기를 원했습니다. 세상과 소통하기

전에 하늘과 먼저 소통하고자 했습니다.

영성으로 지성을 읽기 / 하나님이 그런 하박국에게 이렇게 대답하십니다.

여호와께서 내게 대답하여 이르시되 너는 이 묵시를 기록하여 판에 명백히 새기되
달려가면서도 읽을 수 있게 하라(합 2:2).

하나님이 하박국에게 묵시를 보여 주십니다. 히브리어 성경에서는 묵시가
아니라 '비전'(하쫀)입니다. 하나님이 내게 보여 주신 장면입니다. 내가 본 것은
지성의 연장입니다. 내게 보여 주신 것은 영성이 없으면 깨달을 수 없습니다.
들을 귀가 있고, 보는 눈이 있어야 깨달을 수 있습니다. 하나님이 보여 주신 비
전을 기록하라는 것은 하박국에게 지성에서 영성으로 가는 교실에 들어서라
는 뜻입니다.

하나님은 하박국에게 하나님이 보여 주신 비전을 판에 명백하게 새기라고
주문하십니다. 누구든지 달려가면서도 읽을 수 있게 하라고 주문하십니다. 세
상과 소통할 준비를 하라는 것입니다.

요즈음 대학에서는 글로벌 인재를 키우기 위한 준비로 글쓰기 교육을 강조
합니다. 글쓰기는 설득의 과정입니다. 글쓰기를 통해서 소통의 노하우를 익힙
니다. 소통에서 중요한 것은 어떻게 소통하느냐보다는 무엇으로 소통하느냐는
콘텐츠입니다. 본문에서 하나님은 하박국에게 하나님이 보여 주신 비전을 소
통의 콘텐츠로 삼으라고 주문하십니다. 하나님이 보여 주신 것을 가지고 세상
과 소통하라는 뜻입니다. 지성으로 영성을 이야기하지 말고 영성으로 지성을
이야기하라고 하십니다. 그럴 때 하나님이 보여 주신 비전의 뜻이 밝혀집니다.

여기에서 하나님이 보여 주신 '비전'(하쫀)을 한글성경이 '묵시'(黙示)로 옮긴 까
닭이 드러납니다. 묵시는 뜻이 감춰진 글입니다. '알 듯 모를 듯'한 글입니다.
하나님이 하박국에게 주신 대답은 세상의 안목을 넘어서야 볼 수 있고, 세상
의 기준을 뛰어넘어야 들을 수 있습니다. 세상의 안목을 무시하라는 말이 아
닙니다. 세상의 안목을 넘어서야(!) 비로소 신앙 세계에 들어설 수 있다는 뜻입
니다.

물음표와 느낌표 사이에서 / 하나님이 주신 묵시에 담긴 메시지가 무엇입니까?

이 묵시는 정한 때가 있나니 그 종말이 속히 이르겠고 결코 거짓되지 아니하리라 비록 더딜지라도 기다리라 지체되지 않고 반드시 응하리라(합 2:3).

새번역은 이 구절을 이렇게 읽습니다. "이 묵시는, 정한 때가 되어야 이루어진다. 끝이 곧 온다는 것을 말하고 있다." 의인이 악인에게 짓눌리는 비극이 언제까지 지속될 것인지를 따지던 하박국에게 하나님은 정한 때가 곧 온다고 대답하셨습니다. 언제까지 기다려야 하느냐고 물었던 하박국에게 그 종말이 속히 이르겠다고 대답하셨습니다. 그러면서 부언하십니다. "비록 더디더라도 그 때를 기다려라. 반드시 오고야 만다. 늦어지지 않을 것이다"(2:3b, 새번역).

주목할 것은, '이런 일이 있게 되리라'라고 말씀하셨던 때와 '이런 일'이 성취되던 때 사이에는 시간상 간격이 있다는 사실입니다. 하나님이 하신 말씀과 그 말씀의 성취 사이에는 기다림이 있다는 뜻입니다. 이 말씀을 우리에게 친숙한 말로 바꿔 봅니다. 물음표와 느낌표 사이에는 거리가 있습니다. 그 거리가 사람마다, 사람에 따라서 다릅니다. 분명한 것은 물음표와 느낌표 사이에는 깨어 있어야 한다는 사실입니다. 세상 물결에 떠내려가는 것이 아니라 세상 물결을 거슬러 올라가는 살아 있는 생명이어야 내가 하나님께 던졌던 물음표가 하나님이 주시는 느낌표로 바뀐다는 사실입니다.

하박국의 '아웃 오브 보트'(Out of Boat) / 이제 하나님은 하박국에게 그 기다림의 시간을 살아가는 자세를 가르쳐 주십니다.

보라 그의 마음은 교만하며 그 속에서 정직하지 못하나 의인은 그의 믿음으로 말미암아 살리라 그는 술을 즐기며 거짓되고 교만하여 가만히 있지 아니하고 스올처럼 자기의 욕심을 넓히며 또 그는 사망 같아서 족한 줄을 모르고 자기에게로 여러 나라를 모으며 여러 백성을 모으나니(합 2:4-5).

이 구절에서 돋보이는 것은 "의인은 그의 믿음으로 말미암아 살리라"(2:4b)라는 구절입니다. 이 유명한 구절을 사도 바울은 로마서 1:17에서 '오직 그리스도를 믿음으로 얻는 구원'의 토대로 삼았습니다. 저는 "의인은 그의 믿음으로 말미암아 살리라"라는 말씀을 조금 다른 각도에서 새겨 보려고 합니다.

본문에서 "의인"의 앞과 뒤에는 "그"라고 불리는 사람들이 포진하고 있습니다. 본문에서 "그"는 교만한 사람입니다. 정직하지 못합니다. 술을 즐깁니다. 거짓을 일삼습니다. 탐욕스럽습니다. 모든 나라를 정복하고 모든 민족을 사로잡습니다. 그런데 보십시오. "의인"은 그의 앞과 뒤에 있는 자들 사이에서 전혀 주눅들지 않습니다. 오히려 교만이 대세인 흐름에서, 거짓이 대세인 세상에서 그 흐름 밖으로 나섰습니다. 탐욕이 대세인 세태에서 그 흐름 밖으로 나섰습니다. 거짓과 탐욕과 권력이 판을 치는 세속에서 그 흐름 밖으로 나섰습니다. 그러면서도 신명(神命) 나게 살고 있습니다. 세상의 흐름에서 벗어나 세상을 변화시키고 있습니다. 거기에 하박국이 힘주어 외치는 "의인은 그의 믿음으로 말미암아 살리라"의 뜻이 있습니다.

지금은 중년의 나이가 된 최영환 대표는 일 년에 2개월은 프랑스 파리에서, 2개월은 미국 뉴욕에서, 2개월은 아프리카 케냐에서 살면서 그 사이사이에 한국을 방문합니다. 최영환은 지금 세 단체의 대표입니다. 미국 뉴욕에서 비영리기관 'mtree'를 세웠습니다. 'm'은 'mustard'(겨자)의 머리글자입니다. 겨자씨처럼 작으나 큰 나무가 되어 공중의 새가 깃드는 나무가 되게 하고 싶었습니다. 그것을 토대로 뉴욕과 유럽의 문화예술가들을 설득해서 아프리카로 가서 아이들에게 그림 그리기를 가르쳤습니다. 그 프로젝트의 이름이 'Brush with hope'(희망의 그림 그리기)입니다. 하루 밥 한 끼 먹지 못하는 아프리카 아이들이 그림 그리기를 통해 '마음의 근육'을 키우도록 도왔습니다.

예컨대 서아프리카의 루이스(Louis)란 아이가 'My Life'(내 삶)란 그림을 그렸는데, 세 개의 선으로 되어 있습니다. 맨 위 파란색은 자기의 어두운 과거를 뜻한다고 했습니다. 알코올 중독자 아버지 탓에 학교도 다니지 못하고 노동 착취를 당했던 시절입니다. 중간의 초록색은 그림을 처음 배워 보는데 너무 재밌다는 뜻입니다. 마지막 노란색은 자기가 앞으로 마주할 밝은 미래라고 했습니다. 아프리카 아이가 세 가지 색깔로 자기의 과거, 현재, 미래를 표현한 그림을 보고 많이 울었습니다.

그 그림을 알리고 싶어 뉴욕에서 전시회를 열었습니다. 불쌍함이 아니라 희망을 보러 오라고 외쳤습니다. 기업들과 협업(collaboration)하였습니다. 패션 회사 가방에 그 그림을 새겨 넣는 방식으로 수익금을 모았습니다. 그 돈으로 다시 아프리카 어린이들을 위한 교육 사역을 펼쳤습니다. 그 사역이 널리 알려지면서 '아웃 오브 보트'(Out of boat)라는 모임을 만들었습니다. 그는 이 땅의 청년들에게 보트 밖으로 나오라고 초청합니다. 보트 밖에 예수님이 계신다는 것입니다.

예수님이 오병이어의 기적을 베푸시고 제자들을 갈릴리 바다 건너편으로 가게 하셨을 때 있었던 일입니다. 예수님은 따로 홀로 산에 올라 기도하시다가 새벽녘에 제자들이 있는 곳을 향해 가고자 갈릴리 바다 위를 걸으셨습니다. 예수님을 보고 제자들 모두 깜짝 놀랐습니다. 그때 베드로가 "배에서 내려 물 위로 걸어서 예수께로"(마 14:29) 가고자 했습니다. 여러 제자 가운데 오직 베드로만이 상식의 범주 밖으로 과감하게 나섰습니다. 얼마 못 가 물속에 빠져 허우적댔지만, 그때 베드로는 다른 제자들이 경험하지 못했던 구원을 경험하였습니다. 예수님이 즉시 손을 내밀어 그를 붙잡아 주시지 않았습니까(마 14:31). 기억하십시오. 내 상식, 경험, 지성이라는 보트 밖으로 나와 예수님을 향해 나아가면 물속에 빠질 때라도 예수님이 즉시 건져 내 주십니다.

최영환에게 성공이 무엇인지 물었습니다. "더불어 함께 사는 것이지요. '너희는 온 유대와 사마리아와 땅끝까지 이르러 내 증인이 되라'는 주님의 말씀은 선택사항이 아닙니다. 모든 사람을 향한 명령입니다"(http://news.kmib.co.kr/article/view.asp?arcid=0005740525).

"의인은 그의 믿음으로 말미암아 살리라"의 뜻이 여기에 있습니다. 세상의 흐름에서 벗어나서, 내 앞과 뒤의 '그들'에게서 떨어져서, 내 상식의 보트에서 벗어나서, 내가 붙들고 있는 지성을 내려놓고 나를 붙드는 영성의 자리로 나아갈 때 예수님의 손에 붙들리는 경험을 하게 됩니다. 거기에서 비로소 의인은, 하나님과 커뮤니케이션하는 사람은 그 믿음으로 세상을 감동시키게 됩니다. 그렇습니다. 의인 됨의 감격이 우리를 앞으로 나아가게 합니다.

36 스바냐 │ 회(悔)와 개(改)는 함께해야 합니다

• 습 1:7-11

무라오카 타카미츠의 참회 / 무라오카 타카미츠(村岡崇光, 1938-)는 1970년 히브리 대학(Hebrew University)에서 박사학위를 받은 다음 영국과 호주에서 20년간 가르치다가 1991년부터 2003년까지 네덜란드 레이던 대학(Leiden University)에서 히브리어와 셈족 언어를 가르친 학자입니다. 일본을 떠나 살면서 일본이 제국주의 시절 아시아에서 저질렀던 범죄에 대하여 심한 양심의 가책을 느꼈습니다. 2003년 65세로 레이던 대학에서 은퇴하였을 때 그는 일본 제국주의 시절에 탄압받았던 아시아 사람들을 찾아가서 나름대로 보상을 해 주고 싶었습니다. 한 사람의 그리스도인으로서 시간의 십일조를 하나님께 드리겠다고 결심하고 1년의 10분의 1에 해당하는 5주 이상을 아시아의 대학들에서 성서언어를 무료로 가르치기 시작했습니다. 한국, 인도네시아, 싱가포르, 홍콩, 필리핀, 중국, 대만, 북보르네오, 미얀마, 방콕 등을 찾았고, 그 경험을 책으로 펴냈습니다(Takamitsu Muraoka, *My Via dolorosa: Along the trails of the Japanese imperialism in Asia* [Author House U.K. 2016]. 강범하 옮김, 『나의 비아 돌로로사, 아시아에서 따라간 일본 제국주의의 흔적』[서울: 겨자나무, 2019]). 무라오카의 이야기는 참회가 무엇인지를 보여 준 극적인 사례입니다. 본문에도 회개가 무엇인지를 가르쳐 주는 사람이 등장합니다. 선지자 스바냐입니다.

'쉿, 하나님이 오신다!' / 스바냐는 유다 왕 요시야 시대(주전 640-609년)의 선지자입니다(1:1). 요시야는 유다 왕들 가운데 다윗 이래 가장 긍정적으로 평가받는 인물입니다. 하나님의 말씀에 따라서 성전과 나라를 바르게, 제대로, 반듯하게 세우고자 했습니다. 요시야의 종교개혁(주전 622년) 전후로 스바냐가 선지자로 활약했던 것으로 보입니다(배희숙, "스바냐와 요시야 개혁, 요시야 개혁에 대한 예언적 관점", 「성경원문연구」 49 [2021.10], 75-93쪽, 특히 75-80쪽). 본문도 요시야의 개혁을 지지하거나, 요시야의 개혁을 보완하는 말씀에 해당합니다. 본문은 이렇게 시작합니다.

주 여호와 앞에서 잠잠할지어다(습 1:7a).

새번역은 이 구절을 "주 하나님 앞에서 입을 다물어라"로 옮겼습니다. 누구에게 입을 다물라고 주문합니까? "유다와 예루살렘의 모든 주민들"(1:4)에게입니다. 단순히 입을 다물고 있으라는 말이 아닙니다. "잠잠할지어다"로 번역된 히브리어 '하스'가 우리말로는 손가락을 입술에 대면서 내는 의성어 '쉿'에 해당하는 글자입니다. "주 여호와 앞에서 잠잠할지어다"(하스 밉페네이 아도나이 야훼)란 '쉿! 주 여호와가 오신다!'라는 말입니다(K. Seybold, "Satirische Prophetie", *Studien zum Buch Zephanja*, SBS 120 [Stuttgart: Verlag Katholisches Bibelwerk GmbH, 1985], 24., 배희숙, "스바냐와 요시야 개혁" 82쪽에서 거듭 인용). 그러니까 본문은 사람이 하나님 앞에서는 입을 닫고 있어야 한다는 지시가 아니라 하나님이 오고 계심을 사람들에게 알려 주는 알람(alarm)으로 읽어야 합니다.

초등학생 시절을 떠올려 보십시오. 교실에서 왁자지껄 떠들고 있을 때 망을 보던 학생은 선생님이 교실로 오시는 것을 알아챘습니다. 그때 어떻게 했습니까? "쉿, 선생님 오신다!" 본문도 비슷한 모양새입니다. 여호와 하나님이 예루살렘 주민들에게 오고 계시니 맞이할 준비를 하자는 것입니다.

잔칫상의 호스트가 되신 하나님 / 하나님이 오십니다. 하나님이 오시는 날을 가리켜 "여호와의 날"이라고 부릅니다.

이는 여호와의 날이 가까웠으므로 여호와께서 희생을 준비하고 그가 청할 자들을 구별하셨음이니라(습 1:7b).

여호와의 날이 지금 코앞에 닥쳤습니다. 이날을 위해 하나님이 특별한 계획 하나를 세워 놓으셨습니다. 하나님이 '희생제물로 상을 차려놓고'(키-헤킨 야훼 제

231

바흐), 그 식탁에 동참할 '손님들'을 초대하셨습니다(히크디쉬 케루아브). 이 구절의 앞과 뒤는 하나님을 외면하며 사는 자들에게 하나님이 엄한 벌을 내리시는 장면이지만, 적어도 이 구절에서만큼은 그렇지 않습니다. 하나님은 제물(쩨바흐)을 잡아 놓으신 뒤 손님을 초대하려고 하십니다. 하나님이 제물을 잡으셨다는 말은 제물로 잡은 고기를 나눠 먹을 상을 차려놓으셨다는 뜻입니다. 잔치를 벌이셨다는 것입니다. 정성껏 잔치를 벌이고 초대할 손님을 부르셨다는 뜻입니다. 그것이 본래 하나님의 본심입니다.

종말론 신앙에서 볼 때는 '날마다'가 여호와의 날입니다. 일상은 늘 반복되는 것 같지만, 엄밀히 오늘이라는 시간은 한 번밖에 없습니다. 하나밖에 없는 끝날을 위해서 하나님이 잔칫상을 차려놓으셨습니다. 무슨 뜻입니까? 우리 삶의 호스트(host)가 하나님이 되실 때 우리의 생존 마당은 언제든지 하나님이 차려놓으신 식탁에 손님으로 참여하는 잔치가 됩니다.

내가 주인이고 하나님이 손님이 되시는 것이 아닙니다. 하나님이 주인이 되시고 내가 손님이 될 때 우리의 생존 마당은 하나님이 차려놓으신 식탁이 됩니다. 이때 본문이 전하는 "[하나님이] 구별하셨다"를 하나님이 '선한 자'와 '악한 자'를 구별하셨다는 말로 읽어서는 안 됩니다. 초대받을 자들이 누구인지를 하나님이 구별해 놓으셨다는 뜻이거나, 아니면 "제물 먹을 사람들을 부르셔서 성결하게 하셨다"(새번역)는 뜻입니다. 하나님이 주인이시고, 사람들이 손님으로 초대받은 잔칫상이 차려졌다는 말입니다.

본문에서 하나님은 잔칫상을 차려놓고 손님이 오기를 기다리십니다. 잔칫상을 차려본 경험이 있지 않습니까? 잔칫상을 준비한 사람이라면 세심하게 초대한 손님들이 오기를 기다리지 않습니까! 하나님은 여러분이 하나님의 잔칫상을 받을 만한 자들이 되기를 기대하십니다. 여러분의 '오늘'이 이런 잔칫상이 되기를 바라십니다. 그런데 하나님의 잔칫상 앞에 들어서는 여러분의 차림새는 지금 어떠합니까?

회(悔)와 개(改)가 함께여야 하는 이유 / 본문은 하나님의 기대가 수포로 돌아갔다고 지적합니다. 하나님은 하나님이 차리신 잔치에 초대된 자들을 정성껏 구별해 놓으셨지만, 막상 초대된 자들은 전혀 구별된 모습이 아니었습니다.

여호와의 희생의 날에 내가 방백들과 왕자들과 이방인의 옷을 입은 자들을 벌할 것이며 그날에 문턱을 뛰어넘어서 포악과 거짓을 자기 주인의 집에 채운 자들을 내가 벌하리라 나 여호와가 말하노라 그날에 어문에서는 부르짖는 소리가, 제이 구역에서는 울음소리가, 작은 산들에서는 무너지는 소리가 일어나리라(습 1:8-10).

여호와 하나님이 제물을 잡아 놓고 기다리시던 날에, 하나님의 눈에 띈 자들이 누구입니까? "방백들", "왕자들", "이방인의 옷을 입은 자들", "문턱을 뛰어넘어서 포악과 거짓을 자기 주인의 집에 채운 자들"입니다. 그런데 이방인의 옷을 입었습니다. 이방인에게 동화되어 버렸습니다. "문턱을 뛰어넘어서", 즉 '이방인 신전에 들락날락하면서' 그 신전에 대놓고 포악과 거짓을 채웠습니다. 예수님도 이렇게 말씀하셨습니다.

혼인 잔치는 준비되었으나 청한 사람들은 합당하지 아니하니…청함을 받은 자는 많되 택함을 입은 자는 적으니라(마 22:8b, 14).

무슨 일이 벌어졌습니까? 기쁜 소리가 들려야 할 잔치 자리가 슬픈 소리로 가득한 아수라장이 되고 말았습니다. 동네마다 통곡 소리가 들립니다. 어시장이 열리던 곳("어문")에서는 "부르짖는 소리"가 들립니다. 종교 지도자들이 거주하던 "예루살렘 둘째 구역"(왕하 22:14, 본문에서는 "제이구역"), 즉 예루살렘 서쪽 신시가지(James D. Nogalski, *The Book of the Twelve: Micah-Malachi* [Macon, GA: Smyth & Helwys Publishing, 2011], 720)에서는 "울음소리"가 들립니다. "작은 산들", 즉 예루살렘 지도층이 주로 살던 고급 가옥이 있던 언덕에서는, 집에 가득한 "재물"(1:13) 탓에, 마치 지진이라도 난 듯한 "[집이] 무너지는 소리"가 들립니다(윤동녕, "예루살렘의 지도층을 향한 스바냐의 예언", 「선교와신학」 39 [2016], 213-240쪽. 특히 232쪽).

회개(悔改)는 '뉘우칠 회'(悔)와 '고칠 개'(改)로 이루어진 낱말입니다. '뉘우칠 회'(悔) 자에 감정이 담겨 있다면, '고칠 개'(改) 자는 행동을 담고 있습니다. 회(悔)만 있어서는 안 됩니다. 개(改)가 뒤따라야 합니다. 개(改)만 있을 수 없습니다. 회(悔)가 먼저 있어야 합니다. 마음으로 뉘우쳤다면 행동으로 실천해야 합니다. 지금까지 우리는 어떠했습니까? 혹 회(悔)만 있고 개(改)는 외면하지 않았습니까?

　무라오카 교수의 책을 살피다 보니 그의 한국 일정에서 눈에 띄는 곳이 둘입니다. 하나는 '나자레원'입니다. 1945년을 전후해서 한국 남자와 결혼했다가 미망인이 되었거나, 이혼했지만 1945년 이후 일본으로 돌아가지 못한 일본인 할머니들이 생활하는 곳입니다. 다른 하나는 일본군 위안부로 끌려갔다가 돌아온, 그래서 오랫동안 육체적, 정신적 상처를 안고 살아가는 할머니들이 모여 사는 '나눔의집'입니다. 한쪽은 일본인 할머니이고, 다른 한쪽은 한국인 할머니이지요. 다른 입장, 같은 처지를 살아가는 두 부류 할머니들을 만나면서 그는 자기 마음을 이렇게 굳혔습니다. "일본인으로서 저는 조국의 역사, 특별히 1945년까지의 역사의 한 부분입니다"(203쪽). 그의 책 『나의 비아 돌로로사』가 발간되었을 때 한국 교수들이 북콘서트를 열었습니다(한국신학정보연구원 주최, 2019. 03. 18, 사랑의교회 국제회의실). 그때 발송된 초청장에 그를 이렇게 소개하였습니다. 그는 "아픔과 단절의 시대에 경험했던 어둠과 비극의 역사를 그리스도의 용서와 화해의 삶으로 승화시킨 신학자다." 그렇습니다. 마음으로 뉘우쳤다면(悔), 그 뉘우침에 따라 삶을 새롭게(改) 해야 합니다.

하나님의 보물로 살라 / 　왜 스바냐가 회(悔)와 개(改)는 함께해야 한다고 외칩니까?

> 막데스 주민들아 너희는 슬피 울라 가나안 백성이 다 패망하고 은을 거래하는 자들이 끊어졌음이라(습 1:11).

　사람들이 모두 "막데스 주민들"이 되고 말았다는 것입니다. 막데스(← 마크테쉬 ← 카타쉬)는 '세계 치다, 세계 두드리다', '절구 따위로 빻다'에서 온 말로 공동번역은 이곳을 "방앗간 거리"라고 부릅니다. 본문에서 "가나안 백성"은 장사하는 상인입니다(겔 17:4). 가나안의 토산품이었던 자줏빛 염료로 물들인 직물을 은이나 금으로 거래하던 자들입니다. 그들은 은과 금을 신뢰하였기에 하나님을 믿지 않았습니다. 재물은 바알의 소관이지 여호와와는 관련이 없다고 생각했다는 뜻입니다.

"막데스 주민들"이란 하나님이 계셔야 할 자리에 재물을 올려놓은 사람들입니다. 재물 밑에 숨은 사람들입니다. 그러다 보니 하나님의 잔칫날(여호와의 날)이 하나님의 분노의 날(여호와의 날)로 돌변하고 말았습니다. 그런데도 그런 날이 닥쳐 오고 있다는 사실을 그들의 지성은 간파하지 못합니다. 여호와의 분노의 날에 은과 금이 그들을 막아 주지 못합니다. 무슨 말입니까? 막데스 주민으로 살지 말고 스바냐로 살아야 한다는 깨우침입니다. 스바냐(체파냐, 체파냐후)는 '여호와가 [소중하게] 숨기셨다'는 뜻입니다. 그 이름씨에 담긴 히브리어 '차판'은 '[귀중품을] 감추다'라는 뜻입니다. 여기에서 '마음에 새기다'(treasure up)라는 의미도 파생되었습니다. 하나님이 숨겨 놓으신 보물로 살았던 자가 스바냐라는 암시입니다. 은금이 보물이 아니라 사람이 하나님의 보물이 되어야 한다는 말입니다.

강화도 특산품에 화문석(花紋席)이 있습니다. '꽃 화(花), 무늬 문(紋), 화문석.' 이어령 선생이 화문석을 사러 가게에 들렀습니다. 그는 무늬가 있는 것보다는 없는 것이 더 좋아서 달라고 했는데, 무문석(無紋席)이 더 비쌌습니다. 그래서 어째서 손도 덜 가고 단순한 무문석이 더 비싼지 물어보았습니다. 그랬더니 상인이 "모르는 소리 마세요. 화문석은 무늬를 넣으니 짜는 재미라도 있지요. 무문석은 민짜라 짜는 사람이 지루해서 훨씬 힘듭니다"라고 하였습니다(김지수, 『이어령의 마지막 수업』 [파주: 열림원, 2021], 176쪽). 화문석은 짜는 과정에서 무늬를 넣기에 기대감이 생기고 신이 나지만, 무문석은 오로지 완성을 위해 짜다 보니 일하기가 지루하다는 것입니다.

생존하기 위해서 살면 고역입니다. 의식주만을 위해서 노동한다면, 평생 고된 인생입니다. 아무리 힘들어도, 아무리 가난해도 예수 그리스도의 신앙의 무늬를 넣으십시오. 어떤 인생을 짜려고 합니까? 하나님 신앙의 화문석입니까, 하나님 신앙 없는 무문석입니까?

오늘도 하나님은 하나님 신앙의 화문석이 되게 하는 자를 하나님이 차리신 잔칫상에 초대하십니다. 그 잔칫상에 초대된 손님이 되기를 바랍니다. 선지자 스바냐가 그 잔칫상에 들어설 자들에게 먼저 회개하라고 요청한 이유가 바로 여기에 있습니다.

37 학개 | 미래는 다가오는 시간이 아니라 만들어 가는 시간입니다

• 학 1:7-11

잊다, 잇다, 있다 / 아트조선스페이스 개관 전시회에 다녀왔습니다. 하인두, 하태임의 부녀전(父女展)이었습니다. 그 주제가 '잊다, 잇다, 있다'였습니다.

하인두(1930-1989)는 추상화 작가입니다. 직장암으로 작고하기 2년 전 세례받고 그리스도인이 되기까지 깨닫고 싶었던 삶의 실체를 강렬한 색채의 추상화로 그려 냈습니다. 작품의 제목도 「혼(魂)불-그 빛의 회오리」, 「윤회」, 「만다라」 등이었습니다.

부모로부터 화가 DNA를 물려받은 하태임(1973-)의 작품들은 '통로'(Un Passage)란 제목의 연작 시리즈였습니다. 아버지가 돌아가시던 해에 홀로 프랑스 파리로 그림 공부 유학을 떠났습니다. 자기 속에 있던 절망감을 그림으로 승화시키기까지 오랫동안 시행착오를 겪다가 마침내 찾게 된 깨달음을 '통로'라는 작품으로 표현하였습니다.

이 전시회는 딸이 30여 년 전 돌아가신 아버지와 함께 연 개인전이었습니다. 아버지의 그림은 힘차게 뻗은 직선들이 대칭을 이루는 구도인 데 비해서 딸이 그린 '색띠'(컬러밴드)는 직선이 사라진 곡선이었습니다. 하지만 생동감이 있었습니다. 전시장에서 틀어 놓은 영상을 보니 하태임은 그리스도인이더군요. 두 작가의 그림은 서로 다르면서도 닮았습니다. 둘 다 살면서 겪어야 했던 억울함이나 암울함을 그림으로 승화시키고 있었지만, 표현 방식은 달랐습니다.

하태임은 하인두의 딸이라는 굴레에서 벗어나고자 아버지를 잊고 살았습니다. 그러나 전시회를 준비하면서 깨달았습니다. '비록 다른 모습이긴 하지만, 아버지의 열정이 내게도 이어져 있구나'(https://youtu.be/dyqHAsOJAFE). 그러다 보니 자신의 내일을 기대하게 되었습니다. 그 이야기를 들으면서 전시회 제목 '잊다, 잇다, 있다'의 뜻을 챙길

하태임의
작품
인터뷰

수 있었습니다. '잊다'가 과거라면, '잇다'는 현재이고, '있다'는 미래입니다. 본
문에도 "잊다, 잇다, 있다"로 되새기는 말씀이 나옵니다.

잊다 / 학개서는 학개 당시 유다 사람들이 잊은 것이 무엇인지를 지적하는
말로 시작합니다.

만군의 여호와가 말하노니 너희는 자기의 행위를 살필지니라(학 1:7).

학개서에는 선지자 학개가 말씀을 외쳤던 날짜가 적혀 있습니다(1:1, 15; 2:1,
10, 20). 그 날짜가 모두 페르시아 왕 다리오 1세 제2년(주전 520년)과 연관됩니
다(1:1). "다리오왕 제이년 여섯째 달 곧 그달 초하루"(1:1), "다리오왕 제이년 여
섯째 달 이십사 일"(1:15), "일곱째 달 곧 그달 이십일 일"(2:1), "다리오왕 제이년
아홉째 달 이십사 일"(2:10), "그달 이십사 일"(2:20). 말씀의 전개가 르포 형식입
니다. 긴박하게, 차례차례 전개됩니다. 이런 식의 전개는 뒤에 이어지는 스가
랴서에도 계속됩니다(슥 1:1, 7; 7:1). 그러나 학개서처럼 긴박하지는 않습니다.
시간으로만 따지면 학개가 외친 하나님의 말씀은 다리오왕 제이년 여섯째 달
초하루에서 아홉째 달 이십사 일 사이에, 그러니까 석 달 동안에 주어진 말씀
입니다. 석 달 동안 하나님이 주신 말씀을 사람들에게 쏟아 놓고 난 뒤 무슨 일
이 있을지를 기대하는 생김새입니다.

본문은 "다리오왕 제이년 여섯째 달 곧 그달 초하루에"(1:1) 학개가 선포한 말
씀에 속합니다. 학개가 그 청중을 향해서 이렇게 꾸짖었습니다. "너희는 너희
의 행위를 살필지니라"(1:5b). 무슨 짓을 했기에 이렇게 나무랍니까? 이 시대 최
대의 관심사는 성전을 재건하는 일이었습니다. 본문의 "너희"는 그것을 잊고
있었습니다. 왜 그랬습니까? 생각이 달랐기 때문입니다.

성전 재건축을 향한 첫 삽을 떴던 때는 바벨론 땅의 유다 사람들이 해방을
맞아 고향으로 돌아왔던 주전 538년이었습니다. 학개의 청중이 주전 520년
무렵의 사람들이니까 18년간 성전 공사가 방치되어 있었습니다. 바벨론에서
예루살렘으로 돌아온 자들은 성전 재건을 급선무로 삼았습니다. 그러나 환경
과 여건이 그들을 돕지 않았습니다. 기근이 계속되었습니다. 사마리아에 터를

잡았던 사람들이 예루살렘의 유다 사람들을 줄곧 훼방하였습니다. 성전 건축을 허락하였던 페르시아의 고레스왕도 죽고 없었습니다. 그 뒤 페르시아 왕이었던 아하수에로나 아닥사스다는 유다 사람들 편이 아니었습니다. 다리오가 페르시아의 왕이 될 때까지 성전 건축을 하지 못했습니다. 잊고 있었습니다. 그래서 선지자 학개가 외쳤습니다. "너희는 너희의 행위를 살필지니라."

잊다 / 본문은 예루살렘 주민들이 성전 건축을 잊고 있었다는 사실만 지적하지 않습니다. 성전 건축에 나서라고 촉구합니다.

> 너희는 산에 올라가서 나무를 가져다가 성전을 건축하라 그리하면 내가 그것으로 말미암아 기뻐하고 또 영광을 얻으리라 여호와가 말하였느니라(학 1:8).

이전 성전은 돌로 지었습니다. 이제는 산에서 베어 온 나무로 성전을 지으라고 합니다. 한글성경에서는 "성전"으로 번역했지만, 그냥 "그 집"(합바이트)입니다. 사람들이 살 집이 아니고 하나님이 거하실 집이어서 "성전"이라고 번역해 놓았습니다. 본문이 강조하는 것은, 건축 자재가 아니라 건축하겠다는 정신입니다.

사람들은 여건이나 형편을 보지만 하나님은 정신과 자세를 보십니다. 산의 나무로 짓는다면 보기에는 초라할 수 있겠지만(2:3, 9), 하나님이 보시는 것은 '하나님과 함께 있겠다'(참조, 1:13b, 새번역)는 유다 사람들의 정신입니다. 성전 지성소에서, 성전의 제단에서 하늘의 하나님이 성전을 찾는 사람들과 만나겠다고 말씀하시지 않았습니까(출 25:22; 29:42).

본문에서 들리는 성전을 건축하라는 소리는 그때 하다 말았던 작업을 오늘날 이어 가라는 뜻입니다. 학개 시대보다 먼저 성전 건축에 나선 자들이 있었지요. 그 사람들은 성전 건축에 나섰다가 시대 탓에, 환경 탓에, 사정 탓에 도중에 멈추고 말았습니다.

성전을 건축하라는 말을 성전 건축을 이어 가라는 소리로 풀면 말씀의 지평이 넓어집니다. 성전 건축을 그들의 일로 삼지 말고 우리 일로 삼으라는 말입니다. 성전 건축을 그때 일로 삼지 말고 오늘의 일로 삼으라는 소리입니다. 성전 건축에서, 하나님의 집을 세우는 일에서, 하나님의 기대를 이루는 일에서, 교회를 세우는 일에서 어제의 성도와 오늘의 성도가 이어집니다. 지금 세대와 다음 세대가 이어집니다. 너와 내가 어울립니다. 먼저 교인 된 자와 나중에 교인 된 자가 손을 맞잡습니다. 성전 건축이라고만 하지 마십시오. 주 하나님의 뜻을 펼치는 일이라고 합시다. 그렇습니다. 하나님의 소망을 펼치는 일에서 마음이 이어집니다. 생각이 이어집니다. 헌신이 이어집니다. 비전이 이어집니다.

하나님이 뭐라고 말씀하십니까? "내가 그것으로 말미암아 기뻐하고 또 영광을 얻으리라"(1:8). "그것으로 말미암아"는, 다른 말로는 '그 안에서'(히브리어 '보')입니다. 하나님이 성전 안에서 기쁨을 얻으시고, 성전 예배에서 영광을 받으신다는 것입니다.

성전은 단순한 건물이 아닙니다. 우리에게 친숙한 집(house)과 가정(home)의 차이로 풀면, 교회는 하우스가 아니라 홈이어야 합니다. 성전 건축을 이어 가라는 학개의 당부는 교회를 하우스가 아닌 홈이 되게 하라는 주문입니다. 세상 사람들은 이해관계를 따져서 모이지만, 교회는 그래서는 안 됩니다. 이해하고, 용서하고, 덮어 주고, 참아 주고, 견뎌 내고, 예배드리며 서로 어울리고, 교육으로 다져지고, 친교로 이어지며, 섬김으로 헌신하는 공동체가 되어야 합니다. 그래야만 교회는 건물이 아니라 하나님이 감동하시는 보금자리가 됩니다. 과거의 것은 잊어버리고 오늘 다시 서로 손을 맞잡고 우리 교회가 하나님이 기뻐하시는 영적인 홈이 되도록 성전을 세워 갑시다.

잇다 / 그런데 잊다가 잇다가 되려면 거기에 한 가지가 더해져야 합니다.

너희가 많은 것을 바랐으나 도리어 적었고 너희가 그것을 집으로 가져갔으나 내가 불어 버렸느니라 나 만군의 여호와가 말하노라 이것이 무슨 까닭이냐 내 집은 황폐하였으되 너희는 각각 자기의 집을 짓기 위하여 빨랐음이라(학 1:9).

본문의 청중은 풍요하게 살기를 바랐기에 먼저 자기들 집을 지었습니다. 하나님의 집을 위한 공정은 나중으로 미뤘습니다. 하나님의 집을 위해 필요한 재정은 나중에 생기면 챙기겠다고 미뤘습니다. 그런데 보십시오. 현실이 점점 피폐해지고 말았습니다. 작은 것만, 적은 것만 얻게 되기에 전전긍긍했었는데, 그마저도 바람에 나는 겨처럼 사라져 버렸습니다.

그들에게 하나님의 집을 위한 헌신이 없었던 것은 아닙니다. 그러나 그 헌신보다 앞섰던 것은 생존에 대한 두려움이었습니다. 그들의 판단이 잘못된 것은 아닙니다. 그러나 성숙하지 못했습니다. 예수님이 이렇게 말씀하시지 않았습니까.

그런즉 너희는 먼저 그의 나라와 그의 의를 구하라 그리하면 이 모든 [먹고 마시며 입고 쓰고 다루는 모든] 것을 너희에게 더하시리라(마 6:33).

전시회를 다녀와서 하태임 작가 이야기를 두루 살폈습니다. 하태임은 곡면의 색띠로 세상과 소통하는 세계를 개척하였습니다. 지금은 촉망받는 작가군에 이름을 올려 놓았지만, 이렇게 되기까지에는 오랜 아픔이 있었습니다. 그의 그림의 모티프는 색띠입니다. 얼핏 단순해 보이지만, 곡면의 색띠가 자아내는 통로가 드러나기까지에는 굉장한 중노동이 동반되더군요.

그의 그림을 대하면서 무엇보다 제 눈에 띠었던 것은 그의 색띠가 무척 밝다(긍정적이다)는 사실입니다. 어두운 삶을 이겨 낸 간증이 그런 색채로 드러나고 있었습니다. 그는 작업할 때 수천 번의 붓질을 합니다. 우선 캔버스에 매끄러운 바탕색을 입히기까지 거친 공정을 숱하게 반복해야 하고, 그렇게 해서 만들어진 캔버스 위에 자기가 바라는 색깔을 얻기까지 매일 수천 번 아크릴 물감을 붓질해야 했습니다. 그러다 보니 목 디스크가 생기고, 다리 관절에 무리가 오고, 허리 디스크가 생기고, 오른손으로는 붓을 제대로 잡을 수 없는 직업병까지 얻었습니다. 그렇지만 참고 견뎌 내야 했습니다. 그가 이렇게 설명했습니다. "나는 색이 익을 때까지 기다립니다!"(https://youtu.be/Q-NQgVdVM0U).

그의 고백을 들으면서 '잊다, 잇다, 있다' 사이에 무엇이 있어야 할지를 깨달았습니다. 잊다가 잇다가 되고, 잇다가 있다가 되려면 익다가 있어야 합니다. 헌신이 익어야 합니다. 정성이 익어야 합니다. 간절함이 익어야 합니다. 봉사가 익어야 합니다. 기도가 익어야 합니다. 그래야 우리가 이어 가는 영성생활에 풍성한 열매가 있게 될

[윤기원의 아티스톡] 하태임 인터뷰

것입니다.

있다 / 무슨 열매가 있게 됩니까?

그러므로 너희로 말미암아 하늘은 이슬을 그쳤고 땅은 산물을 그쳤으며 내가 이
땅과 산과 곡물과 새 포도주와 기름과 땅의 모든 소산과 사람과 가축과 손으로 수
고하는 모든 일에 한재를 들게 하였느니라(학 1:10-11).

보십시오. 지금은 밭과 땅에 달리거나 열린 것이 아무것도 없습니다. 본문이
지적하는 장면은 '그쳤다', '사라졌다', '없다'입니다. 하나님 없이 펼쳐 가던 일
상이다 보니 하나님의 은혜라고 내세울 만한 것이 하나도 없습니다. 그러나 내
일은 어떻습니까? 성전이 세워지면 기쁨이 끊이지 않고, 감격이 사라지지 않
고, 감사가 멈추지 않는 시대가 열립니다. 성도의 수준이 달라지고, 성도의 격
이 새로워지며, 성도의 차원이 높아지는 시대가 열립니다. 성전이 없던 시대와
성전이 있는 시대는 그 수준에서 하늘과 땅의 차이가 납니다. 그러니 기억하십
시오. 미래는 다가오는 시간이 아니라 만들어 가는 시간입니다.

하태임의 작품을 대하면서 깨달은 것이 하나 더 있습니다. 그의 작품의 주제
가 '통로'라고 하지 않았습니까. 통로는, 다른 말로는 길입니다. 어디로 가는 길
입니까? 제 식대로 해석했습니다. '아! 생명으로 가는 길이다. 하늘 아버지에게
로 가는 길이다. 그래, 성전을 세우는 길로 나아가자. 교회가 홈(home)이 되는
길로 나아가자. 비록 돌아가는 길이라고 하더라도(곡선이지 않습니까), 지름길(직
선)이 아니라고 하더라도, 그 통로에, 그 길에 들어서면 밝아지고, 풍성해지고,
건강하게 된다!'

우리가 세워야 할 교회가 있다는 것을 잊지 마십시오. 내 마음에도 교회가
세워져야 한다는 사실을 잊지 마십시오. 예배로 우리가 예수 그리스도 안에서
하늘 아버지와 이어지고 있음을 다짐하십시오. 여러분의 찬양이, 여러분의 기
도가, 여러분의 헌신이 익어 가고 있음을 확신하십시오. 잊다에서 잇다로, 잇
다가 익다로 나아가는 길을 걸을 때 이전에는 없던 것이 있게 되는 벅찬 감격
을 누리게 될 것입니다.

38 스가랴 | 공간(空間)에 채워야 할 것은 공감(共感)입니다

• 슥 4:1-6, 13-14

공간을 넘어 공감을 설계하다 / 교회 근처 한 사무실에 이런 글귀가 걸려 있어 눈여겨보았습니다. "공간을 넘어 공감을 설계하다…." 공간의 의미를 길게 생각하고 있었습니다. 인테리어를 전담하는 한 회사가 던지고 있는 이 말에 한동안 울림이 있었습니다. 새삼 공간의 의미를 되새겨 보았습니다. 공간(空間)에는 무엇이 있어야만 합니까? 공간은 가구로 채워서는 안 됩니다. 사물로 채워서도 안 됩니다. 공간은 공감(共感)으로 채워야 합니다. 스가랴도 이 점을 이야기했습니다.

환상, 스가랴의 청사진 / 본문은 이렇게 시작합니다.

내게 말하던 천사가 다시 와서 나를 깨우니 마치 자는 사람이 잠에서 깨어난 것 같더라 그가 내게 묻되 네가 무엇을 보느냐(슥 4:1-2a).

선지자 스가랴가 무엇인가를 보는 이야기는 스가랴서 초반 1:7-6:8에 집중되어 있습니다. "내가…보니"(1:8), "내가 눈을 들어 본즉"(1:18), "내가 또 눈을 들어 본즉"(2:1), "여호와께서 내게 보이시니라"(3:1), "네가 무엇을 보느냐"(4:2), "내가 다시 눈을 들어 본즉"(5:1), "너는 눈을 들어… 이것이 무엇인가 보라"(5:5), "내가 또 눈을 들어 본즉"(6:1)이란 말과 함께 스가랴가 지금 무엇인가를 보고 있다는 사실을 쉼 없이 알리고 있습니다. 모두 8개 장면이 나오지만, 그것들은 다 '스가랴가 하룻밤에 본'(1:8) 장면입니다. 밤에 본 장면이지만, 하나님이 스가랴에게 "다리오왕 제이년 열한째 달… 이십사 일에"(1:7a), 그러니까 주전 520년에 주신 말씀으로 소개되기에(1:7b) 우리는 이것을 '스가랴가 본 환상'이라고 부릅니다.

스가랴는 학개처럼 예루살렘에 세워지는 두 번째 성전에 대하여 설명합니다. 차이가 있다면, 학개가 성전을 지으라고 독려할 때 스가랴는 성전에 있어야 할 것은 무엇인지, 있어서는 안 되는 것이 무엇인지를 설명하는 데 주안점을 두었습니다. 스가랴의 시대가 주전 520년이라고 하였는데, 예루살렘에서 짓고 있는 두 번째 성전 공사가 완공(주전 515년)되기 5년 전입니다. 스가랴서가 소개하는 8개 환상은 다시 짓는 성전을 향한 청사진을 담고 있습니다. 본문의 환상은 그 8개 중 다섯 번째 환상입니다.

등잔대 곁 두 감람나무 / 본문에서 스가랴가 보고 있는 것은 무엇입니까?

내가 보니 순금 등잔대가 있는데 그 위에는 기름 그릇이 있고 또 그 기름 그릇 위에 일곱 등잔이 있으며 그 기름 그릇 위에 있는 등잔을 위해서 일곱 관이 있고 그 등잔대 곁에 두 감람나무가 있는데 하나는 그 기름 그릇 오른쪽에 있고 하나는 그 왼쪽에 있나이다 하고(슥 4:2b-3).

그는 등잔대의 모양새를 설명하고 있습니다. 등잔대 꼭대기에는 기름을 담는 그릇이 있고, 그 그릇 가장자리에는 일곱 대롱에 연결된 일곱 등잔이 놓여 있습니다(4:2, 새번역). 그리고 그 등잔대 좌우에 두 감람나무가 서 있습니다. 스가랴의 환상에서 일곱 등잔이 달린 등잔대는 온 세상을 살피시는 하나님의 현존을 상징합니다. "이 일곱은 온 세상에 두루 다니는 여호와의 눈이라 하니라"(4:10b)라고 하지 않습니까. 그러나 등잔대의 모양새보다도 등잔대가 새 성전에서 차지하는 비중을 눈여겨봐야 합니다. 8개 환상의 구도를 살펴보십시오.

> a. 화석류나무 사이에 선 자(1:7-17)
> b. 네 뿔과 네 명의 대장장이(1:18-21)
> c. 측량줄을 잡은 사람(2:1-13)
> d. 천사 앞에 선 여호수아(3:1-10)
> d´. 순금 등잔대와 두 감람나무(4:1-14)

c′. 날아가는 두루마리(5:1-4)

b′. 에바 속의 여인(5:5-11)

a′. 네 병거(6:1-8)

8개 환상이 서로 짝을 이루는, 네 쌍의 환상입니다. a-b-c-d-d′-c′-b′-a′ 형식이지 않습니까. 본문의 환상은 바로 앞에 소개된 천사가 여호수아에게 새 옷을 입히는 환상과 짝을 이루어 8개 환상 가운데 중심부를 차지합니다. 아니, 새 성전의 중심에 해당합니다.

그때나 지금이나 땅에 세운 건물은 어디에서든 랜드마크 역할을 합니다. 오늘날에도 예루살렘 황금돔은 여전히 예루살렘을 상징하는 건물입니다. 그런데 보십시오. 본문에서 스가랴가 힘주어 말하는 성전의 위상은 건물 규모나 외양이 아닙니다. 과거에는 언약궤와 제단이 중심부 역할을 하였지만, 다시 짓는 성전에서는 등잔대가 중요합니다. 성전의 중심을 등잔대에 두었습니다. 새 성전의 역할을 등잔대가 밝히는 빛에 두었습니다. 성전은 하나님 현존의 빛을 온 누리에 밝히는 센터여야 한다는 것입니다.

예전의 성막이나 옛 성전에도 등잔대가 있었습니다. 그러나 그 곁 좌우에 감람나무는 없었습니다. 감람나무 역할이 무엇입니까? 기름을 공급하는 일입니다. 이 등잔대 등잔에서는 사시사철 가리지 않고 불이 내내 타오른다는 뜻입니다. 그러려면 실로 많은 양의 기름이 꾸준히 공급되어야 합니다(비교, 출 27:20-21). 등잔대 곁 두 감람나무가 바로 그 역할을 감당하도록 설계되었다는 것입니다(J. Lyle Story, "Zechariah's Two Sons of Oil: Zechariah 4", *Journal of Biblical and Pneumatological Research 2* [2010 Fall], 43-44, 49). 등잔대 곁에 감람나무 두 개가 있어서 이제 짓는 성전은 생명의 빛을 끊이지 않고 온 누리에 밝히는 곳이 된다는 것입니다. 보십시오. 사물 곁에 식물이 있습니다. 식물이 있기에 사물이 제 역할을 합니다. 본문이 주는 울림은 여기에도 있습니다.

여의도 현대백화점 '더 현대 서울'을 다녀왔습니다. 코로나 팬데믹 탓에 온라인 쇼핑몰이라는 공간이 상거래 패턴을 바꾸어 놓았지만, '더 현대 서울'을 다녀오면서 온라인 공간에서는 느낄 수 없었던 공간적 경험을 느꼈습니다. 공감으로 채워진 공간을 만날 수 있었습니다. 드넓은 건물 한복판에, 두 개 층의 상업공간을 과감하게 없애고, 그 자리에 나무를 심어 실내 정원을 만들어 놓았더군요.

온라인 쇼핑몰에서는 나와 물건밖에 없습니다. 오프라인 쇼핑몰에서는 나와 물건과 다른 사람이 있습니다. '더 현대 서울'에서는 나와 물건과 다른 사람과 식물이 있습니다. 이것을 건축가 유현준은 "오프라인 상업 공간에서는 물건을 사고 사람을 구경하고 우리를 경험하는 행위가 있다"라고 풀이합니다(유현준, 『공간의 미래』[서울: 을유문화사, 2021], 229-232쪽). 스가랴가 본 등잔대 환상도 그런 장면에 어울립니다. 성전이라는 공간에 등잔대만 있지 않습니다. 식물이, 감람나무가 함께합니다.

기둥에서 사람으로 / 본문은 두 감람나무의 정체가 무엇인지를 밝힙니다.

내게 말하는 천사에게 물어 이르되 내 주여 이것들이 무엇이니이까 하니 내게 말하는 천사가 대답하여 이르되 네가 이것들이 무엇인지 알지 못하느냐 하므로 내가 대답하되 내 주여 내가 알지 못하나이다 하니…이르되 이는 기름 부음 받은 자 둘이니 온 세상의 주 앞에 서 있는 자니라 하더라(슥 4:4-5, 14).

두 감람나무는 기름 부음 받은 제사장 여호수아와 총독 스룹바벨을 가리킵니다. 이전 성전에는 등잔대만 있었지만, 이제 짓는 성전에는 등잔대 옆에 두 사람이 있습니다. 종교인과 정치인 두 인물이 두 개의 감람나무가 되어 등잔대 불이 꺼지지 않도록 헌신합니다.

스가랴가 본 8개 환상의 구도를 다시 한 번 보십시오. 이 8개 환상의 주제는 다 사람과 관련됩니다. 처음 네 개는 사람, 나중 네 개는 사물을 다루는 것처럼 보이지만, 실상은 다 사람에 대하여 말합니다. 스가랴의 관심은 건물의 외양보다는 그 건물을 사용하는 사람에게 있습니다. 스가랴의 관심은 공간을 채우는 사람에 있습니다. 공간을 짓는 경험보다는 그 공간 안에 거하는 자들이 체험할 공감을 중요하게 봅니다. 어떤 사람이어야 합니까? 이 두 사람을 요한계시록에서는 이렇게 부릅니다.

내가 나의 두 증인에게 권세를 주리니 그들이 굵은 베옷을 입고 천이백육십 일을 예언하리라 그들은 이 땅의 주 앞에 서 있는 두 감람나무와 두 촛대니 만일 누구든지 그들을 해하고자 하면 그들의 입에서 불이 나와서 그들의 원수를 삼켜 버릴 것이요 누구든지 그들을 해하고자 하면 반드시 그와 같이 죽임을 당하리라(계 11:3-5).

두 증인을 가리켜 "두 감람나무", "두 촛대"라고 부릅니다. 하나님의 영광이 두 증인을 통해서 나타난다는 뜻입니다(J. Lyle Story, 54). 옛날에는 야긴과 보아스 두 기둥이 성전 앞에 있었지만, 이제부터는 두 증인이 온 세상의 주님 앞에 서게 됩니다. 증인은 내가 체험한 하나님을 증언하는 사람입니다. 하나님의 좋은 것을 증언합니다. 하나님이 사람을 통해서 일하시는 것을 증언합니다.

보십시오. 스가랴가 보았고, 계시록의 사도가 보았던 증인의 역할을 오늘에 와서는 하나님이 성도들에게 맡기셨습니다. 어떤 성도여야 합니까? 생명의 빛이 성전에서 타오르도록 헌신하는 증인, 생명의 빛이 온 누리에 비침을 증언하는 증인, 생명의 빛 되시는 예수 그리스도에게로 세상을 인도하는 증인입니다. 혼자가 아니라 서로 어울려 생명의 빛을 밝히려는 감동이 성전을 채우게 해야 합니다.

주 앞에 서 있는 자가 되기 위해서는 / 이제 본문은 두 감람나무 중 하나인 정치인 스룹바벨에게 스포트라이트를 비춥니다.

그가 내게 대답하여 이르되 여호와께서 스룹바벨에게 하신 말씀이 이러하니라 만군의 여호와께서 말씀하시되 이는 힘으로 되지 아니하며 능력으로 되지 아니하고 오직 나의 영으로 되느니라(슥 4:6).

본문은 스룹바벨을 향한 경고이자 약속입니다. 인위적인 수단과 권세에 의지하지 말라는 것입니다. 스룹바벨은 페르시아에서 유다로 파견된 총독이었지만, 그의 본래 신분은 유다 왕 여호야긴의 손자, 요시야왕의 후손입니다. 스룹바벨의 제복을 보지 말고, 그에게 있는 영적 DNA에 주목하라는 말입니다. 솔로몬은 성전 건축 때 정치 권력을 동원하였지만, 스룹바벨은 그런 권력을 쓸

수가 없습니다. 천사가 대제사장 여호수아에게 정결한 옷을 입혀서 하나님 앞에 서게 하듯 스룹바벨도 하나님이 주시는 은혜로만 성전을 세울 수 있다는 것입니다(J. Lyle Story, 49). "힘으로 되지 아니하며 능력으로 되지 아니하고 오직 나의 영으로 되느니라"라고 하지 않습니까! 공직자도, 회사원도, 장사하는 사람도 위로부터 내리시는 성령의 은혜로만 하나님의 기대를 이루는 증인이 될 수 있습니다.

주 앞에 서 있는 자가 되기 위해서는 잊어서는 안 될 것이 있습니다. 아니, 기억해야 할 것이 있습니다. 무엇을 기억해야 합니까? 스가랴의 환상을 새기면서, 그 환상에서 들리는 "힘으로 되지 아니하며 능력으로 되지 아니하고 오직 나의 영으로 되느니라"는 말씀을 새기면서 우리 시대의 스룹바벨이 누구인지를 사색해 보았습니다. 누가 우리 시대에 하나님의 집을 세워 가는 일에 부름받았습니까? 하나님의 집이라는 공간에 성령으로 채워지는 공감의 새 역사를 이루어가는 자는 누구입니까? 바울도 이렇게 말하지 않았습니까?

내가 너희 가운데 거할 때에 약하고 두려워하고 심히 떨었노라 내 말과 내 전도함이 설득력 있는 지혜의 말로 하지 아니하고 다만 성령의 나타나심과 능력으로 하여 너희 믿음이 사람의 지혜에 있지 아니하고 다만 하나님의 능력에 있게 하려 하였노라(고전 2:3-5).

비천한 가운데 있던 우리에게 자유와 해방과 구원을 주신 하나님의 인자하심을 기억하십시오. 우리가 죄악 중에 있을 때 하나님이 예수 그리스도를 통해서 우리를 용서하시고, 씻어 주시고, 품어 주셨음을 기억하십시오. 나라의 평화와 통일이 하나님의 인자하심에 달려 있음을 기억하십시오. 하나님의 일은, 하나님의 역사는 오직 하나님이 주시는 하나님의 영으로만 이루어진다는 약속을 기억하십시오. 대한민국이라는 공간에서 하나님의 영에 충만한 사람으로 살아간다는 공감을 공유하십시오. 거기에 참 소망이 있습니다.

39 말라기

세상에 익숙한 삶에서 부르심에 합당한 삶으로 돌아서십시오

• 말 3:13-18

물의 교회, 바람의 교회, 빛의 교회 / 일본에는 세계적인 건축가 안도 다다오(安藤忠雄, Ando Tadao, 1941-)가 건축한 교회가 세 개 있습니다. '물의 교회'(Chapel on the Water, 1985-1988), '바람의 교회'(風の教会, Chapel on the Mt. Rokko, 1985-1986), '빛의 교회'(光の教会, 茨木春日丘教会, Church of the Light, 1988-1989). 안도 다다오가 지금은 세계적인 건축가이지만, 전에는 트럭 운전사와 권투선수를 했습니다. 순전히 독학으로 건축을 공부했지만, 1969년에 회사를 차린 이후 수많은 상을 휩쓸면서 거장의 반열에 올랐습니다. 이들 세 교회는 그가 지은 많은 건축물 중 일부입니다.

'물의 교회'는 홋카이도 외곽에, '바람의 교회'는 고베시에, '빛의 교회'는 오사카 교외 한 작은 마을에 있습니다. 셋 다 "건축은 사람으로 하여금 자연의 존재감을 느끼게 해 주는 중간 장치"라는 안도 다다오의 생각을 드러냅니다(유현준, 『공간이 만든 공간』[서울: 을유문화사, 2021], 307쪽). 건물 외관은 노출 콘크리트이고 그 모양도 박스(box) 형태이지만, 각각 빛, 바람, 물 같은 자연을 건축물 안에 끌어들여서 그 교회에서만 느낄 수 있는 멋진 공간을 만들어 놓았습니다.

가령 빛의 교회는 자연의 빛을 이용해서 공간의 성스러움을 연출한 건물입니다. 바닥, 벽, 천장은 여느 건물과 다를 바 없지만, 문을 열고 조용히 내부로 들어서는 순간 십자가형으로 뚫린 정면 벽에서 쏟아져 들어오는 빛이 사람들에게 말로는 다할 수 없는 감동을 줍니다. 게다가 강단을 회중석보다 낮은 곳에 두면서 그보다 더 낮은 곳에 십자가를 세워 두었습니다. 이곳을 방문한 정광호 교수는 그 감동을 이렇게 전하더군요. "이것은 은연중에 인간의 모습으로 자신을 낮추신 예수 그리스도의 모습을 보여 주고 있다."

세 교회가 다 찬사를 받지만, 빛의 교회는 한 가지 점에서 물의 교회, 바람의 교회와는 다릅니다. 물의 교회, 바람의 교회에는 방문객이 있지만, 빛의 교회에는 성도들이 있습니다. 이 셋 가운데 신앙공동체가 사용하는 건물은 빛의 교회 하나뿐입니다. 물의 교회나 바람의 교회와는 달리 빛의 교회에는 예배드리는 교인이 있습니다. 그 교회 이름이 '이바라키 카스가오카 쿄까이'(茨木 春日丘 教会)입니다. 예배드리는 교인들이 있을 때 진정한 교회가 됩니다. 아무리 성스럽게 조성해 놓았어도, 방문객이 아무리 많아도, 그 공간을 영적인 보금자리로 삼는 성도들이 없다면, 그곳은 교회가 아닙니다. 말라기서가 다루는 문제가 바로 그것입니다.

하나님과 유다의 논쟁 /

여호와가 이르노라 너희가 완악한 말로 나를 대적하고도 이르기를 우리가 무슨 말로 주를 대적하였나이까 하는도다(말 3:13).

본문의 어조는 논쟁입니다. 하나님과 유다 사람들이 주고받는 논쟁입니다. 왜 논쟁이 벌어졌습니까? 사람들은 이제 성전이 다 지어졌다고 소리치지만, 하나님은 '성전만 지으면 무엇 하느냐? 사람들이 새로워져야지'라고 따지셨다는 것입니다. 하나님은 책망의 말씀을 하셨습니다. 말라기 당시의 유다 사람들이 완악하고도 불손한 말로 하나님을 거역하였다는 것입니다. 그러자 백성들이 고개를 빳빳이 든 채 하나님께 반문합니다. '우리가 언제 주님을 대적하였습니까?'

왜 이런 논쟁이 벌어졌습니까? 세월이 어려웠기 때문입니다. 포로생활을 하다 예루살렘으로 귀환한 자들이 우여곡절 끝에 힘을 다해 제2성전을 세웠지만, 그 성전이 그만 페르시아의 도구로 전락하고 말았기 때문입니다. 유다 사람들은 성전을 다 지으면 나라가 회복될 줄 기대했는데, 사정이 그렇지 못해 실망했습니다. 하나님의 입장에서는, 성전을 짓는 자들이 그 마음에도 성전을 지었어야 했는데, 그들은 하나님의 영이 거하시는 성전이 되지 못했습니다.

너희는 너희가 하나님의 성전인 것과 하나님의 성령이 너희 안에 계시는 것을 알지 못하느냐 누구든지 하나님의 성전을 더럽히면 하나님이 그 사람을 멸하시리라 하나님의 성전은 거룩하니 너희도 그러하니라(고전 3:16-17).

말라기 당시 유다 사람들은 눈에 보이는 성전을 보면서 좌절하고, 하나님은 눈에 보이지 않는 성전을 찾으면서 안타까워하시다 보니 그만 서로 간에 논쟁이 벌어졌습니다. 학개, 스가랴, 말라기는 같은 시대를 살았습니다. 이들은 제2성전 건축을 시대의 당면 과제로 여겼습니다. 그러나 구체적인 시각에서는 서로 다릅니다. 학개는 성전을 지어야 한다는 쪽에 방점을 두었고, 스가랴는 성전이라는 공간(空間)보다는 그 공간에 채워야 할 공감(共感)이 무엇인지에 방점을 찍었습니다. 말라기는 건물의 회복이 아니라 그 안에서 지내는 자들의 신앙 회복에 주안점을 두었습니다(E. Ray Clendenen, "A Passionate Prophet: Reading Emotions in the Book of Malachi", *Bulletin for Biblical Research* 23, 2 [2013], 220-221).

'성전만 지으면 무엇 합니까? 성전 신앙이 없는데.' 이것이 말라기서의 주제입니다. 성전은 지었는지 몰라도 성전 신앙은 세우지 못했다는 것입니다. 성전이라는 공간에서 마음과 힘과 뜻을 다하여 하나님을 예배하는 신앙 공동체가 없었다는 것입니다. 교인이 있어야 교회라고 부를 수 있지 않겠습니까! 그런 하나님의 마음이 본문의 논쟁에 담겨 있습니다. 그래서 하신 말씀입니다. '너희가 완악한 말로 나를 대적하였도다.'

유다에 대한 하나님의 지적 / 유다 사람들은 하나님의 질책에 선뜻 동의하지 못합니다. 도리어 반문합니다. 우리가 언제 하나님을 대적했느냐고 따집니다. 우리가, 우리 선배들이 예루살렘에 두 번째 성전을 세우고자 애쓰지 않았느냐고 따집니다. 그러자 하나님이 정색하시고서 백성들이 서로 주고받았던 말들을 짚어 가십니다.

이는 너희가 말하기를 하나님을 섬기는 것이 헛되니 만군의 여호와 앞에서 그 명령을 지키며 슬프게 행하는 것이 무엇이 유익하리요 지금 우리는 교만한 자가 복되다 하며 악을 행하는 자가 번성하며 하나님을 시험하는 자가 화를 면한다 하노라 함이라(말 3:14-15).

백성이 하나님을 섬기는 것이 헛되다고 떠듭니다. 하나님의 말씀을 지키며 죄를 뉘우치는 것이 무슨 유익이 있느냐는 것입니다. 교만한 자가 오히려 복이 있다고 합니다. 악을 행하는 자가 오히려 번성한다는 것입니다. 하나님을 시험하는 자가 재앙을 면한다는 것입니다.

이 다섯 가지 불평은 말라기서 전체에서 보면 하나님이 지적하신 꾸짖음에 대한 사람들의 반응입니다. 그들이 하나님의 사랑을 잊어버리고 말았다고 하나님이 따지시자(1:2) 하나님을 섬기는 것이 헛되다고 내세웁니다.

그들이 적당히 눈가림만 하며 성전에서 예배를 드린다고 하나님이 지적하시자(1:7-9, 12-13) 하나님의 명령을 지키는 것이 무엇이 유익하냐고 따집니다. 그들이 하나님과 맺은 언약을 내팽개쳤다고 지적하시자(2:4) 교만한 자가 오히려 복되다고 맞받아칩니다. 그들이 이방인의 딸과 결혼하려고 어려서 맞이한 아내를 홀대하고 있다고 하나님이 지적하시자(2:11, 14-15) 악을 행하는 자가 도리어 번성한다고 우깁니다.

십일조를 드리는 청지기로 살아야 하는데 모든 것을 주인(owner)처럼 움켜쥐려고 한다고 지적하시자(3:8-9) 하나님을 시험하는 자가 화를 면한다고 소리칩니다. 그러면서 삶의 방향을 엉뚱한 쪽으로 내몹니다. 그릇된 쪽으로 충동합니다. 하나님 없이 살아도 된다는 것입니다. 자기를 낮추는 자가 아니라 자기를 높이는 자가 되어야만 세상을 이길 수 있다고 충동질합니다. 악한 짓을 저질러도 일만 성사되면 그만이라고 소리칩니다. 한마디로, 세상살이에 익숙해지는 것이 하나님을 섬기는 것보다 낫다는 소리입니다.

이런 소리가 말라기 시대만의 이야기일까요? 아니 오늘, 우리 시대의 이야기입니다. 우리도 항상 하나님보다는 세상을, 의미보다는 이익을 따지지 않습니까. 우리도 언제나 정신보다는 몸을, 가치보다는 물질을 우선시하지 않습니까. 우리도 늘 신앙보다는 현실을, 과학이라는 이름으로 형이상학보다는 형이하학을 앞세우지 않습니까.

하나님이 찾으시는 사람 / 급기야 하나님이 자기 속내를 밝히십니다. 하나님이 찾으시는 사람이 있다고 하십니다. 하나님이 찾으시는 사람은 누구입니까?

그때에 여호와를 경외하는 자들이 피차에 말하매 여호와께서 그것을 분명히 들으시고 여호와를 경외하는 자와 그 이름을 존중히 여기는 자를 위하여 여호와 앞에 있는 기념책에 기록하셨느니라(말 3:16).

하나님은 그분의 이름을 존중히 여기는 자를 찾고 계십니다. '그 이름을 존중히 여기다'(레호쉐베이 쉐모)라는 말은, 문자적으로는, '그 이름을 늘 생각한다'는 뜻입니다. 어느 곳에 있든, 누구와 함께 있든 항상 하나님의 이름을 묵상하면서 하나님의 이름을 기리는 자를 가리켜 본문은 하나님을 경외하는 자라고 부릅니다.

앞에서 빛의 교회에는 예배드리는 교인들이 있다고 이야기했습니다만, 일본 사회에서 그리스도인 비율은, 가톨릭과 개신교를 다 합쳐도, 1%도 되지 않습니다. 사회의 고령화와 맞물려 일본 교회에도 젊은이들이 없습니다. 게다가 지나치게 지성적입니다. 열정적인 한국 교회의 시각에서 보면 교회 분위기가 참으로 냉랭합니다. 그렇지만 그 적은 수의 교인들이 매우 신실하고 진지한 신앙인으로 살아갑니다.

기독교대한감리회가 파송한 선교사로 일본인 교회에서 오랫동안 목회하고 있는 홍이표 목사가 일본인 그리스도인에 대해서 이렇게 말합니다. "그리스도인을 신기하게 쳐다보는 일본 사회에서 꿋꿋이 자신의 믿음을 지켜가기 위한 일당백의 옹골찬 모습은 오히려 나를 부끄럽게 하기도 했다"("한국 교회, '땅끝' 일본 기독교에서 배우라", 「뉴스앤조이」, 2018. 7. 2. 기사). 기억하십시오. 하나님은 그때나 지금이나 하나님의 이름을 존중히 여기는 자를 찾으셔서 그 이름을 기념책에 기록해 놓으셨습니다.

홍이표 목사
인터뷰 기사

부르심에 합당한 삶으로 / 이제 본문은 하나님의 속내를 들은 자들에게 결단을 촉구합니다.

만군의 여호와가 이르노라 나는 내가 정한 날에 그들을 나의 특별한 소유로 삼을 것이요 또 사람이 자기를 섬기는 아들을 아낌같이 내가 그들을 아끼리니 그때에 너희가 돌아와서 의인과 악인을 분별하고 하나님을 섬기는 자와 섬기지 아니하는 자를 분별하리라(말 3:17-18).

하나님은 하나님의 기념책에 그 이름이 기록된 자들을 하나님의 특별한 소유로 삼으십니다. "특별한 소유"(쎄굴라)란 '보석' 같은 존재입니다. 하나님의 이름을 늘 묵상하며 존중히 여기는 자들을 하나님이 아끼신다는 것입니다. 그러면서 말씀하십니다. '너희는 돌아와야 한다. 세상살이에 익숙한 삶에서 하나님의 보석에 합당한 삶으로 돌아와야 한다.' 그렇습니다. 하나님은 어제나 오늘이나 내일이나 그런 자들을 품고, 아끼고, 빛나게 하십니다.

어느 지인이 동영상 하나를 제게 보내왔습니다. 불교와 도교가 주류인 대만 사회에서 그리스도인으로 살아가고 있는 대만의 국민배우 이천주에 대한 이야기였습니다. 이천주 배우가 남우주연상을 받자 시상식장에서 수상 소감으로 주기도문을 '외치는' 감동적인 장면이었습니다.

대만의 국민배우 이천주만 그렇겠습니까? 세상살이가 어렵지만, 세속 속의 그리스도인으로 살아가기가 쉽지 않지만, 오늘도 주일예배를 정성껏 드리는 우리 성도들도 하나님이 아끼고, 품고, 사랑하고 계심을 기억하십시오. 하나님을 섬기지 않는 많은 사람 사이에서 하나님을 섬기는 자로 우리를 부르셨음을 기억하십시오. 세상살이에 익숙한 삶에서 부르심에 합당한 삶으로 돌아서십시오.

일상은 언제나 여태껏 가보지 않은 시간에 들어서는 여정입니다. 우리가 매주일 지키는 주일예배는 하나님을 속이고, 자신을 속이고, 죄의 그늘에 갇혀 세상에 익숙했던 시간에서 하나님의 시공간으로 돌이키는 방법을 깨닫는 현장입니다. 말라기 말씀도 그것을 깨우쳐 줍니다. 하나님의 품으로 돌아오는 길에 나서십시오. 그때 우리는 사랑과 기쁨과 희망과 자비와 감사와 보람으로 충만한 일상을 회복하게 됩니다. 거기에서 말라기 말씀은 험한 시대를 헤쳐 가게 하는 이정표가 됩니다.

구약의 숲을 지나 이제부터는
예수 그리스도의 이름으로 소개되는
신약의 숲에 들어섭니다.

말씀 속에 길이 있습니다.
말씀이 나를 읽어 갈 때 내가 살아납니다.

Part 2

신약

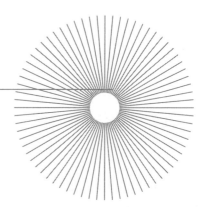

01 마태복음 | 예수님이 보여 주신 하늘나라의 풍경, 하늘나라의 차원이 새로워졌습니다

• 마 13:44-50

새 지휘자 예수 그리스도 / 안토닌 드보르자크(Antonin L. Dvořák, 1841-1904)는 유럽의 작은 국가 체코가 배출한 음악가입니다. 체코슬로바키아가 체코와 슬로바키아로 나뉘기 전 시대의 사람으로 체코의 정신과 슬라브 민족의 민요를 음악으로 승화시켰습니다. 그가 만든 교향곡 9번 '신세계로부터'(From the New World)는 우리 귀에 친숙합니다. 그가 1892년 미국으로 건너가 몇 년간 머문 적이 있는데 그때 고향을 향한 사무치는 그리움과 미국이라는 '신세계'에서 마주쳤던 감동을 음악으로 해석해 놓았습니다.

마태복음을 펼치면서 드보르자크의 '신세계로부터'를 떠올린 이유가 있습니다. 구약의 모든 여정을 마치고 이제부터는 예수 그리스도의 이름으로 소개되는 신약의 말씀에 들어서기 때문입니다. 이 곡을 듣다가 새삼스레 느낀 것이 하나 있습니다. 지휘자에 따라 오케스트라의 소리가 달라진다는 것입니다. 지휘자는 오케스트라에 질서를 부여하고 오케스트라의 소리를 만들어 냅니다. 그런데 지휘자가 달라지면 오케스트라의 소리가 달라집니다. 곡 해석을 달리하기 때문입니다. '신세계로부터' 4악장의 모티프를 힘차게 들려주기도 하고, 묵직하고 조심스럽게 들려줄 수도 있습니다. 전자는 신대륙에 성큼성큼 다가서는 모습이고, 후자는 낯선 땅에 조심스레 발을 들여놓는 모습입니다. 읽기에 따라서는 성경도 말씀의 지휘자가 구약의 모세에서 신약의 예수 그리스도로 바뀐다고 볼 수 있습니다.

성전에서 천국으로 / 예수님이 오심으로 무엇이 달라졌습니까? 구약 예언서의 모티프는 예루살렘 성전과 관련해서 하나님의 백성이 겪어야 했던 애환이었습니다. 그랬던 말씀의 분위기가 마태복음에 들어서면서 확 달라집니다.

본문은 이렇게 시작합니다.

천국은 마치 밭에 감추인 보화와 같으니 사람이 이를 발견한 후 숨겨 두고 기뻐하
며 돌아가서 자기의 소유를 다 팔아 그 밭을 사느니라(마 13:44).

"천국"에 대해서, '하늘나라'에 대해서 예수님은 말씀하십니다. 천국을 '밭
에 숨겨 놓은 보물'에 빗대어 설명하십니다. 본문에는 천국 비유가 세 개 나옵
니다. 44절에 이어 "또 천국은 마치 좋은 진주를 구하는 장사와 같으니"(13:45),
"또 천국은 마치 바다에 치고 각종 물고기를 모는 그물과 같으니"(13:47)라고 연
거푸 이야기하시지 않습니까.

지금까지 구약의 청중은 천국에 대해서 한 번도 듣지 못했습니다. 이 땅의
나라가, 유다 왕국이 회복되는 데에만 관심을 기울였지 천국에 대해서는 한 번
도 생각해 보지 못했습니다. 그랬던 유대인들에게 예수님이 천국에 대해서 가
르치십니다. 지금까지 선지자들은 여기에 있는 성전(시온)의 회복에만 관심을
쏟았습니다. 가나안 땅에 정착한 이래 야곱의 자손들은 성전을 짓고자 정성을
다했고, 성전이 있는데도 산당(山堂)에 다니는 자들을 보면서 속상해했고, 성전
이 망가져서 가슴 아파했고, 성전을 다시 짓고자 애썼으며, 성전을 통해서 하
나님의 뜻이 이 땅에 이루어지기를 기대했습니다. 그러나 뜻대로 되지 않았습
니다. 그래서 메시아가 오기를 기다렸습니다. 바랐던 대로 메시아이신 예수
그리스도가 오셨습니다. 그런데 예수 그리스도가 오셔서 맨 처음 전하신 소식
이 무엇입니까?

회개하라 천국(헤 바실레이아 톤 우라논)이 가까이 왔느니라(마 4:17b).

하나님 나라가 아닙니다. 하늘나라(천국)입니다. 마태복음은 의도적으로 하
나님 나라가 아니라 '하늘나라'라고 부릅니다. '하늘나라'의 '하늘'도 단수가 아
니라 복수(heavens)입니다. '여러 겹으로 이루어진 하늘'입니다. 창세기 1:1, '태
초에 하나님이 하늘(하샤마임)과 땅(하아레츠)을 창조하시니라'의 정서를 이어 갑
니다. 창세기가 창조주 하나님을 증언할 때에도 하늘은 복수형이지만 '땅'은 단

수형입니다. 하늘이 여러 겹으로 되어 있다는 암시입니다. 오늘날에도 하늘을 가리켜 대류권 → 성층권 → 중간권 → 열권(우주 공간)으로 구분해서 부르지 않습니까.

예수님은 열강의 압제(페르시아 → 헬라 → 로마)에 눌려 하나님이 지으신 하늘을 잊고 살았던 자들에게 하늘에 대한 소식을 들려주십니다. 열강의 압제에 가려 이 땅에서는 보이지 않던 하나님의 통치가 하늘에서는 여전히 실행되고 있음을 가르쳐 주십니다. 예루살렘 성전만을, 시온만을 뚫어지게 쳐다보고 있던 자들에게 하늘을 쳐다보게 하십니다. 그러면서 그 하늘을 하늘나라라고, 하나님의 주권이 실행되고 있는 곳이라고 일깨워 주십니다.

예수님은 갈릴리의 천하고 연약한 자들을 고치시고 가르치시고 먹이시면서 "천국 복음"(4:23)을 전파하셨습니다. "하늘에 계신 우리 아버지여"(6:9)라고 부르시지 않았습니까(5:16, 45, 48; 6:1, 14; 7:21). "뜻이 하늘에서 이루어진 것같이 땅에서도 이루어지이다"(6:10)라고 기도하게 하시지 않았습니까. 사람들이 주목해야만 할 대상을 땅에서 하늘로 옮기셨습니다. 의기소침해 있던 아브람을 찾아가신 여호와 하나님이 아브람에게 보도록 하신 곳이 어디입니까?

[하나님이] 그를 이끌고 밖으로 나가 이르시되 하늘을 우러러 뭇별을 셀 수 있나 보라 또 그에게 이르시되 네 자손이 이와 같으리라(창 15:5).

우리 주님은 오늘도 하늘을 잊고 사는 우리에게 오셔서 하늘을 보게 하십니다. 천국을 잊고 사는 우리에게 오셔서 천국이, 하늘나라가 있음을 상기시키십니다.

위의 천국에서 아래의 천국으로 / 본문에서 주목할 것은 예수님이 보여 주신 하늘나라 풍경입니다. 저기 위에 있는 천국이 아니라 여기 우리 가운데 있는 천국입니다. 위에 있는 천국(heaven above)이 아니라 아래에 있는 천국(heaven below)입니다.

천국은 마치 밭에 감추인 보화와 같으니 사람이 이를 발견한 후 숨겨 두고 기뻐하며 돌아가서 자기의 소유를 다 팔아 그 밭을 사느니라(마 13:44).

본문의 핵심은 밭에 감추어져 있는 보화이지만 이 보화를 얻고자 비유의 주인공이 했던 처신에 주목해야 합니다. 자기 소유를 다 팔아 보화가 묻혀 있는 밭을 사지 않았습니까. 이런 장면은 본문인 44절과 짝을 이루는 45-46절의 비유에서도 마찬가지입니다.

또 천국은 마치 좋은 진주를 구하는 장사와 같으니 극히 값진 진주 하나를 발견하매 가서 자기의 소유를 다 팔아 그 진주를 사느니라(마 13:45-46).

여기서도 핵심은 장사꾼이 발견한 값진 진주입니다. 본문의 스포트라이트는 이 값진 진주를 얻기 위해서 장사꾼이 자기 소유를 다 팔아 그 진주를 사는 장면을 비추고 있습니다.

이 이야기를 들었던 청중은 오랫동안 비유에 나오는 보화나 값진 진주가 무엇을 가리키는지 궁금해했습니다. 교부 오리게네스(Origenes)는 "보화가 숨겨진 밭은 성서를, 값진 진주는 그리스도를 뜻한다"면서 "성경의 비밀을 깨우친 사람은 자신이 이전에 가지고 있던 모든 것을 다 버리고 그리스도의 신비를 자신의 것으로 만든다"라고 풀었습니다(조재천, "[오리게네스와 함께 마태복음 읽기 01] '천국은 마치 ~과 같다'-마태복음 13장 36-58절 해설", 「기독교사상」 745 [2021], 142쪽). 그런데 꼭 그렇게만 풀 필요는 없습니다. 본문이 말하려는 것은 '예수님이 누구신가'보다는 '누가 천국에 들어가는가'입니다.

천국을 보화에, 값진 진주에 비유하고 있는 것은 천국은 우리가 일상 중에 체험하는 현실이라는 뜻입니다(차정식, "마태복음의 '하늘나라'와 신학적 상상력", 「한국기독교신학논총」 46/1 [2006], 64쪽). 본문을 새겨 보면 본문의 강조가 보화와 값진 진주에서 자기 소유를 다 팔아서 그것을 지니려는 사람에게로 옮겨 갑니다. 우리 가운데 있는 천국을 소유하는 사람이 누구인가를 일깨워 주려고 합니다. 처음에는 '보화'를 이야기했다가, 그다음에는 '보화를 지닌 밭'을 이야기했다가, 마지막에는 '보화를 지닌 밭을 사는 사람'으로 비유의 초점이 옮겨 가고 있습니다.

어떤 사람이 천국에 들어갈 수 있습니까? 내가 찾은 성경이, 내가 만난 진리의 말씀이, 나를 찾아오신 예수님이, 내가 얻은 구원이 세상에서 가장 소중하다고 결단하는 사람만이 천국에 들어갈 수 있습니다. 구원은 하나님이 값없이 주신 은혜이지만, 천국은 헌신한 자가 얻는 상급이라는 뜻입니다.

이곳 천국에서 그날 천국으로 / 본문은 여기에서 한 걸음 더 나아갑니다.

또 천국은 마치 바다에 치고 각종 물고기를 모는 그물과 같으니(마 13:47).

이번에는 천국을 "그물"에 비유합니다. 그물은 어부에게는 일상의 도구이며, 갈릴리 어부들에게는 친숙한 삶의 수단입니다. 예수님은 어부들이 익숙하게 치던 그물을 천국으로 비유하십니다. 여기에서 본문의 어조가 달라집니다. 처음에는 그물에 관심을 쏟게 했는데 이내 그물에 몰려든 고기들에게 관심을 두게 합니다. 그물을 쳐 놓으면 그 안에는 각종 물고기가 모입니다. 천국의 문은 누구에게나 열려 있다는 뜻입니다. 그런데 세 번째 비유의 줄거리는 여기에서 조금 더 나아갑니다.

그물에 가득하매 물가로 끌어내고 앉아서 좋은 것은 그릇에 담고 못된 것은 내버리느니라 세상 끝에도 이러하리라 천사들이 와서 의인 중에서 악인을 갈라 내어 풀무 불에 던져 넣으리니 거기서 울며 이를 갈리라(마 13:48-50).

그물로 고기를 잡는 어부들을 보십시오. 그물에 고기가 다 찬 뒤에는 그물을 물에서 끄집어낸 다음 원하는 고기는 그릇에 담지만, 그렇지 않은 것들은 내버립니다. 좋은 것과 나쁜 것을 고르는 작업은 어부에게는 일상입니다. 그런데 본문은 일상적인 어부들의 행동을 들춰내면서 "세상 끝에도 이러하리라"라고 말을 이어 갑니다. "세상 끝에도 이러하리라 천사들이 와서 의인 중에서 악인을 갈라 내어 풀무 불에 던져 넣으리니 거기서 [악인들이] 울며 이를 갈리라." 천국 문은 누구에게나 열려 있지만 아무나 들어갈 수는 없다는 뜻입니다.

본문은 처음에는 우리가 살아가는 일상을 천국의 기쁨을 누리는 현장이 되게 하라고 가르쳤었습니다. 그런데 세 번째 비유에 와서는 그날에 맞이할 천국이 있음을 전합니다. 천국 문은 누구에게나 열려 있지만, 천국에 들어설 수 있는 자는 그날에 결정됩니다. 오늘은 구하고 찾고 발견한 자에게 천국의 기쁨이 주어지지만, 그날이 되면 남는 자와 버림받는 자가 있을 것이라는 지적입니다.

누가 천국의 주인공인가? / 이제 본문이 전하는 천국 비유의 뜻이 명백해집니다. 본문의 관심사는 사람입니다. 이 땅에서 천국의 기쁨을 누리는 자가 누구입니까? 그날에 천국에 들어가는 자가 누구입니까? 비유가 선포되던 당시 예루살렘에는 신분이 높은 자들이 모여 살았고, 갈릴리에는 낮고 천한 자들이 흩어져 살았습니다. 본문에서 하늘나라의 기쁨을 소유한 자들이 누구입니까? 농부입니다. 장사꾼입니다. 권세 있다고, 가진 것이 많다고, 많이 배웠다고 천국의 주인공이 되는 것이 아닙니다. 복음을 찾고, 만나고, 구해야 합니다. 그런 자들이 일상에서 천국을 소유하게 됩니다.

여기에서 그치지 않습니다. 본문은 이렇게 말합니다.

세상 끝에도 이러하리라 천사들이 와서 의인 중에서 악인을 갈라 내어 풀무 불에 던져 넣으리니 거기서 울며 이를 갈리라(마 13:49-50).

그날에 천국의 기쁨은 "의인"(디카이오스, 13:49)으로 불리는 자가 누립니다. "악인"(13:49)들 사이에서 의인으로 살다가 천국 문 앞에 당당하게 선 사람입니다. 악인들 때문에 마음이 상하거나 분노하거나 악인들을 제거하려고 하지 마십시오. 오늘 우리는 의인에게 주어질 복을 소망하면서 하나님이 보시기에 신실한 의인으로 살아가면 됩니다(조재천, 140쪽). "오직 의인은 믿음으로 말미암아 살리라"(롬 1:17) 하지 않습니까!

기억하십시오. 예수님이 내 인생의 지휘자가 되시면 내 인생 오케스트라는 이런 소리를 냅니다. "일상은 원더풀, 인생은 뷰티풀!"(송길원, "인생은 원더풀, 떠남은 뷰티풀", 「빛과소금」[2022. 02], 36-45쪽).

02 마가복음 | 에바다, 열림이 있기 전에 득음(得音)이 있었습니다

• 막 7:31-37

가르보 휴지통 / 과감한 곡선과 실용적인 디자인으로 선풍적 인기를 끈 가르보 휴지통(Garbo Trash Can)을 소개하겠습니다. 이 휴지통의 디자이너는 카림 라시드(Karim Rashid, 1960-)입니다. 캐나다 토론토에 있는 한 회사의 의뢰를 받아 1996년에 제작한 제품인데 시장에 나온 지 10년 만에 전 세계에서 수백만 개 이상이 팔리면서 라시드를 일약 세계적인 스타가 되게 했습니다(카림 라시드, *Design Your Self*, 2006, 이종인 옮김, 『나를 디자인하라』 [파주: 미메시스, 2008], 28쪽). 우리나라에도 그가 디자인한 제품들이 참 많습니다.

'가르보 휴지통'이라는 명칭은 전설적인 여배우 그레타 가르보(Greta Garbo)에 '가비지'(garbage, 쓰레기)를 붙여서 지은 이름인데, 그 덕에 세상에서 가장 '섹시'한 쓰레기통이라고도 불립니다. 귀엽고 편하고 바닥에 착 달라붙으면서도 내구성이 좋은 데다 가격까지 저렴해서 인기를 끌었습니다. 이런 생각이 들었습니다. '쓰레기통이라도 누가 어떻게 디자인하느냐에 따라서 작품이 되는구나. 시장은 상품이 아니라 제품에 열광하는구나.' 본문에도 세상에서 버려졌던 인생이 예수님을 만나서 귀하게 다시 태어나는 이야기가 나옵니다.

예수님이 바꾸신 '이방의 갈릴리' / 본문은 복음서 중에서 마가복음에만 나오는 이야기입니다. 유대인의 구원에 초점을 맞춘 마태복음과는 달리 이방인들 사이에서 하나님의 아들로 인정받으시는 예수 그리스도를 소개하고 있습니다. 본문은 이야기 복판 "에바다"(7:34)를 중심으로 앞뒤 구절들이 서로 짝을, 교차대구를 이루고 있습니다.

a. 이방인 마을에 난 소문(7:31)

b. 세상에서 예수님께로(7:32)

c. "예수께서 … 손가락을 그의 양 귀에 넣고"(7:33)

d. "[예수께서] 그에게 이르시되 에바다 하시니"(7:34)

c′. "그의 귀가 열리고"(7:35)

b′. 예수님으로부터 세상으로(7:36)

a′. 이방인들이 접한 소식(7:37)

이 구도 속에서 본문의 처음과 마지막은 이방인 마을에서 들린 소식입니다. 본문의 첫 구절을 읽어 보십시오.

예수께서 다시 두로 지방에서 나와 시돈을 지나고 데가볼리 지방을 통과하여 갈릴리 호수에 이르시매(막 7:31).

두로나 시돈, 데가볼리는 갈릴리 주변 이방인 마을입니다. '데가볼리'는 헬라어 숫자 '열'(10)을 뜻하는 '데카'와 '도시'를 뜻하는 '폴리스'가 합쳐 생긴 낱말로 '열 개의 도시'를 뜻합니다. 다메섹에서 남쪽으로 라파나, 카나타, 힙포, 디온, 가다라, 스구도볼리, 벨라, 거라사, 빌라델비아까지 열 개인데, 스구도볼리를 제외하고는 모두 요단강 동쪽 지역입니다. 예수님 당시 이 지역에는 유대인이 아닌 헬라계 주민들이 모여 살았습니다. 이 지역들을 예수님이 지나오셨습니다. 예수님이 지나오셨던 곳들이 여기에 소개된 까닭이 무엇입니까?

이 지역들은 다 예수님이 병자를 고치셨던 현장입니다. 거라사에서는 귀신에 붙들려 무덤 사이에 거처하던 광인을 고치셨습니다(5:1-20). 두로에서는 더러운 귀신 들린 수로보니게 여자의 딸을 고치셨습니다(7:24-30). 본문에서는 귀먹고 말 더듬는 자를 고쳐 주셨습니다. 그러자 무슨 일이 벌어졌습니까?

사람들이 심히 놀라 이르되 그가 모든 것을 잘하였도다 못 듣는 사람도 듣게 하고 말 못하는 사람도 말하게 한다 하니라(막 7:37).

지금까지는 예수님에 관한 소문만 들었는데 귀먹고 말이 어눌했던 사람을 예수님이 고쳐 주시는 장면을 목격하면서 예수님에 대한 평판이 달라졌습니다. 이전에도 데가볼리 사람들이 놀란 적이 있습니다. 거라사의 광인이 예수님을 만났을 때 더러운 귀신들이 그에게서 나와서 돼지 떼에게 들어갔는데, 거의 2천 마리 되는 돼지들이 비탈로 내리달아 바다에서 몰사하지 않았습니까(5:13). 그 소문에 온 데가볼리가 발칵 뒤집혔습니다(5:20). 이번 일로 그 소문이 참 소식으로 확인되자 예수님에 대한 평판이 달라졌습니다. '대단한 사람이다. 듣지 못하는 사람도 듣게 하고 말하지 못하는 사람도 말하게 한다!' 앞서는 마을들이 놀랐는데, 이번에는 주민들이 놀랐습니다. 처음에는 온 동네가 뒤집혔는데, 이번에는 온 동네 사람들이 뒤집혔습니다. 예수님이 오셔서 '이방의 갈릴리'가 새롭게 되었습니다. 이사야가 이렇게 말하지 않았습니까.

전에 고통받던 자들에게는 흑암이 없으리로다 옛적에는 여호와께서 스불론 땅과 납달리 땅이 멸시를 당하게 하셨더니 후에는 해변 길과 요단 저쪽 이방의 갈릴리를 영화롭게 하셨느니라 흑암에 행하던 백성이 큰 빛을 보고 사망의 그늘진 땅에 거주하던 자에게 빛이 비치도다(사 9:1-2).

세상의 소리에서 하나님의 소리로 / 본문이 주목하는 것은 데가볼리 사람들의 반응입니다.

사람들이 귀먹고 말 더듬는 자를 데리고 예수께 나아와 안수하여 주시기를 간구하거늘(막 7:32).

마가복음에 따르면, 세상에는 귀가 있어도 제대로 듣지 못하는 인생이 참 많습니다. 예수님의 제자라고 해도, 눈이 있어도 보지 못하고, 귀가 있어도 듣지 못하며, 머리가 있어도 기억하지 못합니다(8:18). 그러기에 본문에 묘사된 귀먹고 어눌한 사람은 오늘 우리의 자화상일 수 있습니다. 우리도 세상 소음(騷音)에 찌들다 보니 더는 복음(福音)이 들리지 않는 가련한 처지이지 않습니까!

본문에서 이야기의 주인공은 귀먹고 말 더듬는 자가 아니라, 그를 예수님께 데리고 온 데가볼리 사람들입니다. 예수님이 병자를 낫게 하시고 귀신 들린 자를 고치신다는 소문을 들은 뒤 예수님의 신통력(?)을 확인하고자 예수님께 한달음에 달려온 사람들입니다. 본문은 그 사람들이 귀먹고 말 더듬는 자를 예수님에게로 '데리고 나아왔다'라고 말하지만, 정황상 그냥 데리고 온 것이 아니라 예수님을 향해서 강달음을 놓았습니다. 우리말 '강달음'은 사전적 의미로 '매우 세차게 달림'이란 뜻입니다.

그렇게 강달음을 놓아서 예수님을 만나 "안수하여 주시기를" 간구했습니다. 예수님이 이 병자에게 손만 대시면 그가 온전해지리라는 기대가 그들에게 있었습니다. 그 기대대로 소문이 소식이 되고, 소망이 현실이 되고, 소신이 확신으로 다져집니다. 그 순간 예수님은 이렇게 당부하십니다.

> 예수께서 그들에게 경고하사 아무에게도 이르지 말라 하시되 경고하실수록 그들이 더욱 널리 전파하니(막 7:36).

기적은 예수님이 어떤 분이신지를 가리키는 현상이지, 예수님이 누구신지를 알게 하는 본질은 아닙니다. 기적은 예수님을 가리키는 표지판인데 사람들은 그 표지판에 머물고 맙니다. 그런 처지를 헤아리셨기에 주님은 "아무에게도 이르지 말라"고 경고하셨습니다. 본문이 바라는 것은 기적이 아니라 믿음입니다. 현상이 아니라 본질입니다.

그들은 가만히 있지 못했습니다. 예수님 이야기를 널리 '퍼뜨리고' 다녔습니다. 본문은 이런 행동을 '전파하였다'(케뤼쏘)라고 전합니다. 복음을 전파하였다는 뜻입니다. 예수님에게 올 때 그들은 강달음 치는 자들이었는데, 예수님을 만난 뒤 세상으로 나아갈 때는 길을 닦는 사람들이 되었습니다. 예수님에게로 돌아오는 길을 닦고 있었습니다. 그러다가 마침내 기적만을 보던 눈이 십자가의 심오한 뜻을 깨닫는 눈으로 변화되었습니다. 마가복음이 전하는 그 길의 종점에서 마침내 우리는 십자가에서 고난받으신 주님을 보면서 한 이방인이 외친 고백을 듣게 됩니다.

> 예수를 향하여 섰던 백부장이 그렇게 숨지심을 보고 이르되 이 사람은 진실로 하

나님의 아들이었도다 하더라(막 15:39).

열림에서 열음까지 /   본문에서 눈여겨볼 장면은 귀먹고 말 더듬는 자를 고치시는 예수님의 행적입니다.

예수께서 그 사람을 따로 데리고 무리를 떠나사 손가락을 그의 양 귀에 넣고 침을 뱉어 그의 혀에 손을 대시며(막 7:33).

지금까지 예수님은 말씀으로 병자를 고치셨습니다. 이번에는 귀먹고 말 더듬는 사람을 따로 데리고 저만치 가서서 그 귀에 예수님의 손가락을 넣고 그 혀에 손으로 예수님의 침을 묻히셨습니다. 사람들은 안수해 달라고 요청했습니다. 그런데 예수님은 왜 그렇게 하셨습니까? 그의 귀가 먹었기 때문입니다. 귀먹은 사람을 향해서 "네 죄가 사해졌다"고 말씀하신들 알아들을 수 있었겠습니까. 예수님은 말씀 대신 손가락을 그의 귀에 넣어서 예수님의 소리가 들리게 하셨고, 손으로 병자의 혀를 만지시면서 예수님의 말(침)이 병자의 입(혀)에 닿게 하셨습니다. 말하자면, 귀에는 예수님의 소리를 넣어 주시고, 입에는 예수님의 말을 넣어 주셨습니다. 그러자 무슨 일이 벌어졌습니까?

그의 귀가 열리고 혀가 맺힌 것이 곧 풀려 말이 분명하여졌더라(막 7:35).

귀가 열렸습니다. 맺힌 혀가 풀렸다는 것입니다. 예수님이 귀먹고 말이 어눌한 자를 새롭게 디자인하셨다는 뜻입니다. 하찮은 쓰레기통이라도 디자이너가 디자인하자 작품이 되었듯, 예수님이 우리를 디자인하시면 우리도 세상에서 널리 인정받는 예수님의 작품이 됩니다. 그 감격을 이사야는 이렇게 전했습니다.

그때에 맹인의 눈이 밝을 것이며 못 듣는 사람의 귀가 열릴 것이며 그때에 저는 자는 사슴같이 뛸 것이며 말 못하는 자의 혀는 노래하리니 이는 광야에서 물이 솟겠고 사막에서 시내가 흐를 것임이라(사 35:5-6).

열림이 있기 전에 있었던 것, 들음과 득음(得音) / 그런데 귀먹은 자의 귀가 열리기 전에 아주 중요한 절차가 있었습니다. 본문의 핵심은 이야기 한복판에 자리 잡은 34절입니다. 예수님은 이렇게 외치셨습니다.

> [예수께서] 하늘을 우러러 탄식하시며 그에게 이르시되 에바다 하시니 이는 열리 라는 뜻이라(막 7:34).

예수님이 '탄식하셨다'(스테나조)는 말은 문자적으로는 '근심'과 '한숨'입니다. 근심이란 예수님이 세상에 소리를 빼앗긴 그 사람의 처지를 안타까워하셨다는 것입니다. 한숨이란 예수님이 큰 숨을 쉬시면서 듣지 못하는 자에게 "에바다"(열리라)라고 소리치셨다는 것입니다. 예수님이 내뿜으신 '한숨'은 "그 가련한 자의 코에 생기를 불어넣으시는 거친 호흡"으로 읽어야 합니다(조태연, "'귀가 있어도 듣지 못하느냐?' 이야기 극장 마가와 소리의 서사시", 「신학연구」 70 [2017], 30쪽).

태초에 하나님이 흙으로 사람의 몸을 지으실 때 그 코에 생기(창 2:7)를 불어넣으시지 않았습니까! 예수님이 한숨을 쉬면서 내뿜으시는 소리에 귀먹었던 자의 귀가 열렸습니다. 평생 처음으로 득음(得音)하였습니다. 무뎠던 혀의 감각이 바르게 되면서 그의 입에서 나오는 소리의 발음이 분명해졌습니다.

기억하십시오. 열림(에바다)이 있기 전에 예수님의 목소리를 영혼에 먼저 새겨야 했습니다. 소리는 들리지 않았겠지요. 그러나 소리의 울림은, 소리의 파장은 전달되었습니다. 순간 그 소리의 주파수가 귀먹은 자의 영혼에서 공명하면서 들음 → 득음 → 바름 → 발음의 역사(役事)가 그에게 펼쳐졌습니다.

오늘도 예수님은 이 땅의 사람들이 하늘의 소리와 소통하기를 원하십니다. 오늘도 주님은 우리에게 "에바다"라고 소리치십니다. "에바다"를 세상에 소리를 빼앗긴 채 살아가고 있는 우리 영혼을 깨우는 죽비 소리로 들으십시오. 세상의 소리에 쫓겨 지내다 복음에 귀가 멀었던 우리 처지를 새롭게 합시다. 자신의 영혼과 공명하는 주님의 소리를 얻으십시오. 그 소리로 마음을 바르게 세우십시오. 그래서 날마다 바르게, 제대로 예수님 이야기를 퍼뜨리는 인생이 되십시오. 내가 경험한 작은 이야기가 모여서 큰 복음의 소리가 될 것입니다.

03 누가복음 | 구원받음의 뜻을 다시 새겨 봅니다

• 눅 17:11-19

하나님의 손이 많이 가는 인생 / 배우 임동진(1944-)은 1969년 TBC 탤런트 공채 60년 연기 인생을 내디뎠습니다. 아내와 함께 신앙생활을 하면서 장로가 되었고, 연기자로 인정받았습니다. 그러던 그는 2000년 5월 5일 갑상선암 수술을 받았고, 이듬해에는 급성 뇌경색으로 쓰러지면서 반신불수가 되었습니다. 욥의 심정으로 하나님께 따지던 그는 이내 회개하고 이렇게 고백했습니다. "그때까지 나는 하나님을 인격적으로 만나서 변화된 삶을 살기보다는 교회 생활도 다른 사람의 인정을 먹고 사는 배우처럼 했었습니다." 기적적으로 소생했지만, 그의 소뇌는 30% 정도만 제 역할을 한다고 합니다.

절망의 자리에서 자기를 살리신 하나님을 증언하고자 신학교에 입학했습니다. 2003년 루터신학대학원에 들어가 신학 수업을 받은 후 서울 열린문교회를 개척하고 10년간 목회하다가 2015년 정년퇴임하면서 인생 3막의 심정으로 다시 무대에 섰습니다. 1막은 연기자였고, 2막은 목회자였고, 3막은 다시 무대에 서는 배우가 되었습니다. "저는 하나님의 손이 많이 가는 인생을 살았습니다. 하나님이 저를 위해서 수고 많이 하고 계십니다. 이렇게 부족한데 쓰임 받는 인생을 살고 있으니 그저 감사할 뿐입니다"(임동진, "하나님이 저를 위해 수고 많이 하고 계십니다", 「빛과소금」 482 [2022. 01], 98-107쪽). 본문에도 예수 그리스도를 인격적으로 만나 새로운 삶을 펼쳐 간 한 사람이 소개됩니다.

起(기), 두 경계 사이에서 / 본문의 무대는 예수님이 예루살렘으로 가고자 사마리아와 갈릴리 사잇길로 지나가시는 장면입니다.

예수께서 예루살렘으로 가실 때에 사마리아와 갈릴리 사이로 지나가시다가 한 마을에 들어가시니(눅 17:11-12a).

사마리아는 유대인에게는 이방인 지역입니다. 사마리아인도 유대인이 자기 마을에 오는 것을 반기지 않았습니다(9:52-53). 사마리아와 갈릴리 사이에는 철조망이 있습니다. 눈에 보이는 경계선이 아니라 마음속에 쳐 놓은 경계선입니다. 본문에서 예수님은 의도적으로 이 경계선 사이로 지나가십니다.

이제부터 이야기는 1막 4장으로 구성됩니다. 본문은 모두 네 번에 걸쳐 사람들의 목소리를 소개하는데 그 소리를 따라가다 보면 스토리가 기승전결(起承轉結)로 이어집니다. 다음은 그 발단(起)에 해당하는 대목입니다.

나병 환자 열 명이 예수를 만나 멀리 서서 소리를 높여 이르되 예수 선생님이여 우리를 불쌍히 여기소서 하거늘(눅 17:12b-13).

나병에 걸린 사람들은 동구 밖으로 나가 혼자서 살아야만 했습니다(레 13:45-46). 동구 안은 정결한 곳이지만, 동구 밖은 부정한 자들이 거주하는 곳입니다. 본문에 소개된 나병 환자 열 명은 동네에서 쫓겨나 정결과 부정 사이의 경계선에 거주하면서 목숨을 이어 갔습니다. 그들은 행여 사람들이 다가오면 자신들의 얼굴을 천으로 가리고 "나는 부정하다! 나는 부정하다!"라고 외쳐서 오지 못하도록 막아야만 했습니다(레 13:45).

그 가련한 자들이 예수님이 지나가시는 것을 보고 멀리서 큰 소리로 외쳤습니다. "예수 선생님이여 우리를 불쌍히 여기소서." "선생님"(에피스타테스)은 '권위 있는 스승'을 가리키는 호칭입니다. 좋게 보면 '만물의 머리'란 뜻이지만(골 1:15, 18), 엄격하게 보면 '주님'(호 퀴리오스)에는 못 미칩니다. 본문 앞에 소개된 제자들은 예수님을 가리켜 "주"(17:5)라고 부르지 않았습니까! 나병 환자 열 명은 예수님에 관한 소문을 듣기는 했지만, 예수님을 향해서 "주님"이라고 부를 만한 믿음은 없었습니다. 다만 이렇게 부르짖었습니다. "우리를 불쌍히 여기소서(엘레에손 헤마스)!"

주님을 처음 만난 자가 드려야 할 기도가 이것입니다. "우리를 불쌍히 여기소서." 삶의 무게에 짓눌려 살던 자가 예수님께 드리는 청원이 이것입니다. "우리를 불쌍히 여기소서." 이 청원은 오늘 우리가 품는 기도이기도 합니다. 주님을 따른다고 하면서도 세상 속에서 좌절하고 마는 우리의 처지를 대변하는 기도입니다.

바흐(Johann Sebastian Bach, 1685-1750)의 '마태 수난곡'에도 이 기도가 나옵니다. '마태 수난곡'은 마태복음 27-28장 예수님의 고난을 음악으로 해석한 것으로 전곡이 68곡이나 됩니다. 그 가운데서 널리 알려진 곡(알토 아리아)이 하나 있습니다. 제39곡 '주여 나를 불쌍히 여기소서'(Erbarme dich, mein Gott)입니다. 예수님을 끝까지 따른다고 했다가 세 번이나 부인한 베드로가 닭 우는 소리에 통곡했던 심정을 담고 있습니다. 순종과 배신의 경계선에서 배신자가 되고 만 베드로의 통곡이 이것입니다. "주여, 나를 불쌍히 여기소서!"

경계선에서 살기는 우리도 마찬가지입니다. 우리도 성공과 실패의 경계선에서 살아갑니다. 희망과 절망의 경계선에서 살아갑니다. 인정받음과 소외됨의 경계선에서 살아갑니다. 삶과 죽음의 경계선에서 살아갑니다. 그런 우리 앞에 예수님이 계십니다. 지금 우리 입에서 무슨 소리가 나와야만 합니까? "주여, 우리를 불쌍히 여기소서!"

승(承), 경계선 안으로 / 나병 환자들이 외치는 소리를 들으신 예수님이 그들에게 어떻게 반응하셨습니까?

보시고 이르시되 가서 제사장들에게 너희 몸을 보이라 하셨더니 그들이 가다가 깨끗함을 받은지라(눅 17:14).

성경 시대 사람들은 병에 걸리면 저절로 낫기까지 무작정 기다려야 했습니다. 병이 들면 자의 반 타의 반 집 밖으로 나가서 죽음을 기다리거나, 그냥 낫기를 기다려야 했습니다. 그랬던 그들에게 예수님이 뭐라고 말씀하십니까? 레위기 규정대로 "가서 제사장들에게 너희 몸을 보이라"고 말씀하십니다.

나병 환자가 정결하게 되는 날의 규례는 이러하니 곧 그 사람을 제사장에게로 데려갈 것이요 제사장은 진영에서 나가 진찰할지니 그 환자에게 있던 나병 환부가 나았으면(레 14:2-3).

나병에서 깨끗해졌기에 제사장에게 가서 그 몸을 보이라고 지시하신 것이 아닙니다. 그냥 제사장에게 너희 몸을 보이라고 지시하셨습니다. 그런 지시에 그들은 순종했습니다. 눈으로 보기에는 자기들의 피부가 여전히 불결한데도 예수님이 제사장에게 가라고 지시하시자 주저 없이 동네 안으로 들어섰습니다. 그들에게 믿음이 있었는지는 모르지만, 확실한 것은 그들에게는 예수님의 말씀에 순종하려는 용기가 있었습니다. 누가 시비를 걸면 '예수님이 그렇게 하라고 시키셨다'고 말할 용기가 그들에게는 있었습니다.

누가 절망의 자리에서 희망의 나라로 달려갈 수 있습니까? 예수님의 소리를, 복음을 듣는 자입니다. "믿음은 들음에서 나며 들음은 그리스도의 말씀으로 말미암았느니라"(롬 10:17)라고 하지 않습니까! 누가 절망을 떨쳐 버리고 소망을 품을 수 있습니까? 예수님의 소리에, 복음에 순종하려는 용기가 있는 자입니다. "순종이 제사보다 낫고 듣는 것이 숫양의 기름보다 나으니"(삼상 15:22)라고 하지 않습니까. 그래서였을 것입니다. 그들은 가다가 깨끗함을 받았습니다(에카타리스테싼)! 다만 예수님의 말씀을 듣고 그 말씀대로 경계선 밖에서 경계선 안으로 들어섰을 뿐인데 길을 걷다가 그들은 깨끗함(카타리조)을 받았습니다.

전(轉), 돌아가기·돌아오기·돌아서기 / 이제부터 이야기는 본문의 후반부에 들어섭니다. 이야기의 스포트라이트가 제사장에게로 가다가 깨끗함을 받은 열 사람 가운데 한 사람에게만 비추어집니다.

그중의 한 사람이 자기가 나은 것을 보고 큰 소리로 하나님께 영광을 돌리며 돌아와 예수의 발 아래에 엎드리어 감사하니 그는 사마리아 사람이라(눅 17:15-16).

길을 가다가 깨끗해진 사람은 모두 열 명인데 왜 스포트라이트가 그 한 사람에게만 비추어집니까? 그 한 사람의 생각은 다른 아홉 사람과 달랐습니다. 그는 자기가 '나은 것'(이아오마이)을 보았습니다. 단순히 깨끗해졌다는 것이 아닙니다. 나았다는 것입니다. 깨끗해진 것이 피부라면 나은 것은 몸입니다. 피부

273

가 깨끗해진 것으로 기뻐하지 않고 병이 나은 것을 보면서 기뻐했습니다. 겉 못지않게 속이 중요하다는 것을 알았기 때문입니다.

누가 구원으로 가는 길에 들어설 수 있습니까? 피부가 아닌 몸, 겉이 아닌 속, 몸이 아닌 마음이 소중하다는 사실을 깨우친 사람입니다. 마음의 열매가 몸의 건강이고, 영혼의 평강이 마음의 평안으로 이어진다는 것을 깨달은 사람입니다. 그래서 그는 큰 소리로 하나님께 영광을 돌리면서 가던 길에서 돌아섰습니다. '돌아오다'(휘포스트레포)는 '방향을 바꾸다', '마음을 바꾸다', '개종(改宗)하다'라는 뜻입니다. 제사장을 찾아야 했던 인생에서 예수님에게로 돌아왔습니다. 종교에서 신앙으로 돌아왔습니다. 풍속에서 믿음으로 돌아왔습니다. 치유와 이적에서 돌아와 예수님의 발아래에 엎드렸습니다. 회개했습니다.

그가 처음에 예수님을 보면서 외쳤던 말은 "우리를 불쌍히 여기소서!"입니다. 그런 다음에 그의 입에서 나온 소리는 "하나님께 영광을 돌립니다"입니다. 그리고 예수님에게로 돌아와서 예수님의 발아래에 엎드렸을 때 그 마음에서 솟구친 소리는 "주여, 감사합니다"입니다.

누가복음은 잃어버린 자를 찾아오신 예수님께 초점을 둡니다. 유대인이든 사마리아인이든 길을 잃어버린 자들을 찾아서 생명의 길, 구원의 길을 보여 주신 주님을 강조합니다. 누가복음에서 예수님은 가난한 자, 불쌍한 자, 버림받은 자, 소외된 자에게 복음을 전하며 구원을 주시는 분입니다. 본문이 강조하는 사마리아 사람이라는 지적도 누가복음의 이런 얼개와 그 맥이 닿아 있습니다.

본문에서 예수님의 발아래에 엎드리어 감사하는 자는 지금까지 이중고에 시달리던 인생입니다. 이방인이라는 굴레와 병자라는 멍에. 가장 열등한 인생입니다. 잃어버린 영혼이자 변두리 생명입니다. 하나님의 은혜가 누구에게 임합니까? 하나님의 은혜는 "나중 된 자"(the last), "잊힌 자"(the lost), "가장 작은 자"(the least)에게 임합니다(John T. Carroll, "Luke 17:11-19", *Interpretation* 53:4 [1999], 407).

결(結), 구원을 주시는 예수 / 이제 이야기는 대단원에 이릅니다. 깨끗해진 자, 병에서 나은 자, 예수님 앞에서 자신은 가장 작은 자라고 고백한 사람에게 들려주신 예수님의 목소리를 전합니다.

예수께서 대답하여 이르시되 열 사람이 다 깨끗함을 받지 아니하였느냐 그 아홉은 어디 있느냐 이 이방인 외에는 하나님께 영광을 돌리러 돌아온 자가 없느냐 하시고 그에게 이르시되 일어나 가라 네 믿음이 너를 구원하였느니라 하시더라(눅 17:17-19).

본문에서 표면적으로 보이는 것은 열 명이 깨끗함을 받았는데 그중 예수님께 돌아와서 감사한 사람은 한 명뿐이었다는 지적입니다. 그러나 여기서 그치지 마십시오. 본문에서는 사람들의 소리가 모두 네 번 들리지 않습니까? 두 번은 병자(들)의 목소리, 두 번은 예수님의 목소리입니다. 본문에서 네 번째로 들리는 목소리인 예수님의 말씀이 무엇입니까? "일어나 가라 네 믿음이 너를 구원하였느니라."

맨 처음 들린 소리는 나병 환자 열 명이 외치는 "우리를 불쌍히 여기소서"였습니다. 두 번째로 들린 소리는 예수님이 하신 말씀, "가서 제사장들에게 너희 몸을 보이라"였습니다. 세 번째로 들린 소리는 병에서 나은 것을 보고 큰 소리로 하나님께 영광을 돌린 사마리아 사람의 소리였습니다. 이제 하나님께 영광을 돌리며 예수님의 발아래에 엎드린 사람에게 예수님은 이렇게 말씀하십니다. "일어나 가라 네 믿음이 너를 구원하였느니라."

어떤 사람이 구원을 받습니까? 사람은 어떻게 구원을 받습니까? 그 구원의 뜻이 무엇입니까? 본문은 이렇게 정리합니다. 깨끗해짐 → 병에서 나음 → 구원받음 → 새 삶. 클렌징(cleansing) → 힐링(healing) → 세이빙(saving) → 리빙(living)(John T. Carroll, 407-408쪽).

클렌징, 깨끗해지는 것은 중요합니다. 그러나 깨끗해졌다고 해서, 도덕적으로 선하다고 해서 구원받은 자는 아닙니다. 힐링, 병에서 나음은 소중합니다. 그러나 나음은 구원을 주시는 예수님에게로 가는 마중물입니다. 깨끗해짐이 힐링으로, 힐링이 구원으로 이어지기 위해서는 예수님에게로 돌아와야 합니다. 예수님이 주시는 구원을 얻어야 이 땅에서 하나님 나라를 누리는 새 삶을 살 수 있습니다(17:20-21). 그때 진정 이 땅에서 하나님 나라의 복을 누리며 살아가는 주인공이 됩니다. 기억하십시오. 하나님은 여러분이 그 주인공이 되기를 바라십니다.

04 요한복음 | 예수님을 만나면
삶의 지평선이 달라집니다

• 요 8:2-11

'하이브'의 방시혁과 방탄소년단 / 2022년 4월 시사주간지 「타임」(*TIME*)의 표지에 우리에게 익숙한 사진이 실렸습니다. 세상에서 가장 영향력 있는 기업 100개(애플, 리비안, 화이자, 디즈니, 틱톡, 발렌시아, 스포티파이 등)를 선정해서 소개하는 글이었는데, '하이브'(HYBE)를 콕 집어 표지 사진으로 올렸습니다.

하이브는 방시혁이 2005년 2월 1일 창업한 연예기획사입니다. 처음에는 아주 작은 규모였습니다. 그전까지 그는 JYP 엔터테인먼트의 수석 작곡가였습니다. 그가 JYP에서 독립해서 세상에 선보인 방탄소년단(BTS)의 K-팝이 전 지구촌에 광풍을 불러일으키면서 회사는 일약 세계적인 기업으로 발돋움했습니다. 2021년 3월 9일 회사 이름을 하이브로 바꾸면서 음악 지식재산권에 기반을 둔 음악 산업을 전개하는, 디즈니와 같은 레벨의 기업으로 올라섰습니다. 하이브의 방시혁은 BTS를 만나면서 그 삶의 크기가 달라졌습니다. 일곱 명의 대한민국 청년들(BTS)도 방시혁을 만나면서 삶의 넓이가 달라졌습니다. 앞서 소개한 「타임」의 표지 사진 옆에는 이런 기사가 실려 있습니다. "대한민국의 하이브가 음악 산업을 완전히 바꾸고 있다"(South Korea's HYBE is Reinventing the Music Business). 그러면서 방시혁을 "세계에서 가장 강력한 문화 기업의 리더로서 영리한 전략과 비전을" 지닌 사람으로 평했습니다. 사람은 누구를 만나느냐에 따라서 삶의 넓이와 깊이를 달리하게 됩니다. 바로 그런 이야기가 본문에도 소개됩니다.

괄호 안에 묻힌 이야기 /

아침에 다시 성전으로 들어오시니 백성이 다 나아오는지라 앉으사 그들을 가르치시더니 서기관들과 바리새인들이 음행 중에 잡힌 여자를 끌고 와서 가운데 세우고 (요 8:2-3).

음행 중 붙잡힌 여자를 예수님이 용서해 주신 이야기는 지금은 널리 알려져 있지만, 처음부터 그랬던 것은 아닙니다. 성경을 잘 보면 요한복음 7:53부터 8:11까지 이런 난하주와 함께 괄호 안에 들어가 있습니다. "어떤 사본에, 7:53부터 8:11까지 없음." 본문은 요한복음에만 나오는 이야기입니다. 요한복음 사본 중에서도 초기 사본들에는 없습니다. 그래서 요한복음 해석에서 이 이야기를 무시하는 성서학자들도 있습니다. 하지만 본문 이야기가 원래 요한복음에는 없었다고 해도, 예수님이 어떤 분이신지를 알려 주려는 요한복음의 의도를 드러내기에는 충분합니다.

공관복음에서 예수님은 갈릴리에서 복음을 전하고, 귀신을 쫓아내고, 병자들을 치유하면서 메시아이심을 드러내신 후 예루살렘에 입성하십니다. 요한복음에서는 그렇지 않습니다. 요한복음에서 예수님은 처음부터(2장) 예루살렘 성전에 가서 성전 안을 뒤집고 유대인들과 극심한 논쟁을 벌이십니다. 그때부터 예수님은 유대인들의 비방과 박해를 받으셨는데(5:16) 유대인들은 예수님을 돌로 쳐 죽이려고 했고(7:30; 8:59; 10:31), 예수님은 그런 유대인들을 피해 숨어 지내기까지 하셨습니다.

요한복음이 전하는 예수님의 모습은 왜 이처럼 유대인들의 미움과 박해를 받으시는 분으로 부각되어 있습니까? 박해 속에 있는 요한복음 공동체를 붙들어 주고자 했기 때문입니다. 예수님이 유대인들의 박해를 견뎌 내셨듯이 요한복음 공동체도 박해를 견뎌 내라는 것입니다(박영진, "요한복음 15:18-16:4a에 따른 요한복음 5-10장의 메시지", 「신약논단」 제27권 제2호 [2020년 여름], 373-408쪽, 특히 384-385쪽). 그런 점에서 본문은 요한복음 5-10장에 수록된 기사들과 그 정서를 함께합니다.

본문 이야기를 이끌어 가는 주된 동작에 주목해 보십시오. "가르치시더니"(8:2), "끌고 와서 ⋯ 세우고"(8:3), "[그들이 예수께] 물었다"(8:4, 6), "[예수께서 그들에게] 이르시되"(8:7b), "[그들이] 떠나갔다"(8:9), "[예수님이 여자에게] 이르시되"(8:10, 11). 이런 동작에 주목해서 본문 이야기를 살피면 다음과 같은 구도가 됩니다.

a. 예수님이 가르치시다(8:2)

b. 서기관들과 바리새인들이 여자를 끌고 오다(8:3)

c. 그들이 예수님께 묻다(8:4-6)

c′. 예수님이 그들에게 대답하시다(8:7-8)

b′. 그들이 여자에게서 떠나다(8:9)

a′. 예수님이 가르치시다(8:10-11)

본문의 앞뒤 정황은 예수님이 사람들을 가르치시는 현장입니다. 본문에 담긴 소재는 예수님에게로 끌려온 음행 중에 붙잡힌 여자입니다. 본문의 주제는 유대 서기관들과 바리새인들이 예수님과 주고받는 논쟁입니다.

도전과 응전, 정의란 무엇인가 / 본문의 소재는 서기관들과 바리새인들에게 붙들린 여자이지만, 그 속내는 음행 중에 붙들린 여자를 예수님에게로 끌고 온 서기관들과 바리새인들입니다. 남자의 죄가, 지도자의 죄가, 종교인의 죄가 본문의 소재입니다(Amy S. Carman, "The Abusive Religious Leaders of John 8: How A Misnamed Story Can Help Religious Institutions Deal With Sexual Assault", *Priscilla Papers* 33/3 [2019 Summer], 8-9). 그들은 어떤 자들입니까?

예수께 말하되 선생이여 이 여자가 간음하다가 현장에서 잡혔나이다 모세는 율법에 이러한 여자를 돌로 치라 명하였거니와 선생은 어떻게 말하겠나이까 그들이 이렇게 말함은 고발할 조건을 얻고자 하여 예수를 시험함이러라(요 8:4-6a).

예수님에게 몰려와서 한 여자를 고발하는 서기관들과 바리새인들이 거론하는 모세의 율법은 신명기 22:22-29입니다. 그중에서도 22절의 규정을 그 입에 올리고 있습니다.

어떤 남자가 유부녀와 동침한 것이 드러나거든 그 동침한 남자와 그 여자를 둘 다 죽여 이스라엘 중에 악을 제할지니라(신 22:22).

그들은 지금 신명기 규정대로 음행 중에 잡힌 여자라면 돌로 쳐 죽여야 하지 않느냐고 예수님께 따지고 있습니다. 죄지은 자라면 벌을 받아야 하지요. 그러나 그들의 질문은 예수님을 함정에 빠뜨리려는 음모였습니다. 죄인을 용서하라고 한다면 모세의 율법을 어기는 셈이 되고, 죄지은 사람을 벌하라고 한다면 용서와 사랑을 전하셨던 예수님의 말씀을 뒤집는 셈이 됩니다. 그런 점에서 그들이 제기한 질문은 마이클 샌델(Michael J. Sandel, 1953-)의 책 제목대로『정의란 무엇인가』(JUSTICE, [서울: 와이즈베리, 2014])를 따지는 물음입니다. 이 책은 정의로운 행동과 관련한 각종 딜레마를 다루면서 이른바 공리주의 정의를 살피는 글인데, 미국에서는 10만 부 남짓 팔렸으나 대한민국에서는 100만 부 이상 팔렸습니다. 그러나 생각해 보십시오. 음행하던 여자를 붙잡아 왔다면 음행하던 남자는 왜 오지 않았습니까? 신명기는 분명하게 음행 중이던 남자와 여자가 현장에서 발각되었다면 남자와 여자를 둘 다 처벌해서 이스라엘 중에 악을 제해야 한다고 하지 않습니까? 그들은 법을 집행한다고 하면서도 법을 지키지 않았습니다. 겉으로는 정의를 집행하는 척했지만, 따지고 보면 정의롭지 못했습니다. 그런 자들에게 예수님이 어떻게 대꾸하셨습니까?

> 예수께서 몸을 굽히사 손가락으로 땅에 쓰시니 그들이 묻기를 마지 아니하는지라 이에 일어나 이르시되 너희 중에 죄 없는 자가 먼저 돌로 치라 하시고 다시 몸을 굽혀 손가락으로 땅에 쓰시니(요 8:6b-8).

예수님은 한마디로 묵묵부답(默默不答)하셨습니다. 아니, 그들을 쳐다보지도 않으면서 입을 꾹 다무신 채 땅에 손가락으로 무엇인가를 쓰셨습니다(8:6). 여기 '쓰시다'(카타그라포)라는 말은 '쓰다'라는 뜻도 있지만 '그리다'라는 의미도 있습니다. '카타그라포'에서 '카타'는 '~에 반대하여'(against)라는 뜻으로도 읽힙니다. 예수님은 지금 자기에게 우르르 몰려온 사람들의 소리를 듣고도 거들떠보지 않으십니다. 그러던 주님이 마침내 일어나서 소리치십니다. "너희 중에 죄 없는 자가 먼저 돌로 치라!"

예수님에게로 끌려왔기에 삶이 달라지다 / 서기관들과 바리새인들은 음행 중에 붙잡힌 여자를 예수님에게로 끌고 와서 그들 가운데 세웠습니다.

> 서기관들과 바리새인들이 음행 중에 잡힌 여자를 끌고 와서 가운데 세우고(요 8:3).

한마디로, 조리돌림을 했습니다! 여자를 한복판에 두고 사방에 빙 둘러선 남자들이 그녀에게 심한 모멸감과 수치심을 안겨 주고 있습니다. 이 장면에서 주목할 것은, 표면적으로는 여자가 죄인의 자리에 몰려 있지만 내면적으로는 본문이 그녀를 향해 빙 둘러선 남자들의 죄를 지적하고 있다는 점입니다. 왜 음행하던 상대방 남자는 끌고 오지 않았습니까? 왜 음행 현장을 목격했다는 목격자는 대동하지 않았습니까? 신명기 22:25 이하에 따르면, 만일 음행 현장이 성읍 밖 들판이었다면 성폭행한 남자만 죽여야 합니다. 들판에서는 여자가 아무리 소리쳐도 도와줄 사람을 만나지 못하기 때문입니다.

그들은 정의를 지켜야 한다고 떠들었지만, 실제로 정의를 지키지 않았습니다. 그랬기에 예수님이 "너희 중에 죄 없는 자가 먼저 돌로 치라"고 하셨을 때 그들은 차마 손에 돌을 들지 못했습니다. 그래서 어떻게 되었습니까?

> 그들이 이 말씀을 듣고 양심에 가책을 느껴 어른으로 시작하여 젊은이까지 하나씩 하나씩 나가고 오직 예수와 그 가운데 섰는 여자만 남았더라(요 8:9).

고발하던 자들이 떠나고 현장에는 예수님과 여자만 남게 되었습니다. 서기관들과 바리새인들은 그 여자를 비인간적으로 다루었지만, 예수님은 그 여자를 온전한 사람으로 회복시켜 주셨습니다. 서기관들과 바리새인들이 사회적으로, 종교적으로, 인간적으로 비인간화시켰던 사람을 예수님이 한 사람의 인격으로 회복시켜 놓으셨습니다(Gail O'Day, "Gospel of John", *Woman's Bible Commentary*, 3rd. ed. [Westminster John Knox, 2012], 517-531). 이것이 요한복음이 말하고자 하는 기독교 신앙입니다. 사람은 예수님 앞에서만 새로워질 수 있습니다.

그 여자는 처음에 붙들렸을 때 억울했을 것입니다. 억지로 끌려왔을 때는 두려웠을 것입니다. 그런데 예수님과 일대일로 대면한 순간 이야기의 흐름이 역전됩니다. 역설적이지만, 예수님에게로 끌려왔기에 생명을 얻게 되었습니다.

예수님의 페다고지(pedagogy) / 본문의 시작은 예수님이 성전에 오셔서 사람들을 가르치시는 장면이었습니다(8:2). 본문의 마지막도 예수님이 한 사람을 가르치시는 장면입니다.

> 예수께서 일어나사 여자 외에 아무도 없는 것을 보시고 이르시되 여자여 너를 고발하던 그들이 어디 있느냐 너를 정죄한 자가 없느냐 대답하되 주여 없나이다 예수께서 이르시되 나도 너를 정죄하지 아니하노니 가서 다시는 죄를 범하지 말라 하시니라(요 8:10-11).

예수님과 여자가 주고받은 대화가 무엇입니까? "너를 고발하던 그들이 어디 있느냐?" "주여 없나이다!" 예수님을 곤경에 빠뜨리려고 몰려왔던 자들은 예수님을 뭐라고 불렀습니까? "선생이여!" 예수님 앞에 홀로 서 있는 여자는 예수님을 뭐라고 부릅니까? "주여!" 예수님을 선생님으로 부를 수 있습니다. 예수님은 의사 선생님이시기도 하고 윤리 선생님이시기도 합니다. 그러나 예수님을 "주님"으로 부를 때에만 우리 삶의 지평선은 절망의 길에서 소망의 길로 달라집니다. 넘어지는 인생에서 헤쳐 나가는 인생으로 달라집니다.

그 여자는 사방이 막힌 벽에 갇혀 출구를 찾지 못했습니다. 그런데 예수님과 대면했더니 길이 열렸습니다. 예수님에게 오십시오. 벽으로 막혔던 곳에 길이 열립니다. 유대교 심장부에 해당하는 성전에서 유대교가 용서하지 못한 죄인을 예수님이 용서하십니다. 유대교는 사람을 살릴 수 없습니다. 예수님이 그 여자에게 뭐라고 말씀하셨습니까? "나도 너를 정죄하지 아니하노니 가서 다시는 죄를 범하지 말라." 그 여자의 허물을 용서하셨습니다. 그 여자의 어두운 과거를 씻어 주셨습니다. 이제부터 그 여자는 용서받은 죄인으로 살아갈 수 있습니다.

이렇게 선언하신 뒤 주님은 뭐라고 말씀하셨습니까? "나는 세상의 빛이니 나를 따르는 자는 어둠에 다니지 아니하고 생명의 빛을 얻으리라"(8:12). 기억하십시오. 예수님과 함께하면 세상은 맑음, 세상은 밝음입니다.

05 사도행전 | 성지(聖地) 여행, 안디옥에서 그리스도인을 만났습니다

• 행 11:19-26

도시의 풍경을 바꾸어 놓은 사람들 / 김경한이 지은 『인문 여행자, 도시를 걷다』(서울: 쌤앤파커스, 2021)를 읽었습니다. 세계 50여 곳을 다녀온 기행문인데 단순히 여행길을 소개하는 동반자로 그치지 않고, 찾아간 고장마다 그곳에 진하게 남아 있는 어떤 사람의 자취를 느끼고 있었습니다. 이 책의 첫 장이 리버풀(Liverpool) 기행문입니다. 리버풀을 "비틀스의 영혼이 머무는 리버풀"(14-18쪽)로 소개합니다. 사실 영국의 도시 리버풀은 한때 노예무역의 중심지였고, 산업 혁명의 거점이었으며, 1,500여 명이 희생된 타이타닉(Titanic)호가 제작되고 출항했던 곳입니다. 축구 팬들에게는 프리미어리그 1위를 질주하는 리버풀 FC의 홈구장이 있는 곳입니다. 그런 리버풀을 이 책은 유명한 팝송 '예스터데이'(Yesterday)의 선율이 떠오르는 고장으로 소개합니다.

오늘날 방탄소년단(BTS)이 있다면, 지난 20세기에는 비틀스(The Beatles)가 있었습니다. 하룻밤 단돈 5파운드를 받고 무대에 섰던 네 명의 영국 소년들이 2년 후 몸값이 60배가 뛰어 300파운드의 출연료를 받았습니다. 런던과 미국에 진출하면서 3년 만에 연간 1천만 장씩의 노래집을 파는, 오늘날 용어로 말하면 '예술 벤처 스타트업'이 되었습니다. 그룹 해체까지 8년 동안 만든 곡이 12장의 디스크에 담겼고 5억 장이 팔렸습니다. 20세기가 저물 무렵인 1999년 「타임」지가 20세기의 가장 위대한 예술가 두 사람을 꼽을 때 피카소와 함께 선정된 그룹이 비틀스였습니다.

기행문을 읽으면서 이런 생각을 품었습니다. '비틀스가 리버풀의 풍경을 바꿔 놓았다.' 성경에도 도시의 풍경을 바꿔 놓은 사람들이 있습니다. 사도행전에 나오는 도시 안디옥의 사람들입니다.

안디옥으로 가는 길 / 사도행전은 예수 그리스도의 복음이 예루살렘에서 시작하여 로마에 다다르기까지의 과정을 전합니다. 그 과정 중에 여러 곳에 교회가 세워지는 역사를 전하는 말씀이 사도행전입니다. 사도행전 읽기는 역사의 현장을 밟아 보는 오늘 우리의 시각에서 되새긴다면 일종의 성지 순례 기행문입니다. 그래서 이 장 제목이 '성지 여행'입니다. 그 많은 현장 가운데서 우리가 찾아가려는 곳은 안디옥입니다.

그때에 스데반의 일로 일어난 환난으로 말미암아 흩어진 자들이 베니게와 구브로와 안디옥까지 이르러 유대인에게만 말씀을 전하는데 그중에 구브로와 구레네 몇 사람이 안디옥에 이르러 헬라인에게도 말하여 주 예수를 전파하니(행 11:19-20).

안디옥은 교회사에서 예루살렘 다음으로 소중한 곳입니다. 스데반이 예수 그리스도를 증언하다가 순교당하자 예루살렘에서는 예수 그리스도를 믿는 자들이 대대적으로 숙청을 당하게 됩니다. 예수 그리스도를 믿는 자들이 신앙의 자유를 찾아서 예루살렘을 탈출했습니다. 예루살렘 북쪽 베니게(페니키아)와 구브로(키프로스)를 거쳐 안디옥(안타키아)까지 이르렀습니다.

겉으로만 보면 유대교가 예수 그리스도를 믿는 자들을 탄압하자 신앙의 자유를 찾아서 사방으로 흩어진 장면입니다. 그러나 반전이 있습니다. 그들은 예루살렘에서 안디옥으로 가는 길에 나서면서 예수 그리스도의 복음을 전했습니다.

길을 가다가 만난 사람들이 물었을 것입니다. "어디로 가는 길입니까?" "왜 예루살렘을 떠났습니까?" 그 물음에 답하다가 자연스럽게 예수 그리스도의 복음을 전했을 것입니다. 처음에는 유대인들에게만 전했는데, 안디옥에 이르러서는 헬라인(그리스인)들에게 예수 그리스도를 소개했습니다.

표면으로는 핍박을 피해 낯선 곳으로 이주했지만, 실상은 그들이 길이요 진리요 생명이신 예수님의 길을 걷는 자들이 되었습니다. 그들은 길에서 만난 사람들에게 마침내 예수 그리스도에게로 가는 길이 되었습니다. 정호승의 시 '봄길'이 떠오릅니다. "길이 끝나는 곳에서도/ 길이 있다/ 길이 끝나는 곳에서도/ 길이 되는 사람이 있다// 스스로 봄길이 되어/ 끝없이 걸어가는 사람이 있다//

강물은 흐르다가 멈추고/ 새들은 날아가 돌아오지 않고/ 하늘과 땅 사이의 모든 꽃잎은 흩어져도// 보라/ 사랑이 끝나는 곳에서도/ 사랑으로 남아 있는 사람이 있다/ 스스로 사랑이 되어/ 한없이 봄길을 걸어가는 사람이 있다."

안디옥의 풍경 / 안디옥에 다다른 예수 그리스도의 제자들이 헬라인들에게 주 예수를 전하자 무슨 일이 벌어졌습니까?

주의 손이 그들과 함께하시매 수많은 사람들이 믿고 주께 돌아오더라(행 11:21).

사도행전에서 안디옥은 두 군데입니다. 수리아 안디옥과 비시디아 안디옥 (13:14). 본문의 장소는 수리아 안디옥입니다. 로마 제국 당시 수리아 안디옥은 로마, 알렉산드리아와 더불어 로마 제국의 3대 도시였습니다. 로마는 라틴어권, 알렉산드리아는 헬라어권, 수리아 안디옥은 시리아어 권역이었습니다. 당시 안디옥 인구가 50만 명이었다니 그 위세가 얼마나 컸는지를 짐작할 수 있습니다.

안디옥은 신도시였습니다. 마케도니아의 알렉산더(Alexander)가 사망하자 그 휘하 장수들이 방대한 지역을 분할 통치할 때 그 일대를 셀류쿠스 1세(Seleucus I Nicator)가 맡았습니다. 셀류쿠스 1세가 주전 30년경 도시 하나를 세우면서 그 도시에 아버지 이름을 붙였는데, 그 이름이 안티오쿠스(Antiochus)였습니다. 안디옥은 안티오쿠스왕을 기리던 곳이자 이방인 안티오쿠스가 수호신으로 버티고 있는 도시였습니다.

오늘날 이곳은 튀르키에 남단 안타키아라는 곳입니다. 역사의 부침을 겪으면서 지금은 무슬림 지역이 되었지만, 로마 제국 당시 수리아 안디옥은 제국의 동편에 있는 비옥한 도시였습니다. 강을 끼고 있기에 농사 짓기가 좋았습니다. 항구와 인접해 있기에 동방과 서방을 잇는 교역로였습니다. 셀류쿠스 1세는 이 지역에 유대인들이 들어와 살도록 허락했습니다. 신앙의 자유를 찾아 나섰던 예수 그리스도의 제자들도 이 지역에 뿌리를 내렸습니다.

로마 제국 시대 신도시의 모습은 어디에서나 비슷합니다. 높은 곳에는 신전이 있고, 그 밑으로 주민들이 계층별로 사는 마을이 있고, 그 아래로 오늘날 용어로 말하면 시장이 들어섭니다. 장사하는 사람들이 몰려들었습니다. 힘 있는 자들이, 잘난 자들이 이방인 수호신을 섬기면서 자리 잡고 살기에 편했습니다. 그랬던 곳에 예수 그리스도의 제자들이 예수님을 전하자 무슨 일이 벌어졌습니까? 주의 손이 그들과 함께하면서 수많은 사람들이 믿고 주께 돌아왔습니다!

네 길을 여호와께 맡기라 그를 의지하면 그가 이루시고 네 의를 빛같이 나타내시며 네 공의를 정오의 빛같이 하시리로다(시 37:5-6).

예루살렘에서는 상상할 수 없었던 예수 그리스도의 신앙이 안디옥에서 타올랐습니다. 예루살렘에서는 누릴 수 없었던 예수 그리스도 신앙이 크게, 넓게, 깊게 자리 잡았습니다. 안디옥 거리의 풍경이 달라졌습니다. 예루살렘이 로마 군대에게 함락되었던 주후 70년 이후에는 기독교의 중심지가 되었습니다. 그랬던 곳이 로마의 교회 탄압, 대지진과 재해, 여러 차례 전쟁을 거치면서 지금은 무슬림 지역이 되고 말았지만, 주후 1세기 당시 안디옥은 예루살렘을 제치고 기독교 신앙의 센터였습니다. 주여, 믿는 자들이 있으므로 거리의 풍경이 달라지게 하소서. 성도들이 있으므로 도시의 풍경이 새로워지게 하소서.

안디옥의 목회자 / 안디옥에서 수많은 사람이 복음을 믿고 주 예수께로 돌아오자 무슨 일이 벌어졌습니까?

예루살렘 교회가 이 사람들의 소문을 듣고 바나바를 안디옥까지 보내니 그가 이르러 하나님의 은혜를 보고 기뻐하여 모든 사람에게 굳건한 마음으로 주와 함께 머물러 있으라 권하니 바나바는 착한 사람이요 성령과 믿음이 충만한 사람이라 이에 큰 무리가 주께 더하여지더라(행 11:22-24).

안디옥 교회는 오늘날의 용어로 하면 평신도가 세운 교회입니다. 폐쇄적이던 예루살렘 교회와 달리 안디옥 교회는 처음부터 개방적이었습니다. 예수 그리스도를 "나의 주, 나의 하나님"으로 고백하는 자들이라면 유대인이나 헬라인이나 복음 안에서 서로 어울리고자 했습니다. 신앙 안에서 서로 손을 맞잡고자 했습니다. 예수 그리스도 안에서 더불어 지내는 형제·자매·가족·식구가 되고자 했습니다. 신앙 고백이 있었고, 신앙 공동체가 있었고, 성도의 교제가 있었습니다. 그 소식이 예루살렘 교회에 전해졌습니다.

안디옥에서 예루살렘까지는 서울에서 부산 가는 거리(480km) 정도입니다. 안디옥 교회 이야기가 소문으로 퍼지면서 예루살렘 교회가 바나바를 안디옥으로 파송하게 됩니다. 바나바는 구브로 사람이었기에 안디옥 교회 성도들과 어울리기에 적합했습니다. 게다가 그는 착한 사람으로 성령과 믿음이 충만했습니다. 그런 바나바가 안디옥에 이르렀을 때 하나님의 은혜를 보았습니다! 바나바가 체험했던 감격은 이렇게 바꿔서 새길 수 있습니다. '바나바의 안디옥 기행, 그는 안디옥에서 그리스도인을 만났다!'

바나바는 안디옥의 성도들에게 이렇게 권했습니다. "굳건한 마음으로 주와 함께 머물러 있으라." 여기 '권하다'란 말은 '파라칼레오'로 '가까이서'(파라), '부른다'(칼레오)는 뜻입니다. 한 번만 권하고 만 것이 아니라 권하고 또 권했다는 뜻입니다. 그 권면의 요지가 무엇이었습니까? '굳건한 마음으로 주와 함께 머무는 것.' 굳건한 마음으로 주와 함께 머무는 것이 신앙입니다. 어떤 경우에도 주님을 붙들고 사는 것이 신앙입니다.

처음에는 예수님의 제자들이 안디옥의 헬라인에게 주 예수를 전파했습니다 (11:20). 그러자 수많은 사람이 믿고 주께 돌아왔습니다(11:21). 바나바가 목회하면서 "큰 무리가" 주께 더하여졌습니다(11:24). 전파하였다 → 믿었다 → 주님께 돌아왔다 → 주와 함께 머물러 있었다 → 큰 무리의 숫자가 더하여졌다! 그렇습니다. 교회는 건물이기 이전에 성도입니다. 성도가 교회입니다. 주님을 믿고, 주님께 돌아와서, 굳건한 마음으로 주님을 붙들고 사는 성도들이 교회입니다. 그런 자들이 교회의 모판이 될 때 믿는 성도의 숫자가 더하여집니다.

안디옥의 그리스도인 / 안디옥 교회가 성장하면서 무슨 일이 벌어졌습니까?

바나바가 사울을 찾으러 다소에 가서 만나매 안디옥에 데리고 와서 둘이 교회에 일 년간 모여 있어 큰 무리를 가르쳤고 제자들이 안디옥에서 비로소 그리스도인이라 일컬음을 받게 되었더라(행 11:25-26).

그전에 교인들은 그냥 '제자들', '형제들', '나사렛파', '믿는 무리들', '갈릴리파', '성도들'이라고 불렸습니다. 그렇게 불리던 자들을 안디옥의 이방인들이 '그리스도인'이라고 부르게 됩니다. 안디옥의 성도들이 얼마나 굳건한 마음으로 주님을 붙들고 있었으면 그런 호칭이 생겨났겠습니까. '그리스도인'이란 '그리스도를 따르는 사람'이란 뜻입니다. 본문의 글말로 한다면, '굳건한 마음으로 주와 함께 머물러 있는 자'입니다. '예수 그리스도를 주님으로 모신 자'입니다. '그리스도 예수를 믿는 믿음으로 세상사를 디자인하는 사람'입니다. 그런 그리스도인들이 역사의 무대에 부상하면서 교회는 유대교와 완전히 결별합니다. 이제부터는 교회 성도의 명칭이 '그리스도인'입니다. 교회의 정체성과 교인의 신분이 달라졌습니다. 신앙 공동체의 위상이 달라졌습니다.

성지 순례를 하다 보면 가슴에 품게 되는 기도가 있습니다. 성지들은 대부분 과거완료형 현장입니다. 그런데 과거에 부흥했던 교회의 자취를 되새기는 여정만으로는 성지 순례는 늘 미완성입니다. 교회는 건물이 아니며 성도가 교회라고 하지 않습니까. 안디옥 교회의 자취는 과거의 유적으로 남아 있지만, 안디옥에서 퍼져 나간 그리스도인들은 오늘날 지구촌 인구의 31%에 해당하는 그리스도인들의 뿌리가 되었습니다. 건물의 자취로만 교회의 위세를 파악하지 마십시오. 성도 한 사람, 한 사람이 교회인 것을 기억하십시오. 굳건한 마음으로 주와 함께 머물러 있는 자가 되십시오. 굳건한 마음으로 주님을 붙드는 자가 되십시오.

세상이 우리를 그리스도인으로 불러 주는 감격을 다시 새깁시다. 그리스도인이 있음으로 지역 사회의 풍경이 달라지는 감격을 누립시다. 안디옥에서 그리스도인을 만났던 바나바의 감격이 어제의 이야기가 아닌 오늘의 이야기가 될 것입니다.

06 로마서 | 지울 수 없는 상처가 감사의 찬양이 되었습니다

• 롬 8:12-17

어린이들의 오답(誤答) / 한 지인이 어린이들이 작성한 오답 노트를 보내왔습니다. "'재해나 사고, 기근, 가난, 전쟁 등으로 병들고 굶주려 죽어 가는 사람들을 찾아가 보호하는 일을 하는 국제기구에는 어떤 것이 있는지 한 가지만 쓰시오.' '보험회사.'", "'쌀, 보리, 콩, 팥과 같은 물건들을 살 수 있는 가게를 쓰시오.' '이마트.'", "'부모님은 우리를 왜 사랑하실까요?' '그러게 말입니다.'", "'옆집 아주머니가 사과를 주셨습니다. 뭐라고 인사해야 할까요?', '뭐 이런 걸 다.'"

이런 글도 있었습니다. "소나기 삼행시. '소: 소방차가 불난 집 불을 끈다. 나: 나는 신나게 구경을 했다. 기: 기절했다. 우리 집이었다.'", "'일기. '나는 오늘 지각을 했다. 그래서 선생님께 혼났다. 다음에는 혼나지 않도록 결석해야겠다.'"

이 오답 노트를 보면서 어떤 생각이 들었습니까? 다음 세대가 이미 다른 세대가 되어 있다는 생각이 들지는 않았습니까? 성경에서 어린이는 낮은 자, 약한 자, 겸손한 자의 모델입니다. 하나님 앞에서 우리는 어른이 아니라 어린이입니다. 하나님의 사람을 가리켜 '하나님의 자녀'라고 부르지 않습니까. 본문도 그런 진리를 일깨워 줍니다.

하나님의 자녀 / 본문에서 우선 들어야 할 소리는 14절입니다.

하나님의 영으로 인도함을 받는 사람은, 누구나 다 하나님의 자녀입니다(롬 8:14, 새번역).

본문은 예수 그리스도 안에 있는 자(8:1)의 신분을 밝힙니다. 죄와 죽음의 법에서 해방되어 그리스도 예수 안에서 생명을 누리는 자(8:2)를 '하나님의 자녀'

라고 부릅니다. 이 용어는 로마 제국 당시 그 사회에서 통용되던 쓰임새에서 파악해야 합니다(Dirk J. Venter, "The Implicit Obligations of Brothers, Debtors, and Sons [Romans 8:12-17]", *Neotestamentica* 48.2 [2014], 283-302). 로마 제국 사회에서 '자녀'와 대칭되는 위치에 있는 자는 '노예'였습니다. 둘 다 한 집안의 호주 밑에 있습니다. 둘 다 빚진 자이지만, 그 내용에서는 다릅니다. 자녀는 어버이에게 사랑의 빚을 졌지만, 노예는 그 주인에게 경제적인 빚을 졌습니다. 고대 시대 노예는 상거래 대상이었습니다. 자녀나 노예나 누군가의 돌봄 밑에 있었지만 자녀는 자유인이었고, 노예에게는 그런 자유가 없었습니다. 노예는 "종의 영"(8:15a)을 받은 자이고, 하나님의 자녀는 하나님의 영의 인도를 받는 자입니다.

하나님의 자녀는 하나님을 아버지로 부릅니다. 그냥 아버지가 아니라 "아빠"(8:15b)입니다. 죄와 악을 벌하시는 심판의 하나님보다는 참고 기다리며 용서하고 사랑하시는 주님을 가리킵니다. 우리 사회에서 종종 들리는 용어 중 '아빠 찬스'가 있습니다. 우리 사회에서는 이 말이 부정적인 의미로 사용되지만, 본래부터 그런 것은 아닙니다. 아빠는 그 자녀에게 무한한 책임을 지는 존재라는 뜻이기 때문입니다. 그리스도인이 하나님의 자녀라는 설명은 그리스도인에게 무한한 가능성이 있다는 지적입니다.

교회가 우리를 구속하는 것이 아닙니다. 신앙 풍속이 우리를 얽매는 것이 아닙니다. 오히려 그 반대입니다. 물고기가 물에 있어야 자유를 느끼듯이, 그리스도인은 하나님 안에서 무한한 자유를 누립니다. 하나님이 우리를 지키십니다. 하나님이 우리를 돌보십니다. 하나님이 우리를 책임지십니다. 우리는 하나님께 매인 종이 아니라 하나님의 자녀입니다.

속사람과 겉사람 / 문제는 우리가 둘로 존재한다는 데 있습니다. 속사람과 겉사람. 속사람은 하나님의 법을 따르려고 합니다만, 겉사람은 죄의 법에 매이려고 합니다(7:22-23).

그러므로 형제자매 여러분, 우리는 빚을 지고 사는 사람들이지만, 육신에 빚을 진 것이 아닙니다. 우리는 육신을 따라 살아야 할 존재가 아닙니다. 여러분이 육신을 따라 살면, 죽을 것입니다. 그러나 여러분이 성령으로 몸의 행실을 죽이면, 살 것입니다(롬 8:12-13, 새번역).

따지고 보면, 실상 우리는 다 "빚을 지고 사는 사람들"입니다. 골고다 십자가에서 흘리신 예수 그리스도의 보혈에 빚을 졌습니다. 예수 그리스도가 십자가에서 흘리신 보혈이 우리가 지은 죄의 삯을 다 갚아 주었습니다. 그러므로 하나님의 자녀들은 부활의 주님이 주시는 은총의 자유를, 자유의 은총을 삶의 내비게이션으로 삼아야 합니다. 그런데 실제로는 육신에게 져서 육신대로 살기 일쑤입니다. '육신'이란 '사르크스', 겉사람을 가리킵니다.

어느 날 사탄이 아담과 하와를 유혹했습니다. 선과 악을 알게 하는 나무의 열매를 먹으라고 유혹하면서 그것을 먹는 날에는 "너희 눈이 밝아져 하나님과 같이 되어"(창 3:5a) 하며 부추겼습니다. 하나님 앞에서는 어린이가 되어야 하는데 하나님 앞에서 자기들도 하나님처럼 높아질 수 있다고 소리치는, 말하자면 하나님 앞에서 어른 행세를 하려고 했습니다. 겉사람이 부추기는 대로 살았습니다. 육신대로 살았습니다. 그래서 어떻게 되었습니까? 하나님과의 관계를 잃어버렸습니다. 하나님의 자녀라는 신분을 잃어버렸습니다. 삶이 에덴동산 밖으로, 비극으로 치닫게 되었습니다. 그래서 바울은 이렇게 처방합니다. "영으로써 몸의 행실을 죽이면 살리니"(8:13b).

어느 날 어린 시절 자신의 영웅이었던 아버지가 실은 가정을 파탄 나게 한 원흉이었던 것을 알게 된 아이가 있었습니다. 철이 들면서 아버지에 대한 복수를 다짐하며 살았습니다. 그랬던 젊은이에게 예수님이 오셨습니다. 그는 증오와 분노에 매여 있던 몸의 충동을 죽이게 됩니다. 예수님의 은혜로 새로워졌습니다. 그가 이렇게 말합니다. "저 위에(Up) 계신 그분께 나의 모든 힘과 권리를 드리자고(Give) 다짐했다. 내 자존심과 내 이름을 포기하고 저 위에 계신 분께(Up) 맡겨 보자고 한 것이다. 그분이 나를 위해(For) 주신(Give) 마음 하나를 알게 되었으니, 바로 '용서'(For-Give)였다"(곽상학, "칡과 등나무의 매듭 풀기", 「빛과소금」 [2022. 03], 83쪽). "영으로써 몸의 행실을 죽이면 살리니"라고 하지 않았습니까!

버려진 자와 구해진 자 / 여기에서 바울은 비밀 하나를 풀어놓습니다. 우리가 들어야 할 복음이 이것입니다. 자칫하면 세상의 영에 매이기 일쑤인 우리

290

를 살리기 위해서 하나님이 펼치신 은밀한 일입니다.

> 너희는 다시 무서워하는 종의 영을 받지 아니하고 양자의 영을 받았으므로 우리가
> 아빠 아버지라고 부르짖느니라 성령이 친히 우리의 영과 더불어 우리가 하나님의
> 자녀인 것을 증언하시나니(롬 8:15-16).

'양자의 영을 받았다'는 말에는 로마 제국 시대의 풍속이 담겨 있습니다. 로마의 황제 네로(Nero)도 입양아였습니다. 태어난 지 얼마 안 되어 아버지가 사망하자 어머니가 네로의 숙부이자 당시 로마 제국 황제인 클라우디우스(Claudius)와 재혼하면서 네로는 황제의 양자가 되었습니다. 당시에 양자가 되려면 법적인 절차를 거쳐야만 했는데, 본문에서 양자의 영을 받았다는 말은 그런 법적 절차가 끝났다는 뜻입니다. 그런 법적 절차에는 반드시 증인 한 사람이 있어야 했는데, 본문에서는 우리가 양자의 신분으로 하나님의 자녀가 되었다는 것을 성령이 증언하십니다. 성령이 우리가 하나님의 자녀답게 사는 것을 응원하십니다.

CCM 찬양 사역자이자 침례교회 목회자인 박요한은 『요한의 고백』(서울: 지혜의샘, 2013)이란 책을 펴내면서 오랫동안 그를 힘들게 했던 출생의 비밀을 털어놓았습니다. "나는 미혼모에게서 태어나 생후 2일 만에 홀트아동복지회를 거쳐 양부모에게 입양된 아이였습니다." 요즈음에는 '가슴으로 낳은 아이'라고 주위에 알리지만, 과거에는 철저하게 비밀로 했습니다. 박요한을 입양한 부모님도 가까운 친척들 외에는 이 사실을 숨겼습니다.

그가 초등학생 때 외삼촌 집에 갔을 때입니다. 외삼촌의 아들이 아버지가 사촌 형을 자기보다 더 아껴 주자 몹시 서러워했습니다. 아이를 달래던 외삼촌 입에서 불쑥 이런 말이 튀어나왔습니다. "요한이 형은 하나님이 우리 가정에 보내신 선물이야." 요한의 출생 비밀이 들통났습니다. 그 소리가 요한의 귀에 꽂혔습니다. 처음에는 아무렇지도 않았는데 시간이 흐르면서 점점 마음을 짓눌렀습니다. 사사건건 어긋나고 학교에서는 사고뭉치가 되었습니다.

중학교 2학년 때 학교에서 근신 처분을 받은 날, 어머니가 혼을 내자 그는 몇 년간 속에 담아 두었던 소리를 내질러 버렸습니다. "나, 엄마가 낳지 않은 애라

서 혼내는 거지?" 요한에게는 두 마음이 공존했습니다. 엄마, 아빠가 자기를 속이고 자기 인생을 조종해 왔다는 생각에 분노하면서도, 그렇게 버려진 자기를 친자식처럼 사랑해 준 것이 참 고마웠습니다. 그런데도 행동은 자꾸만 어긋나기만 했습니다.

한참이 지나 어느 날 새벽마다 골방에서 기도하시는 어머니의 기도 소리가 요한의 귀에 들렸습니다. 어머니는 울면서 처음부터 끝까지 요한이만 외치고 있었습니다. 그 절절한 기도에 퍼뜩 정신이 들면서 오랫동안 이어지던 방황이 끝나게 됩니다. 자기는 고아가 아니라 하나님의 아들이란 것을 깨닫게 됩니다.

『요한의 고백』은 그의 나이 서른여덟에 발간되었습니다. 그 책에는 이런 부제가 달려 있습니다. "지울 수 없는 상처가 감사의 찬양이 되다." 그가 지금은 자기 처지를 이렇게 설명합니다. "[그때 나는] 버려진 것이 아니라, 구해진 것이다"(『빛과소금』 [2022. 05], 58-65쪽). 하나님이 우리를 입양하셔서 하나님의 자녀로 삼아 주셨다는 뜻이 여기에 있습니다. 우리는 버려진 자가 아니라 구해진 자입니다!

하나님의 상속자 / 이제 하나님은 우리에게 어떤 기대를 거십니까?

성령이 친히 우리의 영과 더불어 우리가 하나님의 자녀인 것을 증언하시나니 자녀이면 또한 상속자 곧 하나님의 상속자요 그리스도와 함께한 상속자니 우리가 그와 함께 영광을 받기 위하여 고난도 함께 받아야 할 것이니라(롬 8:16-17).

본문에서는 '하나님의 사람'을 가리키는 용어가 양자 → 자녀 → 상속자로 바뀝니다. 하나님은 양자로 삼은 우리를 하나님의 자녀가 되게 하시고, 하나님의 상속자가 되게 하십니다. 하나님이 우리에게 무엇을 상속으로 남겨 주려고 하십니까? '영광과 고난!' 무엇을 위한 고난, 무엇으로 인한 영광입니까? 이 질문에 대한 대답을 하나님이 다윗을 양자로 삼으면서 하셨던 말씀에서 찾아봅니다.

내가 여호와의 명령을 전하노라 여호와께서 내게 이르시되 너는 내 아들이라 오늘

내가 너를 낳았도다 내게 구하라 내가 이방 나라를 네 유업으로 주리니 네 소유가 땅끝까지 이르리로다(시 2:7-8).

"내가 이방 나라를 네 유업으로 주리니!" 우리는 자녀들에게 무엇을 상속하려고 합니까? 아파트입니까, 땅입니까? 하나님은 우리에게 차원이 다른 삶을 살게 하십니다. 열방을 우리에게 주시려고 합니다. 열방에서 하나님의 영광을 세워 가는 자가 되기를 기대하십니다. 쉽지만은 않습니다. 고난이 따릅니다. 그러나 고난 뒤에 반드시 영광이 있습니다. 하나님은 하나님의 영광을 세우는 삶을 상속하십니다. 사명과 소명을 이어 가게 하십니다.

요즈음 우리 자녀들에게 가장 다급한 과제는 취업 문제입니다. 취업이 힘드니 결혼 연령이 높아집니다. 결혼했다고 해도 아이를 낳으려고 하지 않습니다. 이 시대의 젊은이들은 그 어느 때보다도 많이 아파합니다. 이런 때 우리 자녀들에게 무엇을 남겨 주어야 합니까? 우리의 다음 세대가 신앙적으로 다른 세대가 되지 않도록 사명을 이어 가게 합시다. 신앙생활 해야 한다고 우격다짐할 것이 아니라 신앙을 가지고 사는 삶의 유익과 보람을, 기쁨과 감사를 상속합시다. '성공하다'라는 영어 동사 'succeed'의 명사형은 두 개입니다. '성공'(success)과 '계승'(succession)입니다. 진정한 성취는 성공과 계승이 함께 가야 합니다. 영적 계보가 계승되어야 진정한 성공을 이루는 상속자가 됩니다. 하나님은 우리가 이런 상속자가 되기를 기대하십니다. 여기에 우리가 들어야 할 복음이 있습니다.

07 고린도전서 | 사랑으로 대하는 모든 곳엔 꽃이 핍니다

• 고전 4:14-17

고린도를 기억하는 방식 / 고린도(코린토스)는 오늘날 그리스에서 아테네 다음으로 큰 도시입니다. 아테네와 고린도의 거리를 우리식으로 말한다면 서울과 인천쯤 됩니다.

세상이 고린도를 기억하는 방식은 다음 몇 가지입니다. 아프로디테(비너스)가 수호신이었던 고장. 시시포스(Sisyphus) 신화의 무대. 시시포스 신화는 신들의 노여움을 사 끝없이 바위를 언덕 위로 밀어 올리는 형벌을 기꺼이 감수하는 한 인간의 도전을 가리킵니다. 고린도식 기둥. 옛날에는 큰 건물을 지을 때 기둥을 잘 세웠어야 했습니다. 그 기둥 양식 중에 고린도식이 있습니다. 기둥 끝에 식물의 열매들이 달린 모양입니다. 고린도식 기둥은 밋밋한 기둥 모양의 도리아식, 양쪽 끝을 감아올린 모양의 이오니아식과 더불어 헬라 문화를 드러내는 창문 역할을 했습니다. 고린도 운하. 옛 고린도는 왼쪽에 에게해, 오른쪽에 이오니아해를 둔 두 개의 항구 마을이었기에 두 항구를 연결해서 바닷길을 내는 고린도 운하가 만들어졌습니다. 그리스도인들이 고린도를 기억하는 방식은 이런 것들과 다릅니다. 고린도가 고린도전·후서의 무대가 되기 때문입니다.

사도 바울이 고린도를 찾았을 때는 주후 50/51년 겨울입니다. 그곳에 약 1년 반 동안 머무르면서 교회를 개척하고 성장시켰습니다(행 18장). 그 후 바울은 에게해를 가로질러 에베소로 건너가 선교 사역에 힘썼는데, 그때(16:8) 고린도 교회가 어려움에 빠졌다는 소식을 듣게 됩니다. 바울이 떠난 뒤에 교회에서 심각한 분쟁이 일어났던 것입니다. 고린도전서 1-4장은 그런 문제에 대한 바울의 처방을 담고 있는 말씀입니다.

사도바울기념교회

> 내가 너희를 부끄럽게 하려고 이것을 쓰는 것이 아니라 오직 너희를 내 사랑하는
> 자녀같이 권하려 하는 것이라(고전 4:14).

여기서 "너희"는 고린도 지역에서 교회의 성도로 자란 자들을 가리킵니다. 바울은 "너희"라고 불리는 성도들이 있게 되기까지 자기를 비우는 일을 마다하지 않았습니다. 바울의 전도로 많은 헬라인들이, 헬라파 사람들이 교회로 몰려들었습니다. 그 가운데는 장사하는 사람들, 배를 타는 사람들, 헬라 문화에 심취된 사람들, 항구 도시의 향락에 빠져 있던 사람들, 그 신분이 노예이던 사람들도 있었습니다. 로마식 이름을 가진 사람도 있었고, 그리스식 이름을 가진 사람도 있었습니다.

사도 바울은 이들이 예수 그리스도의 십자가를 자랑하는 자가 되게 하기 위해 자기의 모든 것을 다 쏟았습니다. 교회의 성도들을 양육하는 일이라면 자기가 "만물의 찌꺼기"(4:13)라는 비방을 듣는 것을 개의치 않았습니다. 성도가 존귀하게만 된다면 "그리스도의 일꾼이요 하나님의 비밀을 맡은 자"(4:1)라도 세상에서 "끄트머리"(4:9)가 될 수 있다고 다짐했습니다. 바울의 눈물이 있었기에, 바울의 헌신이 교회 성장의 거름이 되었기에 이렇게 말할 수 있었습니다.

> 내가 너희를 부끄럽게 하려고 이것을 쓰는 것이 아니라 오직 너희를 내 사랑하는
> 자녀같이 권하려 하는 것이라(고전 4:14).

고린도 교회는 오늘도 현재진행형입니다. 바울이 고린도를 찾아서 교회를 개척했던 때가 주후 50/51년의 겨울이었으니까(행 18장), 교회의 역사가 1900년을 훨씬 뛰어넘습니다. 사도 바울이 소아시아 지역에 개척한 교회들 대부분이 오늘날에는 이슬람 문화권에 가려서 그 위상이 사라져 버렸지만, 고린도 교회는 그렇지 않습니다. 여전히 현재진행형입니다. 오늘날의 고린도는 옛 고린도 인근에 새롭게 조성된 도시입니다. 사도 바울의 이름으로 여러 교회들이 세워졌습니다.

10여 년 전 고린도를 갔을 때 사도바울기념교회 예배당에 들른 적이 있습니다. 눈길을 끌었던 것은 교회 정면 옆 벽에 그 교회를 담임한 목회자들의 이름을 새겨 놓은 곳이었는데, 1대 담임이 사도 바울이었습니다. 2대는 아볼로, 3대는 실라, 4대는 소스데네. 그 명단을 들여다보면서 2000년 가까운 세월 동안 고린도 교회를 세우고 지키고 이끈 성도들의 오랜 열심, 은근과 끈기, 자부심을 느꼈습니다. 그때 제 마음에 떠오른 말씀이 시편 126편 5절입니다.

눈물을 흘리며 씨를 뿌리는 자는 기쁨으로 거두리로다(시 126:5).

스승과 어버이 / 그런 교회를 향하여 바울은 이렇게 말합니다.

그리스도 안에서 일만 스승이 있으되 아버지는 많지 아니하니 그리스도 예수 안에서 내가 복음으로써 너희를 낳았음이라(고전 4:15).

"그리스도 안에서 일만 스승이 있으되 아버지는 많지 아니하니." 왜 바울은 이렇게 말했습니까? 스승과 아버지·어버이의 차이가 무엇입니까?

고린도 교회에 사람들이 모이다 보니까 잡음이 생겨나기 시작했습니다. 바울이 1년 반가량 전도하며 목회할 때는 그런 일이 없었는데, 바울이 떠나고 그 뒤를 이어 아볼로가 사역하면서부터 바울파와 아볼로파가 생겨났습니다. 유대계 그리스도인들의 숫자가 늘어나면서 게바파도 생겼습니다. 그러자 우리는 바울파, 아볼로파, 게바파도 아니고, 그리스도를 따르는 그리스도파라고 우기는 자들도 생겨났습니다(1:11-12).

처음에 교회 안에 발을 들여놓을 때는 교회 밖 세상에서 경험했던 신분 격차를 느낄 수 없었는데, 시간이 지나면서 그리스·로마 사회가 매달렸던 신분과 지위에 따른 차별이 교회 안에서도 꿈틀대게 되었습니다. 이런 긴장과 갈등을, 좋게 말하면 교회 안에 이런저런 신념과 인연으로 뭉친 소그룹이라고 부를 수 있습니다. 그런 소그룹을 바울은 좀 더 너그러운 시각으로 대합니다. 그들은 다 우리를 예수 그리스도 안에서 하나님의 자녀로 양육시키는 스승이라는 것입니다. 교회 안에 이런저런 소모임이 있을 수 있습니다. 아니, 있어야 합니다.

교회 안 소그룹은 다 예수 그리스도의 신앙 공동체라는 나무에 달린 열매들입니다. 중요한 것은 이런 열매들이 서로 어울려야 한다는 것입니다. 자기주장만 옳다고 우기면 교회라는 나무가 큰 나무로 자랄 수가 없습니다.

교회는 의인들의 모임이 아니라 죄인들의 모임입니다. 단, 용서받은 죄인들의 모임입니다. 예수 그리스도의 십자가 은총으로 거듭난 사람들의 모임입니다. 십자가의 은혜가 사람들의 지식에, 사람들의 얼굴에 가려지게 해서는 안 됩니다. 선배나 스승만 있어서는 안 됩니다. 어버이가 있어야 교회는 예수 그리스도의 큰 나무로 자랍니다. 유진 피터슨(Eugene H. Peterson)의 『메시지』는 이 차이를 다음과 같이 풀어놓았습니다.

나는 여러분을 사랑하고, 여러분이 버릇없이 자라지 않고 바르게 자라기를 바랍니다. 여러분 주위에는 여러분의 잘못을 서슴없이 말해 주는 사람이 많을 것입니다. 그러나 시간과 수고를 아끼지 않고 여러분이 자라도록 돕는 아버지는 많지 않을 것입니다(고전 4:15, 메시지).

교회를 세우다? 가정을 세우다! / 그래서 바울은 이렇게 말합니다. 본문은 이런 아픔에 대한 바울의 처방입니다.

그리스도 안에서 일만 스승이 있으되 아버지는 많지 아니하니 그리스도 예수 안에서 내가 복음으로써 너희를 낳았음이라(고전 4:15).

이 말씀은 교회를 학교가 아닌 가정이 되게 하라는 가르침입니다. 교회는 복음을 배우는 곳으로 머물러서는 안 됩니다. 아무리 영적인 지식이라고 해도 그것을 배우고 익히고 전수하는 현장으로 그쳐서는 안 됩니다. 교회는 가정이 되어야 합니다. 성도는 가족이 되어야 합니다. 신앙 공동체는 서로 형제·자매·식구가 되어야 합니다.

고린도전서는 교회를 설명할 때 "하나님의 밭"(3:5-9), "하나님의 집"(3:9-17), "하나님의 가정"(家政, 家庭, 4:1-2, 14-17), '하나님의 식구'라고 부릅니다. 교회를 집, 가족, 가정에 비유하고 있습니다(장계은, "아버지 없는 고린도 교회와 바울의 가사윤

리담론[오이코노미아]", 「신약논단」 27:4 [2020], 1083-1084쪽). 고린도전서에는 아버지, 자녀, 아이, 유아, 형제 등 가족을 가리키는 낱말들이 많이 나옵니다. 특히 '아델포스'(형제·자매)라는 단어가 39번이나 나옵니다. 이 용어는 바울이 직접 썼다고 여겨지는 7개 서신에서 총 112번 등장하는데, 그 가운데 3분의 1 이상이 고린도전서에서 발견됩니다(장계은, 1084쪽). 바울은 단순히 교회를 세우고자 했던 것이 아닙니다. 바울은 집을 세우고자 했습니다. 그래서 고린도전서에는 '집을 세운다'는 뜻인 '오이코도메'라는 글자가 많이 등장합니다(8:1; 14:3-5, 12, 17, 26; 장계은, 1084쪽). 교회를 가정이 되게 하라는 당부입니다.

바울은 단순히 교회를 개척한 사람으로 머물기를 원치 않았습니다. 고린도 교회 성도들의 아버지·어버이로 남고자 했습니다. 바울의 말은 이렇게도 읽을 수 있습니다. 서로 가르치려고만 하지 말고, 자녀를 낳아서 키우는 어버이의 심정으로 먼저 믿은 자가 나중 믿는 자를 돌보라. 가르치려고만 하지 말고 낳아 보라는 것입니다. 세상에서는 먼저 믿은 자가 나중 믿는 자의 선배나 스승이 되지만, 교회에서 앞선 세대는 다음 세대의 어버이가 되어야 합니다.

어버이가 되는 길에는 가슴앓이가 있지만 / 어버이가 되는 일이 쉽지만은 않습니다. 바울의 가르침은 이렇게 이어집니다.

그러므로 내가 너희에게 권하노니 너희는 나를 본받는 자가 되라 이로 말미암아 내가 주 안에서 내 사랑하고 신실한 아들 디모데를 너희에게 보내었으니 그가 너희로 하여금 그리스도 예수 안에서 나의 행사 곧 내가 각처 각 교회에서 가르치는 것을 생각나게 하리라(고전 4:16-17).

"너희는 나를 본받는 자가 되라!" 가정을 세우는 어버이가 되라는 가르침입니다. 자녀를 키우는 어버이가 되기는 수월하지 않습니다. 얼마나 많은 가슴앓이를 하는지 모릅니다. 김수경의 『아들과의 연애를 끝내기로 했다』(서울: 포북, 2015)라는 책은 품 안의 아이인 줄 알았던 아들이 남자로 커 가는 과정 중에 엄마가 겪어야 했던 가슴앓이를 펼쳐 놓은 글입니다. 그 책에 이런 이야기가 나옵니다.

"아들에게 핸드폰을 사 주었습니다. 몇 달 후 아이가 와서 요금제를 좀 높여 달라고 졸랐습니다. '네가 전화할 데가 어디 있다고 그래?' '내가 전화할 데가 왜 없어? 엄마한테 제일 많이 하는데? 엄마가 무슨 일이 있으면 바로 전화하랬 잖아.' 아이가 자는 사이에 아이의 핸드폰을 열어 통화 목록을 조사해 보았습 니다. 엄마, 엄마, 엄마, 진호 영감, 엄마, 엄마, 엄마, 개은주, 엄마, 엄마…. 엄 마가 아이의 핸드폰 전화번호 저장 목록에 1위였습니다. 콧잔등이 시큰했습니 다. 괜히 마음이 흐뭇했습니다. 내일 당장 아이의 요금제를 높여 줘야지.

얼마가 지났습니다. 여전히 엄마가 1순위였습니다. 1년쯤 지났습니다. 또 물었습니다. '엄마가 아직도 1순위이니?' '아이참, 그러지 말고 핸드폰 하나 새 로 사 주면 안 돼?' 대답이 달라졌습니다. 밤에 몰래 아이 핸드폰을 열어 보았 습니다. 비밀번호가 걸려 있었습니다. 아! 순위가 떨어졌습니다. 열받았습니 다. 그다음부터는 절대로 내 돈 들여 아들의 핸드폰을 바꿔 주지 않았습니다. 대신 개 아빠가 해 주었습니다."

이 책의 목차에는 이런 소제목도 있습니다. "아들이 남자가 되고 있다"(김수 경, 48-50쪽). 어버이 됨의 아픔, 서러움, 아쉬움, 감사, 보람이 묻어나는 이야기 입니다.

바울은 스승의 길에 머물지 않고 아버지·어버이의 길을 걸었습니다. 그런 여 정에서 디모데를 낳았습니다. "내가 주 안에서 내 사랑하고 신실한 아들 디모 데를 너희에게 보내었으니"(4:17)라고 하지 않았습니까. 무슨 의미입니까? 이 제부터 교회에서 마주 대하는 모든 문제를 가정에서 가족끼리 풀어 가는 방식 으로 해결하라는 주문입니다(장계은, 1101쪽).

성도는 예수 그리스도의 피를 나눈 형제입니다. 예수님이 성만찬을 제정하 신 것도 이 때문입니다. 성도는 예수 그리스도의 피와 몸을 나누는 식탁에 참 여하는 가족입니다(10:16; 11:25). 하나님의 집이라는 가족의 공간을 지키기 위 해 어떻게 해야 합니까? "자기의 유익을 구하지 말고 [공동체를 세우는] 남의 유익 을 구하라"(10:24). 이 담론의 기초가 아가페 사랑입니다. 교회가 가족이라면 "모든 것"을 자기 마음대로 하지 말고(6:12; 10:23-24), "모든 일"을 사랑으로 하라 는 것입니다(16:14). 사랑으로 모든 이를 대하는 우리가 되기를 기도합니다.

08 고린도후서 | 사도 바울이 연주하는 'G선상의 아리아'를 들어 보십시오

> • 고후 12:5-10

G선상의 아리아 / 우리에게 친숙한 클래식 음악 중에 바흐의 관현악 모음곡 제3번 D장조 제2악장 'G선상의 아리아'가 있습니다. 클래식 음악으로는 드물게 연주 시간이 5분 남짓으로 짧지만 긴 울림을 지닌 곡입니다. 많은 뒷이야기를 남긴 음악이기도 합니다. 그 가운데 하나를 소개하겠습니다.

바흐가 어느 농가에 들렀는데, 그 집 아이들이 바흐에게 바이올린을 연주해 달라고 졸랐습니다. 바이올린을 가져오게 했는데, 바이올린의 줄들이 다 끊어지고 현이 하나밖에 남지 않았습니다. 하지만 바흐는 그 남아 있는 한 현을 켜서 아이들에게 바이올린 연주를 들려주었습니다. 그렇게 연주한 곡이 'G선상의 아리아'로 태어났다고 합니다. '아리아'란 '선율에 의한 곡조'라는 뜻입니다.

바이올린의 현은 네 개입니다. G-D-A-E. 낮은 솔-레-라-높은 미. 바흐는 원래 A현으로 작곡했는데, 독일의 바이올리니스트 아우구스트 빌헬르미(August Wihelmi, 1845-1908)가 G현으로 편곡하면서 'G선상의 아리아'가 되었습니다. 바이올린의 네 현 가운데 제일 낮은 선은 G현입니다. 낮기에 깊이와 울림이 있습니다. 본문에서도 사도 바울이 연주하는 'G선상의 아리아'가 들립니다. 바울이 자신의 낮음을, 약함을, 모자람을 연주하기 때문입니다.

바울의 아킬레스건 / 고린도후서는 사도의 직무를 밝히는 말씀(2:14-7:4)으로 시작해서 바울이 자기의 사도직을 변호하고자 그의 적대자들과 벌이는 논쟁(10-13장)으로 끝을 맺습니다. 바울이 자기변호에 나선 것은 그에게는 아킬레스건에 해당하는 치명적인 약점이 있었기 때문입니다. 바울은 예수 그리스도의 사도이면서도, 정작 예수님의 공생애 기간 중 부름을 받은 제자는 아니었습니다. 이 문제가 평생 그를 괴롭혔습니다.

바울은 그리스도의 일꾼이 되어 복음을 전하다가 그 누구보다도 많은 시련과 위기를 겪었습니다(11:23-27). 그럼에도 바울의 대적자들은 그의 사도직을 의심했습니다. 그래서 바울은 자기의 사도직을 적극적으로 변호했습니다. 사도행전에서는 다메섹으로 가던 길에 부활하신 주님이 자기를 찾아와 만나 주셨다고 설명했지만(행 22:5-16), 고린도후서에서는 자기 변호의 결이 다릅니다. 자기를 비방하는 대적자들을 향해서 하나님이 자기에게만 허락하신 놀라운 환상과 계시를 풀어놓습니다(12:1-4).

그런데 본문에서 사도 바울이 늘어놓은 자랑은 그런 놀라운 신비 체험이 아닙니다. 강한 것을 자랑하지 않고 약한 것을 자랑합니다. 놀라운 것을 자랑하지 않고 변변치 않은 것을 자랑합니다. 본문에서 중요한 글자는 '약함'입니다. '약하다'는 낱말이 본문의 처음과 끝에서 모두 5번 반복됩니다. 저는 본문을 이렇게 연주하려고 합니다.

a. 나를 위하여는 약한 것들 외에 자랑하지 아니하리라(12:5)
b. 내가 만일 자랑하고자 하여도(12:6)
c. 내게는 육체의 가시가 있다(12:7-8)
c′. [주께서 이르시기를] 내 능력이 약한 데서 온전하여짐이라 하신지라(12:9)
b′. 나의 여러 약한 것들에 대하여 자랑하리니(12:9b)
a′. 그러므로 내가 그리스도를 위하여 약한 것들을 기뻐한다(12:10)

본문은 말하자면 교차대구 형식입니다. 앞 단락들과 뒤 단락들이 서로 대조를 이룹니다. 처음 세 단락(a, b, c)에서 두드러지는 글자는 '나'입니다. 나중 세 단락(a′, b′, c′)에서는 '그리스도'가 강조됩니다. '나는 본래 이런 처지였지만, 그리스도 예수가 나의 처지를 이렇게 바꾸어 놓으셨다'는 소리가 이런 구도에서 들립니다.

바울이 자랑하려고 하는 것 / 본문에서 바울이 자랑하려는 것이 무엇입니까?

내가 이런 사람을 위하여 자랑하겠으나 나를 위하여는 약한 것들 외에 자랑하지 아니하리라(고후 12:5).

얼핏 이 구절에서 바울이 가리키는 사람은 두 명처럼 보입니다. "이런 사람" 과 "나." 그러나 따지고 보면 같은 사람입니다. 본문의 "이런 사람"은 실상은 바울 자신을 가리킵니다. 자기 자신을 3인칭체로 쓰고 있습니다. 여기 "이 사람"은 "셋째 하늘"에 이끌려 가서 하나님의 음성을 듣는 환상 체험을 했습니다 (12:1-4). 기도 중에 셋째 하늘까지, 하늘의 하나님이 계시는 곳까지 이끌려 갔습니다. 바울은 자기 사도직을 변호하고자 자기를 내세우려면 이것을 자랑해야 했습니다. 그러나 그렇게 하지 않았습니다. 자기가 겪은 환상 체험을 3인칭으로 소개합니다. 괄호 속에 넣어 두었습니다. 자랑하지 않겠다는 뜻입니다.

바울이 자랑하려는 것은 무엇입니까? 자기의 "약한 것들"(복수형)입니다. 사람이라면 누구나 자기 약점을 감추려고 합니다. 약점을 대놓고 드러내려는 사람은 어디에도 없습니다. 한 지인이 요즈음 세상을 풍자하는 메시지를 보내왔습니다. "가는 말이 고우면 얕본다.", "기쁨을 나눴더니 질투가 되고 슬픔을 나눴더니 약점이 되더라.", "남들이 알아주지 않더라도 너의 일을 묵묵히 하다 보면 결국 남 좋은 일만 하게 된다.", "헌신하면 헌신짝 된다." 이런 세상인데, 어느 누가 과감하게 자기 약점을 세상에 드러내 놓으려고 하겠습니까. 그런 점에서 "나를 위하여는 약한 것들 외에 자랑하지 아니하리라"라는 바울의 목소리는 요즈음 세태와는 전혀 어울리지 않습니다.

그러나 본문을 잘 새겨 보십시오. 바울이 약점을 드러내려는 것은 자기를 위해서가 아닙니다. 예수 그리스도를 위해서입니다.

그러므로 내가 그리스도를 위하여 약한 것들과 능욕과 궁핍과 박해와 곤고를 기뻐하노니 이는 내가 약한 그때에 강함이라(고후 12:10).

바울은 "그리스도를 위하여"(휘페르 크리스투) 자기의 "약한 것들"(복수형)을 스스럼없이 공표합니다. 그리스도를 위하여 병약함과 모욕과 궁핍과 박해와 곤란을 겪는 것을 기뻐한다고 말합니다. "내가 약할 그때에, 오히려 내가 강하기 때문입니다"(12:10, 새번역). 이 소리가 바울이 연주하는 'G선상의 아리아'입니다.

약함의 미학 /　　바울의 고백은 약점을 평가하는 우리의 시선을 달리하게 합니다. 바울이 지적하는 "약한 것들"이라는 낱말은 문자적으로는 그 쓰임새가 부정적입니다. 흔히 약점 때문에 못한다, 약점 때문에 안 된다고 말하지 않습니까? 그런데 바울이 그런 어휘의 쓰임새를 뒤집어 놓았습니다. 약점 까닭에 기도한다, 약점 까닭에 성숙해진다, 약점 까닭에 그리스도의 능력을 체험하게 된다고 말합니다.

> 내가 만일 자랑하고자 하여도 어리석은 자가 되지 아니할 것은 내가 참말을 함이라 그러나 누가 나를 보는 바와 내게 듣는 바에 지나치게 생각할까 두려워하여 그만두노라(고후 12:6).

> 그러므로 도리어 크게 기뻐함으로 나의 여러 약한 것들에 대하여 자랑하리니 이는 그리스도의 능력이 내게 머물게 하려 함이라(고후 12:9b).

강한 것은 자랑해야 하고 약한 것은 숨겨야 하는 오늘의 현실에서 바울은 거꾸로 이야기합니다. 강한 것은 숨기고 약한 것을 기쁜 마음으로 드러내려고 합니다. 왜 그렇습니까? 나의 약함은 그리스도의 능력이 내게 머물게 하는 기회가 되기 때문입니다.

우리 삶을 재는 척도는 네 개입니다. 길이, 너비, 깊이, 높이. 사람들은 나이들수록 삶의 길이에 관심을 기울입니다. 젊을 때는 삶의 너비를 넓히고자 심혈을 기울입니다. 좋은 학교를 나오고, 스펙을 쌓고, 업적을 키우고. 그리스도인의 삶은 거기에 머물러서는 안 됩니다. 삶에 깊이가 있어야 합니다. '그리스도를 위하여 약한 것들을 감추지 않는 까닭은 그리스도의 능력이 내게 머물게 하기 위함이다'라는 말의 뜻이 여기에 있습니다. 아무리 어렵고 힘들어도 내 삶은 그리스도의 은혜를 담는 그릇임을 잊지 마십시오. 그릇이 쓸모 있으려면 깊이가 있어야 합니다. 그래야 많이 담을 수 있습니다.

그런데 깊이만 있어서도 안 됩니다. 높이가 있어야 합니다. 본문에서 바울이

"그리스도의 능력이 내게 머물게 하려 함이라"라고 했을 때 '머물게 한다'는 말이 헬라어(에피스케노오)로는 '장막으로 덮는다'는 뜻입니다. 이 헬라어에는 하나님의 임재를 뜻하는 '장막'이라는 글자가 들어 있습니다. 장막이 내 위에 드리워지게 한다는 뜻입니다. 하나님이 내가 약한 것을 아시기에 은혜의 장막을 내위에 쳐 주신다는 뜻입니다. 내 위에 무엇이 있습니까? 하나님의 장막이 있습니다! 힘이 듭니까? 어렵습니까? 괴롭습니까? 그리스도인다운 삶의 깊이와 높이가 드러나게 하십시오. 내가 약하다고 느낄 때가, 나의 약한 모습이 세상 사람들 앞에 드러나 있을 때가 내 삶의 깊이와 높이를 드러내는 기회가 됩니다.

평생 바이올린을 만드는 장인으로 살아가는 마틴 슐레스케(Martin Schleske)가 펴낸 『가문비나무의 노래』(서울: 니케북스, 2016)에 이런 글이 있습니다. 나무를 켜서 바이올린으로 만드는 공정을 따라가면서 깨우친 깨달음 가운데 하나입니다. "예수님을 믿는다는 것은 다른 세계로 옮겨 가겠다는 결단입니다. 하지만 우리가 예수님을 받아들일 때, 하나님도 우리와 함께 우리의 세계로 옮겨 오십니다. 믿음은 하나님을 우리 안으로 초대하는 결단입니다"(146쪽). 이 책에는 이런 부제가 붙어 있습니다. '아름다운 울림을 위한 마음 조율.' 내 삶이 하나님의 은혜를 연주하는 울림통이 되려면 마음을 조율해야 합니다. 나를 드러내려고 하기보다는 나를 통해서 일하시는 그리스도를 드러나게 하십시오. 이 진리를 이사야서 말씀으로 바꾸면 이렇게 들립니다.

> 두려워하지 말라 내가 너와 함께함이라 놀라지 말라 나는 네 하나님이 됨이라 내가 너를 굳세게 하리라 참으로 너를 도와주리라 참으로 나의 의로운 오른손으로 너를 붙들리라(사 41:10).

약함, 그리스도의 능력을 담는 그릇 / 이제 본문은 마침내 바울에게 있었던 가장 큰 약점을 털어놓습니다.

> 여러 계시를 받은 것이 지극히 크므로 너무 자만하지 않게 하시려고 내 육체에 가시 곧 사탄의 사자를 주셨으니 이는 나를 쳐서 너무 자만하지 않게 하려 하심이라 이것이 내게서 떠나가게 하기 위하여 내가 세 번 주께 간구하였더니(고후 12:7-8).

바울은 참 많이 약했던 사람입니다. 그의 육체에는 가시가 있었습니다. 그 가시가 무엇인지에 대해서는 많은 설이 있습니다. 안질이나 간질로 보기도 합니다. 선교 여행 중 겪었던 시련으로 망가진 육신을 가리킨다고 보기도 합니다. 가시가 무엇인지는 정확하게 알 수 없으나, 틀림없는 것은 그것이 그의 몸을 찌르는 가시라는 사실입니다. 몸이 아프고, 괴롭고, 힘들다는 것입니다. 그래서 바울은 자기 몸을 찌르는 가시를 제거해 달라고 세 번이나 주님께 간구했습니다. 그런데 그는 기도 중에 놀라운 사실을 깨닫습니다. '내가 이미 받은 계시가 너무나 크고 놀라운 것이기에 나로 자만하지 않게 하시려고 하나님이 내게 이런 가시를 주신 것이구나.'

> 나에게 이르시기를 내 은혜가 네게 족하도다 이는 내 능력이 약한 데서 온전하여짐이라 하신지라(고후 12:9a).

자신은 이미 주님의 은혜를 충분히 받았다고 깨닫습니다. 그러면서 바울은 말합니다. "내 능력은 '약한 데서'(단수형) 온전해진다!"(뒤나미스 엔 아스테네이아 텔레이타이) 주님의 능력은 약한 데서 온전해집니다.

'약함'(아스테네이아)에는 세 가지 측면이 있습니다. 힘(체력, 정신력)이 없는 상태. 질병에 눌려서 즐거움이 사라진 상태. 육체의 장애. 그러나 높아진 마음에는 하나님이 오시지 않습니다. 예수님이 이 세상에 오실 때 머무실 방이 없었듯이, 자랑과 교만이 설치는 곳에서는 주님이 머무실 자리가 없습니다. 약함은 그리스도의 능력을 담는 그릇입니다. 이것이 약함의 미학입니다. 약해야만 온전해집니다. 약해야 주님의 능력으로 채워집니다. 바이올린의 현이 하나밖에 남지 않은 상태였지만, 그 바이올린이 바흐의 손에 붙들렸을 때 'G선상의 아리아'란 명곡이 탄생하지 않았습니까. 주님이 나의 약함을 연주하시도록 주님께로 가까이 가십시오. 주님을 깊이 사모하십시오. 내 위에서 나를 덮고 계시는 주님의 손을 체험하십시오. 내 삶이 주님이 연주하시는 'G선상의 아리아'가 됩니다. 그렇습니다. 우리의 약함은 그리스도의 능력을 담는 그릇입니다.

09 갈라디아서 | 그리스도인의 삶에는 좌표가 필요합니다

• 갈 2:15-20

옥스퍼드 크라이스트 처치 칼리지 / 영국의 옥스퍼드(Oxford) 대학교는 세계에서 가장 오래된 대학 중 하나입니다. 1096년경 설립되었고, 대외적으로 옥스퍼드라고 불리는 대학교 안에 약 45개 칼리지(college)가 독립적으로 운영되고 있습니다. 옥스퍼드에서 가장 규모가 큰 대학이 1525년에 설립된 크라이스트 처치 칼리지(Christ Church College)입니다. 앨버트 아인슈타인(Albert Einstein)을 비롯해서 영국의 수상 13명이 이 학교 출신입니다. 졸업생 중에 감리교회 창시자 존 웨슬리(John Wesley, 1703-1791)가 있습니다.

웨슬리는 1720년 이 대학에 입학하여 공부를 계속하다가 1726년 옥스퍼드 대학교 링컨 칼리지의 교수가 되어 1735년까지 학생들을 가르쳤습니다. 그 시절에 영국 교회의 성직자가 되는 목사 안수도 받았습니다.

크라이스트 처치 칼리지가 오늘날 관광 명소로 떠오른 것은 이 대학의 식당(그레이트 홀) 때문입니다. 유명한 영화 〈해리 포터〉(Harry Potter)의 호그와트 마법 학교 수업 장면이 바로 이곳에서 촬영되었습니다. 그레이트 홀 사면 벽에는 학교를 빛낸 졸업생들의 초상화가 걸려 있는데, 웨슬리의 초상화도 있습니다. 이 대학의 대성당 바닥에도 존 웨슬리와 찰스 웨슬리가 이 대학의 졸업생이라고 밝히는 명판이 있습니다. 갈라디아서에서는 본문 말씀을 존 웨슬리가 남겨 준 감리교회 신앙의 유산에서 살펴보려고 합니다.

사람이 의롭게 된다는 것은 / 갈라디아는 사도 바울이 두 차례에 걸쳐서 복음을 전했던 지역입니다. 2차 선교 여행 때 이곳에서 복음의 씨를 뿌렸고(행 16:6), 3차 선교 여행길에 이 지역을 다시 방문했습니다(행 18:23). 그리고 나서 얼마 되지 않았는데 바울의 귀에 이런 소식이 들렸습니다. "복음의 씨보다 웃

자란 가라지가 갈라디아 성도들을 괴롭히고 있다!" 바울은 예수 그리스도를 믿는 믿음의 도를 전했는데, 바울이 떠난 뒤 이 지역 유대인들은 "아무리 예수 그리스도를 믿어도 공덕을 쌓아야, 유대인들이 지켜 온 율법을 지켜야 구원의 완성을 이룰 수 있다!"고 외쳤습니다. 그런 갈라디아 교회를 향해서 바울이 펜을 들었습니다.

본문은 "우리"로 시작하는 글도 있고(2:15, 16b, 17), "사람이"로 시작하는 구절도 있고(2:16a), "내가"(2:18[×2], 19, 20[×3]), "내 안에"(2:20a), "나를"(2:20b[×2])로 이어지는 구절도 있습니다. 먼저 "사람이"로 시작하는 구절에 주목해 봅니다.

사람이 의롭게 되는 것은 율법의 행위로 말미암음이 아니요 오직 예수 그리스도를 믿음으로 말미암는 줄 알므로 우리도 그리스도 예수를 믿나니 이는 우리가 율법의 행위로써가 아니고 그리스도를 믿음으로써 의롭다 함을 얻으려 함이라 율법의 행위로써는 의롭다 함을 얻을 육체가 없느니라(갈 2:16).

본문이 "사람"으로 시작하고 있다는 것은 본문 말씀이 인생 모두에게 적용된다는 뜻입니다. 사람이라면, 유대인이든 이방인이든 오로지 예수 그리스도를 믿음으로 의롭다 함을 얻는다는 것입니다. 여기에서 "의"는 성품이 아니라 관계를 가리킵니다(안용성, "차별의 벽을 허무는 십자가, 예수 그리스도의 신실하심-갈 2:15-21", 「기독교사상」 [2006. 03], 168-169쪽). "사람이 의롭게 되는 것"이란 하나님과 올바른 관계를 회복한다는 뜻입니다. "율법의 행위"를 지켰다고 해서 하나님과의 관계가 올바로 유지되는 것은 아닙니다. "율법의 행위"란 율법으로 규정되는 삶의 방식입니다.

주후 1세기 유대인들이 지키고자 했던 율법의 행위는 크게 세 가지입니다. 할례, 정결한 음식 먹기, 안식일 준수. 유대인들은 이 행위를 지키면서 언약 백성이라고 스스로를 내세웠지만, 사람이 하나님의 형상임을 온전히 드러내지 못했습니다. 예수 그리스도를 알지 못한다면 하나님의 사람이 될 수가 없습니다. 하나님의 사람은 우리 주 예수님이 하나님의 뜻에 신실하게 순종하셨던 분임을 믿기 때문입니다.

여기에서 '예수 그리스도를 믿는 믿음'으로 번역된 헬라어(피스티스 예수 크리스투)는 문자적으로는 '예수 그리스도의 믿음'입니다. 예수 그리스도의 신실하심을 가리킵니다(안용성, 170-172쪽). 십자가에 달려 죽기까지 하나님께 신실하셨던 예수 그리스도의 순종을 가리킵니다. 이 예수 그리스도의 믿음, 예수 그리스도의 순종, 예수 그리스도의 신실하심에 의하여 우리는 하나님과의 관계를 회복하게 되었습니다. 사람이라면 누구나 이 진리를 깨달아야 합니다.

유대인이라고 해도 / 문제는 본문에서 "우리"라고 불리는 자들이 일으켰습니다. 여기 "우리"는 좁게는 유대인의 사도 게바와 이방인의 사도 바울을 일컫습니다. 넓게는 이방인들이 시작한 갈라디아 교회에 몰려들었던 유대인들입니다.

우리는 본래 유대인이요 이방 죄인이 아니로되(갈 2:15).

여기에 거론되는 "유대인"은 주후 1세기 그리스도인입니다. 이 구절 속에 유대인의 정체성이 담겨 있습니다. 유대인은 본래 이방 죄인이 아니라는 것입니다. "죄인"이란 표적을 맞히지 못한 사람을 가리킵니다. 하나님과의 관계가 어긋난 사람을 가리킵니다. 유대인은 그 바탕에서 이방인들과 다르다는 것입니다. 사실 유대인은 하나님의 은혜로 구원받은 자들입니다. 하나님이 애굽 땅의 유대인들을 구원하실 때 그들에게 무슨 특별한 업적이나 자격이 있었습니까? 아닙니다. 출애굽은 전적으로 하나님의 은총입니다. 애굽 땅의 유대인들은 하나님을 잊고 살았습니다. 그들이 하나님을 찾기 전에 하나님이 그들을 먼저 찾으셨습니다.

여호와께서 이르시되 내가 애굽에 있는 내 백성의 고통을 분명히 보고 그들이 그들의 감독자로 말미암아 부르짖음을 듣고 그 근심을 알고 내가 내려가서 그들을 애굽인의 손에서 건져 내고 그들을 그 땅에서 인도하여 아름답고 광대한 땅, 젖과 꿀이 흐르는 땅 곧 가나안 족속, 헷 족속, 아모리 족속, 브리스 족속, 히위 족속, 여부스 족속의 지방에 데려가려 하노라(출 3:7-8).

내가 주님을 찾으러 나선 것이 아닙니다. 주님이 나를 찾으러 하늘에서 땅으로 내려오셨습니다. 이런 진리를 웨슬리는 하나님의 '선행 은총'이라고 불렀습니다. 유대인은 그런 은혜를 입은 자들입니다. 하나님의 '선행 은총'이 있었기에 유대인은 하나님의 백성이 되었습니다. 그 은혜를 알았기에 출애굽의 이스라엘은 하나님의 사람답게 살겠다는 지침으로 율법을 받아들였습니다. 율법을 지킨 자들을 가리켜 '언약 백성'이라고 부릅니다.

그리스도 안에서 / 문제는 여기에서 시작됩니다. 하나님의 은혜로 하나님의 사람이 되고, 그 사실이 감사해서 율법(토라)을 따르는 삶을 인생의 이정표로 삼았는데, 유대인은 그 이정표에만 집중했지 목적지를 잃고 말았습니다. 그래서 하는 말입니다.

> 만일 우리가 그리스도 안에서 의롭게 되려 하다가 죄인으로 드러나면 그리스도께서 죄를 짓게 하는 자냐 결코 그럴 수 없느니라(갈 2:17).

여기에서 중요한 말은 "그리스도 안에서"입니다. '그리스도 안에서 의롭게 되는 것'입니다. 사람은 누구나 한 번은 부모의 자식으로 태어나고, 다른 한 번은 하나님의 자녀로 태어납니다. 두 번째로 태어나는 과정이 '그리스도 안에서 의롭게 되는 것'입니다. 사람은 누구나 아담의 후손으로 태어나는데, '아담의 후손'이라는 타이틀에는 '하나님과의 관계를 잃어버린 죄인'이란 뜻이 담겨 있습니다. 땅의 사람으로 태어난 사람은 하늘의 사람으로 다시 태어나야 합니다. 이 태어남이 '거듭남'(重生, 중생)이고, '칭의'(稱義)인데, 웨슬리는 그것을 '새로운 탄생'(新生, 신생)이라고 불렀습니다.

태어난 자는 자라야 합니다. 예수 그리스도 안에서 하나님의 사람으로 다시 새롭게 태어났지만 자라면서 걸려 넘어지는 시험과 유혹들이 있습니다. 유대인이었다가 예수 그리스도를 영접한 사람들에게는 과거 유대인의 관습도 지켜야 한다는 갈등이 있었습니다. 여기에서 바울은 중요한 고백을 합니다. "우리"의 문제가 바로 '자기 자신'의 문제가 될 수 있다는 사실을 털어놓습니다.

만일 내가 헐었던 것을 다시 세우면 내가 나를 범법한 자로 만드는 것이라 내가 율법으로 말미암아 율법에 대하여 죽었나니 이는 하나님에 대하여 살려 함이라(갈 2:18-19).

바울은 촉망받던 유대교 학자였습니다. 그는 다메섹으로 가는 길에서 예수님을 만난 뒤로는 다른 길을 걷게 됩니다. 유대교 처방에 희망이 있다고 외치던 자에서 예수 그리스도를 믿는 믿음에 소망이 있다고 외치게 되었습니다. 그런데 새로운 길에 들어섰으면서도 이전에 걸었던 길에 대한 미련을 버리지 못한다면 그는 죄를 짓는 것입니다. 그래서 하는 말입니다. "내가 율법으로 말미암아 율법에 대하여 죽었나니 이는 하나님에 대하여 살려 함이라!" 회개하자는 것입니다. 자기부터 회개한다는 것입니다.

본래 회개는 새로운 탄생으로 들어서는 입구입니다. 그러나 그 입구에 들어서서 새로운 삶을 살아간다고 해도 늘 유혹과 시험과 함정에 빠지게 됩니다. 회개가 칭의의 마중물이지만 의롭게 된 자라고 해도, 하나님과 올바른 관계를 회복한 자라고 해도 늘 내 인생의 시간표를 과거로 되돌리려는 충동을 이겨 내야 합니다. 그래서 새롭게 태어난 사람이라도 꾸준히 세상에 대하여 죽고 하나님에 대하여 살아가기를 다짐해야 합니다.

이제 내가 사는 것은 / 바울은 마침내 소리 높여 다짐합니다.

내가 그리스도와 함께 십자가에 못 박혔나니 그런즉 이제는 내가 사는 것이 아니요 오직 내 안에 그리스도께서 사시는 것이라 이제 내가 육체 가운데 사는 것은 나를 사랑하사 나를 위하여 자기 자신을 버리신 하나님의 아들을 믿는 믿음 안에서 사는 것이라(갈 2:20).

이 말씀에는 "내가"가 3번, "내 안에"가 1번, "나를"이 2번 나옵니다. 사람에 대하여 이야기하다가, 우리에 대하여 이야기하다가, 마침내 자기 이야기를 합니다. 사람에 대한 이야기는 원칙론입니다. 우리에 대한 이야기는 상황론입니다. 나의 이야기는 현실론입니다. 머리로 동의한 원칙을 다짐하거나 몸으로

부대끼는 상황을 거론하는 것이 아니라, 다른 사람들은 어떻게 하든지 나는 오늘 이렇게 살겠다는 다짐입니다.

바울은 자기가 받은 십자가의 은혜를 이렇게 표현합니다. "내가 그리스도와 함께 십자가에 못 박혔나니!" 자기 삶의 현실을 이렇게 표현합니다. "이제는 내가 사는 것이 아니요 오직 내 안에 그리스도께서 사시는 것이라." 유대교 방식에 대해서는 죽고 예수 그리스도를 믿음으로 얻은 하나님에 대해서 사는 것입니다. 그리스도에 의해서 새롭게 태어났고, 그리스도 안에서 거주하고, 그리스도와 함께 시련을 이겨 가고, 그리스도를 향하여 살아가는 것입니다.

웨슬리는 1738년 5월 24일에 올더스게이트 거리에서 로마서 말씀을 듣던 중 마음이 이상하게 뜨거워지는 경험을 했습니다. 자신은 구원을 위해 오직 그리스도만을 믿는다고 느꼈습니다. 그리스도가 죄와 죽음의 법에서 자신을 구원하셨다는 확신이 들었습니다. 이날을 기점으로 그는 달라졌습니다. 지금까지 그는 교수로, 성직자로, 전도자로 살았습니다. 그러나 하나님의 말씀이 가슴을 뜨겁게 하기 전까지 그는 그 시대의 영적인 포로였습니다(프레드 샌더스, 『웨슬리가 말하는 그리스도인의 삶』[서울: 아바서원, 2015], 46쪽). 올더스게이트 체험 이후 웨슬리는 내가 그리스도를 붙들고 있던 지평선에서 그리스도가 나를 붙들고 계시는 지평선으로 들어섰습니다.

요즈음에는 그리스도인으로 살아가기가 쉽지 않습니다. 돈(재물)과 명예(권력)와 불의(불공정)와 갈등과 쾌락의 유혹과 도전이 쉴 새 없이 몰려듭니다. 삶에는 좌표가 필요합니다. 본문에서 사도 바울이 정한 좌표를 저는 이렇게 정리합니다. '그리스도에 의하여, 그리스도 안에서, 그리스도와 함께, 그리스도를 향하여!' 거기에서 하나님과의 관계가 회복된 자가 받은 은혜에 책임을 다하는 인생을 살고, 그 인생을 살면서 예수 그리스도를 닮은 그리스도인의 완전(성화)에 이르게 됩니다. 그 길을 걸을 때 하나님이 성령으로 우리 안에서 역사하십니다. 그때 우리는 신바람(神바람, 信바람, 新바람) 나게 마음의 믿음을 몸으로, 행동으로, 삶으로 드러내게 됩니다. 조금 더 이해하고, 조금 더 용서하고, 조금 더 자비를 베푸십시오. 구원받은 우리가 구원의 완성을 이루게 됩니다.

10 에베소서 | 그리스도인은 세상 속에 하나님의 나라를 세우는 대표 선수입니다

• 엡 2:19-22

토트넘의 손흥민, 손흥민의 토트넘 / 영국 프리미어 리그(EPL) 2021-2022 시즌 득점왕의 자리를 손흥민 선수가 차지했습니다. EPL 리그에서 아시아 선수로 득점왕이 되기는 손흥민이 처음입니다. 그가 슛하는 장면은 아무리 보아도 대단합니다. 손흥민의 토트넘은 리그 마지막 경기에서 승리하면서 리그 순위 4위로 다음 시즌 챔피언스 리그에도 진출했습니다.

그 마지막 경기가 참 흥미진진했습니다. 전반전에 이미 2:0으로 경기 흐름이 토트넘 쪽에 기울었습니다. 그러자 토트넘 동료들이 리그 득점왕 경쟁을 벌이는 손흥민에게 기회만 오면 볼을 연결해 주려고 했습니다. 하지만 안타깝게도 손흥민이 슛한 볼들은 번번이 골키퍼의 손에 막히면서 전반전이 끝나 버렸지요. 후반전에도 동료들은 열심히 손흥민에게 볼을 패스해 주었습니다. 토트넘 감독마저도 손흥민이 후반전 내내 경기를 뛰도록 배려해 주었습니다. 마침내 경기 후반부에 손흥민이 극적으로 두 골을 연거푸 몰아 넣으면서 득점왕 자리에 오르게 되었습니다.

이 장면을 보면서 함께한다는 것의 가치, 함께한다는 것의 보람, 함께한다는 것의 자부심, 함께한다는 것의 기쁨을 확인할 수 있었습니다. 본문에도 함께하는 사람들에 대한 말씀이 나옵니다. 누가, 누구와, 왜, 어떻게 함께합니까?

"너희"는 과거에 누구였는가 / 본문은 "너희"라고 불리는 자들에게 주는 말씀으로 시작합니다.

그러므로 이제부터 너희는 외인도 아니요 나그네도 아니요(엡 2:19a).

여기에 소개되는 "너희"는 원래 하나님의 가족인 성도들과는 아무 상관이 없던 '외인이나 나그네'였습니다. 에베소서 2장에서 "너희"는 처음에는 할례받지 않은 이방인으로 소개되다가(2:11), 이내 교회에 몰려든 이방인과 유대인으로 소개됩니다(2:14-18). 사도 바울의 제3차 선교 여행을 전하는 기사에 따르면, "너희"는 지리적으로는 아시아에 사는 자들이고, 인종적으로는 에베소에 거주하는 유대인과 헬라인들입니다(행 19:10).

바울이 에베소에서 복음을 전할 때 하나님은 바울의 손으로 놀라운 능력을 행하게 하셨습니다(행 19:11). 말씀만 전하지 않고, 병든 자가 치유되고 악령에 사로잡혔던 자들이 악령에게서 해방되는 일이 일어났습니다. 그러자 에베소의 유대인과 헬라인들이 크게 두려워했습니다.

주후 1세기 에베소가 아데미 신을 숭배하던 고장이었던 것을 기억하십시오. 에베소 주민들은 대부분 아데미 신상 숭배와 관련된 일로 풍족하게 살아가고 있었는데, 바울이 예수 그리스도의 이름으로 우상 숭배 등을 타파하자 무슨 일이 벌어졌습니까? 그 고장에서 마술을 행하던 많은 사람이 마술책을 모아 가지고 와서 모든 사람 앞에서 불사르며 자복하고 회개했습니다. 그때 불살라 버린 책값만 해도 "은 오만"(행 19:19)이나 되었습니다. 아데미 신상 판매 영업이 중단될 상황이 벌어졌습니다. 그러자 바울을 비방하던 자들이 패거리를 만들어서 그를 죽이고자 선동했습니다(행 19:23-41). 오죽했으면 바울이 에베소를 기억할 때 자기는 "맹수와 더불어 싸웠다"(고전 15:32)고, "사형 선고를 받은 줄"(고후 1:9) 알았다고 말했겠습니까.

본문의 "너희"는 그만큼 복음에 낯선 자들이었습니다. 그만큼 복음에 적대적이었습니다. 그만큼 그리스도 밖에 있었습니다. 그만큼 하나님의 언약과는 아무 상관이 없었습니다. 그만큼 예수 그리스도의 하나님을 몰랐습니다.

"너희"가 지금은 누구인가 / 그랬던 자들이 어떻게 변했습니까? 에베소를 향한 바울의 기억은 엇갈립니다. 고된 시련도 있었지만, 전도의 열매도 많이 거두었습니다. 에베소에 뿌린 복음의 씨앗이 자라서 나무가 되고 열매를 맺으면서 훗날 에베소 교회는 사도 바울을 지지하고 돕는 후원자가 되었습니다(행 20:36-38). 이런 자들이 생겨났습니다.

[너희는] 오직 성도들과 동일한 시민이요 하나님의 권속이라 너희는 사도들과 선지자들의 터 위에 세우심을 입은 자라 그리스도 예수께서 친히 모퉁잇돌이 되셨느니라(엡 2:19b-20).

앞서 구절이 '너희는 ~이 아니다'라는 형식이라면, 지금은 '너희는 ~이다'라는 형식입니다. 한때는 성도가 아니었던 자들이 지금은 "성도들과 동일한 시민이요 하나님의 권속"입니다. 전에는 하나님에게서 멀리 떨어져 있던 자들이 이제는 예수 그리스도 안에서 성도이자 하나님 집의 식구라고 불립니다. 예수 그리스도의 십자가 은혜를 깨달으면서 나그네로 살던 자들이 성도로 변했습니다.

이전의 내가 지금의 나로 바뀌기까지는 그리스도 예수의 십자가가 나의 죄를 씻는 하나님의 방법임을 깨닫는 은혜가 있었습니다. 그것을 가리켜 본문은 "그리스도 예수께서 친히 모퉁잇돌이 되셨느니라"라고 풀이합니다. 기억하십시오. 예수 그리스도가 나의 나 됨의 모퉁잇돌이십니다! 그 모퉁잇돌 되시는 예수 그리스도를 한때 나그네, 외지인, 박해자였던 자들에게 소개한 사람이 누구입니까? 사도들과 선지자들입니다. "너희는 사도들과 선지자들의 터 위에 세우심을 입은 자라."

에베소 교회의 산모는 바울입니다. 에베소에서 바울이 처음에 하나님 나라를 강론했던 곳은 유대인 회당이었습니다. 유대인들이 거세게 대들자 바울은 두란노 서원으로 장소를 옮겨 2년 동안 날마다 강론하게 됩니다. 그 결과 에베소의 유대인과 헬라인 중에서 주의 말씀에 청종하는 자들이 생겨났습니다(행 19:9-10).

두란노 서원 하면 흔히 학교를 연상하지만, 우리말 '서원'으로 번역된 헬라어 '스콜레'는 본래 상공인들이 땀 흘리며 일하다가 잠시 쉬던 곳을 가리켰습니다. 로마 제국의 상류층 사람들이 여유 시간에 스콜레에 모여 이런저런 학습을 하면서부터 스콜레가 서원을 가리키는 용어가 되었지만, 주후 1세기에 스콜레는 중소 상공인들이 몸담고 있던 일터였습니다. 두란노 서원이기보다는 두란노 공방이었다는 말입니다(박영호, 『우리가 몰랐던 1세기 교회』[서울: IVP, 2021], 19-20쪽).

바울이 에베소에서 어떻게 애를 썼습니까? 한편에서는 두란노 공방에서 천막 짓는 일을 하다가 쉬는 시간이 되면 자기를 찾아온 사람들에게 복음을 가르쳤던 것입니다. 그런 식의 수고를 바울은 2년 동안 날마다 계속했습니다. 그렇게 애를 썼기에 에베소에 하나님의 가족이라고 불리는 성도들이 탄생하게 되었습니다. 성도는 그냥 태어나지 않습니다. 어머니가 해산의 수고를 해야 하듯이, 불신자가 성도가 되기까지에는 눈물 어린 누군가의 헌신이 있어야 합니다. 쉽지 않지만, 바울이 두란노 공방에서 했던 것처럼 내 일터에서도, 내 삶의 현장에서도 예수 그리스도를 소개하는 산모가 되십시오. 그렇게 애쓰는 성도들의 터 위에서 교회의 식구들이 자라나게 됩니다.

"너희"는 이제 무엇이 되어야 하는가 / 본문은 처음에는 '너희는 ~이 아니다'라고 설명했다가 그다음에는 '너희는 ~이다'라고 풀어 준 다음, 마지막으로 '너희는 ~이 되어야 한다'라고 설명합니다.

> 그의 안에서 건물마다 서로 연결하여 주 안에서 성전이 되어 가고 너희도 성령 안에서 하나님이 거하실 처소가 되기 위하여 그리스도 예수 안에서 함께 지어져 가느니라(엡 2:21-22).

성도를 설명할 때 성도는 '~이다'(being)에 머물지 않고, 성도는 '~이 되다'(becoming)로 설명합니다. 주 안에서 성전이 되어 가야 합니다! 성령 안에서 하나님이 거하실 처소가 되어 가야 합니다! 주님을 만나면 삶의 차원이 달라집니다. 주님을 만난 뒤부터 내 생활은 사사로운 삶이 아니라, 주님의 뜻을 펼치는 공생애가 됩니다. 주님을 만나면 새로운 세상이 펼쳐집니다.

요즈음 산업계는 인공지능, 가상현실, 로봇 공학 등으로 뜨겁습니다. 특히 로봇 공학의 열기가 대단합니다. 영어로 로봇 공학을 로보틱스(robotics)라고 부르는데, 로봇에 관한 과학, 기술, 공학, 컴퓨터 과학, 기계공학, 전자공학 등 여러 학문이 어우러진 학제 간 연구 영역을 가리킵니다. 한 자료를 보니까 '로봇'(Robot)이란 단어는 노동을 의미하는 슬라브어 '로보타'(Robota)에서 유래한 글자였습니다. 말하자면 사람의 노동을 대신하는 '인조인간'을 지칭하는 낱말이었습니다. 무엇보다도 인공지능 등을 장착한 로봇의 등장에 사람들의 마음은 엇갈립니다. 이런 신기술들이 사람을 대신할지, 사람을 대체할지, 미래를 내다보는 마음이 기회와 위기로 엇갈립니다.

그 비슷한 두려움이 주후 1세기 에베소에도 있었습니다. 에베소에서 아데미 종교에 절어 살던 자들에게 소개된 예수 그리스도의 복음은 전혀 생소한 세계였습니다. 그들은 두려웠습니다. 눈에 보이는 신상에 마음을 빼앗기던 자들에게 눈에 보이지 않는 하나님을 따라서 사는 믿음의 세계를 소개했으니 얼마나 낯설고 두려웠겠습니까. 그러나 예수 그리스도를 만나고 난 뒤 에베소의 사람들은 새로운 세상을 마주하게 되었습니다.

오늘도 마찬가지입니다. 예수 그리스도의 초청에 응답하십시오. 예수 그리스도를 만나십시오. 그리스도인의 첫걸음, 새로운 세상을 마주하게 됩니다. 이 말을 눈높이에 맞춰서 풀어 봅니다. 주님을 만난 사람은 이 세상에서 하나님 나라의 대표 선수가 되어야 합니다. 예수 그리스도와 함께, 예수 그리스도 안에서 자신의 일터에 하나님의 뜻을 심으십시오. 내가 아닌 내 안에 계시는 예수 그리스도가 새로운 세상을 만드십니다.

"너희"는 어떻게 그것을 이루겠는가 / 이제 본문은 성도가 되고, 하나님 가족의 식구가 되고, 이 땅에서 하나님 나라 대표 선수로 나서는 자들을 가리켜 '예수 그리스도 안에 있는 지체들'이라고 부릅니다. 손과 발이 함께 가듯이, 몸과 마음이 함께하듯이 서로 연결되어야 한다는 것입니다.

> 그의 안에서 건물마다 서로 연결하여 주 안에서 성전이 되어 가고 너희도 성령 안
> 에서 하나님이 거하실 처소가 되기 위하여 그리스도 예수 안에서 함께 지어져 가
> 느니라(엡 2:21-22).

본문은 '되어 가다'라는 표현을 건물 짓기에 견줍니다. 혼자서 되어 가는 것이 아닙니다. 성도들이 함께 되어 가는 것입니다. 벽돌을 쌓아 벽을 세우고, 벽과 벽을 연결하여 공간을 만들고, 공간과 공간을 연결하여 건물을 세우듯 성도와 성도가 어울려야 한다고 말합니다. 온라인 예배만으로는 성도의 교제가 어렵습니다. 온라인으로 이어지는 나눔만으로는 공동체를 세우지 못합니다. 온라인과 오프라인이 함께해야만 합니다. 본문에서도 바울은 공동체를 이루라

고 주문합니다. 사람끼리만 있는 공동체가 아니라, 주님이 그 가운데 계시는 공동체를 이루라는 것입니다. 그런 신앙 공동체를 가리켜 '하나님이 거하시는 성전'이라고 부릅니다. 성전을 지어 갑시다. 성전을 세워 갑시다. 일터에서는 하나님의 뜻을 심는 대표 선수가 되고, 교회에서는 성전을 세워 가는 대표 선수가 됩시다.

어떻게 해야 '함께할' 수 있습니까? 이런 이야기를 들었습니다. '불가불가'(不可不可)라고 쓰여 있는 글귀를 놓고 사람들 사이에서 의견이 갈렸습니다. 한쪽에서는 '불, 가불가'(不, 可不可)로 읽었습니다. '안 된다. 가불간에 안 된다'고 외쳤습니다. 다른 쪽에서는 '불가, 불가'(不可 不可)로 읽으면서 '절대로, 절대로 안 된다'는 뜻이라고 외쳤습니다. 그런데 이렇게 읽는 사람도 있었습니다. '불가불, 가'(不可不, 可), 즉 '어쩔 수 없이 된다'. 똑같은 말을 놓고 해석이 극과 극으로 달랐습니다. 왜 그랬습니까? 서로 마음이 달랐기 때문입니다.

서두에 살핀 토트넘 경기를 되돌아보면서 프랑스 소설가 알렉상드르 뒤마(Alexandre Dumas)의 『삼총사』에 나오는 유명한 구호가 생각났습니다. "하나는 모두를 위하여, 모두는 하나를 위하여"(One for All, All for One). 서로가 공유하는 하나의 뜻을 이루기 위해서 모두가 그 뜻을 이루는 지체로 머물고자 공감했다는 것입니다. 그래서 누구는 허리가 되고, 누구는 손발이 되고, 누구는 얼굴이 되고, 누구는 머리가 되는 식으로 어울리는 공동체가 되었다는 것입니다. 그래야 그리스도인들이 모인 곳에, 성도가 함께하는 곳에 하나님이 성령 안에서 그 안에 계시는 성전이 세워집니다.

나만을 내세우지 말고, 예수 그리스도 안에서 누군가를 위한 내가 되십시오. 그럴 때 우리는 모두 세상에서는 하나님 나라를, 교회에서는 하나님의 성령이 거하시는 성전을 세워 가는 대표 선수가 됩니다.

11 빌립보서 | 하늘의 현실로 땅의 현실을 극복하며 살아가십시오

• 빌 3:17-4:1

"나는 자연인이다" / 〈나는 자연인이다〉라는 방송 프로그램이 있습니다. 이런저런 이유로 자연 속에서 은둔하며 살아가는 자들을 찾아가서 인생살이의 여유와 행복, 보람 등을 알아보는 교양 프로그램으로, 방송이 시작된 지 10년이 넘었어도 시청자들의 사랑을 꾸준히 받고 있습니다. '나는 자연인이다'라는 말을 줄이면 '내가 자연이다'가 됩니다. 얼마 후 "I'm Nature 마임"이라는 한 회사의 로고가 눈에 들어왔습니다. 원래는 한 식물 이름을 회사 간판으로 내걸었는데 도중에 그것을 '마임'으로 바꾼 중견기업이었습니다. 이 회사의 자기소개에 눈길이 갔습니다. "하나님을 기쁘시게, 사람을 기쁘게 I'm nature 마임"(『빛과소금』 [2020. 12.] 뒤표지). 기업 광고에 이런 로고를 내건다는 것은 모험입니다. 그리스도인들에게는 반갑지만, 그리스도인이 아닌 사람들에게는 기피의 대상이 될 수도 있습니다. 그런데도 당당하게 자기 정체성을 밝히고 있다는 사실에 울림이 있었습니다.

'마임'이란 글자는 히브리어로 '물'이라는 뜻입니다. 창조주 하나님이 지으신 생명의 물이 히브리어로 '마임'입니다. '마임'이 있어야, '마임'이 흘러야 세상은 하나님이 지으신 자연이 됩니다. '내가 자연이다'라고 외치려면, '나는 창조주 하나님의 솜씨를 닮아 가는 자가 되려고 한다'라는 강한 소명을 지녀야 합니다.

우리가 살아가는 곳은 세상 말로 하면 자연이고, 신앙인의 언어로 하면 하나님이 창조하신 세계입니다. 그 공간이 때로는 담장으로 가로막히는 어려움을 겪기도 하지만, 바로 그런 곳에서 우리 그리스도인들은 하나님의 은혜로 피어난 작품이 되어야 합니다. 자연에서 피어나는 꽃 중의 꽃은 사람이지 않습니까! 이 장 본문이 그 점을 이야기합니다.

그들의 현실에 대한 고발 / 본문을 이렇게 읽을 수 있습니다.

a. 바울의 기대(3:17)
b. 그들의 현실(3:17-18)
b´. 우리의 현실(3:20-21)
a´. 바울의 기대(4:1)

본문의 처음과 나중에는 빌립보 교회 성도들을 향한 바울의 기대가 담겨 있습니다(a와 a´). 그 기대가 명령형 문장으로 전달됩니다. 그 두 명령 사이에 '그들이 좌지우지하는 세상 현실'과 '우리가 만들어 가야 할 세상 현실'이 대조를 이루고 있습니다(b와 b´). 이런 본문의 구도에서 "그들"의 현실은 이 세상에 묻혀 사는 삶에 대한 고발입니다. 반면 "우리"의 현실은 이 세상에서 드러내야만 할 삶에 대한 증언입니다. 바울이 고발하는 세상 현실부터 살펴보겠습니다. 그 말씀은 이렇게 시작합니다.

> 내가 여러 번 너희에게 말하였거니와 이제도 눈물을 흘리며 말하노니 여러 사람들이 그리스도의 십자가의 원수로 행하느니라 그들의 마침은 멸망이요 그들의 신은 배요 그 영광은 그들의 부끄러움에 있고 땅의 일을 생각하는 자라(빌 3:18-19).

본문은 빌립보 교회 성도들이 마주 대하고 있는 세상 현실을 고발합니다. 바울의 눈에 비친 세상은 그리스도 십자가의 원수처럼 사는 자들이 득세하는 현장입니다. 하나님과 그 본체에서 동등한 분이셨으나 십자가에 달려 죽기까지 하나님의 뜻에 복종하셨던 예수 그리스도와는 정반대되는 모습을 연출하는 자들이 득세하는 현실입니다. 그런 현장, 그런 현실을 살아가는 여러 사람을 가리켜서 본문은 "그들"이라고 부릅니다.

그들이 추구하는 것은 온통 자기 배를 채우는 일입니다. 그들이 바라는 영광은 실상은 부끄러운 것이고, 그들의 생각은 자나 깨나 땅의 일에 쏠려 있습니다. 이대로 가다가는 멸망하고 말 것이 분명합니다. 이익을 추구하지 말라는 것이 아닙니다. 업적을 자랑하지 말라는 것이 아닙니다. 성공하지 말라는 것이 아닙니다. 문제는 자기 배를 채우는 것만을 삶의 바탕으로 삼고 있다는 데 있습니다. 무슨 의미입니까? 지금 바울의 눈에 비친 세상 사람들은 예수님이 걸으셨던 자기 비움의 길과는 전혀 다른 길을 걷고 있다는 뜻입니다.

우리의 현실, 하나님의 세계 / 그렇다면 우리의 현실은 어떠해야 합니까?

그러나 우리의 시민권은 하늘에 있는지라(빌 3:20a).

앞 구절이 "그들"에 대한 말씀이었다면, 이 구절은 "우리"에 대한 말씀입니다. "그들"과 "우리"의 대조를 눈여겨보아야 합니다. 본문이 "그러나"로 시작하고 있음에 주목하십시오. '그러니'가 아니라 '그러나'입니다. 세상 현실이 이러하니 우리도 어쩔 수 없다가 아닙니다. 세상 현실은 이렇지만, 우리는 이렇게 살아가겠다는 다짐입니다.

따지고 보면 바울은 자랑할 것이 많은 사람입니다. 육체적으로나 사회적으로나 학문이나 자질에 있어서 바울은 많은 것을 지녔습니다(3:5-6). 그러나 바울은 이 모든 것을 비워 냈습니다. 이 모든 것을 자랑하지 않았습니다. 바울은 예수 그리스도를 따라서 자기의 과거는 잊고, 내일을 소망하면서, 오늘을 예수 그리스도의 종으로 살아갑니다. 그런 자세를 가리켜 본문은 이렇게 다짐합니다. "우리의 시민권은 하늘에 있는지라." 시민으로 살아가는 자는 그 사회의 질서를 지켜야 합니다. 시민권이 하늘에 있다는 말은 땅에서 살지만 자세만큼은 하늘의 질서를, 창조주 하나님의 경륜을, 하나님이 예수 그리스도를 통해서 이루신 구원의 섭리를 따라가자는 다짐입니다.

『현실, 하나님의 세계』(유진 피터슨[서울: IVP, 2018])라는 책은 두께는 묵직하지만, 주제는 명쾌합니다. 저자는 "하나님은 세상의 수많은 곳에서 놀이하고 (play) 계신다"고 말합니다. 주님이 어디에나 계신다고 말하지 않고, 주님이 어디에서나 역사하신다고 말하지 않고, 주님이 수많은 곳에서 '플레이'하고 계신다고 말합니다. 그러면서 주님이 '놀이하시는' 놀이터 세 곳을 소개합니다. "창조 안에서 놀이하시는 그리스도, 역사 속에서 놀이하시는 그리스도, 공동체 안에서 놀이하시는 그리스도." 예컨대 하나님이 창조하신 위대한 자연 속에서 하나님의 영광을 위해서 일하고, 살며, 노는 삶을 펼쳐 가자는 것입니다.

현실이 하나님의 세계인 것을 깨달으려면 우리의 시간과 공간이 전적으로 하나님의 선물인 것부터 알아야 합니다. 창세기 1장은 시간이라는 창조의 선물을 받고 그 안에서 살아가는 사람의 모습을 보여 주고, 창세기 2장은 공간이라는 창조의 선물을 받고 그 안에서 살아가는 모습의 첫 형태를 보여 줍니다(유진 피터슨, 123쪽). 이 책의 원제는『그리스도는 수많은 곳에서 플레이하고 계신다』(Christ Plays in Ten Thousand Places)입니다. 저는 이 제목보다 우리말 제목에 훨씬 더 공감했습니다. 『현실, 하나님의 세계』. 우리가 마주 대하는 현실이 바로 하나님의 현실이라는 것입니다. 하나님에 대해서 알고 있지만 말고 하나님 안에서 살라고, 하나님 안에서 일하라고, 놀이 시간도 하나님 안에서 가지라고 충고합니다. 이 가르침에 기대어 "우리의 시민권은 하늘에 있는지라"라는 구절을 새겨 보았습니다. "우리의 현실은 하나님의 세계다!"

케노시스 이야기 / 바울은 왜 우리의 시민권이 하늘에 있다고 말합니까?

거기로부터 구원하는 자 곧 주 예수 그리스도를 기다리노니 그는 만물을 자기에게 복종하게 하실 수 있는 자의 역사로 우리의 낮은 몸을 자기 영광의 몸의 형체와 같이 변하게 하시리라(빌 3:20b-21).

우리가 기다리는 주 예수 그리스도가 하늘로부터 오셨기 때문입니다. 아니, 하늘에서 낮고 천한 땅으로 내려오셨다가 다시 하늘로 오르셨기 때문입니다. "그분은 만물을 복종시킬 수 있는 권능으로, 우리의 비천한 몸을 변화시켜서서, 자기의 영광스러운 몸과 같은 모습이 되게 하실 것입니다"(3:21, 새번역)라는 구절은 우리가 '케노시스'(kenosis)라고 부르는, 빌립보서에서 가장 소중한 구절을 떠올리게 합니다(2:6-11).

'케노시스'는 '비움'이란 뜻입니다. 예수님을 설명하는 이야기 중에 이보다 더 적절한 것은 없습니다. 비움이란 뜻을 지닌 케노시스에는 두 가지 동작이 있습니다. 하강과 상승입니다. 예수님이 자기를 낮추시고 십자가를 지기까지 자기를 비우셨던 것과 그 예수님을 하나님이 단번에 높이셔서 천하의 모든 것이 예수님의 이름을 경배하는 자리에 오르게 하셨다는 것입니다.

예수님은 원래 하나님과 동등한 분이셨으나 "자기를 비워"(2:7, 헤아우톤 에케노센) 기꺼이 종의 모습을 취하셨지 않습니까. '비우다'는 '가득 차다'의 반대말입니다. 여기서 '비우다'는 '빌 공'(空) 자나 '빌 허'(虛) 자와는 그 뜻이 다릅니다. 아무런 것도 없는 공허함이 아니라, 비운 마음에 하나님의 뜻으로 가득 채웠다는 의미에서의 비움입니다. 예수 그리스도가 신성(神性)을 포기하신 것이 아니라, 신적인 속성을 행사하기를 포기하셨다는 뜻입니다. 그랬던 예수님을 하나님이 지극히 높여 주셨습니다(2:9).

그 예수님의 이야기를 떠올리면서 바울이 힘주어 말한 내용이 이것입니다. "그는 만물을 자기에게 복종하게 하실 수 있는 자의 역사로 우리의 낮은 몸을 자기 영광의 몸의 형체와 같이 변하게 하시리라"(3:21). 우리가 이 땅에서 하늘 나라의 시민권을 가진 자답게 하늘의 현실로 땅의 현실을 극복하며 살아가는 자가 될 때 우리의 일정은 하나님의 시간이 되고, 우리의 현장은 하나님의 공간이 됩니다. 저는 이 말씀을 이렇게 풀어 봅니다. 하나님의 이야기(history), 그분의 이야기(He-Story)가 나의 이야기(my-story)가 되면 내 삶은 우리 상식으로는 미처 다 헤아릴 수 없는 신비(mystery)로 가득 찹니다!

'케노시스'에서 '미메시스'로 / 이런 맥락에서 바울이 빌립보 교회 성도들에게 거는 기대가 무엇이었는지를 살펴봅니다.

> 형제들아 너희는 함께 나를 본받으라 그리고 너희가 우리를 본받은 것처럼 그와 같이 행하는 자들을 눈여겨보라…그러므로 나의 사랑하고 사모하는 형제들, 나의 기쁨이요 면류관인 사랑하는 자들아 이와 같이 주 안에 서라(빌 3:17; 4:1).

여기에서 주목해야 할 낱말은 "본받으라"입니다. '비움'(케노시스)이 예수 그리스도의 본질을 설명하는 글자라면, '본받기'(미메시스)는 그리스도인의 바탕을 해설하는 글자입니다(김춘기, "빌립보서에 나타난 kenosis와 mimesis의 관계성", 「신학과목회」 33 [2010], 139-162쪽). 그리스도인이란 자기를 비우고 하나님의 뜻에 복종하신 그리스도를 본받는 자라는 말입니다. 그러면서 주문합니다. "너희는 함께 나를 본받으라." 본받는 데 함께하라는 말입니다. 그러면서 또 이렇게 주문합니다. "너희가 우리를 본받은 것처럼 그와 같이 행하는 자들을 눈여겨보라."

여기에서 "우리"는 바울과 디모데와 에바브로디도를 가리킵니다(2:19, 25). 바울은 예수님을 주인으로 삼은 길을 걸은 예수님의 종이었습니다. 디모데는 아버지 바울을 닮는 아들의 길을 걸었습니다. 에바브로디도는 장군을 따르는 병사의 길을 걸었습니다. 거칠고 어지러운 세상에서 그리스도의 길(케노시스)을 본받는(미메시스) 자가 되라는 것입니다(김춘기, 160-161쪽).

마임 회사 경영진의 신앙 간증을 들었습니다. 처음에는 참으로 작은 회사였습니다. 모진 위기를 겪었습니다. 그는 처음부터 신앙생활을 하지는 않았습니다. 어느 날 지친 심정으로 교회를 찾았을 때 눈에 확 들어온 성경 말씀이 있었습니다. "너희는 먼저 그의 나라와 그의 의를 구하라 그리하면 이 모든 것을 너희에게 더하시리라"(마 6:33). 순간, 기업의 목표를 "하나님을 기쁘시게, 사람을 기쁘게"로 정했습니다.

하나님이 만드신 자연의 건강을 세상 사람들에게 전달하는 도구가 되기를 원했습니다. 회사의 덩치를 키우기보다는 문화가 있는 회사를 세우기를 원했고, 제품을 판매하는 것이 아니라 기업의 이념과 가치를 전달해야겠다고 마음을 먹었습니다. 세월이 흘러 기업 연수원으로 출발했던 곳에 커뮤니티 센터, 드림빌리지, 라이브러리 등이 들어선 '마임비전빌리지'를 세웠습니다. 몇 해 전에는 이곳에 세계적인 건축가 안도 다다오가 설계한 교회까지 들어섰습니다. 그 채플의 이름이 '마음 교회'입니다. '마임'의 '마음 교회!' 그곳을 소개하는 한 잡지의 글을 읽으면서 이런 생각이 들었습니다. 우리가 하는 일이, 우리 삶의 현장이 이 시대를 살아가는 자들에게 하나님의 작품인 자연을 만나고 느끼게 하는 넉넉한 품이 되게 하소서!("비밀의 숲에서 나눈 대화", 「행복이가득한집」 [2011.09])

본문은 이렇게 끝을 맺습니다. "그러므로 나의 사랑하고 사모하는 형제들, 나의 기쁨이요 면류관인 사랑하는 자들아 이와 같이 주 안에 서라." 이 말씀을 이렇게 새겨 봅니다. "하나님을 기쁘시게, 사람을 기쁘게!" 기억하십시오. 쉽지 않은 현실이지만, 만만치 않은 현장이지만 주님 안에서 굳건히 서 있는 자가 진정 이 땅에서 주님을 닮아 가는 그리스도인으로 쓰임을 받습니다. 거기에서 우리의 현실은 언제나 하나님의 세계로 우뚝 섭니다.

12 골로새서 │ 평화를 이루는 자가
하나님의 자녀입니다

• 골 3:12-17

너의 소리를 들을 때 평화로 나아가는 길이 열린다 / 영화 〈크레센도〉(Crescendo)는 이스라엘과 팔레스타인의 평화를 실현해 보고자 했던 실화를 바탕으로 합니다. 갈등과 긴장과 대결로 치닫는 사회에서 어떻게 하면 화합과 화목과 평화를 이룰 수 있는지를 묻고 대답하는 이야기입니다.

영화는 세계적인 마에스트로 에두아르트가 평화 콘서트에 참여할 연주자들을 이스라엘, 팔레스타인 양측에서 뽑는 오디션으로 시작합니다. 날마다 최루탄에 시달려야 했던 팔레스타인 연주자들은 분리 장벽 검문소를 어렵사리 통과해야만 했습니다. 그런 과정을 거쳐 선발되었기에 깊이 담겨 있던 분노와 증오가 분출하면서 모여 연습할 때마다 유대인들과 아랍인들은 평화가 불가능하다고 소리치며 치고받습니다. 지휘자는 그럴 때마다 하나의 오케스트라가 되기 위해서는 연주보다 먼저 연주자들이 소통해야 한다고 타이릅니다.

내 악기 소리에만 집중했던 단원들이 상대방 연주에 귀를 기울이기 시작합니다. 이때 연주되는 곡이 비발디의 "사계" 중 '겨울'입니다. 영화 〈크레센도〉는 이런 방식으로 "인간을 서로 다른 악기의 울림으로 오버랩하여 화합의 지점을 찾아 평화를 찾아가는 한 편의 여정을 보여 줍니다"(장다나, "너에게 귀 기울일 때 비로소 완성되는 영화 크레센도[2021]", 「빛과소금」 487 [2022. 06], 90쪽). 너의 소리를 들을 때에, 비로소 평화로 나아가는 길이 열리기 시작한다는 메시지입니다.

평화를 이루기 전에 / 본문도 평화를 이루는 자가 되라는 말씀으로 읽을 수 있습니다. 누구에게 평화를 이루라고 말합니까? "너희"라고 불리는 자들입니다.

그러므로 너희는 하나님이 택하사 거룩하고 사랑받는 자처럼 긍휼과 자비와 겸손과 온유와 오래 참음을 옷 입고(골 3:12).

여기서 "너희"는 골로새 교회의 성도들입니다. 주후 1세기 말엽 거짓이 난무하는 세상에서, 증오가 판을 치는 세속에서 하나님이 택하신, 하나님의 사랑을 받는 거룩한 사람들입니다. 그들에게는 과제가 하나 있었습니다. 혼자서 믿지 않고 더불어서 믿는 교회 공동체를 세워 가는 일입니다.

본문은 그런 과제를 이행하려는 자들에게 그들이 입어야 할 옷이 있음을 일깨워 줍니다. 내가 골라서 입은 옷이 아닙니다. 하나님이 골라 입혀 주시는 옷입니다. "긍휼과 자비와 겸손과 온유와 오래 참음을 옷 입고"라고 하지 않았습니까. '입었다'(엔두오)는 말은 '~안에(엔) 들어서다(두노)', '~안에(엔) 잠기다(두노)'라는 뜻입니다. 하나님이 무슨 옷을 입으라고 하십니까? 긍휼(동정심)과 자비(친절함)와 겸손(겸손함)과 온유(온화함)와 오래 참음(자제심)을 옷 입으라고 하십니다. 거기에 그치지 않으십니다.

누가 누구에게 불만이 있거든 서로 용납하여 피차 용서하되 주께서 너희를 용서하신 것같이 너희도 그리하고 이 모든 것 위에 사랑을 더하라 이는 온전하게 매는 띠니라(골 3:13-14).

공동체를 세워 가려면 지체들 사이에 불평·불만이 있더라도 서로 용납하고 용서해 주라고 합니다. 사랑의 허리띠를 매면, 긍휼, 자비, 겸손, 온유, 오래 참음이라는 옷을 입은 자들에게 이런 일이 가능하다는 것입니다. 미움과 다툼, 분열과 갈등, 시기와 절망에 젖어 있는 사람들 앞에서 용서와 사랑, 이해와 소통, 인내와 기쁨을 보여 주라는 의미입니다.

사람의 옷 이야기는 에덴동산에서부터 시작됩니다. 에덴동산 안에서는 옷을 입을 필요가 없었는데, 에덴동산 밖으로 나서는 순간 사람은 옷을 입어야 했습니다.

여호와 하나님이 아담과 그의 아내를 위하여 가죽옷을 지어 입히시니라(창 3:21).

하나님이 아담과 하와에게 가죽옷을 입혀 주셨습니다. 가죽옷은 용서의 옷입니다. 돌봄의 옷, 은혜의 옷입니다. 사람은 하나님이 입혀 주신 옷을 입어야 살아갈 수 있습니다. '가죽'은 히브리어로 '오르'인데, 그 발음이 '빛'을 가리키는 히브리어 '오르'와 똑같습니다. 하나님이 가죽옷을 입혀 주신 줄 알았는데, 어두운 세상을 밝히는 빛의 옷을 입혀 주셨다는 것입니다. 용서받은 자, 거듭난 자는 누구나 빛의 옷을 입고 살아갑니다. 그 빛의 옷의 재질이, 그 옷의 무늬가, 그 옷의 품새가 골로새서 3장에 이르면 달라집니다. 누가 보더라도 "저 사람은 자애로운 사람이다. 친절한 사람이다. 겸손한 사람이다. 온화한 사람이다. 오래 참는 사람이다"라고 일컬어지는 옷을 입혀 주신다는 것입니다.

평화를 이루기 위해서는 / 하나님이 입혀 주신 새 옷을 입은 사람에게 본문은 이렇게 주문합니다.

그리스도의 평강이 너희 마음을 주장하게 하라(골 3:15a).

"그리스도의 평강"은 헬라어로는 '그리스도의 평화'입니다. 살다 보면 마음이 어느 한쪽으로 쏠릴 때가 있습니다. 그럴 때 그리스도의 평화가 그 마음 쏠림을 판단하는 기준이 되게 하라는 것입니다. 그럴 때 사람들 사이에 평화가 이루어진다는 약속입니다. 그리스도가 주시는 평화를 누리기 위해서는 하나님이 예수 그리스도의 십자가의 피로 우리와 화평(화해)을 이루셨고(1:20a), 그 열매가 화목이며(1:20b), 그 결실이 평강인 것을 알아야 합니다(3:15). 한글성경에서 '화목', '평강'으로 번역된 말이 헬라어로는 다 '에이레네'(평화)입니다.

세상에는 두 종류의 평화가 있습니다. '세상이 주는 평화'와 '그리스도의 평화.' 세상의 평화는 힘으로 구축하는 평화입니다. 그리스도의 평화는 십자가 사랑으로 이루어 가는 평화입니다. 오른뺨을 치면 왼뺨을 돌려 대며, 겉옷을 달라는 자에게 속옷까지 벗어 주는 방식으로 이루는 평화입니다. 예수님은 세상의 평화에 희생을 당하셨지만, 끝까지 용서와 화해로 그 폭력에 대응하셨습니다. 예수님은 제자들에게 그런 평화를 이루어 가는 자가 되라고 말씀하십니다.

화평하게 하는 자는 복이 있나니 그들이 하나님의 아들이라 일컬음을 받을 것임이
요(마 5:9).

예수님의 팔복은 소중합니다. 그런데 팔복의 여덟 주인공(심령이 가난한 자, 애
통하는 자, 온유한 자, 의에 주리고 목마른 자, 긍휼히 여기는 자, 마음이 청결한 자, 화평하게 하는
자, 의를 위하여 박해를 받은 자) 가운데서 '하나님의 자녀'라고 불리는 자는 '화평하
게 하는 자'입니다.
　　아파트 층간 소음으로 시달리던 사람이 있었습니다. 윗집에 사는 아이들과
친해지기로 마음을 먹었습니다. 그랬더니 아이들이 자아내는 소음이 그의 귀
에 크게 들리지 않게 되었습니다. 그리스도의 평화가 마음을 다스리게 하는 이
치가 여기에 닿아 있습니다. 화평하게 하는 자가 하나님의 자녀라고 불리게 되
는 이치가 여기에 닿아 있습니다.
　　상대방의 얼굴에서 하나님의 형상을 찾으십시오. 야곱이 그의 형 에서와 화
해한 날, 형의 얼굴을 보니 하나님의 얼굴을 보는 것 같다고 자기 심정을 토로
하지 않았습니까(창 33:10)! 그리스도의 평화가 마음의 저울이 되게 하십시오.
그리스도의 인내가, 그리스도의 사랑이, 그리스도의 평강이 마음을 다스리는
지렛대가 되게 하십시오.

평화를 이루어야 하기에 ／ 본문은 여기에서 한 걸음 더 나아가 우리의 소
명이 무엇인지를 일깨워 줍니다.

너희는 평강을 위하여 한 몸으로 부르심을 받았나니 너희는 또한 감사하는 자가
되라(골 3:15b).

그리스도 예수 안에서 새 인생을 사는 자는 다 평화를 이루어 가는 한 몸의
지체가 된다는 말씀입니다. 한 사람의 평화가 모여 우리의 평화가 되고, 우리
의 평화가 모여 모두의 평화가 됩니다. 그 사실을 깨달을 때 우리는 감사하는
자가 될 수 있습니다.
　　민통선(민간인출입통제선) 안에 해마루촌이 있습니다. 마을 앞에 임진강이 흐

르고, 거기에 초평도라는 50만 평이나 되는 큰 섬이 있지만, 강물에 발도 담글 수 없습니다. 목함 지뢰가 떠내려오고 불발탄이 있기 때문입니다. 지뢰가 깔려 있기에 마을 뒷산도 오를 수가 없습니다. 굉음을 내며 지나가는 탱크 소리와 행군하는 군인들을 수시로 목도할 수 있습니다.

이런 마을에 들어가서 기도의 집을 세우고 평화 통일을 위해서 기도하는 목회자가 있습니다. 2019년 11월 65세 나이로 은퇴하고 날마다 이 나라의 평화 통일을 위해서 기도하는 정성진 목사입니다. 그는 이렇게 기도합니다. "이 땅에 피 흘림 없는 통일을 주옵소서. 이 땅의 그리스도인들이 남과 북이 하나가 되도록 중보하는 평화의 사도들이 되게 하옵소서!"(정성진, "평화를 향한 갈망과 그리스도인의 노력", 「빛과소금」 487 [2022. 06], 76-79쪽). 평화의 시내가 모여 평화의 강이 되고, 평화의 강이 모여 평화의 바다를 이루게 된다는 확신입니다.

우리가 사는 곳은 남북이 여전히 휴전 상태인 한반도입니다. 한반도의 그리스도인은 모두 평화를 세워 가는 자로 부르심을 받았습니다. 힘으로 쟁취하는 평화가 아니라 예수님의 인내, 예수님의 용서, 예수님의 사랑으로 이루어 가는 평화를 실천하는 자가 되십시오.

평화로 나아가는 여정 / 본문은 이렇게 끝을 맺습니다.

그리스도의 말씀이 너희 속에 풍성히 거하여 모든 지혜로 피차 가르치며 권면하고 시와 찬송과 신령한 노래를 부르며 감사하는 마음으로 하나님을 찬양하고 또 무엇을 하든지 말에나 일에나 다 주 예수의 이름으로 하고 그를 힘입어 하나님 아버지께 감사하라(골 3:16-17).

저는 이 구절을 이렇게 읽고 싶습니다. "그리스도의 평화가 우리를 서로 조화롭게 하고 서로 보조를 맞추게 하면 우리는 모두 마음을 다해 하나님을 찬양하게 되고, 살아가면서 말이나 행동을 다 주 예수의 이름으로 하게 되며, 걸음을 뗄 때마다 하나님 아버지께 감사하게 될 것이다!" "그리스도의 말씀이 너희 속에 풍성히 거하여"라고 하지 않았습니까. 내 생각, 내 주관, 내 판단을 예수님의 말씀에 맞추면 나와 너와 우리가 서로 화평할 수 있습니다. 평화를 이루기 위해서는 서로에 대해서 가졌던 편파적인 생각을 먼저 물리쳐야 합니다.

우리말에서 '편견', '선입견', '고정 관념'은 얼핏 비슷하면서도 다릅니다. 편견은 치우친 생각입니다. 치우쳤기에 편파적이고 공정하지 못합니다. 선입견은 어떤 사물·사람에 대해 미리 판단해 놓은 생각을 가리킵니다. 고정 관념은 오래전부터 굳어져서 바꾸기 어려운 생각입니다. 편견은 편파성에, 선입견은 성급함·섣부름에, 고정 관념은 경직성(닫혀 있음)에 치우쳐 있는 생각입니다(안상순, 『우리말 어감 사전』[서울: 유유, 2022], 349-351쪽).

영화 〈크레셴도〉는 편견, 선입견, 고정 관념을 넘어서서 평화를 이루는 길이 얼마나 험한지를 보여 주는 것으로 끝납니다. 평화 콘서트 공연이 하루 앞으로 다가온 날, 단원으로 참여했던 클라리넷 연주자 팔레스타인 청년 오마르와 프렌치 호른 연주자 유대인 쉬라가 사라지는 사건이 벌어집니다. 두 사람은 공연이 끝나면 각자 갈등과 대립의 자리로 돌아가야 한다는 현실을 거부하고 과감하게 탈출을 감행했는데, 그만 오마르가 뜻밖의 사고로 죽게 되면서 공연은 무산되고 맙니다. 세상은 다시 서로를 비방하는 목소리로 가득 채워집니다. 공연이 취소되고 단원들이 공항에 모입니다. 두꺼운 유리벽을 사이에 두고 이쪽에는 유대인들이, 저쪽에는 팔레스타인 사람들이 자리 잡습니다. 오마르의 죽음을 보도하는 뉴스를 확인한 한 청년이 바이올린을 꺼내 들고 연주하기 시작합니다. 그 모습을 응시하던 청년들이 하나씩 자기 악기를 꺼내 들고 서로를 응시하면서 연주하다가 마침내 완벽한 화합의 무대를 완성하면서 영화는 막을 내립니다.

이때 이들이 연주한 곡이 모리스 라벨(Maurice Ravel)의 '볼레로'(Boléro)입니다. 반복되는 리듬과 멜로디가 점층적으로 쌓여 가다가, 크레셴도가 되면서 마침내 하나의 큰 울림을 낳는 음악입니다. 평화에 적대적인 디크레셴도(decrescendo)가 거세게 몰아치는 세상에서 평화를 이루려는 크레셴도의 열정이 마침내 평화 공동체를 이루게 한다는 울림을 남겨 주고 있습니다. 그리스도의 평화가 마음을 다스리게 하십시오. 우리는 평화를 이루는 자가 되라고 부르심을 받았습니다. 하나님은 지금도 그런 자를 가리켜 '하나님의 자녀'라고 부르고 계십니다.

13 데살로니가 전서 | 소망 안에서 살아가기를 신앙생활의 지렛대로 삼으십시오

• 살전 5:4-11

파루시아 / 다음 문구들이 떠올려 주는 이미지들이 공통으로 다루고 있는 한 가지가 무엇인지 맞혀 보십시오. 1. 약 1700년경 주님의 재림을 묘사한 그리스 정교회 아이콘. 2. 바티칸시 시스티나 성당(Sistine Chapel) 벽에 미켈란젤로(Michelangelo)가 그린 「최후의 심판」. 3. 미국 사우스캐롤나이나주 찰스턴에 있는 독일 복음주의 성 마태 루터 교회(St. Matthew's German Evangelical Lutheran Church) 스테인드글라스의 「그리스도의 재림」. 4. 아놀드 슈왈제네거(Arnold Schwarzenegger)가 종말이 오기 전에 사탄을 막으려고 애쓰는 경찰관 역으로 나왔던 1999년 액션 어드벤처 영화 〈엔드 오브 데이즈〉(*End of Days*, 종말의 때). 5. 그리스도의 다시 오심이라는 성경의 예언을 푸는 탐정의 활약을 다룬 윌리엄 시어즈(William Sears)의 『밤중에 온 도둑』(*Thief In the Night*, 1961) 이야기(https://en.wikipedia.org/wiki/Second_Coming).

답은 '파루시아'(parousia)입니다! 흔히 '그리스도의 재림'으로 번역되는 말입니다. 마지막 때에 예수 그리스도가 온 세상을 심판하기 위해서 다시 오신다는 가르침이 이 낱말을 중심으로 펼쳐집니다. 본문은 바로 이 주제를 다룹니다.

"그날"을 향한 소망 / 데살로니가전서는 바울의 이름으로 전해진 서신들과는 여러 가지 점에서 차이가 납니다. 의인은 믿음으로 산다는 말씀도 없고, 십자가에 대한 말씀도 없고, 율법과 복음의 관계도 다루지 않습니다. 속죄의 은혜에 대한 말씀도 없습니다. 그 깊이가 얕은 것은 아닙니다. 그 어떤 편지보다도 이방인의 풍토에서 잘 자라난 교회를 대견하게 여기는 감사와 기도가 서신에 거듭되고 있습니다. 오죽했으면 바울이 데살로니가 교회를 향하여 '바울의 소망, 바울의 기쁨, 바울의 면류관'이라고 불렀겠습니까(2:19-20)!

데살로니가전서가 다루는 문제는 단 하나입니다. 주님의 재림에 대한 가르침입니다. 주후 50년경 데살로니가 지역의 성도들은 승천하신 주님이 이제 곧 다시 오신다고 확신하고 있었습니다. 그 확신을 대변하는 글자가 본문에 거론된 "그날"입니다. 본문은 세 단락으로 구분됩니다. "너희"에게 주는 말씀(5:4-5), "우리"에 대한 말씀(5:6-10), "너희"에 대해서 주는 말씀(5:11). "너희"에게 주는 말씀은 이렇게 시작합니다.

> 형제들아 너희는 어둠에 있지 아니하매 그날이 도둑같이 너희에게 임하지 못하리니 너희는 다 빛의 아들이요 낮의 아들이라 우리가 밤이나 어둠에 속하지 아니하나니(살전 5:4-5).

본문에 표현된 "그날"은 다른 말로 하면 "주의 날"(5:2), "주께서 강림"하시는 날(파루시안 투 퀴리우, 4:15)입니다. 파루시아(주님이 다시 오시는 날)입니다. 교회는 일반적으로 파루시아를 주님이 다시 오셔서 이 세상을 심판하시는 날로 받아들였습니다. 지구 시계의 마지막 순간에 해당합니다. 이 세상의 마지막 순간입니다. 세상적인 것들의 마지막 시간입니다. 최후의 심판이 개시되는 날입니다. 미켈란젤로의 「최후의 심판」이 그런 생각을 대변합니다.

데살로니가 교회 성도들은 이날에 있을 일을 두 가지로 정리했습니다(4:13-17). 주님의 재림 전에 이미 죽은 성도들은 주님이 재림하시는 날에 '무덤에서 다시 일어나게' 되고, 그때까지 살아 있는 자들은 "공중에서 주를 영접하게"(4:17) 되리라는 것입니다. 그러면서 그 "때와 시기"(5:1)를 알고자 했습니다. 그런 질문에 바울은 이렇게 응답합니다. "그날"이 언제인지는 알 수 없지만, 확실한 것은 "그날"은 도둑같이 온다!(5:2) 윌리엄 시어즈의 『밤중에 온 도둑』의 모티프가 바로 이것입니다.

그런데 본문에 들어서면 그 어조가 달라집니다. '그날이 너희에게는 도둑같이 임하지 않는다'고 말하지 않습니까? 왜 그렇습니까? '너희는 어둠의 자식이 아니라 빛의 자녀이기 때문이다.' 그리스도 예수 안에서 새 생명을 누리며 사는 자들에게 그날은 특별합니다. 세상이 아무리 두렵고 떨리는 시간에 들어서게 된다고 해도, 빛 되시는 예수 그리스도 안에서 살아가는 자들에게 그날은 두렵고 무서운 파멸의 순간이 아니라 주님이 다시 시작하시는 새날의 첫걸음입니다. '끝'이 아니라 전혀 새로운 것과 이어 주는 '끈'이 된다는 의미입니다.

성도에게 마지막은 개인적인 것이든, 사회적인 것이든 언제나 'end'(끝)가 아니라 'and'(그리고)입니다. 그런 날이 '끝'이 아니라 '그리고'라는 것은 '그리고' 뒤에 무엇이 이어질지를 기대하게 합니다. 그런 흐름에서 파루시아를 두려움이 아닌 소망으로 품게 합니다. 성도는 누구나 이 소망을 품어야 합니다.

"그날"의 바탕, '이미'와 '아직 아니' 사이 / 세상 모든 것에는 시작과 끝이 있습니다. 이 사실을 확인하는 가르침이 전도서입니다. 전도서는 세상사의 이치를 주도면밀하게 관찰한 뒤 터득한 깨달음을 토로하고 있는 글입니다. 세상만사, 세상 만물에는 다 때가 있다는 것을 힘주어서 말합니다. 하나님이 창조하신 세계도 시작과 끝이 있다는 것입니다.

> 범사에 기한이 있고 천하 만사가 다 때가 있나니 날 때가 있고 죽을 때가 있으며 심을 때가 있고 심은 것을 뽑을 때가 있으며 죽일 때가 있고 치료할 때가 있으며 헐 때가 있고 세울 때가 있으며 울 때가 있고 웃을 때가 있으며 슬퍼할 때가 있고 춤출 때가 있으며…하나님이 모든 것을 지으시되 때를 따라 아름답게 하셨고 또 사람들에게는 영원을 사모하는 마음을 주셨느니라 그러나 하나님이 하시는 일의 시종을 사람으로 측량할 수 없게 하셨도다(전 3:1-4, 11).

처음에는 세상만사가 다 때에 따라서 진행된다고 했다가, 마지막에는 '하나님이 모든 것을 지으시되 때를 따라 아름답게 하셨다'고 말하지 않습니까. 비록 사람은 하나님의 때를 측량할 수 없지만, '사람에게는 영원을 사모하는 마음을 주셨다'고 말하지 않습니까. 때를 기다리라는 의미입니다. 그러나 그냥 기다려서는 안 됩니다. 때는 다가오는 시간이 아니라 만들어 가야 하는 시간입니다. 소망 안에서 살아가기를 신앙생활의 지렛대로 삼으라는 뜻입니다. 이 깨달음을 본문은 이렇게 바꾸어 놓았습니다.

그러므로 우리는 다른 이들과 같이 자지 말고 오직 깨어 정신을 차릴지라 자는 자들은 밤에 자고 취하는 자들은 밤에 취하되 우리는 낮에 속하였으니 정신을 차리고 믿음과 사랑의 호심경을 붙이고 구원의 소망의 투구를 쓰자(살전 5:6-8).

깨어 있으라는 것입니다. '정신을 차리고 믿음과 사랑을 가슴막이 갑옷으로 입고, 구원의 소망을 투구로 쓰라'는 것입니다. 다가오는 그날을 대기하라는 의미입니다. 그 모습이 싸움터에 나서고자 준비하는 군사의 모습과 같습니다. 그런데 그 차림새가 믿음과 사랑과 구원의 소망을 입었습니다. 그날이 있음을 알기에 오늘을 건강하게 살아야 한다는 것입니다. 세상에 묻혀 지내지 말고 하나님을 기쁘시게 하자는 것입니다. 동이불화(同而不和, 무리에 휩쓸려 살아가지만 절대로 화평하지 않음)의 삶이 아니라 화이부동(和而不同, 같이 어울려 화합할 줄 알지만 같아지지 않음)의 삶을 살아 내자는 것입니다.

우리 사회는 여전히 분단과 불신과 불안과 불통으로 아파하고 있습니다. 우리는 이 시대의 시그널을 잊어서는 안 됩니다. 그리스도인이라면 평화와 믿음과 사랑과 소망의 삶을 살아 내야 합니다. 예수 그리스도가 오셔서 평화와 믿음과 사랑과 소망의 길을 여셨기 때문입니다. 주님이 열어젖히셨던 길이 예수 그리스도의 재림으로 완성될 것이기 때문입니다.

우리에게는 이런 소망이 있어야 합니다. 어려운 말로 '종말론적 소망'입니다. 이 소망의 좌표는 '이미'(Hope in)와 '아직 아니'(Hope for) 사이입니다(Moddie V. Breland, "Eschatological Hope in the Coming Peaceable Kingdom' an Examination of Paul's Exhortations in 1 Thessalonians 4-5," *The Living Pulpit* (Online) 26:1 [2017], 10-13). 예수 그리스도가 오셔서 십자가로 두려움의 권세를 깨뜨리셨습니다. 그러나 그 승리가 완전히 성취되는 순간은 파루시아, 종말의 때입니다. 그때까지는 '이미'와 '아직 아니' 사이에서 살아갑니다. 어제를 돌아보면서 감사하고, 마지막을 내다보면서 기대하는 설렘이 성도의 브랜드가 되어야 합니다.

소망의 근거, 하나님 / 예수님의 다시 오심을 두려움이 아니라 소망으로 품자고 말했습니다. 그 소망이 삶의 지렛대가 되기에 오늘을 건강하게, 바르게, 온전하게, 평화롭게 살려 내는 성도가 되자고 했습니다. 그러나 오늘을 온전하게 살아가는 에너지가 사람에게 있다고 단정하지 마십시오. 우리에게 있는 소망의 근거는 내가 아니라 하나님이십니다.

> 하나님이 우리를 세우심은 노하심에 이르게 하심이 아니요 오직 우리 주 예수 그
> 리스도로 말미암아 구원을 받게 하심이라 예수께서 우리를 위하여 죽으사 우리로
> 하여금 깨어 있든지 자든지 자기와 함께 살게 하려 하셨느니라(살전 5:9-10).

문장의 주어가 '하나님'과 '예수님'으로 바뀝니다. 하나님이 우리를 세우신 목
적이 무엇입니까? 예수님이 우리를 위해서 죽으신 까닭이 무엇입니까? 우리를
살리시기 위해서입니다. 하나님의 뜻은 그리스도가 처음 오셨을 때나 다시 오
실 때나 우리를 살리시는 것입니다. 예수님의 오심은 우리가 살든지 죽든지 예
수님과 함께 살게 하시려는 데 있습니다.

'파루시아'는 '파레이미'에서 온 말입니다. 헬라어 '파레이미'는 '파라'(근처에) +
'에이미'(있다, 존재하다)로, 곁에 있다는 뜻입니다. 고대 헬라어에서 파루시아는
황제가 어느 한 도시를 공식적으로 방문하고자 도착했다고 알리는 글자였습니
다. 재림만을 뜻하는 글자가 아니었다는 뜻입니다. 이러한 원래의 뜻을 신
약의 파루시아에 다시 적용할 때, 파루시아는 우리에게 오셔서 우리와 함께 계
시는 주님을 가리킵니다.

몇 해 전 교통사고로 세상을 떠난 저의 스승 롤프 크니림(Rolf P. Knierim)을 잊
지 못합니다. 유학 생활 중 박사 과정에 들어섰을 때 그분이 뇌출혈로 갑작스
럽게 쓰러지셨습니다. 제자들 모두 뇌 수술 중이던 병원에 모여 스승을 위해서
간절히 기도했습니다. 하나님의 은혜로 크니림 교수가 건강을 회복하고 다시
강단에 섰을 때 우리 중 한 사람이 조심스럽게 여쭈어보았습니다. "혹시 수술
대 위에 계셨을 때 선생님의 마음은 어떠했습니까?" 그분은 이렇게 답하셨습
니다. "나는 그때 '우리가 살아도 주를 위하여 살고 죽어도 주를 위하여 죽나니
그러므로 사나 죽으나 우리가 주의 것이로다'(롬 14:8)라는 말씀을 속으로 되뇌
고 있었습니다!" 마지막 구절 "우리가 주의 것이로다"라는 말씀을 영어로 읽으
면 "We Belong to God!"입니다. 여러분은 지금 누구에게 속해 있습니까? 지금
어디에 속해 있습니까? 기억하십시오. 우리는 다 하나님께 속한 자입니다. 이
깨달음 안에서 살아가십시오. 삶의 지도가 달라집니다.

소망 안에서 살아간다는 것은 / 본문은 소망 안에서 살아가는 모습을 이렇게 표현합니다.

그러므로 피차 권면하고 서로 덕을 세우기를 너희가 하는 것같이 하라(살전 5:11).

그날을 소망으로 품고 있는 자들에게 오늘을 어떻게 살라고 주문합니까? 『세계미래보고서 2021: 포스트 코로나 특별판』(박영숙·제롬 글렌[서울: 비즈니스북스, 2020])의 미래 진단은 우울합니다. "디지털화되는 세상에서 비대면 업무 방식이 더욱 확장된다. 대학 학위 무용지물의 시대가 온다. 정책 결정을 인공지능이 하게 되면 정치는 대표적인 사양 산업이 된다. 현존하는 일자리 중 거의 절반이 사라지면서 그 자리를 인공지능 로봇이 차지할 것이다. 언론은 영원하지만 언론사는 소멸한다. 공장이 필요 없어지는 3D 프린팅 시대가 온다. 유전자 가위로 시도된 유전자 편집 기술 같은 생명공학이 신의 영역에 도전한다." 상당히 암울합니다. 그러면서도 위기 앞에 있는 인류에게 이렇게 충고합니다. "위기 앞에서 인류가 붕괴하지 않으려면 '위대한 리셋'이 필요하다. 그 리셋의 방향은 공존과 공생에 초점을 맞춰야 한다. 인간과 인간이, 인간과 자연이, 인간과 기술이 어떻게 공존할 것인가를 고민해야 할 때다"(박영숙·제롬 글렌, 16-17쪽).

본문이 말하는 덕을 세우라는 가르침을 '위대한 리셋'의 기독교적인 실천 요강으로 수렴합시다. 좁게는, 사랑 안에서 서로 귀히 여기며 서로 화목하고자 애쓰는 삶입니다(5:13b). 넓게는, '사랑의 수고'(labor of love)를 펼치는 삶입니다. '사랑 안에서 땀 흘리는 수고'(love in love)에 참여하는 삶입니다. 더 넓게는, 우리와 함께 계시는 하나님께 속한 사람답게 오늘 이곳에서 제자도를 실천하는 삶입니다.

그리스도의 다시 오심을 신앙의 소망으로 품은 사람답게 주님이 기대하시는 믿음과 사랑과 소망과 평화를 오늘을 살아가는 지렛대로 삼아 우리 삶을 리셋합시다. 서로 덕을 세우는 오늘이 되도록 우리 삶을 리셋합시다. 거기에서 우리는 날마다 파루시아 안에서 살아가는 그리스도인이 될 수 있습니다.

14 데살로니가 후서 | 길을 걸으며 깨달았습니다. 삶은 감사를 담는 그릇이라고

• 살후 2:13-15

성경은 길 이야기로 차 있다 / 강서둘레길 3코스 강서한강길을 걸은 적이 있습니다. 강서한강길은 방화대교와 행주대교 사이 한강 남쪽 둔치에 조성된 생태공원을 끼고 조성된 둘레길입니다.

갈대밭과 버드나무숲을 비롯한 나무와 꽃들이 꽉 들어차 있어서 반가웠습니다. 한강을 찾는 철새나 물고기·양서류·곤충 등이 수생 식물과 어우러진 습지 생태계를 관찰하는 전망대가 있었고, 여기저기에 쉼터, 탐방로 등이 있어서 천천히 걷는 즐거움도 안겨 주었습니다. 무엇보다도 강서한강길 끝마무리쯤에 있는 조류 전망대에서 바라본 한강의 너른 품과 건너편 행주산성에서 일산에 이르는 곡선이 자아내는 풍경은 참으로 압권이었습니다. 강서구에 20년 가까이 거주하는 주민으로서 이런 둘레길이 우리 곁에 있다는 사실에 새삼 감탄했습니다.

성경은 길 이야기로 꽉 차 있습니다. 광야 길(출 13:18; 신 8:2), 하나님의 길(출 33:13; 시 25:10; 사 40:3), 주의 길(마 3:3; 계 15:3), 생명에 이르는 길과 멸망에 이르는 길(마 7:14) 등 수없이 많은 길이 소개됩니다. '길'을 가리키는 말이 헬라어로는 '호도스'인데, 흔히 구원·해방·자유를 가리키는 '출애굽'(에크 + 호도스)은 문자 그대로는 '길 떠나기'입니다. 성경의 이스라엘은 출애굽한 자들이기에 그들은 다 길을 떠난 사람들입니다. 그리스도인들도 다 출애굽한 자들입니다. 길을 떠난 자들입니다. 이런 길 이야기를 본문에서도 발견할 수 있습니다.

길은 하나님에게로 향한다 / 데살로니가 교회는 바울의 전도로 생겨난 교회 중 가장 건실하게·신실하게·충실하게 자라났습니다(살전 3:6-8). 환난과 시련이 없어서 건실하게·신실하게·충실하게 자라난 것이 아니라, 많은 환난 가운데서도 "성령의 기쁨으로 말씀을 받아 주를 본받은"(살전 1:6) 교회로 자라났습니다. 무엇보다도 그 믿음이 건실하기로·신실하기로·충실하기로 소문난 교회였습니다(살전 1:8).

그렇게 건실한·신실한·충실한 성도들이었기에 바울은 예수 그리스도의 재림에 관한 비밀도 데살로니가 성도들에게 털어놓았습니다(살전 4:13-18). 세상 사람들은 그날을 재앙의 날로 두려워하지만, 성도들에게 그날은 도둑같이 임하지 않는다고 은밀히 전하면서 위로했습니다(살전 5:4).

데살로니가후서에 들어서서 바울은 한 번 더 그리스도의 재림과 관련한 비밀 한 가지를 털어놓습니다. 그리스도가 다시 오시기 전에 먼저 적대자가 출현하여 성도들을 미혹하는 일이 벌어진다는 것입니다(2:1-12). 데살로니가 교회가 하나님을 모르는 자들로부터 당하는 이런저런 시련도 그런 현실과 무관하지 않다는 것입니다(1:3-12). 본문은 이처럼 혼탁한 시공간을 버티고 있는 데살로니가 교회 성도들에게 주는 권면입니다. 그 권면은 이렇게 시작합니다.

> 주께서 사랑하시는 형제들아 우리가 항상 너희에 관하여 마땅히 하나님께 감사할 것은(살후 2:13a).

바울의 권면은 하나님께 드리는 감사로 시작합니다. 데살로니가 교회 성도들을 생각할 때마다 하나님께 감사를 드린다는 것입니다. '감사하다'를 뜻하는 헬라어 '유카리스테오'에는 '유'(좋은) + '하리스'(은혜)라는 두 글자가 들어 있습니다. 하나님이 베푸신 '은혜'(하리스)를 '기쁜 마음으로'(유) 떠올린다는 것입니다. 바울이 무엇을 감사합니까? 자기 처지가 좋아져서 감사하는 것이 아닙니다. 환난과 시련 중에도 하나님이 데살로니가 교회를 건실하게·신실하게·충실하게 자라게 하신 은혜를 감사하고 있습니다.

바울은 데살로니가 지역에서도 전도할 때 수모를 당했습니다(행 17:5-10). 서둘러 다른 곳으로 피신해야 했습니다. 처음에는 적당한 기회에 다시 찾겠다고 다짐했을 것입니다. 그러나 바울은 데살로니가를 떠난 뒤 다시는 이곳에 들르지 못했습니다. 그런데도 바울의 입에서 나오는 말이 무엇입니까? 하나님이 데살로니가 교회를 자라게 하신 것을 감사하고 있습니다! 감사는 생각의 열매입니다. '감사하다'(thank)라는 말과 '생각하다'(think)라는 말은 그 뜻이 서로 맞닿아 있습니다. 생각하는 자가 감사할 수 있습니다. 생각할 수 있는 사람만이 인생이라는 그릇에 감사를 담을 수 있습니다.

강서한강길 코스에는 세 종류 길이 있습니다. 자동차 길, 자전거 길, 걷는 길. 강서한강길 오른쪽 위에는 올림픽대로가 있고, 강서한강길 옆에는 자전거 전용 도로가 있습니다. 4.56km 길이의 강서한강길을 올림픽대로로 자동차를 타고 가면 1분, 인접한 자전거 전용 도로로 자전거를 타고 가면 15분이지만, 걸어서 가면 1시간 반 정도 걸립니다. 저는 이 길을 두 발로 걸었습니다.

처음에는 이렇게 저 자신에게 물었습니다. '어디쯤에서 이 길이 끝날까?' 걸어가면서는 이런 생각이 들었습니다. '이 길은 어디로 연결될까?' 길을 걸으면서 하나님의 말씀을 묵상하다 보니까 마침내 제 마음은 하나님에게로 가는 길에 들어서 있었습니다. 순간, 제 마음속에 깊은 감사가 밀려들었습니다. 두 발은 땅의 길을 걷지만 마음으로는 말씀의 길, 하나님의 길, 생명의 길을 걷게 하시니 감사합니다!

길은 사람에게로 향한다 / 본문은 우리가 감사해야 할 것을 이렇게 정리합니다.

> 하나님이 처음부터 너희를 택하사 성령의 거룩하게 하심과 진리를 믿음으로 구원을 받게 하심이니(살후 2:13b).

세상 사람들은 두 종류입니다. 구원받은 사람과 구원받지 못한 사람. 하나님이 그 많은 사람 가운데서 우리를 구원받은 자가 되게 하셨음을 감사해야 합니다. 구원받았다는 것은 길을 떠났다는 뜻입니다. 성령 하나님의 인도로 출애굽의 대열에 들어선 것을 감사해야 합니다. 우리를 그리스도인이 되게 하신 것에 감사해야 합니다.

길을 갈 때는 어디로 가는지 이정표를 살펴야 합니다. 제주도 한림공원을 걷다가 이런 팻말을 보았습니다. "하나님을 발견할 수 있는 최고의 장소는 바로 정원이다. 그대는 정원에서 조물주를 느낄 수 있다"(The best place to find God is in a garden. You can dig for him there). 'dig for'라는 단어가 눈에 들어왔습니다. '땅을 파서 찾아낸다'는 뜻이지 않습니까. 땅에서 자라는 식물을 돌보는 사람은 창조주 하나님의 솜씨를 느낄 수 있습니다. 정원에서, 숲에서, 자연에서 창조주 하나님을 느낄 수 있습니다.

저는 처음에는 빨리 걷고 있었기에 길가의 키 작은 이 팻말을 보지 못했습니다. 그런데 저보다 천천히 걸으면서 제 뒤를 따라오던 아내가 팻말을 발견하고서 크게 소리쳤습니다. 천천히 걷는 자만이 누릴 수 있는 즐거움이 여기에 있습니다. 천천히 걷다 보면 자연의 품을 느낄 수 있습니다. 걸으면서 영적인 이 정표를 주목해서 살피십시오. 창조주 하나님의 솜씨를 더 생생하게 감지할 수 있습니다.

마들린 치게(Madlen Ziege)가 쓴 『숲은 고요하지 않다』(배명자 역[서울: 흐름출판, 2021])에는 이런 글이 있습니다. 사람의 눈에는 고요해 보이고, 사람의 귀에는 아무 소리도 들리지 않지만 숲속은 언제나 동물과 식물들이 서로 나누는 대화로 꽉 차 있다고 증언합니다. 세상 안에서 살아가는 생명체는 사람이든, 동물이든, 식물이든, 심지어는 미생물까지도 서로 다양한 방식으로 소통하며 지낸다는 것입니다. 모두 제 소리로 살아 있음을 노래하며 상대와 교감한다는 것입니다. 숲은 그런 소리의 진동으로 꽉 차 있습니다. 미세한 떨림도 있고 우렁찬 굉음도 있습니다만, 사람은 미처 다 들을 수 없습니다. 청력이 제한되어 있기 때문입니다. 생태학자들은 그런 소리의 울림을 가리켜서 '바이오 커뮤니케이션', '생명의 속삭임'이라고 부릅니다.

숲의 생명체들이 이렇게 살아 있음을 노래한다면 하나님의 형상을 지닌 사람은, 예수 그리스도의 은혜를 아는 그리스도인은 어떻게 해야 하겠습니까? 새 생명을 누리는 증인이 되어야 합니다. 자연이, 사람이 하나님의 작품임을 증언하는 증인이어야 합니다. 사람살이가 쉽지 않지만 그 사람살이라는 그릇에 새 생명의, 구원받음의 커뮤니케이션을 담아야 합니다. 그렇습니다. 길은 결국 사람에게로 향합니다!

길이 끝나는 곳에서 길이 시작된다 / 구원의 길을 걷다가 보면 난감할 때가 있습니다. 사람을 보고 가다가 사람 때문에 실망하게 될 때가 그런 경우입니다. 데살로니가 교회 성도들이 걸었던 믿음의 길에서도 마찬가지였습니다. 그래서 바울은 믿음의 길을 걷는 데살로니가 성도들의 걸음새를 조율해 줍니다.

이를 위하여 우리의 복음으로 너희를 부르사 우리 주 예수 그리스도의 영광을 얻게 하려 하심이니라(살후 2:14).

모든 길에는 방향이 있습니다. 믿음의 길에도 방향이 있습니다. 우리 주 예수 그리스도의 기쁨에 참여하는 것입니다. 강서한강길을 걷는 도중 홀로 그 길을 걷는 사람들과 스쳐 지나간 적이 있습니다. 그때 새삼 깨달았습니다. 혼자서도 걸을 수 있지만, 함께 걷는 동료가 있다는 것은 축복입니다. 우리가 알아야 할 것은 이 길의 동반자가 사람만이 아니라는 사실입니다. 길을 떠날 때는 분명히 혼자였는데, 걷다 보니 예수 그리스도가 우리와 함께하고 계셨습니다. 하나님이 우리를 친구 삼아 준다고 말씀하셨지 않습니까!

그러나 나의 종 너 이스라엘아 내가 택한 야곱아 나의 벗 아브라함의 자손아(사 41:8).

예수님도 우리를 친구 삼아 주십니다.

이제부터는 너희를 종이라 하지 아니하리니 종은 주인이 하는 것을 알지 못함이라 너희를 친구라 하였노니 내가 내 아버지께 들은 것을 다 너희에게 알게 하였음이라(요 15:15).

사람인 우리가 어찌 감히 하나님을 친구로 삼을 수 있습니까. 사람인 우리가 어찌 감히 예수님을 친구 삼을 수 있습니까. 그런데 하나님은 기꺼이 우리를 하나님의 친구로 삼아 주십니다. 길을 걷는 여정에서 하나님이 우리의 동반자, 동료, 도우(道友)가 되어 주십니다. 나 혼자서 걷다가 지친 줄 알았는데, 바로 그 자리에서 주님은 우리 손을 잡으시면서 우리가 믿음의 길을 끝까지 걷게 하십니다.

기억하십시오. 내가 걷던 길(路)이 끝나는 자리에서 예수님과 함께 걷는 길(道)이 열립니다. 이 은혜를 깨닫기에 우리 삶은 감사를 담는 그릇이 됩니다. 무엇을 이루어서가 아니라, 내가 가는 길에 하나님이 친구처럼 함께해 주시기에 우리 삶은 언제나 풍요로울 수 있습니다.

길이 있어서 걷는 것이 아니라, 걷기에 길이 생긴다 / 본문은 이렇게 마감합니다.

> 그러므로 형제들아 굳건하게 서서 말로나 우리의 편지로 가르침을 받은 전통을 지키라(살후 2:15).

길을 가다가 보면 담대해야 할 때가 있습니다. 굳건하게 서라고 하지 않습니까. 믿음의 길을 걷다 보면 때로는 다른 길을 기웃거리고 싶을 때가 있습니다. 데살로니가 교회 성도들도 마찬가지였습니다. 유혹이 있었다는 뜻입니다. 조롱이 있기도 했습니다. 비난이 쏟아지기도 했습니다. 그런 성도들을 향해서 바울은 권면합니다. "말로나 우리의 편지로 가르침을 받은 전통을 지키라." '전통'(파라도시스)이란 이어받고 이어 주는 신앙의 기개입니다. 어떤 상황에서도 배우고 깨우친 신앙의 전통을 굳게 지키라는 것입니다.

강화도 화도 해변에는 '라르고빌'이라는 리조트가 있습니다. 그곳 카페 상호가 '라르고'입니다. '아주 느리게'라는 뜻이지요. 살다 보면 이런저런 사건·사고로, 뜻하지 않게 직면한 어려움 등으로, 이런저런 사정으로 삶의 시간이 '라르고'로 흐를 때가 있습니다. 그러나 두려워하지 마십시오. 천천히 가기에 빨리 가는 사람들이 보지 못한 것을 보게 될 때가 있습니다. 느리게 가기에 급하게 나서는 사람들이 경험하지 못한 것을 누리게 될 때가 있습니다. 그럴 때는 아픔마저도, 상실마저도, 실수마저도, 때로는 실패마저도 인생이라는 그릇에 담는 감사가 될 수 있습니다. 그럴 때 이런 다짐을 하게 됩니다. '길이 있어서 걷는 것이 아니라, 걷기에 길이 생긴다!'

15 디모데전서

일상을 거룩하게 만들어 가는 싸움의 승자가 되십시오

• 딤전 6:11-16

하나님의 사람, 치과 의사 이규환 / 이규환 교수는 휠체어를 타는 치과 의사입니다. 치대 본과 3학년 병원 실습이 끝나고 갔던 수영장에서 다이빙하다가 바닥에 부딪히면서 목이 꺾였습니다. 정신을 잃었고, 눈을 떠 보니 중환자실이었습니다. 엿새 만에 깨어났는데 5번, 6번 경추 손상으로 중증 장애인이 되었습니다. 수술 1년 만에 복학했습니다. 복학 첫날 휠체어를 탄 채 계단 앞에 우두커니 있을 때 동기와 선후배들이 휠체어를 계단 위로 올려 주었습니다. 덕분에 다시 공부를 시작했습니다. 오전 9시부터 자정까지 앉아서 공부하다가 하반신에 욕창이 생겨 수술을 받아 가며 공부를 마쳤습니다. 날카롭고 위험한 치과 도구를 직접 쥘 수 없어 팔에 끼워 쓸 수 있는 도구를 직접 개발했습니다. 치열한 노력 끝에 세계 최초로 중증 장애인 치과 의사가 됐습니다. 전담 위생사의 도움을 받아 병원을 개업했습니다.

이규환 교수 인터뷰 기사

첫 환자는 휠체어에 앉은 의사를 보자마자 막말을 퍼부으며 나가 버렸습니다. 10명 중에 7명은 그냥 돌아가 버렸습니다. 그는 포기하지 않았습니다. 30분이면 되는 스케일링도 1시간 넘게 걸렸습니다. 시간이 더 걸리는 대신 그만큼 꼼꼼하게 치료해 주었습니다. 그는 지금 분당서울대병원 건강증진센터에서 검사, 상담, 판독, 예방 클리닉을 담당하고 있습니다.

그는 하나님의 말씀으로 고통의 시간을 이겨 냈습니다. 간호사들이 3교대로 그에게 성경과 위로의 말씀을 읽어 주었습니다. 그가 고백합니다. "생각해 보니 다쳐서 힘들 때도 주님은 저와 같이 계셨습니다." 그가 지금은 이렇게 기도합니다. "다시 주신 생명, 하나님 원하시는 대로 열심히 살겠습니다"(이규환, "매일 어제보다 조금 더 따뜻한 사람이 되기를 기도합니다", 「빛과소금」488 [2022. 07], 92-101쪽).

디모데, 하나님의 사람 / 본문에도 "하나님의 사람"으로 불리는 인물이 나옵니다. 본문은 이렇게 시작합니다.

오직 너 하나님의 사람아(딤전 6:11a).

이 구절은 '그러나 너 하나님의 사람아'라고 번역할 수 있습니다. 하나님의 사람이 아닌 자들이 허다한 세상에서 오로지 하나님의 사람으로 살려는 자가 있다는 지적입니다. "하나님의 사람"이란 명칭은 원래 구약에서 사람들이 선지자 앞에서 신앙 고백을 할 때 사용하던 용어입니다. 예컨대 나아만이 나병에서 고침을 받았을 때 그의 입에서 튀어나온 고백이 무엇입니까?

나아만이 이에 내려가서 하나님의 사람의 말대로 요단강에 일곱 번 몸을 잠그니 그의 살이 어린아이의 살같이 회복되어 깨끗하게 되었더라 나아만이 모든 군대와 함께 하나님의 사람에게로 도로 와서 그의 앞에 서서 이르되 내가 이제 이스라엘 외에는 온 천하에 신이 없는 줄을 아나이다(왕하 5:14-15a).

온 세상을 호령하던 군대 장관 나아만이 엘리사의 지시에 순종하는 장면에서 엘리사가 "하나님의 사람"으로 거론됩니다. 나아만이 병에서 회복된 뒤 엘리사에게 와서 신앙 고백을 할 때 엘리사를 거론하는 명칭이 "하나님의 사람"입니다. 이 호칭이 지금 디모데를 부를 때 불리고 있습니다(딤후 3:17 참고).

디모데는 다문화 가정 자녀입니다. 아버지는 그리스인, 어머니는 유대인입니다(행 16:1). 소아시아의 루스드라 출신인데, 루스드라는 바울이 전도할 때 걷지 못하는 장애인을 일으켰던 도시입니다(행 14:8-10). 그때 루스드라의 쓰스 신당(Zeus temple, 제우스 신당) 제사장들이 바울의 일행을 사람 모습을 한 신들(gods)이라고 보고 제물을 가져와 제사를 드리고자 했습니다. 디모데는 이런 풍토에서 자라났습니다. 바울이 디모데를 데리고 떠나면서 그에게 할례를 받게 한 것을 보면(행 16:3), 디모데는 바울을 만나기 전까지 헬라 풍속에 젖어서 살았던 젊은이였습니다.

그랬던 그가 바울을 만나면서 예수 그리스도를 따르는 인생을 살게 되었습니다. 그런 디모데를 향해서 본문은 이렇게 부릅니다. "오직 너 하나님의 사람아!" 제우스의 사람, 루스드라 사람, 헬라 문화의 사람이 아닙니다. 오직 하나님의 사람입니다. 디모데를 향한 이 명칭이 오늘 이 시대를 살아가는 우리의 호칭이 되기를 바랍니다.

요즈음 회사 사원증을 목에 걸고서 일하는 직원들을 어렵지 않게 만납니다. 외부인의 출입을 엄격하게 통제하는 회사라면 방문객임을 알리는 패를 목에 걸어 줍니다. 사원증과 함께 십자가를 목에 거십시오. 어디에서 하나님의 사람입니까? 일터에서 하나님의 사람으로 불러야 합니다. 직장은 나의 첫 번째 선교 현장이라는 각오로 섬겨야 합니다. 주일에만 하나님의 사람으로 불리는 것이 아니라, 월요일부터 금요일까지도 하나님의 사람이어야 합니다.

우리 시대의 디모데 / 하나님의 사람에게는 바른 신앙 고백이 있어야 합니다. 본문은 하나님의 사람으로 불리는 디모데가 세상에서 어떻게 처신해야 하는지를 일깨워 주면서 하나님 신앙, 예수 그리스도 신앙의 진수를 갖추게 합니다. 바른 실천은 바른 믿음에서 솟아납니다.

> 만물을 살게 하신 하나님 앞과 본디오 빌라도를 향하여 선한 증언을 하신 그리스도 예수 앞에서 내가 너를 명하노니 우리 주 예수 그리스도께서 나타나실 때까지 흠도 없고 책망받을 것도 없이 이 명령을 지키라 기약이 이르면 하나님이 그의 나타나심을 보이시리니 하나님은 복되시고 유일하신 주권자이시며 만왕의 왕이시며 만주의 주시요 오직 그에게만 죽지 아니함이 있고 가까이 가지 못할 빛에 거하시고 어떤 사람도 보지 못하였고 또 볼 수 없는 이시니 그에게 존귀와 영원한 권능을 돌릴지어다 아멘(딤전 6:13-16).

하나님을 누구시라고 고백합니까? "만물을 살게 하신 하나님"이라고 고백합니다. 예수 그리스도를 누구시라고 고백합니까? '십자가 처형을 언도하는 재판관 앞에서도 끝까지 진리를 사수하셨던 생명의 주님'이시라고 고백합니다. 그 하나님이 사람의 몸으로 나타나셨습니다. 그 예수님이 다시 정한 때에 나타나십니다. 그러면서 고백합니다. '우리 주님은 온 세상의 통치자이시고, 지극히 높은 왕이시며, 생명의 빛이시고, 사람의 눈으로는 볼 수 없는 분이시다!' 이 가르침을 사도신경으로 바꾸면 이렇게 됩니다. "전능하사 천지를 만드신 하나님 아버지를 내가 믿사오며, 그 외아들 우리 주 예수 그리스도를 믿사오니!"

디모데에게 이런 믿음이 있었습니다. 처음에 디모데는 바울이 가는 여행길의 동반자였다가, 점차 바울의 동역자가 되었으며, 마침내 믿음 안에서 바울의 아들이 되었습니다(1:2). "그리스도 예수의 좋은 일꾼"(4:6)이 되었습니다.

여기에서 디모데의 가치가 달라집니다. '디모데'(Timothy, timotheos)란 이름은 '티메'(명예·영광, honor) + '테오스'(하나님)로 이루어진 글자로, 하나님이 보시기에 귀한 가치를 지닌 존재란 뜻입니다. 세상에 묻혀 지내던 젊은이가 생명의 주님을 영접하면서 그의 삶의 차원이 달라졌습니다. 세상에 묻혀 있던 원석이 하나님이 귀하게 쓰시는 보석이 되었습니다. 기억하십시오. 우리가 고백하는 하나님 신앙, 예수님 신앙은 그 신앙을 고백하는 우리를 원석이 아닌 보석으로 다듬는 모판입니다. 우리 한 사람, 한 사람이 이 시대의 디모데가 되기를 바랍니다.

돈과 디모데 / 디모데는 바울의 동역자로만 머물지 않았습니다. 바울은 마게도냐로 떠나면서 디모데를 에베소의 목회자로 파송합니다(1:3). 다문화 가정의 아이가 하나님의 사람이 되고, 그 하나님의 사람이 바울의 동역자가 되었다가, 마침내 한 지역의 영적인 지도자로 나서게 되었습니다.

디모데의 목회지인 에베소는 상업적으로 성공한 사람들이 부를 과시하면서 살던 지역이었습니다. 사회의 풍조가 부를 축적하는 삶에 쏠려 있었습니다. 그런 곳에 파송된 디모데에게 바울은 이렇게 깨우쳐 주었습니다. "돈을 사랑함이 일만 악의 뿌리가 되나니"(6:10). 그러면서 이어서 말합니다.

오직 너 하나님의 사람아 이것들을 피하고 의와 경건과 믿음과 사랑과 인내와 온유를 따르며(딤전 6:11).

돈을 사랑하는 세태를 피하라고 합니다. 돈을 추구하는 욕망에서 멀어지라는 것입니다. 돈을 무시하라는 말이 아닙니다. 돈을 사랑하지 말라는 이야기입니다. 사랑의 대상은 돈이 아니라 사람이어야 하는데, 거꾸로 돈과 은을 사랑하는 사람이 되고 마는 현실을 거부하라는 소리입니다.

돈은 모든 가치의 기본 값입니다. 그만큼 중요합니다. 그런데 돈에는 양면성이 있습니다. 선을 드러내기도 하고, 악을 드러내기도 합니다. 흠모의 대상이 되기도 하고, 증오의 대상이 되기도 합니다. 없으면 안 되지만, 많다고 해서 행복해지는 것은 아닙니다.

"인문학으로 본 돈의 양면성"이라는 칼럼(『매일경제』, 2022.7.6, A32면)을 읽다가 두 이야기에 주목했습니다. 자본주의 밑그림이 막 그려지던 18세기 후반 프랑스 문호 에밀 졸라(Emile Zola)가 쓴 『돈』이라는 소설과 독일의 사회학자 게오르크 짐멜(Georg Simmel)의 저서 『돈의 철학』입니다.

에밀 졸라의 소설은 50대 정력적인 은행가의 성공과 몰락을 이야기합니다. 돈이 한편으로는 인간성 파괴와 부패의 원인이 되기도 하지만, 또 다른 한편으로는 희망과 선행의 밑거름이 된다는 것입니다. 그러면서 말합니다. "돈은 저주이며 축복이다. 모든 악이 돈에서 비롯되고 모든 선도 돈에서 비롯된다. 돈은 내일의 인류를 성장시킬 퇴비다." 게오르크 짐멜의 저서는 돈을 이렇게 정의합니다. "돈은 무차별한 외면의 상징이자 내면을 지켜 주는 수문장이다." 짐멜은 돈과 영혼이 결합하는 형태에 관심을 가졌습니다. 돈은 사람의 영혼을 풍요롭게도 하지만, 인간을 그 영혼으로부터 멀어지게도 한다는 것입니다.

본문에서도 바울은 돈을 생존의 으뜸 가치로 삼는 사회적 풍조에 경종을 울립니다. 그러면서 그 대안으로 "의로운 삶, 곧 경이롭고 믿음직스럽고 사랑스럽고 꾸준하고 친절한 삶"(6:11, 메시지)을 추구하라고 타이릅니다. 돈이 악의 화신이 되지 않게끔 돈을 선한 수단으로 활용하는 삶을 살아가라는 충고입니다. 돈을 내가 번 것이 아니라 내게 주신 것이라고 생각할 때 그 의미가 달라집니다. 돈에 매이지 않고 돈을 누리는 인생을 살아갑시다. 열심히 벌되 의미 있게 쓰고, '사업'이라고 하지 말고 '사명'이라고 부릅시다. 거기에 3M(Money[돈] → Meaning[의미] → Mission[사명])의 세계가 열립니다.

경주자 디모데 / 본문에서 바울은 하나님의 사람 디모데에게 처음에는 '네가 피해야 할 것이 있다'고 했습니다. 그다음에는 '네가 따라야 할 것이 있다'고

합니다. 그러다가 이렇게 당부합니다.

믿음의 선한 싸움을 싸우라 영생을 취하라 이를 위하여 네가 부르심을 받았고 많은 증인 앞에서 선한 증언을 하였도다(딤전 6:12).

"믿음의 선한 싸움을 싸우라"라는 말은 믿음 안에서 힘을 다하여 달려가라는 의미입니다. 믿음으로 믿음이 아닌 것을 이겨 가라는 말입니다. 믿음 안에서 달려가는 우리를 지켜보는 많은 사람 앞에서 영원한 생명을 뜨겁게 껴안은 증인이 되라는 말입니다. "싸우라"라는 말은 상을 받기 위해 경쟁하는 운동 경기에 견준 단어입니다. 달리기 선수가 상을 받기 위해 정해진 트랙에서 여러 다른 선수들과 치열하게 경쟁하면서도 자기 트랙을 끝까지 달려가는 모습에 견줄 수 있는 글자입니다.

자기 트랙을 지키십시오. 그리스도인의 길을 지키십시오. 하나님은 창조하신 세상을 하나님의 사람에게 맡겨 놓으셨습니다. 그리스도인에게는 사회적 책임이 있습니다. 건강하지 않은 사회에서, 이런저런 세속의 가치로 점철된 일터에서 그리스도인의 길을 끝까지 지킴으로 사회를 감동시키는 영적 싸움을 전개하십시오. 사회는 지금 온통 개방의 시대에 들어서 있습니다. 이런 개방의 시대에서도 그리스도인은 쌓아야 할 제방이 있습니다(원용일, 『우연히, 바로 그때! 하나님의 인도하심』[서울: 브니엘, 2020], 169-175쪽).

유혹에 흔들릴 때마다 "예수 그리스도의 이름으로 명하노니 나를 유혹하는 사탄아, 물러갈지어다!"라고 선포하십시오. 세상에서 그리스도인은 하나님을 대신하는 왕 같은 존재입니다. 예컨대 회식의 자리마저도 사역의 자리로 만들어 보십시오. 오늘도 하나님은 우리를 향해 이렇게 부르십니다. "너 하나님의 사람아!"

16 디모데 후서

그리스도인은 성경을 읽는 자가 아니라 성경을 먹는 자입니다

• 딤후 3:14-17

로스 역, 『예수성교전서』 / 우리나라 말로 된 최초의 성경은 1882년 중국 심양 문광서원에서 발간된 우리말 성경 『예수성교 누가복음전서』입니다. 스코틀랜드 선교사 존 로스(John Ross, 중국 이름 나요한[羅約翰], 1842-1915)가 조선 청년들의 도움으로 1887년에 『예수성교전서』라는 성경책을 세상에 내놓았습니다. 이 성경을 '로스 역 성경'이라고 부릅니다. 문광서원은 중국 심양의 동관교회 안에 있었습니다. 오래전에 동관교회를 방문했을 때 예배당 안 정면에 써 있는 "以馬內利"(임마누엘)라는 글씨에 깊은 은혜를 받았던 기억이 있습니다.

로스는 신약성경의 말씀을 평안도 토박이말로 번역했는데, 상스러운 글로 여기던 언문(諺文)으로 옮겨 놓았습니다. 당시 조선 사회의 글이 온통 진서(眞書)로 여기던 한문이었던 점을 고려한다면, 참으로 세상을 깜짝 놀라게 한 사건이었습니다. 로스 역 『예수성교전서』의 의의가 여기에 있습니다. 토박이 한글을 '경전 언어'로 격상시켜 놓았습니다. 성경 번역은 누구나 알아들을 수 있는 말글로 옮겨야 한다는 이정표를 세운 기념비적인 사건이었습니다.

이런 기념비적인 사건은 1967년에 한 번 더 일어납니다. 이 시기는 서울의 청계천이 복개 공사를 마치고 막 청계고가를 놓으려고 할 때, 금성 TV가 첫선을 보이던 때입니다. 대한성서공회에서 간행한 1967년판 『신약전서 새번역』은 신약성경 헬라어를 우리말로 번역했을 뿐만 아니라 당시의 기준에서는 파격적으로 '가로쓰기'를 단행했습니다. 당시 신문 기사 표기와 비교해 보면 그 의미를 확연히 알 수 있습니다. 1967년 대한성서공회는 새 성경을 펴내면서 우리 사회의 오랜 관행이던 세로쓰기를 버리고 과감하게 가로쓰기를 단행했습니다.

우리말 성경이 우리나라 한글 살리기에 끼친 영향은 이루 다 헤아릴 수 없이 많습니다. 누구나 알아들을 수 있는 말글로 번역되었을 뿐 아니라 한 사회의 글쓰기 문화를 선도하는 변혁의 마중물이 되기도 했습니다. 왜 성경 이야기를 합니까? 본문에서 바울이 디모데에게 성경에 대해서 가르치기 때문입니다.

디모데의 성경, 서상륜의 성경 / 바울이 디모데를 에베소의 목회자로 파송하였던 것을 기억하십시오(딤전 1:3). 목회자는 현장도 알아야 하고 텍스트도 알아야 합니다. 앞서 디모데전서에서는 에베소라는 현장에서 디모데가 맞닥뜨렸던 돈·재산·부의 과제를 살펴보았습니다. 이제 디모데후서에서는 목회의 텍스트인 성경에 대해서 살펴보게 됩니다. 본문은 디모데에게 이렇게 말을 겁니다.

> 그러나 너는 배우고 확신한 일에 거하라 너는 네가 누구에게서 배운 것을 알며 또 어려서부터 성경을 알았나니(딤후 3:14-15a).

디모데는 어릴 때부터 할머니 로이스와 어머니 유니게로부터 성경에 대해서 배웠습니다. 본문에는 '안다', '배운다'는 말이 연거푸 두 번씩 반복됩니다. 그러나 그냥 알라고만, 배우라고만 하지 않습니다. "너는 배우고 확신한 일에 거하라"고 했습니다. 알거나 배우기만 해서는 안 된다는 뜻입니다. '배우고 확신한 일에 거한다'는 말에는 성경을 어떻게 읽어야·알아야·배워야 하는지를 일깨워 주는 단서가 있습니다. 성경을 읽음으로 하나님에 관한 지식을 통달하는 것이 아니라, 성경을 읽고 깨닫는 만큼 하나님이 성령을 통해 성경을 읽는 사람을 정복하신다는 말입니다.

우리나라 교회사의 첫 장도 성경을 알게 된 사람이 열어젖혔습니다. 앞에서 언급한 스코틀랜드 선교사 로스가 우리말로, 평안도 방언으로 성경 말씀을 번역하게 된 이면에는 그를 도왔던 서상륜(徐相崙), 이성하(李成夏), 이응찬(李應贊), 백홍준(白鴻俊) 같은 의주 청년들이 있었습니다. 당시는 조선 사회가 흥선대원군이 주도하던 쇄국 정책으로 온 강산이 얼어붙어 있었습니다. 외국인과 만나거나 외국 문물이 팔도강산에 유입되는 것을 엄격히 통제하던 시절입니다. 그런 때에 선교사 로스 옆에 누가 있었습니까? 압록강 건너 중국과 조선 땅을 오가며 홍삼 장사를 하던 보부상들이 있었습니다.

예컨대 서상륜(徐相崙, 1848-1926)은 심양에서 로스 선교사에게 조선말을 가르치는 일거리를 얻게 되면서 성경을 조선말로 번역하는 일에 크게 이바지합니다. 처음에는 일거리로 로스 선교사를 돕다가 차츰 성경을 알게 되고, 읽게 되고, 믿게 되면서 만주에서 로스 선교사에게 세례를 받고 조선 사람 최초로 그리스도인이 되었습니다.

우간다 선교사가 들려준 아프리카 청년의 성경 / 디모데가 읽은 성경은 오늘날 용어로 말하면 구약성경입니다. 디모데가 배우고 읽었던 성경은 유대인의 성경(타낙, Tanakh)입니다. 그의 어머니 유니게가 유대인이었음을 기억하십시오. 그랬기에 바울은 디모데에게 이렇게 일러줍니다.

성경은 능히 너로 하여금 그리스도 예수 안에 있는 믿음으로 말미암아 구원에 이르는 지혜가 있게 하느니라(딤후 3:15b).

성경 말씀에 익숙한 디모데에게 바울은 예수 그리스도를 소개합니다. 예수 그리스도가 주시는 구원의 길을 일깨워 줍니다. 성경에서 "지혜"는 생명에 이르게 하는 처방입니다. 구약 말씀 어디를 읽든지, 성경은 그 말씀을 읽는 자들을 그리스도 예수가 주시는 구원에 이르게 합니다. "그리스도 예수 안에 있는 믿음"이란 두 가지를 가리킵니다. 하나는 십자가의 고난을 겪기까지 하나님께 순종하셨던 예수 그리스도의 믿음이고, 다른 하나는 예수 그리스도를 믿음으로 구원받은 자들이 누리게 될, 고난을 이기고 부활하신 그리스도가 주시는 은총을 믿는 믿음입니다(David J. Downs, "Faith[fullness] in Christ Jesus in 2 Timothy 3:15", *JBL* 131, no. 1 [2012], 143-160). 이런 믿음이 있는 자에게는, 성경은 항상 거듭남의 은총, 새로워짐의 은혜, 땅에서 살되 하늘에 속한 자로 그 신분이 달라지는 변화를 경험하게 합니다.

성경은 종이에 적힌 글씨(書)나, 그 글씨를 모아 놓은 책(冊)이 아니라 성경을 읽고 새기는 자의 마음을 하늘과 이어 주는 경(經)입니다. '날 경'(經), '세로 경'(經)입니다. 책은 글(文)이지만, 경은 글이 아니라 문(門)입니다. 말씀을 통해서 주님의 마음을 알고, 말씀을 새김으로 주님의 세계에 들어서고, 말씀에 거함으로 예수 그리스도의 믿음 안에 거하게 됩니다.

우간다 신동헌 선교사가 들려준 우간다 교회 이야기에 큰 울림이 있었습니다. 그는 이렇게 말했습니다. "한국 교회는 초창기부터 하나님의 말씀을 읽고 배우고 깨닫는 신앙 세계를 구축했는데, 우간다 교회는 아프리카의 구전 문화의 전통에 따라 눈으로 읽는 말씀보다는 귀로 듣는 신앙 이야기를 통해서 믿음의 세계를 구축해 왔습니다." 그런 사실을 간파한 신동헌 선교사는 우간다에 파송된 해부터 지금까지 십여 년간 우간다의 교인들에게 성경 말씀을 가르치는 사역을 줄곧 펼쳐 왔습니다. 그러면서 그가 경험한 놀라운 이야기 한 토막을 들려주었습니다.

성경을 갖고 싶어 하는 우간다 청년들에게 성경책을 선물로 주고자 했습니다. 그냥 주기보다는 성경책을 지닐 만한 최소한의 정성이 있어야 한다고 판단했습니다. 그래서 우리나라 돈으로 3천 원을 준비해 오는 자에게 성경책을 선물로 주겠다고 약속했습니다. 한 달쯤 지나 청년들이 일해서 모은 돈 3천 원을 가지고 왔습니다. 약속한 대로 그들에게 성경책을 선물로 주었습니다. 그때 한 청년이 이렇게 고백했다고 합니다. "나는 오늘 기적을 체험했습니다. 하나님의 말씀이 내 속에 들어왔습니다." 오늘 우리에게도 이런 감격이 있습니까? 오늘 우리에게도 이런 기적이 있습니까? 기억하십시오. 성경은 단순한 책이 아니라, 우리 신앙과 삶의 경전입니다.

성경의 말, 말씀, 말 쓰임, 말 숨 / 이제 바울은 디모데에게 성경 말씀을 읽는 자의 자세에 대해서 자세하게 가르칩니다.

> 모든 성경은 하나님의 감동으로 된 것으로 교훈과 책망과 바르게 함과 의로 교육하기에 유익하니(딤후 3:16).

"모든 성경은 하나님의 감동으로 되었다"(파사 그라페 테오프뉴스토스)고 말할 때 "하나님의 감동"은 '하나님의 영감을 받은'(inspired by God)이란 뜻도 되지만, 그에 앞서 '하나님이 숨을 불어넣으신'(God-breathed)이란 의미입니다. 성경을 펼치면 거기에서 하나님의 숨이 뿜어져 나온다는 말입니다. 그 생명의 숨이 사람을 가르치고, 꾸짖고, 바르게 하고, 의롭게 한다는 것입니다.

성경은 사람의 말로 기록되어 있지만, 사람의 말이 아니라 하나님의 말씀으로 받아야 합니다. 우리말 '말씀'은 '말 쓰임'에서 온 것이기도 하고, '말 숨'에서 온 말이기도 합니다. 말씀을 읽으십시오. 말씀을 읽으면서 하나님이 주시는 하늘의 생기를 호흡하십시오. 산다는 것은 숨쉬기하는 동작이지 않습니까. 디모데에게는 성경을 말 숨으로 풀어 주지만, 그전에는 성경을 '생명의 양식'이라고 불렀습니다. 생명은 무릇 먹어야 생존하지 않습니까.

또 그가 내게 이르시되 인자야 너는 발견한 것을 먹으라 너는 이 두루마리를 먹고 가서 이스라엘 족속에게 말하라 하시기로 내가 입을 벌리니 그가 그 두루마리를 내게 먹이시며 내게 이르시되 인자야 내가 네게 주는 이 두루마리를 네 배에 넣으며 네 창자에 채우라 하시기에 내가 먹으니 그것이 내 입에서 달기가 꿀 같더라 (겔 3:1-3).

하나님은 말씀을 먹으라고 하십니다. 입에는 쓰지만 나중에는 그 달기가 꿀과 같다고 합니다. 하나님의 말씀을 사용하려고 하지 말고 수용하십시오. 하나님의 말씀을 수정하려고 하지 말고 순종하십시오. 사용이 아니라 수용입니다. 수정이 아니라 순종입니다. 거기에서 하나님이 불어넣어 주신 숨을 호흡할 수 있으며, 거기에서 하나님이 먹으라고 주신 양식을 제대로 먹을 수가 있습니다.

성경 먹기 식이 요법 / 왜 말씀으로 호흡하라고 하십니까? 왜 말씀을 읽지 말고 먹으라고 하십니까?

이는 하나님의 사람으로 온전하게 하며 모든 선한 일을 행할 능력을 갖추게 하려 함이라(딤후 3:17).

하나님의 뜻은 우리를 온전하게 합니다. 선한 일을 행할 능력을 갖추게 하니다. 언제까지 초신자로, 미약한 자로, 성숙하지 못한 자로 지내려 합니까? 말씀이 나를 읽을 때까지 말씀 앞에 나를 맡기십시오. 날마다 음식을 먹듯이 날마다 성경 말씀을 먹어야 합니다. 광야에서 이스라엘이 만나를 먹었듯이, 예수님이 5천 명의 무리를 위해서 광야 식탁을 차리셨듯이 성경 말씀을 먹어야 합니다.

성경 말씀을 먹으라는 명령을 받았던 선지자는 에스겔만이 아닙니다. 예레미야도 하나님의 말씀을 얻어 먹었습니다(렘 15:16). 요한계시록의 요한도 말씀을 먹으라는 명령을 받았습니다(계 10:9-10). 교회도 천 년 세월에 걸쳐 하나님의 말씀을 먹는 식이 요법, '렉시오 디비나'(Lectio Divina)를 개발했습니다. 말씀을 읽으면서 듣고(렉시오), 말씀을 들으면서 묵상하고(메디타티오), 말씀을 묵상하면서 기도하고(오라티오), 말씀으로 기도하면서 말씀을 살아 내는(콘템플라티오) 성경 먹기 식이 요법을 개발하고 이행했습니다. 이 식이 요법을 다시 한 번 일깨워 준 책이 유진 피터슨이 쓴 『이 책을 먹으라』(양혜원 역[서울: IVP, 2006])입니다. 성경에 맞게 살라는 것이 아닙니다. 성경대로 생각하라는 것도 아닙니다. 성경 안으로 들어와 살라는 것입니다. 그래야만 하나님이 만드시고 하나님이 다스리시는 세상에서 하나님의 사람으로 만들어집니다. 그러면서 놀라운 약속 하나를 우리에게 다짐합니다. "우리 삶을 성경에서 읽는 내용에 굴복시키면, 우리 이야기에서 하나님을 보는 것이 아니라 하나님의 이야기에서 우리 이야기를 보게 될 것이다"(84쪽).

한 성도가 감사헌금을 드리면서 털어놓은 고백에 한동안 감격했습니다. "목사님, 금년 성경 통독을 하고 나서 너무나 감사해서 감사 예물을 드립니다!" 에스겔이나 예레미야나 밧모섬의 요한이나 성경 통독의 은혜가 감사해서 정성껏 예물을 드리는 성도나 다 하나님이 그들의 내면에 불어넣어 주셨던 말씀 안에서 산 자들입니다. 그런 맥락에서 바울은 디모데에게 힘주어 말합니다. 성경으로 숨쉬기는, 아니 성경 먹기는 "하나님의 사람으로 온전하게 하며 모든 선한 일을 행할 능력을 갖추게 하려 함이라"(3:17).

17 디도서 | 삶의 의무를 짐이 아니라 사명으로 바꾸십시오

• 딛 3:3-8

두 명의 디도(티투스) / 프란체스코 하예즈(Francesco Hayez, 1791-1882)의 작품 「예루살렘 성전의 파괴」는 주후 70년 로마 군대가 예루살렘을 파괴하면서 약탈하던 장면을 캔버스에 담은 그림입니다. 그림을 잘 보면, 도성은 이미 무너지고 남은 것은 성전입니다. 성전도 성소와 지성소는 아예 사라졌고(그림 좌측 하단에 성소에 있는 메노라[촛대]를 약탈해 가는 장면이 보이지 않습니까), 남은 것이라고는 성전 뜰의 제단인데, 살아남고자 하는 자들이 그 위로 올라가 있습니다. 향기가 되어 하늘로 올라가야 하는 제물이 있는 자리에 사람들이 들어서 있습니다. 그들마저 학살하고자 제단 밑에서 로마 군인들이 마구 칼질, 화살질을 하고 있습니다.

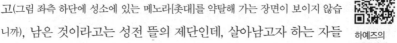

하예즈의
「예루살렘
성전의 파괴」

로마 군대는 지상에서 예루살렘의 흔적을 지워 버리고자 예루살렘을 철저하게 무너뜨리고, 파괴하고, 약탈했습니다. 포위망을 뚫고 도망치다가 붙잡힌 자들은 성벽을 따라 세운 십자가에 무수히 매달렸고, 맞섰던 자들은 대부분 살해당했으며, 생존자들은 저 멀리 남쪽 마사다로 도망쳐야 했습니다.

이 사건을 전한 유대 역사가 요세푸스(F. Josephus)는 당시 살해당했던 유대인들의 숫자가 110만 명에 이르렀다고 적어 놓았습니다(*The Wars of the Jews*, VI.9.3). 비록 과장된 숫자이지만, 그때 사로잡혔던 유대인들이 9만 7천 명이었다는 기록도 있는 것을 보면, 전쟁의 결과가 얼마나 참혹했는지를 짐작할 수 있습니다. 이 처절한 파괴를 단행했던 장본인은 나중에 황제의 자리에까지 오른 티투스 플라비우스 베스파시아누스(Titus Flavius Vespasianus, 39-81년)입니다.

왜 로마 제국의 티투스를 이야기합니까? '티투스'가 우리말로는 '디도'인데, 본문이 디도서이기 때문입니다. '디도'라는 이름으로 주어진 디도서의 기록 연대를 주후 1세기 후반이라 볼 때, 이 시기는 로마 제국의 티투스 때와 겹칩니다. 디도서를 읽으면서 두 명의 디도를 떠올려 본 이유가 여기에 있습니다. 주후 1세기 후반에 세상에는 두 명의 디도가 있었다는 것입니다. 힘으로 세상에 군림했던 티투스(디도)와 복음으로 세상을 섬겼던 신약성경의 디도(티투스). 로마 제국의 티투스가 남긴 것은 그를 칭송하는 개선문과 그가 완공한 힘센 자만 살아남는 콜로세움이지만, 예수 그리스도의 정신으로 세상을 이겨 냈던 신약성경의 디도가 남긴 것은 디도서입니다. 디도서는 독자들에게 두 명의 디도 중에 어느 디도의 길로 가야 하는지를 촉구하는 말씀입니다.

그레데섬의 디도(티투스) / 바울이 로마로 압송되던 때입니다. 바울을 태운 배가 시돈 항을 떠나서 로마로 향할 때 풍랑을 피해서 그레데 남쪽 연안 작은 항구 미항에 정박한 적이 있습니다. 시기가 겨울이어서 바울은 그곳에서 겨울나기를 바랐지만, 사람들은 그곳을 떠나서 좀 더 큰 항구 뵈닉스로 가고자 서둘렀습니다. 그러다가 유라굴로 광풍을 만나 표류하면서 배가 좌초되는 시련을 겪게 됩니다(행 27:12-26). 아마도 이때 바울이 그레데의 경건한 유대인들에게(행 2:11) 복음을 전했던 것 같습니다. 바울은 그때 시작되었던 그레데섬의 신앙 공동체가 얼마나, 어떻게 자랐는지를 디도를 통해서 확인하고 싶었습니다. 그래서 디도를 그레데로 파송했습니다(1:5). 지금 그레데섬 미항에 있는 바울기념교회도 이런 사실과 무관하지 않습니다. 그래서였을 것입니다. 바울은 디도에게 이렇게 당부합니다.

이 말이 미쁘도다 원하건대 너는 이 여러 것에 대하여 굳세게 말하라 이는 하나님을 믿는 자들로 하여금 조심하여 선한 일을 힘쓰게 하려 함이라 이것은 아름다우며 사람들에게 유익하니라(딛 3:8).

바울은 그레데의 목회자 디도에게 하나님을 믿는 자들로 하여금 선한 일에 전념하게 하라고 당부합니다. 하나님을 믿는 자들은 선하게 살아야 한다는 것입니다. 그래야 그레데섬의 신앙 공동체가 그레데라는 환경에서 꿋꿋하게 자랄 수 있기 때문입니다. 악한 자들 사이에서 선하게 살라는 당부는 구약에서 즐겨 듣는 말씀입니다.

너희 자녀들아 와서 내 말을 들으라 내가 여호와를 경외하는 법을 너희에게 가르치리로다 생명을 사모하고 연수를 사랑하여 복 받기를 원하는 사람이 누구뇨 네 혀를 악에서 금하며 네 입술을 거짓말에서 금할지어다 악을 버리고 선을 행하며 화평을 찾아 따를지어다(시 34:11-14).

하나님을 경외하는 법이 무엇입니까? 하나님을 사랑하는 방식이 무엇입니까? 악한 자들 사이에서 선하게, 전쟁을 즐기는 자들 사이에서 화평을 적극적으로 추구하는 것입니다. 그것이 하나님을 경외하는 방법이라고 합니다. 바울은 디도에게 그런 말을 전하고 있습니다.

그레데섬 사람들 / 그런데 그레데의 환경이 만만치 않았습니다. 흔히 크레타 문명이라고 부르는 문명이 번성한 곳이었습니다. 그레데는 유럽과 소아시아를 잇는 교통, 무역, 군사 요충지였습니다. 전쟁이 끊이지 않았습니다. 포에니 전쟁에서부터 제1, 2차 세계대전에 이르기까지 그 섬을 차지하는 자는 다른 대륙으로 진출하기가 수월했습니다. 그래서였을 것입니다. 그 섬에서 살아남은 자들은 잔인했습니다. 잔인해야 죽지 않고 살아남는다는 것을 오랜 전쟁을 통해 터득했습니다. 그런 이유로 그레데섬 사람들은 거짓말을 잘하기로도 유명했습니다(1:12). '그레데'가 헬라어로 '크레테'인데, 그 말을 동사로 꾸며 '크레티조' 하면 '그레데인처럼 행동하다'(to play the Cretan)라는 뜻이 됩니다. 주목할 사실은 그 말이 '거짓말하다'라는 의미로도 쓰인다는 점입니다.

그레데섬 사람들이 얼마나 거칠었으면, '그레데 사람들은 거짓말하는 자들'이라는 평판이 온 헬라 사회에 자자했겠습니까. 바르게 살기가 쉽지 않은 현장이 그레데였습니다. 믿음으로 살기가 만만치 않은 현장이 그레데였습니다. 그레데 사람만 그랬던 것은 아닙니다. 그 시대 사람들 모두가 그랬습니다. 그래서 하는 말입니다.

우리도 전에는 어리석은 자요 순종하지 아니한 자요 속은 자요 여러 가지 정욕과 행락에 종노릇한 자요 악독과 투기를 일삼은 자요 가증스러운 자요 피차 미워한 자였으나(딛 3:3).

디도는 원래 헬라인입니다. 사도 바울을 만나면서 예수 그리스도를 영접했고, 사도 바울을 좇으면서 예수 그리스도의 제자가 되었습니다. 그전까지 그는 거친 세류에 휩쓸려 살았습니다. 어리석게도 여러 가지 정욕과 행악에 매어 지내면서 사람들을 괴롭혔습니다.

디도서의 주인공 디도가 로마 제국의 디도와 동시대를 살았다고 이야기하지 않았습니까. 티투스 시대에 이런 일이 있었습니다. 주후 79년 티투스가 황제의 자리에 오른 지 두 달 뒤에 베수비오산(Mt. Vesuvius)이 폭발했습니다. 그러면서 나폴리만 일대의 마을들이, 폼페이와 그 일대가 화산재와 용암에 순식간에 파묻혀 버렸습니다. 오늘날 폼페이는 그 당시 사람들의 생활상을 증명하는 고고학 현장으로 활용되고 있지요. 폼페이를 찾았을 때 나폴리 박물관에 들른 적이 있습니다. 화산이 터지면서 순식간에 사라져 버렸던 마을을 발굴해 보니 음란했던 사회상이 고스란히 드러났습니다. 그 유물을 전시해 놓은 박물관을 찾았는데, 깜짝 놀랐습니다. 폼페이 발굴물 전시장은 우리식으로 말하면 '19금(禁)'이었습니다.

그레데라고 예외는 아니었습니다. 헬라인 디도도 예외가 아니었을 것입니다. 그래서 바울이 이렇게 지적하지 않았습니까. "얼마 전까지만 해도 우리 역시 어리석고, 완고하고, 죄에 쉽게 넘어가며, 온갖 욕망의 지배를 받고, 원한을 품은 채 돌아다니며, 서로 미워하면서 살았습니다"(3:3, 메시지). 무엇이 선한 일입니까? 거짓에 맞서고 죄를 이기며 사는 것이 선한 일입니다. 욕망을 이기며 사는 것이 선한 일입니다. 미워하지 않는 것이 선한 일입니다.

그레데섬의 그리스도인들 / 본문이 가르치려는 선한 일에는 좀 더 깊은 차원이 있습니다. 무엇이 선한 일입니까? 예수 그리스도를 믿는 것이 선한 일입니다. 왜 그렇습니까?

우리 구주 하나님의 자비와 사람 사랑하심이 나타날 때에 우리를 구원하시되 우리가 행한 바 의로운 행위로 말미암지 아니하고 오직 그의 긍휼하심을 따라 중생의 씻음과 성령의 새롭게 하심으로 하셨나니 우리 구주 예수 그리스도로 말미암아 우리에게 그 성령을 풍성히 부어 주사 우리로 그의 은혜를 힘입어 의롭다 하심을 얻어 영생의 소망을 따라 상속자가 되게 하려 하심이라(딛 3:4-7).

사도 바울에게는 두 제자가 있었습니다. 디도와 디모데입니다. 사도 바울을 만나면서 예수 그리스도를 믿게 되었다는 점에서 디도는 디모데와 비슷합니다. 두 사람 모두 예수 그리스도를 영접하기 전까지는 헬라 문화, 헬라 풍토, 헬라 풍속에 젖어 살았던 헬라인이었습니다. 예수님을 만나면서 헬라 철학의 지혜가 아니라 십자가의 지혜를 삶의 진리로 삼았습니다.

그러나 한 가지 점에서 디도는 디모데와 달랐습니다. 디모데가 바울을 따라나설 때 할례를 받았던 것과는 달리, 디도는 끝까지 할례받지 않은 그리스도인으로 남았습니다(갈 2:1, 3). 디모데는 유대 문화에 접촉하는 통로로 할례를 받았지만, 디도는 그런 절차를 밟지 않았습니다. 무엇을 행해서 거듭난 것이 아니라, 오로지 예수 그리스도를 믿음으로 새사람이 되었습니다. 디도의 힘으로 의로워진 것이 아닙니다. 그는 하나님이 예수 그리스도의 십자가 보혈로 사람들의 죄를 씻어 주셨다는 복음을 믿음으로 새사람이 되었습니다. 디도는 어디에 가든지, 어디에 서든지 예수 그리스도가 자기 삶을 변화시킨 주님이심을 거리낌 없이 증언했습니다.

「교수신문」(1123호, 2022.7.11., 2면)에 인상 깊은 칼럼 하나가 실렸습니다. "고전·역사로 본 21세기 공공 리더십"이란 연재 칼럼에 실린 '세상 변혁의 밀알, 예수'라는 글입니다. 이 글을 기고한 사람은 충남대학교에서 프랑스 종교 전쟁에 대한 연구로 박사학위를 취득하고 충남대학교에서 교양 강의를 하고 있는 김충현 교수였습니다. 그의 글을 대하면서 깨달았습니다. '내가 살아가고 있는 자리에서 내가 만난 예수 그리스도를, 내 안에 계시는 예수 그리스도를 내 삶의 도구로 증언하는 일이 바로 선한 일이구나!' 답을 찾지 못해서 고통스러워하는 자들에게 참 해답을 제시해 주시기 때문입니다.

디도의 시대나 지금이나 세상을 변혁시키는 밀알은 예수 그리스도십니다. 예수 그리스도의 믿음이 내 삶의 기본기라면 우리 삶의 지평선은 어떻게 펼쳐져야 합니까? 내 안에 예수 그리스도가 계신다는 믿음을 삶으로 표현하십시오. 그것이 진정 선한 일입니다.

세속 속의 그리스도인 / 무엇이 선한 일입니까? 선한 일에 힘쓰면 그 열매가 무엇입니까?

이 말이 미쁘도다 원하건대 너는 이 여러 것에 대하여 굳세게 말하라 이는 하나님을 믿는 자들로 하여금 조심하여 선한 일을 힘쓰게 하려 함이라 이것은 아름다우며 사람들에게 유익하니라(딛 3:8).

그레데가 선하게 살기에 참 어려운 척박한 환경이라고 설명했습니다. 그런데도 본문은 우리에게 선한 일에 힘쓰는 하나님의 사람이 되어야 한다고 다짐합니다. 왜 그렇습니까? 믿는 자들이 선한 일에 힘쓸 때 세상이 아름다워지기 때문입니다. 믿는 사람들이 선한 일에 전념하면 세상에 유익이 된다는 것입니다. 그레데섬만 그렇습니까? 오늘 우리 사회도 마찬가지입니다.

국민대학교 교수 가운데 러시아인이 있습니다. 한국어와 한국사를 전공한 후 호주의 한 대학에서 오랫동안 가르치다가 2004년부터 국민대학교 교수로 뿌리내린 안드레이 란코프(Andrei Lankov) 교수인데, 그가 이런 말을 했습니다. "호주는 재미없는 천국이지만, 한국은 재미있는 지옥이다." 그는 이 말을 하면서 한국 사회가 역동적이라는 데 방점을 두었지만, 그의 말이 제게는 우리 사회가 역동적이지만 실상은 지옥 같은 현실이라는 의미로 들렸습니다. 이처럼 거칠고 힘든 사회에서 우리 그리스도인들은 어떻게 처신해야 합니까? 삶의 과제를 짐이 아니라 사명으로 품어 보십시오. 손해 보는 것을 두려워하지 않고 기꺼이 상처받기를 선택하는 그리스도인의 품격이 거기에서 드러납니다.

그렇습니다. 살아가면서 맞닥뜨리는 삶의 과제를 짐스럽게 여기지 않고 사명으로 여기는 것이 선한 일입니다. 이 선한 일에 힘쓰면 가정·가족·일터·사회·교회가 아름다워지고 유익을 얻습니다. 우리 주 하나님이 기대하시는 선한 일에 전념하십시오. 거기에서 삶의 모든 의무가 짐이 아니라 사명으로 바뀌는 기쁨을 누리게 될 것입니다.

18 빌레몬서 | 길품, 시작은 칭의, 끝은 성화입니다

• 몬 1:4-10

힘든 길을 자원해 걷는 두 '길품' / 두 팔 없는 화가로 잘 알려진 석창우는 1955년생입니다. 전기기사로 일하던 1984년 10월 29일 전기 점검 도중 2만 볼트에 감전되면서 양팔과 발가락 두 개를 잃는 사고를 당했습니다. 그의 둘째 아이가 태어난 지 한 달 반, 그의 나이 겨우 서른이 되던 해의 일입니다. 두 팔을 잃고 나서 그는 그림에 소질이 있다는 것을 깨달았습니다. 그러나 화실에서 받아 주지 않았습니다. 글쓰기를 배웠습니다. 처음에는 붓을 잡는 것조차 쉽지 않았습니다. 의수에 테이프를 감아 붓을 고정시키고, 획 하나 긋는 데도 온몸을 써야 했습니다. 수많은 연습 끝에 수묵 크로키로 멋진 글, 멋진 형상을 펼치는 의수 화가가 됐습니다.

석창우 화백
인터뷰 기사

그는 이렇게 고백했습니다. "고등학교 때 미션스쿨에서 성경 점수를 따려고 교회에 다녔습니다. 졸업하고 나서는 안 다녔고요. 그러나 다치면서 하나님을 찾았습니다. 돌이켜 보면 일단 입문시켜 놓고, 때가 되니 팔을 가져가시면서, 다시 [하나님] 품에 들게 하신 것입니다"(『중앙일보』 "'두 팔 없는 30년 더 행복' 2875m 성경필사 후 달라진 화가", 2019. 4.20 기사).

석창우 화백의 작품 중에 「길품」이 있습니다. 우리말 '길품'의 뜻은 둘입니다. '남이 가야 하는 길을 대신 가 주고 품삯을 받는 일'과 '먼 길을 걷는 노력.' 전자가 노동자의 버거운 삶이라면, 후자는 외롭게 길을 걷는 구도자입니다(이찬석, "'품길'이 되는 '길품'", 「샘」 48 [2022. 07], 8쪽).

빌레몬서에 들어섰는데 왜 석창우 화백 이야기를 서두에 거론했을까요? 석창우 화백과 빌레몬은 서로 다릅니다. 처지도, 생김새도, 지위도 다릅니다. 그러나 한 가지 공통점이 있습니다. 둘 다 가지 않으면 안 되는 힘든 길을 걷는 '길품'의 주인공입니다. 석창우의 「길품」에는 화가의 고백이 담겨 있습니다. 힘든 길인데, 가다 보니 소중한 길벗을 만났다는 고백이 담겨 있습니다. 그래서 하는 말입니다. "서로의 짐을 져 주며 함께 걷는 길품!"

사랑하면 달라진다 / 본문에도 '길품'의 주인공이 소개됩니다. 빌레몬서에 소개된 빌레몬입니다.

> 내가 항상 내 하나님께 감사하고 기도할 때에 너를 말함은 주 예수와 및 모든 성도 에 대한 네 사랑과 믿음이 있음을 들음이니(몬 1:4-5).

바울이 빌레몬에 대하여 들은 소식이 무엇입니까? 빌레몬에게 예수 그리스 도와 모든 성도에 대한 사랑과 믿음이 있다는 소식입니다(1:1). 헬라 문화권의 '사랑'에는 여러 종류가 있습니다. 몸으로 나누는 사랑(에로스), 혈족 간에 확인 하는 사랑(스톨게), 친구 사이에 다짐하는 사랑(필리아), 모든 조건을 뛰어넘는 사 랑(아가페). 본문에서 확인하는 빌레몬에게 있는 예수 그리스도에 대한 사랑은 아가페 사랑입니다.

'빌레몬'이라는 이름씨는 '필레오'(사랑하다)라는 동사에서 비롯되었습니다. 그 이름의 뜻은 '자애로운 사람'입니다. 그는 주변 사람을 형제자매로 대우하는 친 절한 사람입니다. 그랬던 빌레몬이 예수 그리스도를 믿으면서 '필리아'의 사람 에서 '아가페'의 사람으로 변화되었습니다. 예수님의 사랑을 깨달으면서 빌레 몬이 달라졌습니다. 예수님을 사랑하면서 빌레몬의 삶이 달라졌습니다. 그는 자기 삶을 모든 성도를 위한 사랑의 보금자리로 내놓았습니다. 새로 태어났습 니다. 아래로부터 태어난 것이 아니라 위로부터 태어났습니다. 믿음으로 의로 워졌습니다. 의로워진 것(義認)으로 그치지 않고 그 자신이 의로운 자(義人)가 되었습니다. 그래서 본문은 빌레몬에 대해서 이렇게 말합니다. "주 예수와 및 모든 성도에 대한 네 사랑과 믿음이 있음을 들음이니."

믿음의 교제의 다리가 되다 / 빌레몬의 믿음은 자기만의 믿음으로 그치지 않았습니다. 그리스도 예수를 믿음으로 홀로 의롭게 살지 않았습니다. 그는 여러 사람과 믿음으로 교제하기를 원했습니다.

이로써 네 믿음의 교제가 우리 가운데 있는 선을 알게 하고 그리스도께 이르도록 역사하느니라(몬 1:6).

빌레몬에게는 '믿음의 교제'(헤 코이노니아 테스 피스테오스)가 있었습니다. 흔히 '교제'(코이노니아)를 '펠로우십'(fellowship, 동료끼리 나누는 사귐)으로 번역하지만, 원래는 펠로우십이기 전에 '파트너십'(partnership, 공동체 구성원끼리 서로 공정하게 지니는 부담)입니다. 빌레몬의 믿음이 한 개인의 믿음으로 그치지 않고 믿음 안에서 서로 어우러지는 공동체(커뮤니티)를 이루는 데까지 나아갔다는 뜻입니다. 바울이 빌레몬을 향해 글을 쓸 때 "네 집에 있는 교회에 편지하노니"(1:2)라고 했던 것을 기억하십시오. 빌레몬이 예수님의 사랑을 깨달으면서 자기 집을 교회로 개방했다는 것입니다.

바울 당시 주민들 대다수는 오늘날 용어로 말하면 10평 남짓한 작은 방에 살았습니다. 좁은 공간에 여러 식구가 엉켜서 지냈습니다. 여러 사람이 한 공간에 모여 집회할 수 있는 규모의 단독 주택이나 별장형 주택을 소유한 사람들은 비율로 따지면 도시의 3% 정도밖에 되지 않았습니다(박영호, 『우리가 몰랐던 1세기 교회』[서울: IVP, 2021], 69쪽). 빌레몬이 당시 그 3%에 속했던 사람으로 추정됩니다. 그런데 빌레몬은 자기 집만 교회로 개방하지 않았습니다. 빌레몬 집에 들어선 교회의 성도들이 그리스도께 이르도록 적극 도왔습니다. "네 믿음의 교제가 우리 가운데 있는 선을 알게 하고 그리스도께 이르도록 역사하느니라"라고 하지 않았습니까.

『우리가 몰랐던 1세기 교회』는 성경을 사회사적으로 읽어 간 결과를 전합니다. 그 책에서 말하는 주후 50년 이후 1세기 후반 기독교 공동체 구성원의 사회·경제적 수준은 이렇습니다. "그들은 대체로 하루 벌어 하루 먹는 생활 수준"이었다(박영호, 39, 43쪽). 만약 누군가를 도와야 하는 일이 생겼다면 자기 먹는 것을 줄이지 않으면 안 되었다는 것입니다. 빌레몬은 이런 처지의 성도들과 믿음 안에서 스스럼없이 교제하면서 자기를 보고 교회로 모인 사람들이 예수 그리스도에게까지 나아가도록 도왔습니다. 자기 집을 교회로 개방했지만, 그 교회를 결코 자기 집으로 여기지 않았습니다. 교회의 주인은 머리가 되시는 예수 그리스도이신 것을 굳게 믿었습니다. 예수 그리스도가 교회의 머리시라면, 성도들은 그 머리의 지체이지 않겠습니까. 빌레몬의 부유함이 성도들과 나누는 믿음의 교제에서 장벽이 되지 않고 다리가 되었다는 것입니다.

성화의 실천 / 문제는 빌레몬이 아니라 빌레몬이 거주하던 지역 사회였습니다. 빌레몬 주변의 주민들은 빌레몬의 처사를 못마땅해했습니다. 바울 생존 당시 로마의 황제 숭배와 관련한 정치적 박해는 교회에 미미했습니다. 박해가 없었다는 뜻이 아닙니다. 박해는 있었습니다. 그런데 "위로부터의 정치적 박해가 아니라 옆으로부터의 사회적 박해"였습니다(박영호, 142쪽). 그리스도인의 생활 방식이 로마 제국의 풍속(에토스)에 균열을 가져온다고 보았기 때문입니다. 그런 맥락에서 다음 구절을 읽어 봅니다.

> 형제여 성도들의 마음이 너로 말미암아 평안함을 얻었으니 내가 너의 사랑으로 많은 기쁨과 위로를 받았노라(몬 1:7).

빌레몬은 당시 자기 주변 사람들과는 달리 사회·경제적 지위에서 자기보다 훨씬 낮은 성도들을 정성껏 환대했습니다. 빌레몬은 마음으로만 주님을 사랑하지 않았습니다. 그는 사랑의 실천에 적극적이었습니다. 당시 로마 사회에서 지위 높은 부자들과는 달리, 예수 그리스도의 사랑을 자기 손발로 적극적으로 드러냈습니다. 사회·경제적 신분에서 자기보다 훨씬 못한 성도들이었는데도 정성껏 환대했습니다. 그래서 빌레몬으로 말미암아 성도들이 평안함을 얻었습니다.

'평안함을 얻었다'(아나파우오)는 말은 '노동에서의 쉼이 주는 편안함'을 가리킵니다. 이 말은 '위를 향해'(아나) + '멈추었다'(파우오)라고도 읽을 수 있습니다. 빌레몬의 헌신으로 일상에 지친 성도들이 하늘에서 내려오는 평안을 누리게 되었다는 것입니다. 빌레몬의 믿음이, 빌레몬이 헌신한 믿음의 교제가, 빌레몬이 구현한 믿음의 봉사가 성도들의 마음에 영적인 쉼을 얻게 해 주었습니다.

장애인 석창우를 다시 일으킨 것은 하나님의 말씀이었습니다. 하나님의 말씀을 한 획, 한 획 써 가면서 두 팔을 잃은 장애인으로 살게 된 인생 자체가 하나님의 계획이었음을 체험했습니다. 서예를 하면서 "팔이 없다는 단점이 오히려 장점이 되었다"고 그는 고백했습니다. 붓글씨는 손목이나 팔꿈치가 아닌 온몸으로 써야만 하는데 그런 붓글씨의 이치가 두 팔이 없는 자기 처지에 딱 들어맞았다는 것입니다. 온몸으로 있는 힘을 다해 써 내려가야만 했던 석창우의 글씨가 나중에 보니 필력이 넘쳐 나는 작품이 되었습니다. 석창우 화백의 고백은 위로부터 내려오는 은혜가 얼마나 놀라운지를 새삼 일깨워 줍니다. 거기에서 그는 자기를 통해서 일하시는 하나님을 다시 만났습니다. 그의 고백에는 구도자의 길품이 드러내는 감동이 있습니다.

빌레몬에게도 똑같은 감동이 있습니다. 빌레몬의 믿음의 시작은 칭의였습니다. 그 믿음의 방향은 사랑(아가페)의 실천, 성화였습니다. 그는 혼자서 믿지 않고 더불어서 믿고자 했습니다. 자기 집을 교회로 개방해서 믿음의 교제와 봉사에 나서면서 온 성도가, 교회로 찾아온 이웃들이 하늘의 평강을 누리도록 적극적으로 헌신했습니다. 바로 그 성화의 실천이 빌레몬서의 주제입니다. 비록 한 장밖에 되지 않지만, 가르침의 차원에서는 여느 말씀 못지않게 무겁습니다. 빌레몬은 예수 그리스도의 은혜가 입혀 준 새사람의 옷을 입은 자라면 어떻게 살아야 하는지를 일깨워 주는 사례가 되었습니다.

그리스도인은 누구나 길품의 사람입니다. 구도자이기 때문입니다. 내가 그 길에 나서서 믿음의 교제와 믿음의 봉사를 이룰 때, 내가 아닌 나의 이웃의 평안을 위한 헌신에 힘쓸 때 우리 주 예수 그리스도가 길벗이 되어서 나의 옆에 계십니다.

칭의에서 성화까지 가는 길 / 어려움은 빌레몬에게도 있었습니다. 믿음의 여정에서 중대한 걸림돌을 만났습니다.

이러므로 내가 그리스도 안에서 아주 담대하게 네게 마땅한 일로 명할 수도 있으나 도리어 사랑으로써 간구하노라 나이가 많은 나 바울은 지금 또 예수 그리스도를 위하여 갇힌 자 되어 갇힌 중에서 낳은 아들 오네시모를 위하여 네게 간구하노라(몬 1:8-10).

빌레몬의 길품에서 걸림돌은 오네시모입니다. 빌레몬에게 오네시모는 용서해야 할 대상입니다. 오네시모는 빌레몬에게서 도망친 노예입니다. 당시에는 도망친 노예가 붙들리면 다리를 부러뜨리거나 불로 지져 낙인을 찍거나 죽였습니다. 그런 처지의 오네시모를 바울은 "갇힌 중에서 낳은 아들"이라고 부릅니다. 그러면서 오네시모를 빌레몬에게 돌려보낼 테니 그를 "종과 같이 대하지 아니하고 종 이상으로 곧 사랑받는 형제로"(1:16) 대하라고 부탁합니다. 노예의 지위에서 해방시키라는 것입니다. 만약 오네시모가 빌레몬에게 재정적인 손해를 끼친 것이 있다면 자기가 대신 갚아 주겠다고까지 말합니다(1:18).

주후 1세기 로마 사회에서 노예는 어디에나 있었습니다. 우리가 자동차를 소유하듯이 로마 사회에서 노예 소유는 자연스러운 일이었습니다. 노예를 사람이 아닌 재산으로 보았던 점은 비슷하지만, 19세기 북미의 노예제와는 다릅니다. 북미 노예는 흑인들이었지만, 로마에서는 같은 인종 내에서도 전쟁, 가난 등으로 얼마든지 노예가 될 수 있었습니다. 반대로 노예에서 벗어나는 출구도 언제든지 열려 있었습니다(박영호, 169, 175쪽). 주인이 마음만 먹으면 언제든지 노예를 개별적으로 해방시킬 수 있었습니다.

바울의 요청이 바로 그것입니다. 오네시모를 노예에서 해방시키라는 것입니다. 그러나 이 요청은 사회적으로 큰 파장을 불러일으켰습니다. 바울도 이런 말을 하기가 쉽지 않았습니다. 다른 데서는 "종들아 모든 일에 육신의 상전들에게 순종하되 사람을 기쁘게 하는 자와 같이 눈가림만 하지 말고 오직 주를 두려워하여 성실한 마음으로 하라"(골 3:22; 비교, 딤전 6:1-2)고 하지 않았습니까.

빌레몬은 그가 걷는 길품에서 커다란 걸림돌을 만났습니다. 그렇지만 "너희는 유대인이나 헬라인이나 종이나 자유인이나 남자나 여자나 다 그리스도 예수 안에서 하나이니라"(갈 3:28)라는 말씀을 따라서 신앙생활의 걸림돌을 구원의 완성으로 나아가는 디딤돌로 삼고자 했습니다(참조, 골 4:9).

칭의에서 성화로 나아가는 길품에 있는 사람에게는 누구나 오네시모가 있습니다. 그 오네시모 문제를 믿음의 이치대로 풀지 않는다면 우리가 걷는 믿음의 길은 미완성에 그치고 맙니다. 나에게 오네시모는 무엇입니까? 빌레몬 이야기의 들머리는 칭의(稱義)였지만, 그 끝머리는 성화(聖化)입니다. 오늘 우리도 칭의에서 성화까지 가는 이 길을 끝까지, 신실하게 걸어야 하지 않겠습니까!

19 히브리서 | 여러분에게 예수 그리스도는 누구십니까?

• 히 8:1-6

김병종 「바보 예수」 / 동양 화가 김병종(1953-)은 「바보 예수」(1988), 「상처 난 얼굴」(1991), 「목수의 얼굴」(1986), 「황색 예수」(1985), 「흑색 예수」(1987), 「백 색 예수」(1986), 「붉은 예수」(1988) 등을 그렸습니다. 왜 김병종 화백은 예수님 을 그렸을까요? 『바보 예수』(파주: 효형출판, 2005)에 그 해답이 나옵니다. "대학 캠퍼스가 최루탄으로 몸살을 앓던 시절, 매서운 최루탄 가스를 뚫고 대학 캠퍼 스를 오르내릴 때 2천 년 전 유대 광야를 걸으셨던 예수님을 떠올렸습니다. 불 의와 폭력으로 치닫던 세상에서 사랑과 평화의 십자가를 지셨던 예수님을 세 상이 바보로 여겼던 사실을 떠올렸습니다. 그런 예수가 여전히 세상의 희망이 라는 소리를 하고 싶었습니다."

세상은 그런 김병종의 예수에 열광했습니다. 저 멀리 계시는 주님이 아니라 우리 속에 계시는 주님을 보았습니다. 미술사적으로도 획기적이었습니다. 예 수님 얼굴은 대체로 서양의 미남이지 않습니까. 미술평론가 이건수는 이렇게 평가했습니다. "김병종이 예수라는 서양의 거대한 아이콘을 문인화풍의 동양 화로 변주했다는 사실이 없었다면 우리 동양화의 세계는 시대적 낙후성에 부 끄러워졌을지도 모른다."

김병종 화백은 어릴 때부터 어머니 손을 잡고 교회를 다녔던 신실한 그리스 도인입니다. 회의와 방황이 없었던 것은 아니지만, 예수님이 힘들고 암울하고 지칠 때마다 자기를 찾아오셨다고 고백합니다. 그의 예수상을 보십시오. 무엇 인가에 쫓기고 있는 듯한 눈, '헤' 벌어진 입, 뭉툭한 코, 멍한 시선, 다듬지 않은 수염. 좀 더 낮은 모습으로 오셔서 자신의 모든 것을 아낌없이 내어 주신 예수 님을 향한 신앙 고백이 거기에 담겨 있습니다. 예수님이 가이사랴 빌립보에서 제자들에게 물으셨습니다. "사람들이 나를 누구라고 하느냐?" "랍비라고 합니다. 선지자라고 합니다." 제자들이 답하자, 예수님이 재차 물으셨습니다. "너희는 나를 누구라 하느냐?" 김병종 화백은 그 질문에 「바보 예수」라는 그림으로 대답했습니다. 그렇다면 여러분에게 예수 그리스도는 누구십니까?

예수 그리스도, 그분은 누구신가? / 본문은 예수 그리스도를 이렇게 설명합니다.

지금 우리가 하는 말의 요점은 이러한 대제사장이 우리에게 있다는 것이라(히 8:1a).

예수님 하면 보통은 메시아, 왕, 목자, 선지자, 스승, 구세주 등을 떠올립니다. 그런데 본문은 예수님을 가리켜 "대제사장"이라고 부릅니다. 왜 그렇습니까? 히브리서는 '히브리인들에게 보내는 서신'입니다. 히브리인은 히브리어를 쓰는 사람들입니다. 주후 1세기 후반 교회에는 그리스식으로 교육받은 유대인들이 있었습니다. 히브리어를 사용하는 그들에게 히브리서는 구약성경을 통해서 예수 그리스도가 누구신지를 풀어 갑니다.

초대교회 성도들은 시간이 흐르면서 세 부류로 구분되었습니다(2:3-4). 예수님 말씀을 직접 들은 자, 그 말씀을 전해 들은 자, 전해 들은 말씀을 다시 새기는 자. 1세대 그리스도인은 예수님을 직접 대면한 자들, 2세대 그리스도인은 예수님에 대한 이야기를 전해 들은 자들, 3세대 그리스도인은 전해 들은 예수 그리스도의 이야기를 지식으로 갈무리한 자들입니다. 히브리서 독자들이 바로 3세대입니다. 문제는 3세대 그리스도인이 교회의 주축이 되면서 교회 분위기가 냉랭해지고 무기력해졌다는 데 있습니다. 나태해졌습니다. 구원의 기쁨을 잃어버렸습니다. 그런 문제를 지니고 있는 자들에게 전해진 복음이 히브리서입니다.

체육관 러닝머신 앞에 걸어 놓은 TV 화면에 중계된 미국 프로야구 메이저리그(MLB) 경기를 보았습니다. 세인트루이스 구장에서 열린 세인트루이스 카디널스와 뉴욕 양키스의 경기였는데, 타자 뒤편에 소개된 광고 하나가 눈에 띄었습니다. "Jesus forgave errors. HeGetsUs.com"(예수님이 실책을 용서하셨다. 그분이 우리를 구하신다). 'error'는 야구 용어로 '실책'입니다. 경기에서 승리하기 위해서는 수비가 중요합니다. 내·외야수가 저지른 실책 하나가 뼈아픈 패전으로 이어집니다. 그런 사정을 알고 있는 관중에게 전하는 메시지였습니다. 예수님이 우리의 실책, 실수, 죄악을 용서하셨다는 것입니다. 그 예수님이 우리를 구원하셨습니다.

본문이 예수님을 대제사장으로 소개한 이유도 여기에 있습니다. 히브리서의 독자들, 구원의 은혜를 잃어버린 자들에게는 치유가 필요합니다. 그래서 말합니다. "우리가 믿는 도리의 사도이시며 대제사장이신 예수를 깊이 생각하라"(3:1b). 제사장은 죄와 허물에 찌든 사람들에게 하나님께로 가는 길을 안내하는 자입니다. 신앙생활의 첫걸음은 예수 그리스도가 나의 죄와 허물의 짐을 벗겨 주셨다는 감격으로 출발합니다. 본문은 독자들에게 바로 이 감격을 회복시켜 주려고 합니다. 왜 주저앉아 있습니까? 예수 그리스도가 우리를 하나님께로 가는 길로 안내하는 대제사장이시라는 감격을 회복할 때 막혔던 문제가 풀립니다. 주저앉았던 분위기가 되살아납니다. 잃어버렸던 기쁨이 되돌아옵니다.

예수 그리스도, 지금 어디에 계시는가? / 히브리서는 십자가에 달리신 예수님이나 부활하신 그리스도를 직접 말하지 않습니다. 잠시 죽음의 고난을 받으신 예수님을 거론하기는 하지만(2:9), 십자가를 직접 말하지는 않습니다. 히브리서의 관심은 승천하신 예수 그리스도입니다. 그래서 본문은 이렇게 전합니다.

그는 하늘에서 지극히 크신 이의 보좌 우편에 앉으셨으니 성소와 참 장막에서 섬기는 이시라 이 장막은 주께서 세우신 것이요 사람이 세운 것이 아니니라(히 8:1b-2).

히브리서가 전하는 하늘의 진실에 주목해 보십시오. 하늘에는 무엇이 있습니까? 하늘 장막, 하늘 성소, 하늘 성전이 있습니다. 하늘에는 누가 계십니까? 하나님이 계십니다(1:3). 시편에 이런 예고가 나오지 않습니까.

여호와께서 내 주에게 말씀하시기를 내가 네 원수들로 네 발판이 되게 하기까지 너는 내 오른쪽에 앉아 있으라 하셨도다(시 110:1).

본문은 이 시편 말씀을 상기시키면서 부활 승천하신 예수님이 대제사장의 신분으로 하나님 우편에 앉아 계신다고 증언합니다. 하늘 성소에서 우리 주님이 온 천하 만물을 살피고 계신다고 증언합니다.

동양에서 발간된 최초의 신학 서적은 1583년 중국 명(明)나라 말기 이탈리아 출신 예수회 선교사 마테오 리치(Matteo Ricci, 1552-1610)가 저술한 『천주실의』(天主實義)입니다. 기독교 신앙의 진수를 서양 선비와 중국 선비가 주고받는 대화 형식으로 기록해 놓았습니다. 당시 중국 사람들에게는 '상제'(上帝, 하늘님, 하느님)라는 개념이 있었습니다. 마테오 리치는 기독교 신앙의 하나님을 소개할 때 '상제' 대신 '천주'(天主)라는 용어를 사용했습니다. 천지 만물에는 그것을 지으신 주인이 있다는 것을 일깨워 주고자 했습니다(『천주실의』 상권, 제2편 [서울: 서울대학교출판부, 1999, 2001], 99, 106쪽).

히브리서 당시의 사정도 이와 비슷했습니다. 그 당시는 땅과 하늘이 로마 제국의 가치를 따르는 자들로 온통 소란스러웠습니다. 그리스·로마 신화를 떠올려 보십시오. 하늘과 땅을 온갖 신들의 이야기로 꾸며 놓지 않았습니까. 히브리서는 이런 세상의 소리에 짓눌려 있던 자들에게 참 신이 누구신지를 가르칩니다. 하늘과 땅에 있는 모든 것은 다 주 하나님이 지으신 것이라고 가르칩니다(11:3). 하나님을 모르는 자들에게 하나님을 알게 하고, 하늘의 주인(天主)을 모르는 자들에게 승천하셔서 하나님 보좌 우편에서 천하 만물을 다스리시는 대제사장 예수 그리스도가 온 세상을 다스리시는 주님이라고 힘주어 가르칩니다.

예수 그리스도, 무엇을 하셨는가? / 그렇다면 예수 그리스도가 땅에 계실 때는 무엇을 하셨습니까?

대제사장마다 예물과 제사드림을 위하여 세운 자니 그러므로 그도 무엇인가 드릴 것이 있어야 할지니라 예수께서 만일 땅에 계셨더라면 제사장이 되지 아니하셨을 것이니 이는 율법을 따라 예물을 드리는 제사장이 있음이라 그들이 섬기는 것은 하늘에 있는 것의 모형과 그림자라 모세가 장막을 지으려 할 때에 지시하심을 얻음과 같으니 이르시되 삼가 모든 것을 산에서 네게 보이던 본을 따라 지으라 하셨느니라(히 8:3-5).

제사장은 예물·제물로 하나님께 제사를 드리는 자입니다. 날마다 1년 된 어린 양 두 마리를 아침과 저녁으로 나눠 번제로 드려야만 했습니다(출 29:38-41). 그러면서 죄악과 허물에 눌린 자들이 찾아오면 속죄의 제물을 하나님께 드려서 그 상한 심령에 영적인 생기를 회복해 주어야 했습니다. 하나님과 이스라엘의 영적 소통을 위해 헌신했습니다. 그런 시각에서 볼 때 대제사장 예수 그리스도도 '무엇인가 드릴 것이 있어야' 했다는 것입니다.

예수님이 드리신 것이 무엇입니까? 예수님은 유대교의 제사장과는 그 사역의 차원이 달랐습니다. 예수님은 제물로 삼은 짐승이 아닌 자기 몸을 속죄 제물로 드리셨습니다. 제물로 잡은 짐승의 피가 아닌 예수님 자신의 피로 "영원한 속죄를 이루사 단번에 성소에"(9:12) 들어가셨습니다. 예수님의 그런 속죄 사역으로 "우리가 거룩함을 얻었"(10:10)습니다. 제물의 내용만 다르지 않았습니다. 대제사장의 근본이 달랐습니다.

세상의 제사장들은 아론의 혈통으로 태어났지만, 예수님은 멜기세덱의 반열을 따르셨습니다. 멜기세덱이 누구입니까? 아브라함 한 사람을 위하여 하나님이 이 땅에 보내신 제사장 아닙니까. 예수님은 우리의 죄와 허물을 씻기기 위해서 '하나님이 사람이 되어' 이 땅에 오셨던 주님이십니다. 그 주님을 가리켜 히브리서 본문은 이렇게 설명합니다. '예수님이 자기 몸을 속죄 제물로 드리심으로 단번에 하늘로 가는 길이 우리에게 열리게 되었다!' 기억하십시오. 자기 몸을 제물로 드리는 사역을 이루신 주님이 계셨기에 우리는 하늘에 계신 하나님을 '아바 아버지'라고 부를 수 있게 되었습니다.

예수 그리스도, 무엇을 하고 계시는가? / 하늘에 오르신 주님이 지금 하고 계시는 사역은 무엇입니까?

그러나 이제 그는 더 아름다운 직분을 얻으셨으니 그는 더 좋은 약속으로 세우신 더 좋은 언약의 중보자시라(히 8:6).

하늘에 오르신 예수 그리스도는 땅의 사람들과 하늘 아버지 사이에서 중보자 사역을 감당하고 계십니다. 중보자는 가운데에서 양쪽을 중재하는 사람입니다. 예수님은 지금 하나님과 하나님의 백성 사이에서 하나님 백성의 사정을 하나님께 탄원하고 계십니다. 기도할 때 누구의 이름으로 기도합니까? 예수 그리스도의 이름으로 기도합니다. 예수님이 우리를 위하여 하나님께 중보하십니다. 그 중보자가 하늘에 계시기에 이 땅의 그리스도인들은 날마다, 순간마다 예수님의 이름으로 하늘에 계신 아버지께 기도합니다.

중보자 예수 그리스도는 더 좋은 언약, 새로운 언약을 위하여 중보하고 계십니다. 옛 언약은 돌에 새겼습니다. 새 언약은 마음에 새깁니다(렘 31:31-34). 하나님이 주신 새 마음이 우리의 영적 주파수를 하나님께 맞추게 합니다. 그렇기에 우리는 날마다 하나님의 백성으로 살아갑니다. 그런데 새 언약에 따르면, 하나님은 우리 죄를 용서하신 뒤에는 다시는 그 죄를 기억하지 않으십니다. 우리는 다 하나님 앞에서 죄인입니다. 그러나 용서받은 죄인입니다.

글쓰는 화가 김병종은 여러 권의 화집도 냈습니다. 「바보 예수」(김병종 화집 I)에 이어 나온 화집의 제목은 이것입니다. 「생명의 노래」(김병종 화집 II). 그는 1989년 늦가을에 자다가 연탄가스에 중독되는 사고를 당해 죽을 뻔했습니다. 두 달 동안 병원 신세를 진 뒤 퇴원하고 거리로 나왔을 때 얼어붙은 땅을 밀치고 올라온 노랗고 작은 꽃 한 송이를 보았습니다. 순간, 깨달았습니다. '세상은 하나님의 창조 미술관이다!' 위기와 절망의 순간마다 하나님이 매번 손을 내밀어 그를 일으켜 주셨음을 확신했습니다. 그때 그는 다짐했습니다. '하나님은 나의 영원한 보호자시다!' 자기 그림에 십자가와 예수님이 나오지 않아도 사람들이 그 그림에서 창조주 하나님을 느끼기를 바랐습니다. 그런 연유로 그의 「바보 예수」가 「생명의 노래」로 이어지게 되었습니다.

이 고백을 읽으면서 히브리서 본문의 중보자를 이렇게 바꿔서 새겼습니다. 쓰기는 중보자, 읽기는 보호자! 하늘 아버지의 보좌 우편에 계시는 대제사장 예수 그리스도가 우리의 보호자(중보자)십니다. 그 대제사장 예수 그리스도가 우리를 거드시기에 우리는 언제나 마침내 승리합니다.

20 야고보서 | 행함은 드러내기, 해내기, 닮기, 되기입니다

• 약 1:22-27

합창에서의 베이스 / 우리가 부르는 찬송가는 4부 화음으로 구성되어 있습니다. 멜로디(소프라노)와 함께 멜로디를 받쳐 주는 화음들(알토, 테너, 베이스)이 찬송가 가락을 풍성하게 합니다. 신약성경의 멜로디는 "가라 네 믿음이 너를 구원하였느니라"(막 10:52), "주 예수를 믿으라 그리하면 너와 네 집이 구원을 받으리라"(행 16:31), "오직 의인은 믿음으로 말미암아 살리라"(롬 1:17b) 등이 이끄는 소리입니다. 그러나 야고보서에서는 그런 신약의 멜로디가 들리지 않습니다. 행함이 없는 믿음은 죽은 믿음이라는 소리만 들릴 뿐, 십자가·부활·구원 등에 관한 이야기는 찾아볼 수 없습니다. 야고보서를 어떻게 받아들여야 할까요?

노래에서는 멜로디가 중요합니다. 노래를 따라 부르는 것도 멜로디를 기억하기 때문입니다. 합창에서 멜로디는 소프라노가 담당합니다. 그런데 합창에서는 멜로디 말고도 화음이 중요합니다. 멜로디와 어울리는 알토, 멜로디를 꾸며 주는 테너, 멜로디를 받쳐 주는 베이스가 노래의 완성도에 이바지합니다. 야고보서가 내는 소리는 신약의 합창에서 베이스에 해당합니다. 베이스가 음이 낮고 잘 드러나지 않듯이 야고보서의 소리는 우리 귀에 잘 들리지도, 크게 두드러지지도 않습니다. 그렇지만 야고보서가 내는 '행함이 없는 믿음은 죽은 믿음'이라는 소리는 믿음과 대조·대비·대립하는 음(音)이 아니라 믿음의 완성도를 높이는 화음입니다.

채움과 드러냄 / 야고보서에서 행함은 드러냄입니다. 믿음이 채움이라면 행함은 드러냄입니다. 덜어냄이 아니라 드러냄입니다. 본문이 그것을 말합니다.

너희는 말씀을 행하는 자가 되고 듣기만 하여 자신을 속이는 자가 되지 말라(약 1:22).

말씀을 들었다는 것은 내 안을 말씀으로 채웠다는 뜻입니다. 말씀을 행하는 자가 되라는 말은 내 속에 담긴 말씀을 밖으로 드러내라는 의미입니다. 드러내지 않는다면 자신을 속이게 되고 맙니다. '말씀을 행하는 자가 되라'(기네스테 데 포이에타이 로구)에서 '행하는 자'(포이에테스)에는 '시인'이란 뜻이 있습니다(참조, 행 17:28). '말씀을 행한다', '말씀대로 행한다', '말씀 따라 행한다'란 자기 마음에 채워 놓은 말씀을 밖으로 드러나게 하는 노력이라는 말입니다. 그런 노력을 시를 쓰는 시인의 처지에 견주었습니다.

야고보서에서 말씀을 행하는 자의 표상은 아브라함입니다(2:21-24). 로마서가 강조하는 아브라함은 행위로는 하나님 앞에서 자랑할 것이 아무것도 없는 사람입니다. 야고보서는 다릅니다. 아브라함이 하나님을 믿으니 이것을 하나님이 아브라함의 의로 여기셨다고 거론하면서도(2:23; 참조, 창 15:6), 아브라함이 진정 의롭다 하심을 받은 것은 아브라함이 그 아들 이삭을 제단에 바칠 때였다고 지적합니다(2:21).

아브라함이 그 아들 이삭을 제물로 바치라는 하나님의 말씀을 들었을 때 백세에 얻은 아들을 제물로 잡고자 바로 모리아산으로 올랐겠습니까? 수많은 갈등과 번민이 그에게 있지 않았겠습니까? 쉽지 않은 결단이었지만 아브라함은 온갖 인간적인 생각을 내려놓고 하나님의 말씀에 자기 삶을 맡겼습니다. 그때 하나님의 말씀은 아브라함의 삶을 써 가는 연필이 되고, 아브라함의 삶은 하나님의 말씀이 풀어지는 공책이 되었습니다. 야고보서가 다짐하는 행함의 뜻이 여기에 있습니다.

시인 김소월을 예로 들어 봅니다. "산바람 소리/ 찬비 듣는 소리/ 그대가 세상 고락 말하는 날 밤에,/ 숯막집 불도 지고 귀뚜라미 울어라"(김소월, '귀뚜라미' 전문). 무슨 장면이 떠오릅니까? 찾아온 친구가 밤새 털어놓는 세상 고락을 들어야 하면서도 밤새 쏟아지는 찬비 소리와 귀뚜라미 소리에 귀를 기울이는 시인의 모습이 그려집니다. 애잔하지 않습니까? "시는 인간의 삶에 대한 정서적 접근에서 시작하는" 글입니다(도종환, 『꽃은 젖어도 향기는 젖지 않는다』[서울: 한겨레출판, 2011], 244쪽).

모리아산으로 오르던 아브라함의 입에서 나온 말도 마찬가지입니다. 아브라함은 이삭을 제물로 드리고자 모리아산에 오를 때 번제 나뭇짐은 이삭에게 지게 하면서도 번제에 필요한 양은 끝까지 이삭에게 보여 주지 않았습니다(창 22:7). 그런 아버지 아브라함에게 이삭이 뭐라고 물었습니까? "내 아버지여…번제할 어린 양은 어디 있나이까"(창 22:7). 그 소리에 아브라함이 무엇이라고 대답했습니까? "내 아들아 번제할 어린 양은 하나님이 자기를 위하여 친히 준비하시리라"(창 22:8). 하나님이 자기를 위하여 친히 준비하실 것이라는 아브라함의 말은 말하자면, 아브라함의 입에서 나온 말꽃(詩)이었습니다.

하나님의 말씀을 내 삶의 연필로, 붓으로 삼기란 결코 수월하지 않습니다. 하지만 그런 갈등을 이겨 내고 하나님의 말씀을 자기 삶의 연필로 삼게 되기에, 본문은 말씀을 행하는 사람을 가리켜 말씀을 풀어 가는 시인이라고 부릅니다. 쉽지 않지만, 들은 말씀은 드러나야 합니다. 오래도록 망설일 수 있지만, 드러내야 합니다.

잊어버리기와 해내기 / 본문은 또 말씀을 듣고 행하는 삶을 거울에 자기 모습을 비춰 보는 행동에 견주어서도 살핍니다.

> 누구든지 말씀을 듣고 행하지 아니하면 그는 거울로 자기의 생긴 얼굴을 보는 사람과 같아서 제 자신을 보고 가서 그 모습이 어떠했는지를 곧 잊어버리거니와 (약 1:23-24).

본문에서 '말씀을 들은 자'(아크로아테스)란 '청중의 자리에 앉아 있는 사람'(아크로아테리온)을 가리킵니다. 방청석, 강당, 청문회장에서 누군가의 소리에 귀를 기울이는 사람을 상상해 보십시오. 어떤 모습입니까? 정숙해야 합니다. 집중해야 합니다. 메모해야 합니다. 본문에 거론된 청중석에 앉은 사람은 그렇지 못합니다. 산만합니다. 엉뚱합니다. 듣지 않습니다. 그런 자를 가리켜서 본문은 거울에 비친 얼굴을 보고 난 뒤 곧 잊어버리는 사람과 다를 바 없다고 지적합니다. 말씀을 듣고서도 행하지 않는 사람은 거울을 흘끗 들여다볼 뿐 거울에 비친 자기 모습을 이내 잊어버리는 사람에 지나지 않는다는 것입니다. 거울을 보는 이유가 무엇입니까? 매무새를 고치기 위해서입니다.

'무감어수 감어인'(無鑑於水 鑑於人)이란 말이 있습니다. 물을 거울로 삼지 말고, 사람을 거울로 삼으라는 말입니다. 자기 얼굴을 물에 비추지 말고 다른 사람에게 비추어 보라는 뜻입니다. 거울이 없던 시절에는 사람들이 물에 비친 모습을 보면서 매무새를 단장했습니다. 그런 이들을 향한 충고입니다. 내가 누구인지는 다른 사람이 나를 어떻게 보고 있는지에서 드러납니다. 저는 '무감어수 감어인'을 이렇게 새겨 보려고 합니다. '무감어인 감어경'(無鑑於人 鑑於經). '사람을 거울로 삼지 말고 경전을, 성경을 거울로 삼아라!' 다른 사람들의 눈에 비친 나의 모습보다도 성경 말씀에 비친 내 모습이 참된 자기 모습입니다(왕대일, 『기독교 경학과 한국인을 위한 성서 해석』[서울: 대한기독교서회, 2012], 330쪽).

성경을 건성으로 읽지 마십시오. 성경 말씀을 건성으로 듣지 마십시오. 듣고 잊어버리지 말고, 할 수 있는 대로 기억하십시오. 말씀을 거울로 삼아 고칠 것은 고치고, 버릴 것은 버리고, 구할 것은 구하십시오. 야고보서가 말하는 행함의 뜻이 여기에 있습니다.

담기와 닮기 / 야고보서가 말하는 행함에 따르면 담기는 닮기로 이어져야 합니다.

자유롭게 하는 온전한 율법을 들여다보고 있는 자는 듣고 잊어버리는 자가 아니요 실천하는 자니 이 사람은 그 행하는 일에 복을 받으리라(약 1:25).

사도 바울은 한때 율법을 "우리를 그리스도께로 인도하는 초등교사"(갈 3:24)라고 가르쳤습니다. "믿음이 온 후로는", 곧 예수 그리스도가 오신 후로는 더 이상 우리가 초등교사 아래에, 율법 아래에 있지 않다고 가르칩니다(갈 3:25; 비교, 롬 13:10). 율법의 시효가 만료되었다는 것입니다. 본문은 거기에 이의를 제기합니다. 본문에서 율법은 "자유롭게 하는 온전한 율법"(개역개정)입니다. 유진 피터슨은 아예 "계시된 하나님의 권고-자유를 주는 삶"(메시지)이라고까지 불렀습니다.

본문에서는 율법이 잘잘못을 따지는 규정이 아니라 우리를 자유롭게 하는 하나님의 말씀입니다. 그런 말씀을 잊지 않고 실천하는 자에게 하나님이 복을 주신다고 힘주어 말합니다. 자유와 해방을 주는 율법을 따르는 자가 복이 있다는 말씀은 예수님의 산상수훈을 떠올리게 합니다. 야고보서를 쓴 사람이 예수님의 동생 야고보인지에 대해서는 이런저런 논의가 있습니다. 다만 한 가지 확실한 것은 야고보서가 그 내용과 주제에서 예수님의 산상수훈을 닮았다는 사실입니다(Virgil Porter, Jr., "The Sermon of the Mount in the Book of James", pt. 1, *Bibliotheca sacra* 162 [2005], 344-360).

야고보서는 "너희는 세상의 빛이라"(마 5:14), "노하지 말라"(참조, 마 5:22), "간음하지 말라"(참조, 마 5:32), "맹세하지 말라"(참조, 마 5:34), "원수를 사랑하라"(참조, 마 5:44), "은밀하게 구제하라"(참조, 마 6:3-4), "보물을 하늘에 쌓아 두라"(마 6:20), "비판을 받지 아니하려거든 비판하지 말라"(마 7:1) 같은 예수님 말씀을 떠올리게 합니다. 예수님도 "누구든지 나의 이 말을 듣고 행하는 자는 그 집을 반석 위에 지은 지혜로운 사람 같으리니"(마 7:24)라고 하시지 않았습니까. 야고보서가 산상수훈을 닮았듯이, 예수님의 말씀을 들은 자는 말씀하신 예수님을 닮아 가야 합니다. 예수님을 닮아 가는 자에게 복이 있으라!

품기와 되기 / 이제 본문은 행함의 한 사례로 경건을 꼽습니다.

누구든지 스스로 경건하다 생각하며 자기 혀를 재갈 물리지 아니하고 자기 마음을 속이면 이 사람의 경건은 헛것이라 하나님 아버지 앞에서 정결하고 더러움이 없는 경건은 곧 고아와 과부를 그 환난 중에 돌보고 또 자기를 지켜 세속에 물들지 아니하는 그것이니라(약 1:26-27).

본문에서 "경건"(트레스케이아)은 종교 예식을 엄밀하게 지키는 독실한 신자를 가리키는 명칭입니다. "망령되고 허탄한 신화를 버리고 경건에 이르도록 네 자신을 연단하라"(딤전 4:7)에 나오는 '경건'(유세베이아)과는 다릅니다. 경건한 마음보다는 겉으로 드러난 행실에 방점을 찍었습니다. 본문은 경건한 행실(트레스케이아)의 사례를 '고아와 과부를 그 환난 중에 돌보는' 데까지 넓혔습니다. 행함은 되기입니다. 어떤 사람이 되어야 합니까? 하나님 경외를 이웃 사랑으로 펼쳐 가는 예수님의 제자가 되어야 합니다. 교회 밖 세상은 하나님 경외와는 거리가 멉니다. 그래서 주의 사항도 일러줍니다. "하나님 아버지 앞에서 정결하고 더러움이 없는 경건은…자기를 지켜 세속에 물들지 아니하는 그것이니라."

한국인 최초로 목사 안수를 받은 사람은 감리교 목회자 김창식과 김기범입니다. 1901년 5월 14일에 미감리회 한국 선교회 제17차 연회에서 안수를 받았는데, 그 120주년이 되던 해에 『한국교회 큰 머슴들』(서울: 기독교대한감리회, 2021)이란 책이 발간되었습니다. 이 책은 두 사람만 이야기하지 않고 한국 교회의 '큰 머슴들' 120인을 별도로 선정해서 소개했습니다. 그 120인 가운데는 손정도, 신석구, 길선주 등 널리 알려진 사람도 있지만, 그렇지 않은 사람도 많습니다.

그 선정 기준이 궁금했습니다. 살펴보니 대체로 일제강점기에 순국과 순교와 헌신을 삶의 방식으로 삼은 목회자들이었습니다. 자기 이익보다도 이웃이 당하는 고난 앞에서 기꺼이 자기를 희생한 분들이었습니다. 또 하나, 뜨거운 열정으로 기독교 복음을 온 누리에 전파했던 전도자·부흥사였습니다. 복음을 향한 열정에서 예수 그리스도 신앙을 자기만의 경건으로 간직하지 않고, 예수 그리스도가 주신 자유와 해방을 온 겨레에 뜨겁게 전했습니다. 나라의 독립을 향한 몸부림을 기꺼이 경건의 연장선으로 받아들였습니다. 그래서 이 땅의 선구자·선각자가 되었습니다.

바로 그 120인 속에 하늘빛교회 안종량 권사의 조부 안경록(安慶祿, 1882-1945) 목사가 있습니다(569-574쪽). 그는 숭실중학교를 다니던 때부터 독립운동을 했습니다. 신학교를 마친 1914년부터 전도사, 목사, 감리사로 강원도의 여러 교회를 섬기다가 3·1운동이 일어나던 해 4월 2일에 강릉시장에서 직접 대한독립만세 시위를 주도했습니다. 그렇습니다. 한국 교회의 큰 머슴들은 예수 그리스도 신앙을 자기만의 경건으로 간직하지 않았습니다. 예수 그리스도의 복음으로 이 땅의 구석구석을 돌보는 행함이 그들에게 있었습니다.

내 속을 채운 하나님의 말씀이 드러나게 하십시오. 말씀대로 해내십시오. 예수님을 닮은 제자가 되십시오. 거기에서 우리의 행함은 자유와 해방을 주시는 하나님의 은혜를 우리 사회에 밝히는 울림이 됩니다.

21 베드로 전서 | 마음을 다해 선을 행하면 누가 우리를 해치겠습니까?

• 벧전 3:13-17

〈세서미 스트리트〉의 지영 /　1969년부터 오늘에 이르기까지 미국 TV에서 절찬리에 상영되는 〈세서미 스트리트〉(Sesame Street)라는 프로그램이 있습니다. 우리나라의 〈뽀뽀뽀〉, 〈딩동댕 유치원〉 같은 어린이 프로그램입니다. 어니(Ernie), 엘모(Elmo), 버트(Bert), 빅버드(Big bird), 쿠키 몬스터(Cookie monster) 같은 캐릭터들이 등장하여 매회 미국의 문화, 사회 등의 이슈를 하나의 에피소드로 풀어 가는 프로그램입니다. 〈세서미 스트리트〉에 2021년 추수감사절을 맞아 아시아계 미국인으로는 최초로 한국계 캐릭터가 등장했습니다. 검은 머리, 주황색 상의에 청 조끼를 입은 7살 한국계 미국인 캐릭터 '지영'인데, 한국계 인형술사 캐슬린 김(Kathleen Kim)이 지영의 연기를 맡았습니다.

첫 출연을 맞아 지영이는 이렇게 자기소개를 했습니다. "한국에선 전통적으로 이름 두 글자에 다른 의미가 있는데, 내 이름 지영에서 '지'는 똑똑하거나 지혜롭다는 뜻이고, '영'은 용감하고 강하다는 뜻입니다. 전자기타 연주와 스케이트보드 타기가 취미이고, 불고기, 잡채 등 한국 음식을 즐기며, 할머니와 함께 떡볶이 만드는 것을 좋아합니다."

어떻게 해서 한국계 미국인 캐릭터가 〈세서미 스트리트〉에 출연하게 되었을까요? 아시아계 미국인에 대한 혐오 범죄가 미국 사회에서 점증하고 있기 때문입니다. 〈세서미 스트리트〉제작팀은 어린이들에게 업스탠더(upstander)가 되는 방법을 알려 주는 역할을 지영에게 맡겼습니다. '업스탠더'는 피부색과 언어, 출신 등을 놓고 사람들이 잘못을 저지를 때 그것이 잘못되었다고 앞장서서 지적하는 사람입니다. 본문에도 소수계 주민으로서 주류 사회를 향해 '업스탠더' 역할을 하는 사람들이 등장합니다.

베드로전서의 '젤롯'(Zealot, 열심당원) / 베드로전서는 주후 1세기 후반 이교도 사회에서 멸시·천대를 받던 그리스도인들에게 사도 베드로의 이름으로 전해진 편지입니다. 베드로전서에는 "사랑하는 자들아"로 운을 떼는 글이 두 번 나오는데(2:11; 4:12), 그 앞뒤로 본문이 구분됩니다. 하나님의 백성 된 자들이 지녀야 할 소망(1:1-2:10), 로마 사회의 시민으로 살아가는 성도들의 자세(2:11-4:11), 성도들의 신앙과 삶은 고난을 통해 검증된다는 권면(4:12-5:14) 등입니다. 본문은 베드로전서의 두 번째 단락에 속한 말씀으로, 이렇게 펼쳐집니다.

또 너희가 열심으로 선을 행하면 누가 너희를 해하리요(벧전 3:13).

이 구절에서 "누가"라고 불리는 자들은 주후 1세기 후반 로마 사회의 주민입니다. "너희"는 로마 사회의 주민이면서도 하나님 나라의 시민으로 살아가는 그리스도인들입니다. 본문은 '누가 너희를 괴롭히겠는가, 만약 너희가 선한 것에 열정적이면'으로 읽을 수 있습니다. 본문에서 '선한 것'(아가토스)은 도덕적인 성품이 아니라 하나님이 성도들에게 불어넣어 주신 성품입니다. 믿음의 눈으로 세상을 보는 일에 열중하는 마음이 선한 마음입니다. 이때 '열심히 [선을] 행하는 자'에 해당하는 원어(젤로테스)는 어떤 것에 열정적으로 헌신하는 사람을 가리킵니다. 로마 제국에 반항했던 유대 민족주의자를 가리켜서 '열심당원'(熱心黨員)이라고 불렀습니다. 그 열심당원이 영어로는 '젤롯'(zealot)인데, '젤로테스'에서 온 말입니다. 무슨 소리입니까? 주후 1세기 후반 로마 사회를 살아가는 그리스도인들에게 젤롯(열심당원)이 되라고 주문합니다. 로마 군대에 몰살당했던 열심당원의 뒤를 따라가라는 말이 아닙니다. 악한 세상에서 악착같이(!) 하나님이 주신 성품으로 살아가라는 충고입니다.

다니엘이 그렇게 살았습니다. 포로가 되어 바벨론으로 끌려간 뒤 바벨론 왕을 섬기는 젊은이로 선발되었을 때 그는 왕이 주는 음식 먹기를 거절했습니다. 대신 채식을, 유대인의 음식 먹기를 고집했습니다. 열흘 동안 채식을 먹게 한 뒤 왕이 하사하는 기름진 음식을 먹은 자들과 비교해 보기를 요청했습니다. 그 결과가 어떻게 되었습니까?

열흘 후에 그들의 얼굴이 더욱 아름답고 살이 더욱 윤택하여 왕의 음식을 먹는 다른 소년들보다 더 좋아 보인지라(단 1:15).

믿는 자들에게 심어 주신 하나님의 마음을 열정적으로 드러내십시오. 그런 성도들 덕에 세상은 달라집니다.

베드로전서의 '사회적 거리두기' / 이제 본문은 그리스도인들이 하나님이 불어넣어 주신 마음으로 세상을 다르게 볼 때 당할 수 있는 어려움을 지적합니다. 예수 그리스도를 믿고 따른다는 이유로 고난과 시련을 겪을 수 있다는 지적입니다. 본문에 '고난을 받는다'는 말이 연거푸 나오지 않습니까.

그러나 의를 위하여 고난을 받으면 복 있는 자니 그들이 두려워하는 것을 두려워하지 말며 근심하지 말고(벧전 3:14).

선을 행함으로 고난받는 것이 하나님의 뜻일진대 악을 행함으로 고난받는 것보다 나으니라(벧전 3:17).

베드로전서에서 고난은 정치적인 압박이라기보다는 사회생활의 시련입니다(김춘기, "베드로전서의 제자직", 「신학과목회」 35 [2011], 111-138쪽; 왕인성, "베드로전서의 '고난' 이해", 「신약논단」 18:3 [2011], 857-858, 864쪽). 국가적인 박해라기보다는 개인적인 비방입니다. 주후 1세기 로마 사회였기에 간헐적으로 황제 숭배가 일으킨 탄압이 있었지만, 베드로전서에서는 황제 숭배 자체가 크게 문제 되지는 않았습니다. 베드로전서에는 "인간의 모든 제도를 주를 위하여 순종하되…하나님을 두려워하며 왕을 존대하라"(2:13a, 17b)라는 말씀도 있지 않습니까.

베드로전서의 독자들이 기독교 신앙으로 개종한 유대인인지, 이방인이었다가 기독교 신앙을 지니게 된 사람인지에 대해서는 논란이 있습니다. 어느 쪽이든 베드로전서의 독자들은 주후 1세기 로마 사회에서 예수를 그리스도로 믿음으로 그 삶의 위상이 달라진 자들입니다. 예수 그리스도를 따르면서, 주후 1세기 로마 사회의 사회적 관습에 요즈음 말로 하면 '사회적 거리두기'를 했습니다.

그들도 한때는 로마 사회의 풍속을 따라서 몸이 이끄는 대로 살았습니다. "너희가 음란과 정욕과 술 취함과 방탕과 향락과 무법한 우상 숭배를 하여 이 방인의 뜻을 따라 행한 것은 지나간 때로 족하도다"(4:3)라는 지적이 있음을 기억하십시오. 하지만 예수 그리스도를 믿고 따르고 섬기면서부터 달라졌습니다. 예전에는 시류에 따랐지만, 예수 그리스도의 신앙으로 거듭나면서부터는 시류를 거슬러 영혼의 소리에 더 주의했습니다. 나의 본향은 세상이 아니라 하늘나라라고 확신했습니다. 예수 그리스도의 신앙을 자기 생활의 무늬로 드러내고자 했습니다.

그러다 보니 그동안 익숙했던 세상에서는 그만 나그네살이, 더부살이, 타향살이를 해야 하는 처지에 내몰렸습니다. 따돌림을 받았습니다. 사회 정서를 해친다는 비방을 받았습니다(2:12). 치욕을 당하기도 했습니다(3:16; 4:14). 로마 사회가 신봉하던 다신론, 헬레니즘, 힘과 권력, 유흥 등이 우는 사자같이 두루 다니며 삼킬 자를 찾는 대적 마귀(5:8)가 되어 성도들에게 덤벼들었습니다. 그래서 하는 말입니다. "하나님이 바라시는 것이면, 선을 행하다가 고난받는 것이, 악을 행하다가 벌 받는 것보다 낫습니다"(3:17, 메시지). 세상이 우리를 향해 손가락질할지라도 두려워하지 마십시오. 예수님도 이렇게 말씀하시지 않았습니까. "의를 위하여 박해를 받은 자는 복이 있나니 천국이 그들의 것임이라"(마 5:10).

베드로전서의 기대, 마음이 잘 사는 삶 / 그래서 본문은 이렇게 타이릅니다.

> 너희 마음에 그리스도를 주로 삼아 거룩하게 하고 너희 속에 있는 소망에 관한 이유를 묻는 자에게는 대답할 것을 항상 준비하되 온유와 두려움으로 하고(벧전 3:15).

두 마디에 주목하십시오. "너희 마음에 그리스도를 주로 삼아 거룩하게 하고", '너희 속에 있는 소망을 항상 드러낼 준비를 하고.' 성도는 예수 그리스도를 그 마음의 주인으로 삼을 때 세상 사람들과 구별됩니다. 구별되지만 차별받지 않도록 자신의 역량을 쏟아부으라는 것입니다. 너와 내가 삶의 방식에서는 다르지만 삶의 내용에서는 결단코 틀리지 않은 것을 생활로, 행실로, 삶으로 보여 주라는 것입니다. 세상 사람들과 그리스도인의 차이가 여기에 있습니다.

그리스도인의 마음에 누가 있습니까? 내 마음을 세속의 가치나 세상 풍조가 좌지우지하지 않도록 하십시오. 예수 그리스도가, 예수 그리스도의 말씀이 내 마음의 주인임을 확신하십시오. 그럴 때 우리는 주님이 주신 소명을, 주님이 주신 사명을, 주님이 주신 비전을, 주님이 주신 꿈을 우리 소망으로 세상에 드러낼 수가 있습니다.

코오롱그룹의 사옥인 '코오롱 원앤온리타워'(One&Only Tower)는 지하 4층, 지상 10층 건물로 건물의 외관 전면부를 코오롱의 모태 산업인 섬유의 직조 패턴을 형상화한 패널로 덮어 놓았습니다. 마치 건물이 의상을 걸친 모습입니다. 게다가 내부 소통을 중시하는 기업 문화를 반영해서 공용 공간에서 모든 층과 연결되는 대계단을 만들어 놓았습니다. 이 건물이 마곡의 랜드마크가 되어서 거리의 풍경이 달라지게 했습니다.

믿는 자의 소망도 이와 닮았습니다. 우리 주님이 주신 꿈과 비전을 나의 삶의 현장에, 나의 직업이 무엇이든 드러내 보십시오. 믿음의 눈으로 세상을 디자인하는 일상, 학업, 일, 아르바이트, 직업, 사업, 음악, 예술, 산업, 건축 등에 나서십시오. 그런 마음을 지닌 그리스도인이 있는 곳에서 세상은 아름다워집니다.

베드로전서의 소망, 선한 양심 / 본문이 말하는 열심히 선을 행하라는 가르침은 이렇게 이어집니다.

선한 양심을 가지라 이는 그리스도 안에 있는 너희의 선행을 욕하는 자들로 그 비방하는 일에 부끄러움을 당하게 하려 함이라(벧전 3:16).

흔히 양심을 가리켜 '선과 악을 구분하는 마음'이라고 부릅니다. '신앙이 없는 자라도 양심은 있다'고 하지 않습니까. '양심'(良心)이란 말 자체가 '선한 마음'이기에, 굳이 '선한 양심'이라고 덧칠하지 않아도 됩니다. 그런데도 왜 본문은 굳이 "선한 양심을 가지라"고 주문하고 있습니까? 본문에서 "선한 [양심]"은 하나님이 주신 마음입니다. 우리가 알아야 할 것은, "양심"으로 번역된 헬라어 원어(순에이데시스)에는 '선하다'라는 뜻이 들어 있지 않다는 사실입니다. 문자 그대로 하면, '모두가 함께 나누는 마음'입니다. "사람들이 선악에 대하여, 도덕에 대하여, 옳고 그름에 대하여, 초월성과 보편성에 대하여 함께 공유하는 지식"을 가리킵니다(채영삼, "오직 선한 양심이 하나님을 향하여 찾아가는 것이라'-베드로전서 3:21c의 번역과 해석", 「신약논단」 제16권 제2호 [2009년 여름], 603쪽).

기억할 것은, 이 글자가 가리키는 것은 사람들과 함께 나누는 마음이기 전에 하나님이 사람과, 사람이 하나님과 함께 나누는 마음이라는 점입니다. "양심"으로 번역된 글자가 실상은 사람이 하나님으로부터 물려받은 마음을 가리킵니다. 하나님과 '함께 아는 것'을 갖춘 마음입니다(2:19; 3:21). 하나님을 기쁘시게 하는 마음입니다(채영삼, 604-605쪽).

> 하나님이여 내 속에 정한 마음을 창조하시고 내 안에 정직한 영을 새롭게 하소서
> (시 51:10).

'몸짱', '얼짱'이라는 말을 종종 듣습니다. 우리말에서 '짱'은 '얼음장이나 굳은 물건 따위가 갑자기 갈라질 때 나는 소리'입니다. 그러나 몸짱·얼짱에서 '짱'은 '좋다', '최고다'라는 뜻입니다. 몸이 좋은 사람을 '몸짱', 얼굴이 잘생긴 사람을 '얼짱'이라고 합니다. '짱'의 반대말이 무엇일까요? '꽝'입니다. 그래서일까요? 우리 사회의 '짱' 풍조는 '꽝'이 되지 않기 위해서 자신의 몸을 왜곡하거나 과대 포장하여 상품화하는 쪽으로 나아갑니다. 그런 사회를 향해서 하는 말입니다. "그리스도의 고난을 닮은 마음을 가지라! 하나님을 기쁘시게 하는 마음을 가지라! '마음짱'이 되어라!"

시대가, 사회가, 환경이, 형편이 어렵습니다. 이 어려운 시대에 하나님이 우리에게 주신 마음을 세상 안에서 등불처럼 밝히는 그리스도인이 되십시오. 사람의 아름다움을 겉사람의 형태와 크기로 판단하는 세태를 향하여 "그래서는 안 된다!"고 외치는 '업스탠더'가 되십시오. 그런 자가 이 어두운 시대를 밝히는 희망이 됩니다. 우리가 마음을 다해 선을 행하면 누가 우리를 해치겠습니까.

22 베드로 후서

날마다 주의 날을 맞이하면 언제나
새 하늘과 새 땅을 누립니다

• 벧후 3:8-13

사실주의와 인상주의 / 미술사에 펼쳐진 기독교 미술의 세계를 일깨워 주는 글을 읽었습니다(신사빈, "인상주의[impressionism]와 빛의 미술: 일상의 재발견", 「기독교 사상」 764 [2022. 08], 160-174쪽). '인상주의'(impressionism)라고 불리는 그림을 예로 삼아 빛을 해석하는 솜씨를 기독교 신앙에서 풀어 간 글이었습니다. 인상주의가 사실주의(realism)와 어떻게 다른지를 설명하고 있었습니다. 사실주의가 작품의 대상이 무엇인가에 집중했다면, 인상주의는 그 사물을 어떻게 바라보는가를 중시했습니다.

일제강점기 우리나라 화가들은 조선총독부가 운영하던 '조선미술전람회'를 통해서 등단했습니다. 당시 심사 기준은 '황토색'의 '애조 띤 한국의 미(美)'였습니다. 한편에서는 한국의 정서를 대변하지만, 다른 한편에서는 식민지 조선의 가난하고 헐벗은 모습을 은근히 조장하는 시도였습니다. 제가 읽은 글에 따르면, 조선미전에서 최고 상을 받았던 이인성의 그림 「경주의 산곡에서」(1935)가 사실주의 화풍을 대변하는 그림인데, 조선 사회의 피폐한 사정을 적황토색 범벅의 땅으로 묘사했습니다. 경주는 통일신라의 도읍지 아니겠습니까. 이인성의 그림은 화려했던 경주의 위상과는 너무나 도 거리가 먼 그 시대의 경주 위상을 깨진 기왓장만 남은 피폐한 땅으로 묘사해 놓았습니다.

경주의
산곡에서

이런 흐름에 저항했던 화가가 오지호였습니다. 오지호는 일본 유학 중에 인상주의 미술을 접했는데, 그 화풍으로 조선의 문화적 긍지를 담은 그림을 그려 냈습니다. 오지호의 「남향집」(1939)은 따스한 남향의 햇살을 머금은 시골의 초가집 그림입니다. 구름 한 점 없는 푸른 하늘, 집 마당에 높이 솟은 나무 한 그루, 초가지붕을 가로지르는 나무의 긴 그림자, 뜨락에는 삽살개가 늘어져 낮잠을 자고 있고, 그 개에게 밥을 주고자 부엌 문턱을 넘는 소녀. 무엇보다도 그림의 전면에 드러난 청보라색 나무 그림자가 인상적입니다. 오지호는 일제강점기 사실주의 작가들이 부각하고자 했던 애잔한 한국의 미에 맞서 밝고 활달한 조선의 아름다움을 그리고자 했습니다(신사빈, 164-167쪽).

남향집

두 화풍의 차이가 무엇입니까? 빛을 해석하는 방식입니다. 사실주의에서 빛은 어두운 그림자를 드러내지만, 인상주의 그림에서 "빛은 세상 한가운데로 스며들어 세상과 어우러져 일상을 새롭게 물들"입니다(신사빈, 174쪽). 빛을 어두움을 드러내는 도구로 그리지 않고, 일상을 새롭게 하는 장치로 보았습니다. 베드로후서에서도 이런 시각을 배울 수 있습니다.

다시 오실 주님을 맞이하기 위해서는 / 베드로후서는 주후 2세기 초 그리스도인들에게 예수 그리스도의 다시 오심을 가르치고 있는 말씀입니다. 신약에서 예수 그리스도의 다시 오심을 가르치는 책은 셋입니다. 데살로니가전후서, 베드로후서, 요한계시록. 이 가운데서 베드로후서는 독특합니다. 데살로니가서처럼 예수님의 재림과 죽은 자가 부활하는 종말을 말하지 않고, 요한계시록처럼 로마가 지배하던 세상의 종말을 말하지도 않고, 하늘과 땅의 종말을 말합니다. 그런 점에서 베드로후서가 전하는 예수님의 재림은 오늘날 지구과학의 이야기로 전하면 지구의 종말을 외친다는 점에서 독특합니다. 본문은 이렇게 시작합니다.

> 사랑하는 자들아 주께는 하루가 천 년 같고 천 년이 하루 같다는 이 한 가지를 잊지 말라 주의 약속은 어떤 이들이 더디다고 생각하는 것같이 더딘 것이 아니라 오직 주께서는 너희를 대하여 오래 참으사 아무도 멸망하지 아니하고 다 회개하기에 이르기를 원하시느니라(벧후 3:8-9).

베드로후서 독자들은 마음앓이를 하고 있습니다. 지금 '주의 약속은 더디다고 생각하는 어떤 이들'과 함께 있습니다. 베드로후서에는 주님의 재림을 의심하는 자도 나오고(3:4) 성경의 예언을 잘못 가르치는 자들도 나옵니다(2:1). 그런 마당인데, 다시 오신다는 주님의 약속이 지연되자 베드로후서의 독자들은 마음이 온통 뒤숭숭해졌습니다. 본문은 다시 오겠다고 약속하신 주님의 말씀이 더디 이루어지고 있는 현실에 대한 처방입니다. 그 처방의 일환으로 주님의 시간에 대한 이해를 다시 하게 합니다. 주님이 약속하신 '그날'에 대한 그림을 다시 그리게 합니다. 그래서 하는 말입니다. "주께는 하루가 천 년 같고 천 년이 하루 같다는 이 한 가지를 잊지 말라."

우리는 곧잘 나의 시간표에 맞춰서 주님이 하실 일을 기대합니다. 그러나 하나님의 시간표에 나의 일정을 맞춰야 합니다. 주님의 재림이 지연되고 있는 것은 주님이 다시 오시기 전까지 이 땅의 사람들이 다 회개하기를 주님이 기대하시기 때문입니다. 우리가 살아가고 있는 이 시대는 주님이 참고 기다리시는 시간입니다. 우리에게는 주님의 마음을 알아 가는 시간입니다. 주님의 마음으로 들어서는 시간입니다.

글로벌 워밍 스트라이프 / 주님이 언제 다시 오시는지는 말하지 않지만, 주님이 어떻게 다시 오시는지는 말합니다. 도둑같이 온다는 것입니다. 주님이 다시 오시는 날의 광경을 이렇게 전합니다.

그러나 주의 날이 도둑같이 오리니 그날에는 하늘이 큰 소리로 떠나가고 물질이 뜨거운 불에 풀어지고 땅과 그중에 있는 모든 일이 드러나리로다(벧후 3:10).

"도둑같이" 온다는 말은 그날이 갑자기 닥친다는 뜻이기도 하고, 그날의 도래가 무섭다는 뜻이기도 합니다. 주의 날이 닥치면 하늘은 요란한 소리를 내면서 사라지고, 세상의 모든 것은 불에 녹아 버리고, 땅과 그 안에 있는 모든 것은 다 타 버린다고 말하고 있습니다. '글로벌 워밍 스트라이프'(Global Warming Stripe, 지구 온난화 줄무늬 그래프)는 영국의 레딩대학교 에드 호킨스(Ed Hawkins) 교수가 개발했는데, 1910년부터 2010년까지 한국의 온난화를 한눈에 보여 주는 그래프입니다. 세로 한 줄은 1년입니다. 평균 온도의 하락분이 클수록 진한 파란색이고, 온도 상승분이 클수록 진한 빨간색입니다. 이 그래프를 보면 지금 한반도의 기후가 무척 뜨거워져 있습니다(「KU TODAY」 No. 88 [Spring Issue 2022], 8-9). 본문은 지구 온난

한국의 온난화 줄무늬 그래프

화로 지구가 다 타 버리고 만다는 2천 년 전의 예언에 해당합니다.

우리는 지금 불이 꺼지지 않는 지구에서 살고 있습니다. 그러다 보니 지구의 건강이 위협받고, 지구에 필요한 자원과 요소들은 점점 줄어듭니다. 열대우림이 줄어들고, 빙하가 녹고, 생태계의 동물과 식물이 사라지고, 전염병·산불·홍수·가뭄 등 대규모 재해가 빈번하게 일어납니다. 지구 온난화를 막지못하면 인류도 생존을 염려해야 하는 재난의 시대에 부딪히게 됩니다. 그래서 지구촌 곳곳에서 이구동성으로 더 늦기 전에, 더 잃기 전에 "탄소 중립을 하자. 온실 가스 감축을 하자"고 소리칩니다. 2천 년 전에 베드로후서는 지구의 하늘과 땅이 타들어 가는 재앙의 때가 닥친다고 예고했습니다. 본문은 지구최후의 순간을 가리키는 예고이자 왜 그날을 사모하고 기다려야만 하는지에관한 묵시입니다.

대파국의 날에 새 하늘과 새 땅을 맞이한다는 것은 / 그런 예고를 깨달은사람은 어떻게 처신해야 합니까?

이 모든 것이 이렇게 풀어지리니 너희가 어떠한 사람이 되어야 마땅하냐 거룩한행실과 경건함으로 하나님의 날이 임하기를 바라보고 간절히 사모하라 그날에 하늘이 불에 타서 풀어지고 물질이 뜨거운 불에 녹아지려니와(벧후 3:11-12).

"거룩한 행실과 경건함으로 하나님의 날이 임하기를 바라보고 간절히 사모"해야 한다는 말씀을 환경보호주의자의 말로 바꾸면, 지금 우리 삶은 미래를 위한 바른 준비여야 한다는 것입니다. 환경 보호는 가치의 문제이고, 윤리의 문제이고, 신앙의 문제입니다. 우리가 다음 세대에게 넘겨 주는 유산 중 가장 큰것이 환경입니다. 내가 지금 무엇을, 어떻게 선택하는지에 따라 다음 세대의삶의 질이 바뀝니다.

본문은 성도들에게 하나님의 날이 오는 것을, 파루시아를 간절히 사모하라고 말합니다. 그런데 보십시오. "그날"은 대파멸의 날, 무서운 공포의 날입니다. 그런 날을 간절히 사모하라는 말은 도대체 무슨 뜻입니까? "거룩한 행실과경건"으로 살라고 하는데, 과연 무슨 뜻입니까? 선지자 하박국의 말에 귀 기울여 보십시오.

내가 내 파수하는 곳에 서며 성루에 서리라 그가 내게 무엇이라 말씀하실는지 기
다리고 바라보며 나의 질문에 대하여 어떻게 대답하실는지 보리라 하였더니 여호
와께서 내게 대답하여 이르시되 너는 이 묵시를 기록하여 판에 명백히 새기되 달
려가면서도 읽을 수 있게 하라 이 묵시는 정한 때가 있나니 그 종말이 속히 이르겠
고 결코 거짓되지 아니하리라 비록 더딜지라도 기다리라 지체되지 않고 반드시 응
하리라(합 2:1-3).

선지자 하박국은 다른 예언자들처럼 어느 날 갑자기 하나님의 말씀을 받은
사람이 아닙니다. 하나님께 질문하고, 기도하고, 하나님의 말씀을 기다리며,
하나님께 매달렸던 선지자였습니다. 하나님의 말씀을 누구보다도 먼저 들을
수 있는 높은 곳으로 올라갔습니다. 그런 하박국에게 하나님이 묵시를, 은밀한
가르침을 주셨습니다. '묵시'란 새겨들어야 할 가르침으로, 세상 난국을 타파할
비밀번호입니다. 하나님이 우리 귀에 들려주시는 말씀이 내가 처한 현실을 헤
쳐 가는 비밀번호임을 잊지 마십시오. 파수꾼이 성루에 서서 누구보다도 먼저
일어날 일을 조망하듯이 날마다 하나님이 하시는 말씀에 귀를 기울여야 합니
다. 하나님의 말씀에 내 인생의 주파수를 맞추라는 의미입니다. 주님을 향한
안테나가 항상 켜져 있을 때 세상은 언제나 하나님이 일하시는 무대가 됩니다.
우리가 주님을 바라볼 때 주님이 우리에게 주시는 묵시를 한마디로 정리하면
무엇이 될까요?
경부고속도로를 달리다가 신갈나들목 상단에 설치된 "Jesus Loves You"라는
현판을 보았습니다. 자세히 보니 기업 광고였습니다. 기업 광고임에도 그 기
업이 출시하는 상품 광고가 아니라 '예수님이 당신을 사랑하십니다'라는 글이
었습니다.
내 인생 그릇이 예수님 사랑으로 채워져 있으면 세상사가 어떻게 다급해지
든지 문제가 되지 않습니다. 날마다 예수님 사랑을 누리고, 느끼고, 누비며 사
는 사람에게 하늘과 땅은 언제나 새 하늘과 새 땅이 됩니다.

기독교 신앙이라는 인상주의 / 거기에서 놀라운 사실 한 가지가 드러납니다. 모두가 지구의 종말을 두렵게 여기는 시점에 거룩한 행실과 경건함으로 하나님의 날이 임하기를 고대하는 자들은 정의가 구현된 새 하늘과 새 땅을 누리는 자가 된다는 비밀을 털어놓습니다.

> 우리는 그의 약속대로 의가 있는 곳인 새 하늘과 새 땅을 바라보도다(벧후 3:13).

하늘과 땅이 불에 타고 하늘과 땅의 온갖 물질이 불에 녹아내리는 그날을 소개하면서, 우리 주 예수 그리스도의 약속을 바라보며 사는 자들에게는 무슨 일이 벌어진다고 말합니까? 하나님이 의롭게 하신 새 하늘과 새 땅을 바라보게 됩니다. 사람이 굽혀 놓은 것을 하나님이 바르게 하신다는 것입니다. 사람이 눌러 놓은 것을 하나님이 바르게 하신다는 것입니다. 아무리 어둡고 무서운 시대가 닥친다고 해도 그 시대가 우리 주 하나님의 섭리 안에서 작동하고 있음을 기억하십시오.

눈에 보이는 것보다는 눈에 보이는 그것을 어떻게 받아들이느냐가 중요합니다. 앞에서 살핀 화가 오지호의 그림처럼 그림자를 어떤 색으로 형상화하느냐가 중요합니다. 오지호가 그림자를 검은색으로 그리지 않았던 사실을 기억하십시오. 오지호가 그림자를 하늘색과 똑같은 청색으로 그렸던 것을 기억하십시오. 일상 속에 계시는 사랑의 주 하나님을 체험하는 자에게 그림자는 결단코 검은색이 아닙니다. 오히려 그 반대입니다. 그림자를 드러내기 위한 빛이 아니라 어두움을 밝은 세상으로 바꿔 나가게 하는 빛이 됩니다.

이 점에서 인상주의 미술은 기독교 미술입니다(신사빈, 174쪽). 예수 그리스도의 다시 오심을 약속하는 말씀은 어두운 데를 비추는 등불과도 같습니다. 하나님의 말씀이 삶의 빛이 될 때 우리 마음에는 샛별이 떠오르게 됩니다. 이 시대의 영적인 인상파(印象派)가 되십시오. 인상(引上)이나 인상(人相)이 아니라 인상(印象)입니다. 하나님의 뜻으로 세상사의 구석구석을 살펴보십시오. 그날의 어두움은 하나님의 사랑을 받는 자들에게는, 하나님을 사랑하는 자들에게는 결단코 검은색이 아닙니다. 기억하십시오. 날마다 주의 날을 맞이하면 언제나 새 하늘과 새 땅을 누리게 됩니다.

23 요한일서 | 예수 그리스도와 얼마나 깊이 사귀고 있습니까?

• 요일 1:1-4

무엇과 사귑니까? / 지구촌 젊은이들 사이에서 선풍적 인기를 끌고 있는 앱이 있습니다. 15초-3분 정도의 짧은 음악, 댄스, 코미디, 뉴스 등을 동영상으로 제작·공유하는 소셜 네트워크 서비스인데, 그 이름이 '틱톡'(Tik Tok)입니다. 2016년 처음 등장할 때는 미미했는데, 2018년 2분기에 1억 3,300만 명이던 이용자가 2020년 2분기에는 7억 명으로, 2022년 2분기에는 14억 6,600만 명까지 늘었습니다. 앱 이용 시간도 하루 평균 95분 사용해 전체 소셜 미디어 가운데 이용 시간 1위에 올랐습니다. 스냅챗(21분)의 4배, 트위터(29분)의 3배, 페이스북(49분)·인스타그램(51분)의 2배였고, 유튜브(74분)보다도 길었습니다 (「조선일보 WEEKLY BIZ」, 2022.09.02., B7, B9면). 우리나라에서도 월간 400만 명이 틱톡을 이용합니다.

틱톡의 본사는 중국 베이징에 있습니다. 베이징의 엔지니어가 틱톡의 모든 데이터에 접근할 수 있는 마스터 관리자라는 데 두려움이 있습니다. 그런데도 세계적인 인기를 끌고 있습니다. 두 가지 이유가 있습니다. 틱톡의 콘텐츠 '쇼트폼'(짧은 동영상)이 글자 → 사진 → 영상으로 옮겨 가는 시대 흐름에 맞아떨어졌기 때문이고, 콘텐츠 제작 방식이 스마트폰 카메라를 켜고 영상을 찍어 앱에서 제공하는 음원을 골라 입힌 후 바로 업로드하면 되기 때문입니다. 틱톡의 사용자들은 누구나 영상 소비자가 아닌 온라인 콘텐츠 창작자가 될 수 있습니다.

우리는 지금 페이스북, 트위터, 인스타그램, 유튜브, 카톡, 밴드 같은 소셜 미디어에 깊숙이 빠져 있습니다. 지하철 승객들을 보십시오. 가는 내내 대부분이 스마트폰을 들여다보고 있습니다. 하루에 얼마 동안 SNS에 시간을 쏟고 있습니까? 왜 이런 질문을 하냐면 본문이 사귐에 대해서 말하기 때문입니다.

요한일서의 "우리"와 "너희" / 본문은 요한일서의 머리말입니다. 머리말은 이렇게 시작합니다.

> 태초부터 있는 생명의 말씀에 관하여는 우리가 들은 바요 눈으로 본 바요 자세히
> 보고 우리의 손으로 만진 바라(요일 1:1).

요한일서는 요한이서, 요한삼서와는 달리 누가 누구에게 썼는지를 밝히는 발신자나 수신자를 거론하지 않습니다. 첫 구절부터 "우리"가 "너희"에게 "생명의 말씀"에 관하여, 예수 그리스도에 관하여 가르칩니다. "우리"를 교회는 전통적으로 요한복음의 저자 사도 요한으로 보았습니다만, 정작 요한일서에는 그 이름이 나오지 않습니다.

본문에 따르면 "우리"는 태초부터 있는 생명의 말씀, 곧 예수 그리스도에 관하여는 '들은 바가, 눈으로 본 바가, 자세히 보고 손으로 만진 바가' 있는 자입니다. 예수 그리스도의 육성을 들은 사람이라는 것입니다. 예수 그리스도를 눈으로 보고 마음에 새긴 사람이라는 것입니다. 무대에 선 배우를 바라보듯이 세밀하게 쳐다보았다는 뜻입니다. 손으로 만지듯이 느껴 본 적이 있다는 것입니다. 본문은 이런 식으로 요한일서의 저자를 예수님과 아주 가까이 지냈던 사람이라고 소개하고 있습니다.

"우리"에 비해서 요한일서의 수신자인 "너희"는 예수 그리스도를 머리로만 아는 자들에게 둘러싸여 있습니다. 예수 그리스도 신앙을 은밀한 지식으로 간주하는 자들과 맞서 있습니다. 하나님을 안다고 하면서도 형제 사랑은 안중에도 없는 자들의 도전을 받고 있습니다. 예수님은 하나님의 아들이 아니라거나 그리스도가 아니라고 우기는 거짓 교사들에게 현혹되고 있습니다. 무슨 의미입니까? 요한일서의 무대는 예수님을 인격적으로 체험한 자와 예수님 신앙을 은밀한 지식으로 대하는 자들이 서로 맞서고 있는 현장입니다.

사귐과 누림 / 처음에 하나님을 섬기는 자들은 하나님께 예물을 드렸습니다. 가인과 아벨도, 노아도, 아브라함도, 야곱도 제단을 쌓고 하나님께 예물을 드렸습니다.

이는 너희가 대대로 여호와 앞 회막 문에서 늘 드릴 번제라 내가 거기서 너희와 만나고 네게 말하리라 내가 거기서 이스라엘 자손을 만나리니 내 영광으로 말미암아 회막이 거룩하게 될지라(출 29:42-43).

이처럼 신앙은 '드림'이었습니다. 그랬던 '드림'을 요한일서는 '섬김'으로 바꾸었습니다. 하나님을 믿는다고 하지 않고 하나님과 사귄다고 말합니다(1:6). 그렇습니다. 신앙은 드림에서 사귐으로 이어져야 합니다. 신앙은 하늘의 하나님과 우리가 주고받는 쌍방 통행이기 때문입니다.

우리가 보고 들은 바를 너희에게도 전함은 너희로 우리와 사귐이 있게 하려 함이니 우리의 사귐은 아버지와 그의 아들 예수 그리스도와 더불어 누림이라(요일 1:3).

한글성경에서는 사귐과 누림이지만, 원어에서는 모두 '사귐'(코이노니아)입니다. 처음에 "너희로 우리와 사귐이 있게 하려 함이니"라고 했을 때 '사귐'은 요한일서의 발신자와 수신자가 나뉘는 사귐입니다. 먼저 믿은 자와 나중에 믿은 자의 사귐입니다. 예수님을 온전히 체험한 자와 예수님을 알기 원하는 자의 사귐입니다. 뒤에 나오는 "우리의 사귐은 아버지와 그의 아들 예수 그리스도와 더불어 누림이라"고 했을 때 '사귐'은 성도가 하나님·예수 그리스도와 누리는 사귐입니다. 예수 그리스도 안에서 성도가 누리는 하늘의 은총을 가리켜 '하나님과의 사귐'이라고 말합니다. 주님을 믿는다, 주님을 안다, 주님께 드린다고 하지 않고 주님과 사귄다고 하였습니다.

앞에서 "우리가 들은 바요 눈으로 본 바요 자세히 보고 우리의 손으로 만진 바라"(1:1b)라고 한 것은 요한일서의 저자가 예수 그리스도와 누린 사귐의 증인이라는 뜻입니다. 요한일서의 이 증인은 예수 그리스도는 몸으로 오시지 않고 영으로만 오셨다고 우기는 자들에게 예수 그리스도 신앙은 그런 것이 아니라고 일깨워 줍니다.

요한일서의 독자들은 예수 그리스도의 신앙을 은밀한 지식으로, 영적인 지식으로, 영지(靈知)로 우기는 자들에게 둘러싸여 있다고 하지 않았습니까. 본문은 그런 자들에게 신앙은 은밀한 지식이 아니라 인격적으로 나누는 사귐이라고 가르칩니다. 오늘 우리 가운데도 신앙을 지식으로, 습관으로, 개인의 사생활로 간주하는 사람이 있습니다. 그래서는 안 됩니다. 신앙은 예수 그리스도와 나누는 사귐입니다.

예수님과 얼마나, 어떻게 사귀고 있습니까? '들은 바요, 본 바요, 손으로 만진 바'라는 표현에 주목하십시오. 말씀을 들어야 사귈 수 있습니다. 예수 그리스도의 십자가를 보아야 예수 그리스도와 사귈 수 있습니다. 보고 듣기만 해서는 안 됩니다. 예수님의 사랑을 실천해야 합니다. 그럴 때 '아, 내가 예수 그리스도와 사귀고 있구나'라고 생생하게 느낄 수 있습니다. '사귐'으로 번역된 헬라어 '코이노니아'는 함께 공유하는 것이 있는 상태를 가리킵니다.

생명이신 예수 그리스도 / 부부는 마음을 공유합니다. 신랑과 신부는 일정을 공유합니다. 가족은 핏줄을 공유합니다. 친구는 기억·추억을 공유합니다. 동료는 업무를 공유합니다. 성도가 예수 그리스도와 사귀면, 예수님과 성도는 무엇을 공유하게 됩니까? 예수 그리스도가 주시는 생명을 공유하게 됩니다.

> 이 생명이 나타내신 바 된지라 이 영원한 생명을 우리가 보았고 증언하여 너희에게 전하노니 이는 아버지와 함께 계시다가 우리에게 나타내신 바 된 이시니라 (요일 1:2).

성경에서 '생명'을 가리키는 낱말은 두 개입니다. 사람이 태어나면서 지니는 생명과 예수 그리스도를 믿는 자에게 하나님이 주시는 생명입니다. 숨쉬는 생명은 하나님이 주셨지만 영원하지는 않습니다. 언젠가는 끝을 보게 됩니다. 그리스도인에게는 또 다른 생명이 있습니다. 영혼을 살아 있게 하는 생명입니다. 우리는 그 생명을 '영생'이라고 부릅니다. 몸의 생명은 소중합니다. 그러나 거기에 머물지 마십시오. 마음을 살게 하고, 영혼을 살게 하는 생명을 누려야 합니다.

본문은 영원한 생명이신 예수 그리스도가 우리에게 '나타내신 바 되었다'고 말합니다. '나타내셨다'는 말은 우리 눈에 보이도록 오셨다는 뜻입니다. 생명이신 주님이 우리에게 인격적으로 오셨다는 말을 본문은 세 번이나 반복합니다. "이 생명이 나타내신 바 된지라", "이 영원한 생명을 우리가 보았고", "이는 아버지와 함께 계시다가 우리에게 나타내신 바 된 이시니라." 생명이신 예수 그리스도가 우리에게 영원한 생명을 주기 위해서 이 땅으로 오셨습니다. 여러분은 무엇을 얻고자 교회에 왔습니까? 생명입니다! 교회의 머리가 되시는 예수 그리스도는 그분과 사귀고자 나아오는 자들에게 세상이 줄 수 없는 생명을 주십니다.

> 아들이 있는 자에게는 생명이 있고 하나님의 아들이 없는 자에게는 생명이 없느니
> 라(요일 5:12).

세상의 생명은 시간이 지나고 시효가 다 되면 사라지지만 생명이신 우리 주예수 그리스도가 주시는 생명은 세월이 흐를수록 더욱 생생해집니다. 예수 그리스도를 믿는 자들은 시간이 지날수록 더 풍성하게 살아갑니다. 이 생명을 누려야 합니다. 기억하십시오. 몸의 생명은 지니는 것이지만, 주님이 주시는 생명은 누리는 것입니다. 몸의 생명을 위해서는 숨을 쉬어야 하지만, 영혼의 생명을 위해서는 주님 안에 거해야 합니다. 예배로, 찬송과 기도로, 사랑의 섬김으로 예수 그리스도와 사귀어야 합니다.

신실함과 풍성함 / 본문은 이렇게 끝을 맺습니다.

> 우리가 이것을 씀은 우리의 기쁨이 충만하게 하려 함이라(요일 1:4; 비교, 5:13).

먼저 믿은 자가 나중 믿은 자의 무엇을 보며 기뻐합니까? 부모는 자식의 무엇을 보며 기뻐합니까? 주님은 우리의 무엇을 보면서 기뻐하실까요? 생명을 누리지 못하던 자들이 예수 그리스도가 주시는 생명을 누리게 되는 것이 우리의 기쁨입니다. 영생을 모르던 자들이 예수 그리스도 안에서 누리는 영생을 얻게 되는 것이 우리의 기쁨입니다.

믿음은 믿는 것이 아니라 믿어지는 것입니다. 신앙은 갖는 것이 아니라 생

기는 것입니다. 수동태입니다. 그런데 놀라운 것은, 시작은 수동태이지만 주님과 사귀다 보면, 주님의 생명을 누리다 보면 수동성이 변해 능동적인 삶으로 변화됩니다. 시작은 수동태였지만, 과정은 능동태로 변해 가게 됩니다. 그런 변화가 신앙입니다. 주님은 우리에게 이런 변화가 있기를 기대하십니다. 이를 위해서 우리와 사귀고자 하십니다. 이 사귐의 열매를 요한복음은 다음과 같이 전했습니다.

> 나는 포도나무요 너희는 가지라 그가 내 안에, 내가 그 안에 거하면 사람이 열매를 많이 맺나니 나를 떠나서는 너희가 아무것도 할 수 없음이라…너희가 열매를 많이 맺으면 내 아버지께서 영광을 받으실 것이요 너희는 내 제자가 되리라(요 15:5, 8).

2022년 8월 28일 새들백교회 릭 워렌(Richard Warren, 1954-) 목사가 은퇴하면서 전했던 설교 영상을 보았습니다. 그는 1980년 3월 30일 교회를 개척하면서 전했던 설교를 성도들과 마지막으로 다시 나누었습니다. 그가 처음 교회를 시작하면서 지역 사회 주민들을 초청했을 때 50-60명이 모였습니다. 그때 그들에게 전했던 교회 개척의 청사진을 자기가 은퇴하더라도 새들백교회 성도들이 이어 가기를 바라는 마음으로 다시 한 번 전했습니다. 그가 설교 중에 이런 말을 했습니다. 우리 주님이 성도들에게 원하시는 것은 신실한 그리스도인이 아니라 신실하면서도 많은 열매를 거두는 그리스도인(faithfulness와 fruitfulness)이라고 말입니다.

어떻게 하면 신실하면서도 성공적인(많은 열매를 얻는) 성도와 교회가 될 수 있을까요? 워렌의 말로 주님과 사귀는 방법을 되새겨 봅니다. 주님의 말씀을 배우거나 듣지만 말고 실천하십시오. 하나님의 뜻이 내 삶의 계획이 되게 하십시오. 하나님의 약속을 끝까지 붙드십시오. 내 힘이 아닌 하나님의 영에 의존하십시오. 하나님과 이웃을 사랑하는 매력적인 그리스도인이 되십시오. 그렇게 주님과 사귀는 우리를 보시는 것이 주님이 기대하시는 기쁨입니다. 사귐의 신앙으로 주님을 기쁘시게 하십시오. 거기에서 우리는 진정 캄캄한 시대 가운데서도 빛 가운데 걸어가는 그리스도인의 감격을 누릴 수 있습니다.

24 요한이서 | 진리와 사랑 안에서 삶을 경영하십시오

• 요이 1:1-6

힘 있는 자들만 득세하는 세상 / 2022년 추석 명절이 끝나자마자 우리나라 드라마 〈오징어 게임〉이 제74회 에미(emmys)상 시상식에서 6개 부문을 석권했다는 소식이 들렸습니다. 에미상은 미국 TV 방송계의 최고 권위의 상으로 영화계의 오스카상에 맞먹습니다. 무엇보다도 70년이 넘는 역사를 자랑하는 에미상 역사에서 비영어권으로는 최초로 한국인 감독 황동혁과 한국인 배우 이정재가 감독상과 남우주연상을 받는 새로운 역사를 썼다는 소식에 참 가슴 뿌듯했습니다.

앞에서 한 번 언급했듯이, 〈오징어 게임〉은 2021년 넷플릭스에서 OTT(온라인 동영상 서비스)로 방영된 액션 서스펜스 생존 드라마입니다. 456억 원의 상금이 걸린 서바이벌 게임에 빚에 쫓기던 456명이 거액의 상금으로 새로운 삶을 시작하고자 목숨을 걸고 뛰어드는 이야기입니다.

K-팝, K-시네마에 이어 K-드라마가 세계의 이목을 끈 것은 한국 문화의 가치를 드높인 기쁘고도 놀라운 일입니다. 그렇지만 〈오징어 게임〉의 이야기 자체는 오늘날 자본주의 사회가 앓고 있는 적자생존, 빈부격차, 승자독식 등의 문제를 신랄하게 풍자하고 있다는 점을 기억해야 합니다. 예컨대 유쾌했던 어린 시절의 게임을, 가령 '무궁화꽃이 피었습니다' 게임을 일부러 어둡게, 잔인하게 비틀어서 빠른 자만이 살아남는 자본주의 사회를 고발했습니다.

강한 자만, 가진 자만, 높은 자리에 오른 자만 살아남는다는 것은 어제오늘의 이야기는 아닙니다. 요한이서의 배경이 되는 주후 1세기 말-2세기 초 그리스·로마 사회에서도 마찬가지였습니다. 힘 있는 자들만 득세하는 세상이었습니다. 요한이서는 그런 사회를 향한 대안을 제시합니다. 힘 있는 자들만 득세하는 세상을 향한 처방을 제시합니다.

교회, 택하심을 받은 '퀴리아' /   요한서신은 참과 거짓, 진실과 허구가 대립하는 소용돌이 한복판에서 무엇이 바른 믿음이고, 어떤 것이 바른 삶인지를 일깨워 주는 다짐과 고백으로 채워져 있습니다(Arland J. Hultgren, "Confession and Community in the Letters of John", *Word & World* 41:1 [2021], 51-59). 당시 교회 안에는 그 어느 때보다도 "예수 그리스도께서 육체로 오심을 부인하는 자"(1:7)들이 거세게 일어났습니다. 자기들의 믿음이 더 낫다고 여기면서 교회의 속내를 마구 뒤흔들다가 뛰쳐나갔습니다(요일 2:19). 그런 분리주의자들을 가리켜 요한서신은 "적그리스도"라고 불렀습니다(1:7; 요일 2:18, 22; 4:3). "적그리스도"라는 용어는 요한서신에만 나옵니다. 그만큼 요한서신의 정황은 긴박합니다. 그런 배경에서 본문을 살펴봅니다. 본문은 이렇게 시작합니다.

장로인 나는 택하심을 받은 부녀와 그의 자녀들에게 편지하노니(요이 1:1a).

요한이서는 요한의 이름으로 전해진 두 번째 편지이지만 정작 그 이름은 나오지 않고, 자기 직분을 "장로"라고 하는 자가 서신의 주인공으로 소개됩니다. 본문의 "장로"는 오늘날 교회의 직분과는 그 성격이 다르지만, 예수 그리스도를 믿고 따르는 신앙생활에서 성도들의 존경을 받는 자라는 점에서 교회의 지도자에 속합니다. 요한이서에는 오래 신앙생활을 한 자가 나중에 믿은 자들에게 전하는 충고가 담겨 있습니다. 신앙과 인생이 무르익은 자가 아직 연륜이 부족한 자들에게 건네는 충고가 담겨 있습니다. 주목할 것은, 요한이서의 주인공이 교회를 "택하심을 받은 부녀"로, 성도들을 그의 "자녀들"로 부르고 있다는 사실입니다. 신약성경에서 교회는 신랑 되신 예수 그리스도의 신부로 여겨지지만, 그렇다고 해서 교회를 "택하심을 받은 부녀"라고 부르지는 않았습니다. 그런데 왜 요한이서는 교회를 가리켜 "택하심을 받은 부녀"라고 부를까요?

본문에서 "부녀"(퀴리아, the Lady)로 번역된 말은 '주님'(퀴리오스, the Lord)의 여성형인 헬라어 '퀴리아'입니다. 우리말 "부녀"는 '퀴리아'의 뉘앙스를 제대로 살리지 못합니다. "부녀"라기보다는 '어머니'라고 불러야 합니다. 교회는 성도들의 어머니가 된다는 뜻입니다. 성도는 그 교회의 영적인 자식이란 뜻입니다. 선지자 이사야가 성전을 어머니로, 예루살렘 주민을 그 자녀로 부르지 않았습니까.

시온은 진통을 하기 전에 해산하며 고통을 당하기 전에 남아를 낳았으니 이러한 일을 들은 자가 누구이며 이러한 일을 본 자가 누구이냐 나라가 어찌 하루에 생기 겠으며 민족이 어찌 한순간에 태어나겠느냐 그러나 시온은 진통하는 즉시 그 아들을 순산하였도다…예루살렘을 사랑하는 자들이여 다 그 성읍과 함께 기뻐하라 다 그 성읍과 함께 즐거워하라…너희가 젖을 빠는 것같이 그 위로하는 품에서 만족하 겠고 젖을 넉넉히 빤 것같이 그 영광의 풍성함으로 말미암아 즐거워하리라(사 66:7-8, 10a, 11).

예루살렘을, 성전을, 시온을 아들을 낳은 어머니로 부르고 있습니다. 요한이 서는 선지자 이사야의 성전 신앙을 교회에 적용했습니다. 주후 1세기 말 그리 스도인들이 잊고 있었던 교회의 위상을 되찾게 합니다. 교회는 집(건물)이나 조 직이 아니라는 것입니다. 교회는 성도의 품이고, 성도의 고향이고, 성도의 보 금자리라는 것입니다. 어머니가 자식을 품듯이 교회는 성도를 품어야 하고, 성 도는 어머니 교회의 품에서 놀아야 한다는 것입니다. 교회에서 들리는 말씀이 성도에게는 젖이 되고, 양식이 되고, 자양분이 된다는 것입니다. 그래서 교회 를 향하여 '퀴리아'라고, 어머니라고 불렀습니다. 교회를 함부로 훼손하지 말아 야 합니다.

진리와 사랑 / 본문의 초점은 택하심을 받은 교회와 부르심을 받은 성도 들에게 있어야 할 것이 무엇인지를 지적하는 데 있습니다.

내가 참으로 사랑하는 자요 나뿐 아니라 진리를 아는 모든 자도 그리하는 것은 우 리 안에 거하여 영원히 우리와 함께할 진리로 말미암음이로다 은혜와 긍휼과 평강 이 하나님 아버지와 아버지의 아들 예수 그리스도께로부터 진리와 사랑 가운데서 우리와 함께 있으리라(요이 1:1b-3).

"진리와 사랑", 이 두 마디에 주목하십시오. 교회에는, 성도들에게는 무엇이 있어야 합니까? 진리와 사랑이 있어야 합니다. 이 진리와 사랑은 다른 말로 하 면 믿음과 행함입니다. 세계관과 에토스입니다. 무엇을 믿고 있는가와 어떻게 살고 있는가입니다. 무엇을 지니고 있는지가 진리에 해당한다면, 지닌 것을 어떻게 펼치느냐는 사랑에 해당합니다.

강서구 방화동 큰나무교회에서 지난 2010년에 은퇴한 임종수 목사님이 남긴 글을 읽었습니다. 큰나무교회 33년의 이야기를 회고한 글이었습니다. 거기에 이런 글이 있었습니다.

"신앙은 신앙으로 유지되지 않습니다. 신앙은 봉사하고 땀 흘리는 수고를 통해 유지됩니다. 신앙이 뿌리라면 수고는 가지입니다. 신앙은 양분을 제공하고 가지는 이를 흡수하고 소화합니다. 가지와 잎이 없으면 양분은 부패하여 독소를 빚습니다. 마찬가지로 봉사와 땀 흘리는 수고가 없으면 신앙은 타락하여 회의가 생기게 마련입니다. 신앙을 유지하는 데 필요한 것은 더 많은 신앙이 아니라 손과 뇌로 하는 수고입니다. 수고가 없으면 육체는 주리고 영혼은 죽습니다(1982년 10월 3일 주일 예배 설교에서)"(박명철·임종수, 『이런 교회: 큰나무교회 33년의 이야기』[서울: 토기장이, 2014], 305쪽).

그렇습니다. 신앙은 신앙으로 유지되지 않습니다. 땀 흘리는 수고와 봉사가 없으면 신앙은 타락하게 됩니다. 진리와 사랑이 함께해야 합니다. 진리는 붙들어야 하고 사랑은 펼쳐야 합니다. 붙들어야 할 진리와 베풀어야 할 사랑이 하나님이 주시는 은혜와 긍휼과 평화와 함께해야 신앙생활이 비로소 빛을 발합니다. 아무리 은혜가 넘쳐도 진리와 사랑에서 벗어났다면, 그것은 하나님이 주시는 은혜가 아닙니다. 사랑과 진리에서 벗어난 자비는 없습니다. 평화가 아무리 소중해도 진리와 사랑에 담겨 있지 않다면, 그것은 거짓 평화입니다. 그래서 하는 말입니다. 진리와 사랑이 교회에, 성도들에게 꼭 있게 하소서!

성도에게는 진리가 / 그런데 본문은 진리와 사랑이 교회와 성도들에게 반드시 있어야 하지만, 그중에서도 성도들에게는 더욱 진리가 있어야 한다고 다짐합니다.

너의 자녀들 중에 우리가 아버지께 받은 계명대로 진리를 행하는 자를 내가 보니 심히 기쁘도다(요이 1:4).

성도의 무엇을 보면서 기뻐하고 있습니까? 아버지께 받은 계명대로 진리를 행하는 것을 보면서 기뻐하고 있습니다. 요한이서는 성도를 가리켜 처음에는 '진리를 아는 자'라고 부릅니다(1:1). 그다음에는 '진리 가운데 있는 자'라고 부릅니다(1:3). 그러다가 본문에 이르러서는 "진리를 행하는 자"가 되라고 말합니다. 진리는 알아야 하고 붙들어야 한다고 하지 않았습니까. 본문은 거기에 머물지 않습니다. 진리를 행하는 자가 되라고 충고합니다. '행한다'(페리파테오)는 말은 '페리'(주변을) + '파테오'(걷다)라는 뜻입니다. 진리를 중심에 두고 사방을 걷는다는 뜻입니다. 진리대로 걷는다, 진리를 따라서 산다, 진리를 실천한다는 의미입니다. 예수 그리스도를 내 인생의, 내 일생의, 내 평생의 구심점으로 삼으십시오.

주후 1세기 말경 교회사의 무대에는 여러 순회 전도자가 있었습니다. 그런데 순회 전도자들 가운데 예수 그리스도가 사람으로 이 땅에 오신 것을 부인하는 자들이 있었습니다(1:7). 전도자들이었으면서도 예수가 그리스도시고 하나님의 아들이심을 부정했습니다. 그들이 신실한 성도들을 마구 미혹했습니다. 그들은 자기들의 주장을 영적인 지식이라고 불렀지만, 그것은 진리가 아니었습니다. 하나님의 아들 예수 그리스도가 이 땅에 '육체로 오신' 주님(메시아)이시라는 진리(1:7)를 왜곡한 지식이었습니다. 진리를 왜곡한 지식은 지식이 아닙니다. 성도에게 있어야 할 것은 지식이 아니라 진리입니다. 예수 그리스도라는 진리를 따라서 살아가는 성도가 되십시오. 진리를 아는 것으로 그치지 말고 진리대로 살아가는 자가 되십시오.

교회에는 사랑이 / 성도에게 진리가 좀 더 있어야 한다면, 교회에는 무엇이 더 있어야 합니까?

부녀여, 내가 이제 네게 구하노니 서로 사랑하자 이는 새 계명같이 네게 쓰는 것이 아니요 처음부터 우리가 가진 것이라 또 사랑은 이것이니 우리가 그 계명을 따라 행하는 것이요 계명은 이것이니 너희가 처음부터 들은 바와 같이 그 가운데서 행하라 하심이라(요이 1:5-6).

예수님이 이렇게 말씀하신 적이 있지 않습니까. "새 계명을 너희에게 주노니 서로 사랑하라 내가 너희를 사랑한 것같이 너희도 서로 사랑하라 너희가 서로 사랑하면 이로써 모든 사람이 너희가 내 제자인 줄 알리라"(요 13:34-35). 최후의 만찬 때 예수님이 제자들의 발을 씻으면서 하셨던 말씀입니다. 그리스도인의 사랑이 무엇이어야 하는지를 눈으로 보여 줍니다. 사랑은 머리로 하는 것이 아니고 손발로 하는 것이라는 지적입니다.

그리스·로마 사회에서 사랑은 대부분 '에로스'를 가리켰습니다. 에로스는 미(美)를 향한, 아름다움을 향한 본능적인 욕구입니다. 몸의 결합으로 성취되는 사랑입니다. 그래서 쟁취하고자 했습니다. 그런 에로스밖에 모르던 자들에게 본문은 아가페 사랑을 설파합니다. 하나님이 예수님을 통해서 우리에게 베푸신 사랑이 아가페입니다. 예수 그리스도의 진리대로 걸어간다면 예수 그리스도의 아가페를 펼쳐 가라는 것입니다. 아가페는 하나님을 향한 신실한 헌신입니다. 이웃을 향한 사심 없는 돌봄입니다. 에로스의 방향은 철두철미 자기 자신입니다. 아가페가 향하는 방향은 내가 아니라 하나님이시고 이웃입니다.

본문의 아가페는 에로스만 알고 있던 자들에게 들려주는 처방입니다. 아가페가 에로스 사회를 구원한다는 가르침입니다. 교회가 그런 아가페의 보금자리가 되어야 합니다. 그래야 생존경쟁이라는 미명으로 폭력을 미화하는 사회 현상에 대한 대안이 됩니다. 그런데 요즈음은 어떻습니까? 사회나 교회나 할 것 없이, 그리스도인이나 비그리스도인이나 할 것 없이 모두가 에로스만을 추구합니다. 그래야 산다고, 그래야 이긴다고, 그래야 생존한다고 소리칩니다. 서두에 살핀 〈오징어 게임〉의 주제가 그런 것이지 않습니까.

교회는 성도의 어머니입니다. 교회의 바탕을, 그리스도인의 삶을 진리와 사랑 안에서 경영하십시오. CEO만, 기업체의 사장들만 경영하는 자가 아닙니다. 사람은 누구나 자기 인생을 경영해야 합니다. 특별히 그리스도인은 예수 그리스도의 진리와 예수 그리스도의 사랑으로 그 인생을 경영해야 합니다. 그럴 때 오늘의 그리스도인과 교회는 이 사회를 치유하는 희망이 될 수 있습니다.

25 요한삼서 │ 다시 한 번 권하니, 사랑을 환대로 드러내십시오

• 요삼 1:1-8

날짜 변경선 / 본초자오선(本初子午線, prime meridian)은 지구의 경도(經度)에서 영국의 그리니치 천문대를 지나는 가상의 선입니다. 경도 0도로 삼은 그리니치 천문대에서 동쪽으로 가면 15도마다 한 시간씩 빨라지고, 서쪽으로 가면 15도마다 한 시간씩 느려지도록 정해 놓았습니다. '자오선'이란 우리말은 12간지(干支)의 자(子)시와 오(午)시에서 왔는데, 밤 12시와 낮 12시에 시간이 새롭게 시작된다는 이치에서 비롯되었습니다. 본초자오선을 기준으로 아시아의 동쪽 끝과 아메리카의 서쪽 끝인 경도 180도를 국제 날짜 변경선으로 삼았습니다.

날짜 변경선은 1884년 국제 자오선 회의(International Meridian Conference)에서 설정되었습니다. 당시 아메리카와 유럽의 26개 나라가 참가했는데, 대서양을 끼고 있는 아메리카와 유럽의 날짜가 달라지지 않도록, 사람이 적게 사는 태평양을 가로지르는 경도 180도를 기준으로 그 동쪽과 서쪽의 날짜를 구분했습니다. 그러다 보니 경도 180도를 끼고 있는 태평양의 크고 작은 섬들의 경우 한 지역이면서도 날짜 변경선의 서쪽과 동쪽의 날짜가 하루씩 차이가 나는 문제가 생겼습니다. 그래서 피지, 사모아 등 태평양의 몇 지역에서는 날짜 변경선이 중앙을 관통하지 않고 돌아가도록 그었습니다. 결국 날짜 변경선이 지그재그가 되고 말았습니다.

이렇듯 날짜 변경선을 긋는 일에도 원칙과 배려가 있었습니다. 원칙은 직선입니다. 배려하다 보니 지그재그가 되었습니다. 그래도 그 배려가 서로를 이해하고 서로 공생하는 삶을 이루었습니다. '2 + 2 = 4'가 되는 이치가 이에 닿습니다. '이해를 두 번 하면 서로 사랑하게 된다'고 하지 않습니까. 본문에도 원칙과 배려에 대한 말씀이 나옵니다.

사랑하는 가이오 / 본문은 요한서신의 막내 요한삼서입니다. 본문은 이렇게 시작합니다.

장로인 나는 사랑하는 가이오 곧 내가 참으로 사랑하는 자에게 편지하노라 사랑하는 자여 네 영혼이 잘됨같이 네가 범사에 잘되고 강건하기를 내가 간구하노라(요삼 1:1-2).

요한삼서는 "가이오"에게 주는 편지입니다. 한 개인에게, 한 가정에 보내는 편지입니다. 가이오는 흔한 이름입니다. 서구 사회에서 존(John), 제임스(James)가 흔하듯이 라틴어권에서 가이오(가이오스)란 이름은 흔했습니다. 이름씨가 흔하다는 것은 모두가 다 그 사람일 수 있다는 암시입니다. 요한삼서를 읽는 우리 모두가 가이오일 수 있습니다. 요한삼서에서 가이오는 요한삼서에 나오는 다른 두 사람 디오드레베, 데메드리오와 함께 특정 교회에서 책임 있는 위치에 있는 그리스도인이었을 것으로 추측됩니다.

요한삼서를 보낸 자의 신분이 장로라는 것은 가이오에게 보낸 편지가 사사로운 편지가 아니라 공식적인 문서라는 뜻입니다. 사회 활동을 하다 보면 명함을 주고받을 때가 있는데, 명함에서 중요한 것은 상대방 이름보다도 그 직위입니다. 낯선 사람이라도 그 직위를 알게 된다면 그 됨됨이를 추측할 수 있습니다. 본문의 "장로"가 그러합니다. 이름은 밝히지 않았지만 신분을 장로로 밝힌 것으로 보아서 요한삼서의 글에는 무게가 있습니다.

본문은 "사랑하는 가이오"에게 보내는 기도문으로 시작합니다. "네 영혼이 잘됨같이 네가 범사에 잘되고 강건하기를 내가 간구하노라." '잘되다'와 '강건하다' 두 마디에 주목하십시오. '잘되다'(유오도오)는 '좋은(유) 길(호도스)을 걷다'에서 온 말이고, '강건하다'(휘기아이노)는 길을 걷는 자의 몸 상태가 건강하기를 바란다는 의미입니다. 이 두 마디에는 걷는 길에서 평강하기를 바라는 마음이 담겨 있습니다. 두 바람을 한 글자로 줄이면 이렇습니다. '웰빙'(Well-being). 성도이지만, 세상에 난 길도 걸어야 하는 성도가 영적으로 온전하고, 일상에서 풍성하며, 육체적으로 강건하기를 바라고 있습니다.

진리의 길을 꾸준히 걷는 자 / 세상에는 여러 길이 있습니다. 본문은 성도들이 어느 길을 걷는지에 주목합니다. 그 길로 걸어가야 영적으로 잘되고, 일상에서도 잘되고, 육체적으로도 건강하게 된다고 보고 있습니다. 그 길이 어떤 길입니까?

> 형제들이 와서 네게 있는 진리를 증언하되 네가 진리 안에서 행한다 하니 내가 심히 기뻐하노라 내가 내 자녀들이 진리 안에서 행한다 함을 듣는 것보다 더 기쁜 일이 없도다(요삼 1:3-4).

편지의 발신인은 성도들이 진리 안에서 행하는 것을 보고 기뻐합니다. '진리 안에서 행한다'는 말은 진리를 구심점 삼아서 사방을 걷는다는 뜻이라고 앞 장에서 설명했습니다. 어디로 가든지 진리의 반경에서 벗어나지 않습니다. 무엇을 하든지 진리의 테두리를 넘어서지 않습니다. 누구와 함께하더라도 진리의 가시권에서 멀어지지 않습니다. 한두 번 그런 것이 아니라, 잠시 그러다 마는 것이 아니라 꾸준히 그렇게 합니다. 가이오란 이름이 흔했다는 것은 우리 모두가 가이오일 수 있다는 뜻이라고 하지 않았습니까. 본문은 지금 모든 성도가 진리대로 살고 있다는 소식을 듣고 크게 기뻐하고 있습니다.

주후 1세기 말경 수적으로 늘어나는 교회에 비해서 목회자의 수가 절대적으로 부족한 환경에서 순회 전도자가 생겨났습니다. 그러다 보니 문제가 생겼습니다. 자질 문제, 가르치는 복음의 정통성 문제가 생겼습니다. 이런저런 문제를 처리하고자 보낸 편지가 요한일서, 요한이서, 요한삼서입니다. 세 서신은 모두 순회 전도자 문제를 다룹니다. 그런데 그 방점에서 차이가 납니다. 요한일서는 보다 기독론적이고, 요한이서는 다분히 교회론적이며, 요한삼서는 보다 선교론적입니다(George L. Parsenios, "Love Not Only in Word, but in Deed and Truth", [1John 3:18], *Word & World* 41:1 [2021], 34-41). 다 같이 '하나님은 사랑이시다'라고 가르치면서도, 요한일서는 예수 그리스도의 십자가의 본질을 밝히는 데 초점을 두고, 요한이서는 교회와 성도의 바탕을 일깨워 주는 데 관심을 갖지만, 요한삼서는 예수 그리스도의 사랑을 교회가 구체적으로 어떻게 실천해야 하는지를 다룹니다.

본문은 교회가 진리를 알고 있다는 소식에 기뻐하지 않습니다. 진리를 드러내고 있다는 소식, 진리대로 살아가고 있다는 소식에 기뻐합니다. 진리에 의해서 살아가는 자들이 선교의 문을 활짝 열어젖혔다는 소식에 기뻐합니다.

사랑은 자선(charity)이다 / 진리대로 사는 것이 쉽지만은 않습니다. 비진리가 워낙 기승을 부리기 때문입니다. 진리 안에서 행동하기가 어렵습니다. 진리 아닌 것들이 워낙 여기저기에서 설치기 때문입니다. 그런데 무엇을 보고서 본문은 성도들이 진리에 의해서 살아가고 있다고 말합니까? 본문은 진리 안에서 행하는 것의 구체적인 사례를 이렇게 전합니다.

> 사랑하는 자여 네가 무엇이든지 형제 곧 나그네 된 자들에게 행하는 것은 신실한 일이니 그들이 교회 앞에서 너의 사랑을 증언하였느니라 네가 하나님께 합당하게 그들을 전송하면 좋으리로다 이는 그들이 주의 이름을 위하여 나가서 이방인에게 아무것도 받지 아니함이라(요삼 1:5-7).

나그네 된 자들에게 사랑을 실천했다는 것입니다. 옛날에는 호텔 같은 숙박 시설이 없었습니다. 나그네 된 자에게 가장 큰 어려움은 먹고 쉬고 자는 문제였습니다. 예수 그리스도의 복음을 전하고자 먼 거리를 찾아간 자들을 가이오가, 요한삼서의 성도들이 환대해 주었다는 것입니다. 아무런 대가도 바라지 않고 그들에게 먹고 쉬고 머물 수 있는 환경을 제공해 주었다는 것입니다.

본문은 나그네 된 자를 '나그네가 된 형제'라고 말합니다. '낯선 자·외국인'(제노스)을 '형제'(아델포스)로 맞아들였다는 것입니다. 그것을 가리켜 본문은 가이오가 '교회 앞에서 그의 사랑(아가페)을 증언하는' '신실한 일'을 했다고 칭찬합니다. 낯선 자를 환대하기가 말처럼 쉽지 않습니다. 그런데 거꾸로 보면, 요즈음 세상은 환대를 사람이 아닌 동물에게 베풀고 있습니다. 한 지인이 제게 유명 연예인들이 반려견과 찍은 사진을 보내 주었는데 그 모습이 그 주인(보호자)과 똑 닮았습니다. 그 사진을 보면서 이런 생각이 들었습니다. '환대하기가 쉽지는 않지만 환대를 베풀기만 하면, 환대의 힘은 환대하는 자와 환대받는 대상을 서로 가깝게 하는구나! 아니, 서로 닮게까지 하는구나!'

본문은 사랑(아가페)을 실천하는 예로 예수 그리스도의 복음을 위해서 나그네 된 자를 향한 환대를 들었습니다. 아가페를 환대로 설명한 예는 존 웨슬리의 고린도전서 13장 설교에서도 찾을 수 있습니다. 고린도전서 13장에 대한 가르침이나 설교는 수없이 많습니다만, 그 가운데서도 두드러지는 것은 웨슬리가 1784년 10월 15일 영국 런던에서 했던 설교입니다(존 웨슬리, "사랑에 관하여[On Charity]: 웨슬리 설교 제91번", 김홍기 옮김, 『존 웨슬리의 설교』[서울: 땅에쓰신글씨, 2001], 319-337쪽). 고린도전서 13장의 사랑을 'love'라고 번역하지 않고 'charity'(관용, 자선)라고 번역했습니다. 왜 그랬을까요? 고린도전서가 말하는 사랑은 이웃 사랑이라고 보았기 때문입니다(존 웨슬리, 320, 325쪽). 하나님을 사랑(love)하는 사람이라면 이웃 사랑을 자선(charity)으로, 환대(hospitality)로 드러내야 한다고 보았다는 것입니다. 사랑이 마음의 상태라면, 자선과 환대는 그 마음을 손발로 드러내는 실천입니다. 그래서 다시 한 번 권합니다. 여러분의 사랑을 환대로 드러내십시오.

환대, 진리와 함께 일하는 자라면 / 이제 본문은 사랑을 환대로 드러내는 동역자를 찾는 것으로 말문을 닫습니다.

> 그러므로 우리가 이 같은 자들을 영접하는 것이 마땅하니 이는 우리로 진리를 위하여 함께 일하는 자가 되게 하려 함이라(요삼 1:8).

누가 진리를 위하여 함께 일하는 자가 될 수 있습니까? 요한삼서의 무대에서는 예수 그리스도의 복음을 전하는 순례자들을 환대하는 것으로 진리를 위하여 함께 일하는 자가 되었습니다. 오늘날에는 어떻게 해야 진리를 위해 동역하는 자가 될 수 있습니까?

그리스도의 사랑이 세상을, 사회를, 교회를, 가정을 움직입니다. 이 사실을 우리는 머리로는 알고 있습니다. 그것을 어떻게 실천할 수 있을까요? 몇 주 전에 있었던 세계 교회 지도자들의 모임에서 폐회기도의 주제를 이렇게 정했습니다. '적대에서 환대로'(From hostility to hospitality). 성도의 마음의 뜨락이 적대에서 환대로 우선 바뀌어야 한다는 것입니다.

요즈음 같으면 이렇게 마음먹기가 여간 조심스럽지 않습니다. 사회 분위기가 그렇습니다. 낯선 자에게 함부로 다가가기가 어렵습니다. 무슨 봉변을 당할지 모릅니다. 그런데도 마음에 담긴 사랑을 손발로 실천해 내야 합니다. 그래서 생각해 보았습니다. '이웃을 대할 때, 성도와 성도가 서로 함께할 때 원칙과 배려가 있어야 하겠다.' 예수 그리스도의 진리를 사랑(자선, 환대)으로 펼친다는 원칙에서 이런저런 처지를 배려할 때 우리는 진리를 행하는 동역자 반열에 들어설 수 있습니다. 아브라함이 그렇게 했습니다. 나그네를 대접하다가 천사를 영접하는 웰빙의 주인공이 되었습니다.

주님께서 마므레의 상수리나무 곁에서 아브라함에게 나타나셨다. 한창 더운 대낮에, 아브라함은 자기의 장막 어귀에 앉아 있었다. 아브라함이 고개를 들고 보니, 웬 사람 셋이 자기의 맞은쪽에 서 있었다. 그는 그들을 보자, 장막 어귀에서 달려나가서, 그들을 맞이하며, 땅에 엎드려서 절을 하였다. 아브라함이 말하였다. "손님들께서 저를 좋게 보시면, 이 종의 곁을 그냥 지나가지 마시기 바랍니다. 물을 좀 가져오라고 하셔서, 발을 씻으시고, 이 나무 아래에서 쉬시기 바랍니다. 손님들께서 잡수실 것을, 제가 조금 가져오겠습니다"(창 18:1-5a, 새번역).

아브라함의 눈에 들어온 장면은 자기 집을 찾아온 나그네였습니다. 성경은 하나님이 아브라함의 집을 찾아가셨을 때 나그네 차림이었다고 지적합니다. 아브라함은 나그네를 대접하다가 하나님을 영접했습니다. 환대가 사랑의 마중물입니다. 자선이 사랑의 두레박입니다. 사랑을 환대로 드러내십시오. 성도로 그치지 말고 진리를 위하여 함께 일하는 동료가 되십시오. 거기에서 교회는 신앙 공동체에서 선교 공동체로 내달리게 됩니다.

26 유다서 | 믿음의 도를 삶의 자락에 펼치십시오

• 유 1:3-4, 10-13

하나님이 쓰시는 막대기 / '아프지 마 에티오피아' 전을 연 작가 홍건 장로는 본래 영상의학과 의사입니다. 1970년 의대 졸업 후 미국에서 34년간 활동하다가 은퇴 후 2013년부터 에티오피아 아디스아바바 명성기독병원에서 5년간 의료 선교사 사역을 했습니다. 전시회에 선보인 유화 작품 62점은 에티오피아 시골 마을에서 환자들을 돌보던 모습 등을 화폭에 담은 결과입니다.

그는 본래 미대에 진학하려고 했습니다. 부모님의 권유로 의사가 되었지만 그림 솜씨는 사라지지 않았습니다. 기자가 물어보았습니다. "왜 에티오피아입니까?" 그의 답은 이렇습니다. "에티오피아는 한국전쟁 때 UN군으로 참전했던 16개국 중 하나입니다. 그 덕에 우리나라는 이렇게 발전했는데, 에티오피아는 여전히 깨끗한 물 한 모금 마실 수 없는 비위생적인 환경으로, 변변한 의료 시설이 없어서 어려움을 겪고 있습니다. 그 은혜에 보답하고자 에티오피아를 사역지로 정했습니다."

에티오피아에서 그는 시골을 방문해서 환자들을 진료하고, 에티오피아 의대생들을 가르치고, 영상의학의 선진 기술을 전수했습니다. 현지 교회에서 예수님의 사랑을 전했습니다. 그는 늘 이렇게 기도했습니다. "나는 하나님이 쓰시는 막대기에 불과하니 하나님이 성공적으로 바늘을 움직이셔서 환자가 아프지 않게 해 주세요"("은퇴 의사의 마지막 사랑, 화폭에 담긴 에티오피아", https://news.kmib.co.kr/article/view.asp?arcid=0017478423). 그의 작품을 보면서 홍건 장로가 증언하는 믿음의 도를 새겨 보았습니다. 예수 그리스도의 증인으로 에티오피아 사람들의 몸과 마음을 치유하고자 했던 그의 헌신이 그 그림에 담겼습니다. 자기가 배우고 익힌 것으로 병든 세상을 치유한다는 믿음의 고백이 그 그림에 담겼습니다.

홍건 장로
인터뷰

유다의 증언 / 본문은 교회를 병들게 하는 영적인 질병을 진단하는 유다의 증언입니다.

사랑하는 자들아 우리가 일반으로 받은 구원에 관하여 내가 너희에게 편지하려는 생각이 간절하던 차에 성도에게 단번에 주신 믿음의 도를 위하여 힘써 싸우라는 편지로 너희를 권하여야 할 필요를 느꼈노니 (유 1:3).

"일반으로 받은 구원"이란 우리가 함께 누리는 구원을 가리킵니다. 구원의 감격을 누리려면 예수 그리스도를 통해서 단번에 주신 믿음을 지키는 싸움을 힘써 전개해야 한다고 충고합니다. "성도에게 단번에 주신 믿음의 도를 위하여 힘써 싸우라." 누가 이렇게 말합니까? "예수 그리스도의 종이요 야고보의 형제인 유다"(1:1)가 이렇게 말합니다.

신약성경에서 '야고보', '유다'로 불리는 자들은 여럿입니다. 그중에서도 "야고보의 형제인 유다"(1:1)라고 하면, 그 대상이 예수님의 형제 야고보의 동생 유다로 좁혀집니다(갈 1:19). 예수님의 형제로 소개된 자가 넷(야고보, 요셉, 시몬, 유다)인데(마 13:55), 유다서는 '예수 그리스도의 동생이자 야고보의 형제인 유다'로 시작하지 않고 "예수 그리스도의 종이요 야고보의 형제인 유다"라고 말합니다. 방점을 '야고보의 형제인 유다'에 찍었습니다.

예수님의 형제들은 본래 예수님을 메시아로 믿지 않았습니다(요 7:5). 그러나 예수님의 부활·승천 후 예루살렘 다락방에서 제자들과 함께 기도에 힘쓰던 자들의 명단에 그 이름을 올렸습니다(행 1:14). 아마도 예수님의 십자가, 부활, 승천 후에 기도에 힘쓰다가 요한의 형제 야고보(세베대의 아들 야고보)가 순교 당하자(행 12:2) 교회를 지키는 사도로 나섰던 것으로 추측됩니다(행 15:13; 갈 2:9, 12). 그랬던 야고보가, 요세푸스에 의하면 주후 62년 유대인들 앞에서 예수 그리스도를 증언하다가 돌에 맞아 죽는 순교를 당했습니다(*Ant.* xx, 9, 1). 이런 기록에 따른다면, "야고보의 형제인 유다"라는 구절에는 순교자의 동생으로 단호하게, 당당하게 교회를 지킨다는 다짐이 서려 있습니다. 그런 순교자의 신앙을 계승한 유다의 눈에 주후 1세기 말 전환기의 교회가 자못 염려스럽게 비쳤습니다. 그래서 편지를 보내 권고합니다. "믿음의 도를 위하여 힘써 싸우라!"

두 종류의 사람들 / 왜 이런 말을 했습니까? 교회 안에 두 종류의 성도가 있었기 때문입니다. 본문이 "사랑하는 자들아"라고 시작하고 있음에 주목하십시오. 유다서에서는 "사랑하는 자들아"라고 불리는 자들이 맨 먼저 거론됩니다. 유다서 1:1에 따르면 이들은 "부르심을 받은 자 곧 하나님 아버지 안에서 사랑을 얻고 예수 그리스도를 위하여 지키심을 받은 자들"입니다. 유다서 1:20-21에 따르면, 이들은 지극히 거룩한 믿음 위에 자신을 세운 사람들입니다. 성령으로 기도하는 성도들입니다. 하나님의 사랑 안에서 자신을 지키는 자들입니다. '두 팔을 활짝 벌려' 우리 주 예수 그리스도의 긍휼을, 예수 그리스도가 주시는 영원한 생명을 적극 맞이하는 성도들입니다.

이와는 반대로 교회의 건강을 해치는 자들도 있었습니다.

이는 가만히 들어온 사람 몇이 있음이라 그들은 옛적부터 이 판결을 받기로 미리 기록된 자니 경건하지 아니하여 우리 하나님의 은혜를 도리어 방탕한 것으로 바꾸고 홀로 하나이신 주재 곧 우리 주 예수 그리스도를 부인하는 자니라(유 1:4).

교회 안에 몰래 숨어들어 온 몇 사람이 있었다는 것입니다. 경건을 흉내 내기는 하지만, 하나님이 주시는 선물을 사람들이 욕심을 내어 거머쥐는 대상으로 바꾸어 놓았습니다. 예수 그리스도가 없는 신앙생활을 종교라는 이름으로 퍼뜨렸습니다. 그들이 '가만히 [교회로] 들어왔다'는 말은 영적인 잡초가 어느 틈엔가 교회 안에서 자라고 있었다는 지적입니다. 밭에서 웃자라는 잡초들 같은 이들이 성도들의 성장을 가로막았습니다. 잡초가 언젠가는 뽑히게 되어 있듯이 이들도 주님의 심판을 벗어날 수는 없지만, 지금 당장은 그들이 교회를 소란스럽게 만들고 있다는 데 아픔이 있습니다. 주목할 것은, 유다서가 이들을 통째로 그냥 "이 사람들"이라고 부른다는 사실입니다.

이 사람들은 무엇이든지 그 알지 못하는 것을 비방하는도다 또 그들은 이성 없는 짐승같이 본능으로 아는 그것으로 멸망하느니라 화 있을진저 이 사람들이여, 가인의 길에 행하였으며 삯을 위하여 발람의 어그러진 길로 몰려갔으며 고라의 패역을 따라 멸망을 받았도다 그들은 기탄 없이 너희와 함께 먹으니 너희의 애찬에 암초요 자기 몸만 기르는 목자요 바람에 불려가는 물 없는 구름이요 죽고 또 죽어 뿌리까지 뽑힌 열매 없는 가을 나무요 자기 수치의 거품을 뿜는 바다의 거친 물결이요 영원히 예비된 캄캄한 흑암으로 돌아갈 유리하는 별들이라(유 1:10-13).

"이 사람들"은 성도들과 어울리는 식사 자리에도 거리낌 없이 동석합니다. 그렇지만 자기들이 알지 못하는 것에 대해서는 무엇이든지 깔보고 조롱합니다. 자기 욕망에 충실합니다. 가인의 길로 갔다고 하지 않았습니까. 믿음을 따르기보다는 이익에 충실합니다. 발람의 길로 몰려갔다고 하지 않았습니까. 순종하려고 하기보다는 본능에 충실합니다. 고라의 패역을 따라갔다고 하지 않았습니까. 한마디로, 그들은 바람에 사라지는 연기와도 같은 자들이고, 뿌리째 뽑힌 늦가을 나무이며, 거품 외에는 아무것도 남기지 않는 파도이자, 길을 잃고 헤매는 우주의 별들과도 같습니다.

잘못된 자들의 종말은 이렇게 뻔하지만, 숫자적으로 얼마 안 되는 자들이 지금 교회의 영적 건강을 크게 해치고 있습니다. 보십시오. 유다서 안에서 "사랑하는 자"로 시작하는 대목은 세 곳이고(1:3, 17, 20), "이 사람들"로 시작하는 말씀은 여섯 곳(1:8, 10, 11, 14, 16, 19)이나 됩니다. 유다서에는 사랑하는 자들을 북돋는 말씀보다도 거짓된 자들의 참혹상을 지적하는 말씀이 두 배 더 많습니다. 그만큼 교회 현실이 어지러웠다는 뜻입니다. 교회를 지키라는 의미입니다.

교회를 지키려면 / 유다서가 증언하는 믿음은 예수 그리스도의 십자가를 믿음으로 의로워진다는 사도 바울의 증언과는 그 결이 다릅니다. 베드로후서처럼 거짓 교사들에게 과감하게 맞서서 사도들이 전해 준 진리를 지키는 데서 믿음을 설명하고 있습니다(1:3, 20; 벧후 1:12; 2:2). 거짓에 맞서지 않고는 믿음을 지킬 수 없다는 뜻입니다. 그러면서 교회와 그리스도인을 영적으로 병들게 하는 경우를 셋으로 요약해 놓았습니다. 가인의 길, 발람의 길, 고라의 길.

화 있을진저 이 사람들이여, 가인의 길에 행하였으며 삯을 위하여 발람의 어그러진 길로 몰려갔으며 고라의 패역을 따라 멸망을 받았도다(유 1:11).

가인은 아벨과 함께 하나님께 예물을 드렸습니다. 그런데 하나님이 아벨과 그의 제물은 받으셨으면서도 가인과 가인의 제물은 받지 않으셨습니다(창 4:4-5). 가인과 아벨 이야기는 신앙의 중심에는 하나님이 계셔야 한다는 사실을 일깨워 줍니다. 신앙의 중심에 사람의 마음이 있어서는 안 됩니다. 발람은 메소포타미아의 선지자였습니다. 모압 왕 발락에게 고용되어 이스라엘을 저주하는 일에 나섰다가 하나님이 치시는 회초리를 맞았습니다(민 22:32-34). 고라는 모세의 리더십에 순종하지 않고 여론몰이를 하다가 산 채로 스올에 빠지는 벌을 받았습니다(민 16:32-33). 오늘날 우리 성도들은 어느 길로 가고 있습니까?

가인은 예배의 자리를 불평과 원망으로 채우다가 벌을 받았습니다. 발람은 탐욕에 빠진 길을 가다가 벌을 받았습니다. 고라는 불순종의 길을 가다가 벌을 받았습니다. 가인에게는 하늘로 가려는 길이 막혔습니다. 발람은 동쪽 메소포타미아에서 서쪽 모압으로 가려던 길에서 막혔습니다. 고라는 위로 나서려고 하다가 땅 아래 음부에 갇혀 버리고 말았습니다. 땅에서 하늘로 가려면 어떻게 해야 합니까? 동에서 서로, 서에서 동으로 가려면 어떻게 해야 합니까? 아래에 빠지지 않고 위로 가는 길에 들어서려면 어떻게 해야 합니까?

믿음의 도를 위해 힘써 싸우십시오 / 그 질문에 대한 답을 본문은 "믿음의 도를 위하여 힘써 싸우라"라는 말로 전합니다.

믿음의 도를 위하여 힘써 싸우라는 편지로 너희를 권하여야 할 필요를 느꼈노니(유 1:3b).

어떻게 해야 믿음의 도를 위한 싸움을 힘써 전개할 수 있습니까? 강원도 고성을 다녀온 적이 있습니다. 고성 DMZ 평화 여행의 들머리는 화진포였습니다. 화진포는 우리나라 최대의 석호(潟湖)가 있는 곳입니다. 바닷물 일부가 바다와 분리되어 호수로 남아 있는 곳을 가리켜 석호라고 부르더군요. 그 석호를 내려다보는 최고의 자리가 김일성 별장이라는 화진포성(城)이었습니다. 야산 꼭대기에 세운 원통형 2층 석조 건물이었습니다. 올라가서 보니 동해 바다와 호수와 소나무 숲이 어우러지는 풍광이 대한민국 최고였습니다.

지금 화진포 일대는 한반도 분단 이전과 이후에 남북의 유명 인사들이 별장으로 이용했던 건물들이 근대문화유산으로 보존되어 있습니다. 그중에서도 화진포성, 일명 김일성 별장이 인상 깊었습니다. 이 건물은 1938년 선교사 서우드 홀(Sherwood Hall, 1893-1991)이 독일 건축가에게 의뢰해서 세운 건물이었습니다. 그 건물에 선교사 홀의 자취를 기록한 전시실이 있습니다.

홀은 우리나라 크리스마스 씰의 창시자입니다. 그는 폐결핵으로 엉망진창이던 조선 땅을 구제하고자 결핵 요양소를 세우고, 그 운영비를 마련하고자 결핵에 대한 계몽운동의 일환으로 1932년 한국 최초로 크리스마스 씰을 발행했습니다.

홀은 본래 폐결핵 전문 의료 선교사였습니다. 그가 믿음이 아닌 본능에 따라 살았다면, 척박한 조선 땅이 아니라 캐나다에 머물렀을 것입니다. 그가 하나님의 사랑이 아닌 자기 이익에 따라 살고자 했다면, 폐결핵이 난무하던 조선 땅이 아닌 서구 사회의 의사로 남았을 것입니다. 하지만 그는 의술을 조선 땅에서 예수 그리스도의 이름으로 당당하게 펼쳤습니다. 한반도에서 폐결핵이 사라지게 한 당당한 그리스도인으로 살았습니다. 그가 얻은 구원의 감격을 누리고자 조선 땅에서 믿음의 도를 위하여 힘써 싸웠습니다.

어떻게 세상과 싸우겠습니까? 가인이 걸었던 불평의 길이 아닌 감사의 길을 걸으십시오. 나의 처지를 원망하는 자가 아니라, 예수 그리스도의 이름으로 나의 달란트를 하나님 일의 도구가 되게 하십시오. 발람처럼 이득을 찾아서 나서는 자가 아니라, 내 안에 계신 그리스도 예수를 드러내는 사명의 길을 찾으십시오. 고라처럼 탐욕의 길을 좇아가는 그리스도인이 아니라, 예수 그리스도의 뜻을 내 삶의 자락에 펼치는 그리스도인의 길을 걸으십시오. 거기에서 우리는 어느 때든, 어느 자리든 변명하는 그리스도인이 아니라 사명을 감당하는 그리스도인의 길을 걷게 됩니다. 그것이 믿음으로 세상과 싸워 이기는 방식입니다.

27 요한 계시록 | 종말을 향한 소망, 오늘을 신실하게 견디어 내십시오

• 계 12:7-12

AI와 인간의 싸움, 과연 어떻게 될까? / AI가 제작한 이미지가 우리 사회에 신속히 파고들고 있습니다. 2022년 9월 인도 건축가 마나스 바티아(Manas Bhatia)가 AI 기반 이미지 생성 프로그램 '미드저니'(Midjourney)를 사용해서 만든 작품 하나를 소개했는데, CNN 등이 앞다투어 보도할 정도로 지구촌의 이목을 끌었습니다. 아파트처럼 들어선 주택 복판에 속 빈 거대한 고목이 들어서 있는 초현실적인 건축 개념도였습니다. 그에 앞서 6월에는 미국판 「코스모폴리탄」(COSMOPOLITAN)이 AI 특집 기사를 실으면서 AI로 만들어 낸 이미지를 표지에 실었는데, 표지 하단에 작은 글씨로 이런 설명이 달려 있었습니다. '이미지 제작에 20초밖에 안 걸렸다'(And it only took 20 seconds to make).

미디어 작가들은 AI가 예술 영역에서 활용되는 단계를 네 단계로 설명합니다. "단순 도구 → 생산성을 높이는 조력자 → 전문 협업이 가능한 협력자 → 독립 예술가." 이진준 카이스트 교수에 따르면 지금 AI 기반 이미지 생성 프로그램은 이미 협력자 단계까지 와 있습니다(「조선일보」 2022.09.21. A18면, Culture). 이제 머지않아 AI가 독자적으로 창안하고 창조한 이미지가 쏟아질 것이라고 봅니다. 한 디자이너가 인스타그램에 이런 글을 올렸습니다. "어떤 직종이 가장 먼저 인공지능으로 대체될까? 만약 당신이 일러스트레이터라면 불행히도 바로 당신이다." 사람이 제대로 된 삽화를 그리는 데 대략 5시간이 걸리는 것을 컴퓨터는 단 5초에 해내기 때문입니다.

AI가 우리 사회 전반에서 사람의 솜씨를 제치는 날이 곧 닥친다는 이 예보를 어떻게 수렴해야 할까요? 보기에 따라서는 AI 기술이 기회의 장이 될 수도 있겠지만, 만약 AI가 우리 사회 제 분야에서 '게임 체인저' 역할을 한다면, AI에게 일자리를 빼앗기게 될 사람들에게는 자못 큰 재앙이 됩니다. AI와 인간의 싸움! 과연 앞으로 어떻게 될까요? 이런 식의 두려움이 이 장 본문으로 읽은 요한계시록에서도 발견됩니다.

요한계시록의 속내 / 요한계시록의 비밀을 풀어 준다는 광고를 본 적이 있지요? 정통과 사이비를 떠나서 한국 교회는 대체로 요한계시록의 환상 등을 미래를 예고하는 암호로 보고, 그 숨은 뜻을 풀이하는 데 열중합니다. 그러나 요한계시록의 속내는 전혀 그렇지 않습니다. 만약 계시록을 그런 식으로 읽는다면, 계시록의 요한은 노스트라다무스(Nostradamus, 1503-1566)가 되고 맙니다. 계시록은 다가올 미래를 예고하기 위해서 기록된 묵시록이 아닙니다. 계시록은 로마 군대에 집요하게 맞섰던 유대 전쟁(주후 66-70년)이 실패로 끝나자 소아시아 지역으로 흩어져 교회를 세웠던(임진수,『요한계시록』[서울: 솔로몬, 2014], 17쪽) 성도(유대계 그리스도인)들에게 신실하게, 강하게, 담대하게 이 땅의 사악한 세력에 맞서라고 격려하고자 '요한'(1:2, 4, 9; 22:8)이 보낸 편지입니다(1:4). 본문은 이렇게 시작합니다.

하늘에 전쟁이 있으니(계 12:7a).

본문의 첫 대목이 하늘에서 전쟁이 났다는 소식인 것에 주목하십시오. 이 환상의 무대는 황제 숭배를 교회에 지독하게 강요했던 도미티아누스 황제(재위 81-96년) 시대입니다. 팍스 로마나(Pax Romana)라는 평화를 누리던 세상이었습니다. 그런 평화를 만끽하던 자들에게 본문은 전쟁 소식을 전합니다. 팍스 로마나가 거짓된 평화라는 것입니다.

그 시절 전쟁에서 최고의 도구는 말이었습니다. 말이 끄는 전차와 기병대였습니다. 그런 말을 풍자하는 환상이 계시록에 나옵니다. 예컨대 계시록 6장은 흰 말, 붉은 말, 검은 말, 청황색 말을 통해서 로마의 평화를 풍자합니다. 로마 제국이 추구하는 평화(흰 말)는 전쟁(말 탄 병사들)으로 얻은 평화란 것입니다. 그것은 로마의 체제에 동조하는 사람들에게만 주어지는 평화이지, 거기에 도전하는 사람들에게는 붉은 피(붉은 말)가 요구되고, 배고픔(검은 말)에 시달리고, 죽음(청황색 말)밖에 없다는 것입니다.

당시 팍스 로마나의 최대 희생자는 교회였습니다. 황제 숭배를 용인할 수 없었던 교회는 심각한 존폐의 갈림길에 봉착했습니다. 교회 처지에서는 현실의 억압을 견디면서도 궁금하게 여기는 질문이 생겼습니다. '어떻게 황제 숭배에 맞설까? 교회를 핍박하는 로마는 앞으로 어떻게 될까?' 이런 궁금증에 대한 답을 밧모섬의 요한이 "반드시 속히 일어날 일들"(1:1)이라는 제목을 달아 소아시아의 일곱 교회에 편지로 보냈습니다. 그 편지에 사회가 강요하는 황제 숭배를 신실하게 견디어 내라는 충고를 가득 담았습니다.

땅에서는 심판, 하늘에서는 전쟁 / 그런데 하늘에서 전쟁이 일어났습니다(12:7a). 왜 하늘에서 전쟁이 일어났습니까? 계시록의 주제는 로마 제국의 멸망과 하나님의 통치입니다. 그것을 전하는 묵시가 세 묶음입니다(임진수, 84-298쪽). 어린양 예수 그리스도의 통치와 심판의 시작(4:1-11:19), 하나님과 대적자의 투쟁(12:1-19:10), 사탄의 멸망과 새 예루살렘(19:11-22:5). 이렇게만 보면 계시록의 줄거리는 단순하지만, 실상은 그렇지 않습니다. 계시록의 글말이 온통 묵시(默示; 잠잠할 묵[默], 보일 시[示])이기 때문입니다. 하나님의 계획은 은밀하다는 뜻입니다. 비밀이라는 뜻입니다. 들을 귀와 보는 눈이 있는 자만이 깨달을 수 있도록 진실을 감춰 놓으셨다는 뜻입니다.

계시록을 읽기가 어려운 이유는 또 있습니다. 하나님이 땅과 세상에 진노를 쏟으시고자 일곱 인을 떼시고(6:1-8:1), 일곱 나팔을 부시고(8:2-11:19), 일곱 대접을 쏟으시는데(15:1-16:21), 그때마다 벌어지는 일들이 환상과 상징으로 제시되기 때문입니다. 게다가 그런 환상이 하늘의 장면과 땅의 장면을 엇갈려 오가기에 따라가기가 혼란스럽습니다. 왜 이렇게 계시록의 환상 보도가 땅과 하늘을 오갑니까? 성도들에게 절망스러운 땅의 현실을 하늘의 안목에서 보게 하고, 땅 위의 모든 재앙과 심판의 기원이 하늘에 있음을 보이려 했기 때문입니다(박수암, "요한계시록의 구조론", 「장신논단」 제21집 [2004. 06], 78-79쪽).

그런데 왜 전쟁이 하늘에서 벌어졌습니까? 이 질문에 답하기 위해서는 12:1-6을 살펴보아야 합니다.

하늘에 큰 이적이 보이니 해를 옷 입은 한 여자가 있는데 그 발아래에는 달이 있고 그 머리에는 열두 별의 관을 썼더라 이 여자가 아이를 배어 해산하게 되매 아파서 애를 쓰며 부르짖더라 하늘에 또 다른 이적이 보이니 보라 한 큰 붉은 용이 있어 머리가 일곱이요 뿔이 열이라 그 여러 머리에 일곱 왕관이 있는데 그 꼬리가 하늘의 별 삼분의 일을 끌어다가 땅에 던지더라 용이 해산하려는 여자 앞에서 그가 해산하면 그 아이를 삼키고자 하더니 여자가 아들을 낳으니 이는 장차 철장으로 만국을 다스릴 남자라 그 아이를 하나님 앞과 그 보좌 앞으로 올려가더라(계 12:1-5).

해산의 고통 중에 있는 여자는 아픔 중에 성도들을 낳는 교회를 가리킵니다 (임진수, 178-179쪽). 해와 달과 별로 꾸미고 있지만, 그가 지금 해산의 고통을 겪고 있다는 것은 교회가 당하는 시련이 그만큼 절박하다는 뜻입니다. 그 여인에게서 목자처럼 강력하게("철장으로", 시 2:9) 세상을 돌볼 아기가 태어나서 하나님 앞으로 들려 올라가자 한 큰 붉은 용이 나타나서 아기를 찾아내고자 했습니다. 그래서 하늘에서 전쟁이 벌어졌습니다. 기억하십시오. 사탄은 오늘도 성도들을 해치고자 성도들의 뒤를 쫓고 있습니다. 내가 지금 성전에서 성도의 자리에 있게 된 것은 순전히 하나님의 은혜입니다.

천하를 꾀는 자는 땅으로 내쫓기니 / 하늘에서 누가 누구와 싸웁니까?

하늘에 전쟁이 있으니 미가엘과 그의 사자들이 용과 더불어 싸울새 용과 그의 사자들도 싸우나 이기지 못하여 다시 하늘에서 그들이 있을 곳을 얻지 못한지라 큰 용이 내쫓기니 옛 뱀 곧 마귀라고도 하고 사탄이라고도 하며 온 천하를 꾀는 자라 그가 땅으로 내쫓기니 그의 사자들도 그와 함께 내쫓기니라(계 12:7-9).

미가엘과 용(드라콘, dragon)이 싸웁니다. 미가엘은 다니엘의 묵시에서는 성도를 보호하는 천사들의 대표입니다(단 10:13, 21; 12:1). 그 미가엘에게 용이 대적합니다. 본문의 앞 장면에 따르면 용은 그 생김새가 기괴하고 난폭합니다(12:3-4a). 본문에서 미가엘에게 대드는 용은 아담과 하와를 유혹했던 뱀이자(창 3:1) 예수님을 시험하던 마귀(사탄)입니다. 그러나 천사장 미가엘이 사탄의 권세를 무찔러 버렸습니다. 본문이 말하고자 한 것은 천사장 미가엘과 커다란 붉은 용이 하늘에서 맞서 대결하는 장면이 아닙니다. 본문이 말하고자 하는 것은 교회를, 성도를, 어린양 예수 그리스도를 대적하는 커다란 붉은 용이 하나님의 천사에 의해서 땅으로 내쫓기고 만다는 소식입니다.

본문은 여기까지이지만 이어지는 장면을 보면, 땅으로 쫓겨난 용이 바다와 땅에서 괴물을 올라오게 해서 하나님을 비방하고 성도들을 미혹하는 환난을 벌이면서 오른손이나 이마에 육백육십육이라는 표를 받은 사람들을 마구 쏟아 냅니다(13:1, 17, 18). 이 666은 베리칩(Veri Chip, verification chip, 확인용 칩, 바코드)이나 온 세상을 장악한 정치 제도나 미래에 나타날 적그리스도가 아닙니다. 계시록 당시 교회를 쓰러뜨리고자 무섭게 덤벼들었던 세력을 지칭하는 표식입니다. 보십시오. 666은 불완전한 수 6의 조합입니다. 보기에 따라서는 히브리어 알파벳을 숫자로 환산한 결과(네로 카이사르)라고 말하기도 하지만, 중요한 것은 세상에서 아무리 사탄의 권세가 맹위를 떨친다고 하더라도, 그래서 사탄의 권세에 굴복해서 그 이마에 짐승의 표를 받은 자가 아무리 많다고 하더라도 그것은 어디까지나 불완전한 숫자의 조합이라는 것입니다. 그래서 하는 말입니다. 하나님의 교회를 무너뜨리려는 세력은 그 어느 때라도 666이 됩니다. 마르틴 루터(Martin Luther)도 종교 개혁 때 절대화되고 부패했던 교황을 가리켜서 666이라고 불렀습니다.

하나님이 천사를 보내어 하나님의 사람을 지켜 주십니다. 우리가 우리 힘으로 사탄을 이기는 것이 아닙니다. 하나님이 우리에게 승리를 안겨 주십니다. 현실이 아무리 힘들다고 해도 최후의 승리는 하나님의 것이기에 끝까지 믿음을 지켜 내야 합니다. 그러기에 종말이 곧 닥친다는 소식은 오늘을 신실하게 견디어 내라는 충고입니다.

하늘과 그 가운데 있는 자들은 즐거워하라 / 싸움의 결과 무슨 소리가 요한의 귀에 들립니까?

내가 또 들으니 하늘에 큰 음성이 있어 이르되 이제 우리 하나님의 구원과 능력과 나라와 또 그의 그리스도의 권세가 나타났으니 우리 형제들을 참소하던 자 곧 우리 하나님 앞에서 밤낮 참소하던 자가 쫓겨났고 또 우리 형제들이 어린양의 피와 자기들이 증언하는 말씀으로써 그를 이겼으니 그들은 죽기까지 자기들의 생명을 아끼지 아니하였도다 그러므로 하늘과 그 가운데에 거하는 자들은 즐거워하라 그러나 땅과 바다는 화 있을진저 이는 마귀가 자기의 때가 얼마 남지 않은 줄을 알므로 크게 분내어 너희에게 내려갔음이라 하더라(계 12:10-12).

두 가지 소식이 들렸습니다. 밤낮 참소하던 자가 하늘에서, 땅과 바다에서, 세상에서 쫓겨난다는 소식과 어린양의 피와 말씀을 증언하는 성도들이 사탄을 이긴다는 약속입니다. 본문의 방점은 "하늘과 그 가운데에 거하는 자들"이, 새 예루살렘에 거하는 자들이, 새 교회에 거하는 자들이 즐거워하게 된다는 예고에 찍혔습니다(참조, 19:11-22:5). 어린양의 피로 마귀를 이긴 성도들을 가리켜 계시록은 십사만 사천이라고 부릅니다(7:1-8; 14:1-5). 이 숫자는 이스라엘의 12지파에서 12,000명씩 인 침을 받는다는 기호이지만, 12, 12,000, 144,000은 다 상징적인 숫자입니다. '12×12×1,000=144,000'이란 셀 수 없이 많은 수를 가리킵니다. 사탄에 굴복하는 자들이 많은 것처럼 보여도, 셀 수 없이 많은 성도가 구원을 받는다는 뜻입니다. 이 숫자를 가지고 자기 집단의 사람들이 144,000명이 되도록 포교하는 사이비 종교에 현혹되지 마십시오.

성도들이 어디에서 기뻐하고 즐거워하게 된다고 했습니까? 계시록에는 도성 두 개가 나옵니다. 바벨론(로마)과 새 예루살렘(교회). 로마가 아무리 위대해 보여도 로마는 성도들에게는 바벨론에 지나지 않습니다. 바벨론은 유다 백성을 포로로 붙들어 두었던 현장입니다. 어린양 예수 그리스도는 성도들이 새 예루살렘에 모여 기뻐하게 하십니다(21:1-22:5). 계시록은 우리에게 촉구합니다, 어느 도성에서 살아야 할지를(신동욱, "요한계시록은 저항문학이다", 「새가정」 [2017. 01] 64권 통권 695호, 68-69쪽).

바벨론에 거주하는 자가 아니라 새 예루살렘에 거주하는 자가 되십시오. 세상을 살지만 세상에, 바벨론에, 로마에, 사탄의 권세에 저항하십시오. 견디십시오. 기다리십시오. 기대하십시오. 때로는 주변의 더러움을 부정할 줄도 알아야 합니다. 하늘에 속하는 자들에게는 구원의 기쁨이 있지만, 어둠에 붙들려 있던 자들에게는 심판이 있을 뿐입니다. 그렇습니다. 최후 승리는 어린양 그리스도를 따르는 성도들에게 있습니다.